El libro
de las PyMEs

Diseño de tapa:
MVZ ARGENTINA

CARLOS CLERI

El libro
de las PyMEs

GRANICA

BUENOS AIRES - BARCELONA - MÉXICO - SANTIAGO - MONTEVIDEO

© 2007, 2013 *by* Ediciones Granica S.A.
2a. reimpresión: julio de 2013

ARGENTINA
Ediciones Granica S.A.
Lavalle 1634 3° G / C1048AAN Buenos Aires, Argentina
Tel.: +54 (11) 4374-1456 Fax: +54 (11) 4373-0669
granica.ar@granicaeditor.com
atencionaempresas@granicaeditor.com

MÉXICO
Ediciones Granica México S.A. de C.V.
Valle de Bravo N° 21 El Mirador Naucalpan - Edo. de Méx.
53050 Estado de México - México
Tel.: +52 (55) 5360-1010 Fax: +52 (55) 5360-1100
granica.mx@granicaeditor.com

URUGUAY
Ediciones Granica S.A.
Scoseria 2639 Bis
11300 Montevideo, Uruguay
Tel.: +59 (82) 712 4857 / +59 (82) 712 4858
granica.uy@granicaeditor.com

CHILE
granica.cl@granicaeditor.com
Tel.: +56 2 8107455

ESPAÑA
granica.es@granicaeditor.com
Tel.: +34 (93) 635 4120

www.granicaeditor.com

GRANICA es una marca registrada

ISBN 978-950-641-500-6

Hecho el depósito que marca la ley 11.723

Impreso en Argentina. *Printed in Argentina*

Cleri, Carlos A.R.
   El libro de las PyMEs. - 1a ed. 2a reimp. - Buenos Aires :
Granica, 2013.
   448 p. ; 22x15 cm.

   ISBN 978-950-641-500-6

   1. Pequeña y Mediana Empresa.
CDD 338.47

ÍNDICE

PRÓLOGO

"Fue así como jugaba entre tornos y balancines, virutas y grasa, y llevaba en mi nariz a la escuela el dejo a esencia de banana del horno de pintura…"

Criado entre las vicisitudes económicas, emocionales y éticas de una pequeña fábrica argentina de "bicicletas, motos, sillas plegadizas y butacas metálicas", el autor del presente texto de dirección de empresas escribe desde el fondo de sus vivencias y sueños más esenciales.

No se puede cambiar el mundo de golpe: eso es algo utópico. Por otra parte, rendirse al realismo predominante de que "esto es lo que hay" es casi un equivalente de la depresión. Mi buen amigo Carlos Cleri ha escogido una estrategia mucho más "eutópica" (entre la utopía y el realismo): dedicar buena parte de sus energías vitales a la comprensión y desarrollo equilibrado de las organizaciones que generan la mayor parte del empleo, la dignidad y la riqueza del planeta: las micro, pequeñas y medianas empresas.

Referido ocasionalmente a la realidad argentina pero de eminente orientación internacional, este libro tiene una especial utilidad para todo empresario y directivo situado en el tramo superior de las pequeñas empresas y en el inferior de las medianas, las cuales emplean a unas 50 personas, facturan anualmente alrededor de 10 millones de euros y tienen una caracterización propia.

Tal como afirman Collins y Porras, está consolidándose en todo el mundo un revolucionario enfoque estratégico. En un entorno cada vez más turbulento, global y competitivo, ya no basta con tener una buena idea, capitalizar una oportunidad de mercado y tratar de maximizar beneficios a corto plazo. Los negocios oportunistas han de pasar a ser organizaciones humanas bien estructuradas mediante valores finales e instrumentales que les den orientación y sentido perdurable más allá de generar para sus propietarios beneficios económicos a corto plazo. Por otra parte, la perdurabilidad y el desarrollo del sistema capitalista mismo pasa por su humanización, por entender y aplicar el valor del respeto a la persona y a su medio.

El autor se declara humanista, y ha pensado y comprobado en multitud de ocasiones que humanismo y buenos negocios pueden y deben ir juntos.

Humanismo significa entender a las personas como semejantes, como fines o como centro del sistema, y no como meros recursos, capital o activos. Por supuesto, este no es el enfoque predominante en la mayoría de los textos y las escuelas de dirección de empresas, y tomado verdaderamente en serio constituye una auténtica revolución.

Con la lectura de este libro, el lector se ahorrará la de multitud de los mejores tratados y modelos de dirección de empresas, y en el caso que los conozca, podrá integrarlos con una determinada perspectiva teórico-práctica basada en el hilo conductor de crear empresas sinérgicamente eficientes y generadoras de bienestar. Para ello, revisa y resume enfoques tan diversos como el eneagrama, el empowerment, la organización que aprende, el coaching, o la gestión del conocimiento.

Aunque trata sobre todo de los aspectos directamente manejables por el empresario, presenta la relación entre entorno y estructura organizativa en forma claramente resumida e integrable. En todo caso, el autor invita a las

PyMEs a tener un pensamiento estratégico y sistémico, entendiendo la necesidad de comprender su entorno y sus dinámicas internas.

Carlos Cleri no sólo comprende el cuerpo sino también el alma de las PyMEs, tanto con sus virtudes como con sus debilidades, y más cuando son empresas familiares. Por otra parte, analiza las competencias del empresario y directivo como líder, resaltando su papel en la formulación de visión, misión e ideología de la empresa.

Definitivamente, la visión, la misión y los valores compartidos son el alma de la empresa, su moral, su carácter, su espíritu, su identidad diferenciadora y su poesía. Son activos humanistas no tangibles pero de vital importancia para animar y dar coherencia y moral al esfuerzo de alto rendimiento de las personas en la empresa. La falta de valores verdaderamente dialogados e inductores de sentido para la acción genera empresas desalmadas, anodinas, deshumanizadas, fragmentadas y prosaicas, personas desanimadas, proyectos inanimados y equipos desmoralizados. Esta falta de alma genera empresas a las que, para la gran mayoría, cuesta un importante esfuerzo acudir los lunes por la mañana. Irónicamente, cuando son de gran tamaño, estas empresas con mucho cuerpo y poca alma acostumbran ser llamadas "corporaciones".

El término "estrategia" proviene del griego *strategía*, compuesto por *stratós*, "ejército", y *ago*, "conducir", por lo que viene a significar el arte de dirigir o conducir las operaciones militares. Sin embargo, si confiamos en que los cambios de todo tipo se suceden en forma acelerada en este inicio de siglo, podemos afirmar que el fin de la concepción estratégica empresarial basada en el paradigma militar verticalista está próximo. En la actualidad, hasta el mismo ejército y otras organizaciones conceptualmente emparentadas, como la Iglesia, han de cambiar de manera radical muchos de sus supuestos tradicionales si desean sobrevivir y desarrollarse.

La estrategia de empresa está evolucionando desde su enfoque inicial de planificación y de marketing estratégico, casi exclusivamente centrado en la relación de idoneidad entre producto y mercado, hacia un pensamiento más global que incluye la cultura organizativa adecuada para alcanzar los objetivos de mercado. La estrategia de empresa está ampliándose desde las ciencias económicas hacia las ciencias sociales. Considerar a las personas como fines y no como recursos es una decisión estratégica de primer nivel decisorio desde la propiedad y dirección de la empresa.

Más allá de sintetizar y articular modelos ya conocidos, el autor se compromete en el diseño de una nueva empresa que asuma lo ético como eje central, sea competitiva y consiga que las personas sean felices en ella. Esto es lo que podemos denominar una "dirección por valores".

La propuesta de una *dirección por valores* (DpV) surgió en 1997 en dos textos independientes, uno en inglés de Blanchard y O'Connor y otro en español del autor de este prólogo y de Shimon Dolan, varios años antes de que se empezara a hablar de *responsabilidad social empresaria* (RSE) a nivel internacional. En la actualidad, nuestro libro se ha ampliado y traducido a varios idiomas, incluyendo el inglés.

La dirección por valores es un nuevo enfoque democratizador y humanizador de empresas, que propugna una determinada formulación tanto de sus valores finales (visión y misión) como de las reglas del juego o valores instrumentales éticos, emocionales y pragmáticos, para llegar a alcanzar la visión y cumplir con la misión o aportaciones a sus diferentes grupos de interés: propietarios, empleados, clientes, proveedores y la sociedad en general. El método para conseguirlo puede definirse como "constructivismo conversacional" o, lo que es casi lo mismo, "hablando se entiende la gente".

Contribuyendo a la difusión de la dirección por valores, el autor apuesta claramente por confiar (en griego *empisté-*

yo, "creer en"), como valor central de la nueva empresa, en contraposición al control como mecanismo clásico y prácticamente único de gestión de personas.

La obsesión por el control suele basarse en la inseguridad y el miedo a la incertidumbre. Llevada a un extremo, implica aversión al riesgo, reticencia al cambio y escepticismo acerca de la libertad y la creatividad humanas. La obsesión cartesiana por la racionalidad y el control surge de la incapacidad para reconocer y apreciar el valor de la espontaneidad, del humor, o de los sentimientos. De ahí que la máquina, y no el organismo vivo, continúe siendo el concepto vigente en el mapa mental de muchos directivos para la organización humana.

A principios del siglo XXI estamos empezando a asistir tímidamente a la configuración de una nueva forma de pensar y hacer las cosas en el mundo de las organizaciones empresariales: una nueva cultura que está descartando el antiguo supuesto de que sólo unos pocos en la cima tienen el conocimiento y la energía emocional suficiente para diseñar y poner en práctica eficazmente las estrategias de supervivencia y desarrollo de la empresa. Por otra parte, la predicción generada por expertos –ya sean internos o externos– no tiene el mismo valor que la visualización de futuro y el consenso de valores compartido por todos, que los hace sentir propietarios emocionales de su sistema cultural.

El libro termina con una lógica referencia a la empresa familiar.

En la práctica, la existencia de una familia propietaria complica las relaciones de poder en la empresa, demandando energía que mucho mejor sería dedicar a su desarrollo interno y a la relación con el mercado. Sin embargo, en un mundo vitalmente necesitado de humanización para su prosperidad ética, emocional e incluso económica, la empresa familiar puede llegar a jugar un papel determinante.

Los valores de una empresa familiar, tanto los finales como los instrumentales, son un reflejo directo de los valores del fundador y de su familia, incluso aunque no se hayan hecho explícitos. Así, por ejemplo, que una empresa familiar sea solidaria, cumplidora o altamente contaminante tiene mucho que ver con que valores como la generosidad, la formalidad o el respeto por la naturaleza estén o no profundamente arraigados en la conciencia del fundador y sus familiares.

La dirección por valores puede ser especialmente útil en la empresa familiar para promover conversaciones de integración y sinergia de valores a diversos niveles:

- conversaciones de integración y sinergia entre valores "paternos" y valores "de la nueva generación";
- conversaciones de integración y sinergia entre valores "paternalistas" o "caritativos" puntuales del pasado y valores estratégicos y sistematizados de responsabilidad social empresaria;
- conversaciones de integración y sinergia entre valores "económico-pragmáticos" sustentados desde la propiedad, valores "emocionales" sustentados por la familia, y valores "éticos" sustentados por el liderazgo de la empresa socialmente responsable.

Por otra parte, la empresa familiar puede ser especialmente sensible al planteamiento estratégico de una dirección por valores en cuanto está acostumbrada a tener que cuidar el equilibrio entre lo económico, lo ético y lo emocional en el seno de la familia propietaria.

Finalmente, Carlos Cleri tiene la amabilidad, la osadía y el compromiso social suficientes para plantear a modo de epílogo el "Manifiesto eutópico", en cuyos dos primeros puntos proclama ni más ni menos que "queremos más tiempo para vivir y queremos más vida en el trabajo". El lector está claramente invitado a participar de este nuevo movimiento social, en el que el mundo de la empresa tiene un papel activo, determinante e incluso histórico.

Como sugiere el autor al inicio, vale la pena pasar por este mundo esforzándose en procurar consensos, aceptar disensos y contribuir a la construcción de una vida más humana, más próspera y más feliz.

Salvador García

Profesor de la Universidad de Barcelona (UB), España.

Impulsor del movimiento eutópico (www.eutopia.es)

INTRODUCCIÓN

Quiero transmitir al lector, que me ha honrado con abordar este libro, mi reconocimiento por su confianza y la esperanza de que le sea útil. Tengo la seguridad de que encontrará acuerdos y divergencias, y de eso se trata: de encontrar los consensos, aceptar los disensos y construir una nueva vida.

También quiero presentarle mi motivación para haber pasado tanto tiempo escribiendo esta obra. Además, explicarle con qué se encontrará en las páginas siguientes. Finalmente, deseo agradecer a quienes están detrás del papel, y que de una u otra forma contribuyeron de manera directa a la elaboración.

Mi motivación

Por sobre todas las cosas: humanismo

Creo en el hombre, soy un fundamentalista del humanismo.

Todos mis esfuerzos están orientados al colectivo sin distinciones; pero, al mismo tiempo, respeto las individualidades. Deseo un mundo de distintos que puedan vivir juntos, no un universo de autómatas que piensen lo mismo, similar a la brillante descripción que hizo George Orwell en *1984*. Afirmo que todo acto humano, en cualquiera de sus dimensiones (política, económica, social, etc.) debe estar orientado a aportar al bien común y a la calidad de vida de cada ciudadano.

El aspecto económico constituye tan sólo una parte del bienestar. Sin embargo, esa porción es suficientemente grande como para que nos ocupemos de ella. Nuestro sistema económico se desarrolla al ritmo de la actividad empresaria que, a su vez, es movida por el interés de lucro, cuyo orden es fijado por el mercado en que juegan los intereses de compradores y de quienes quieren satisfacerlos. Pero el mercado tiene limitaciones. Por supuesto que sigue siendo el mejor "asignador" de recursos que conocemos, pero no es óptimo y, con el tiempo, la concentración de poder en la oferta ha agravado su imperfección[1].

Por ello, el mercado debe ser mediatizado por la acción de quien(es) represente(n) los intereses del conjunto y tenga(n) una visión de largo plazo. Hasta el momento, esa vigilancia le corresponde al Estado. Aunque conocemos también sus limitaciones, su acción puede evitar los desvíos más importantes ocasionados por las actitudes basadas en el desmedido deseo de lucro, necesariamente oportunistas y de corto plazo, que llevan a la concentración del ingreso, el daño ambiental, la explotación de las personas, etc.

Referirse a la evolución positiva del sistema económico es hablar de desarrollo y no de crecimiento. No minimizo el valor del aumento cuantitativo de lo producido, pero lo interpreto como exiguo. El desarrollo es un concepto más

---

1. Los intereses que se expresan en el mercado son de corto plazo y no toman en cuenta los efectos secundarios que generan. Por ejemplo, el consumidor quiere pagar lo menos posible, pero ello puede significar (también por ejemplo) que el abaratamiento conlleve a la destrucción paulatina del ambiente, con lo que el interés individual de corto plazo se enfrenta con el interés de la humanidad en el largo plazo y, como sabemos, si esto sigue así no será necesario un muy largo plazo para que estemos "todos muertos", como decía Keynes.

amplio, que incluye el crecimiento, pero también el hecho de ganar la lucha contra la pobreza y ser la base para potenciar un reparto más justo y equilibrado de la riqueza generada. Es así como el crecimiento se ocupa de la producción de la riqueza, y los otros dos aspectos, de su distribución equitativa.

Ahora bien, si nos detenemos en el aspecto económico, debemos considerar la creación de opulencia.

Si ponemos como objetivo la generación de riqueza, necesariamente debemos glorificar un orden continuo de acumulación, si bien la acumulación que convalida el crecimiento deseado no es de carácter genérico, sino que está relacionada de manera específica con el capital reproductivo, o sea, con aquellos activos con los cuales es posible generar nueva riqueza.

Propongo entonces hacer un pequeño ejercicio intelectual, partiendo del concepto básico de que el crecimiento es la acumulación de capital reproductivo (ciclo de reproducción ampliada del capital); su existencia depende de la inversión, cuya decisión es tomada, en primer lugar, por las empresas[2].

Las sociedades mercantiles sólo toman la decisión de aplicar fondos para aumentar su capacidad productiva cuando tienen rentabilidad y expectativas favorables[3]. Las buenas perspectivas se vinculan a la estabilidad macroeconómica y la existencia de una demanda potente; en tanto que la renta tiene que ver con la productividad y la capacidad para gestionar las organizaciones.

---

2. También es importante la inversión realizada por el Estado en infraestructura, conocimientos, ciencia y tecnología, educación y toda otra aplicación de fondos que aumente el volumen de riqueza que, también en primer lugar, las empresas pueden engendrar.

3. Siguiendo con la nota anterior: la inversión del Estado depende de sus ingresos, o sea, de los impuestos; y estos a su vez, fundamentalmente (en los entornos razonables, cuando los sistemas fiscales son progresivos –y progresistas– y no regresivos) de las ganancias de las empresas.

La productividad está sujeta al acervo del capital y conocimiento, al nivel tecnológico con que opera y a la habilidad directiva para gestionar. Aspectos todos que están íntimamente relacionados con el nivel de educación de la población[4].

¿Por qué no alcanza con el crecimiento? Simplemente porque el objetivo no es la opulencia de corto plazo del sistema económico, sino el bien común. En los últimos tiempos, el crecimiento se ha despegado del progreso general porque se desvinculó del empleo. Así asistimos a una etapa prolongada de crecimiento sin empleo.

Hoy, para ampliar el producto no se necesita gente. Se produce más reemplazando personas por máquinas. Crecer sin empleo puede ser muy eficiente desde el punto de vista de las estadísticas económicas, pero muy ineficaz en términos de progreso humano. Para la mayoría de la población, la prosperidad está basada en un empleo digno, en la participación de la creación de riqueza y en la posibilidad de disfrutarla. Luego vienen otras cuestiones.

El trabajo remunerado es el que asegura al individuo su ingreso y con ello la posibilidad de comprar en el mercado los bienes y servicios que satisfagan sus necesidades humanas. El empleo es el mayor reaseguro de felicidad[5].

Por lo tanto, quiero detenerme ahora en el empleo.

Cuando enfocamos la creación de trabajo remunerado, lo primero que surge es que la mayor parte de las personas son empleadas por organizaciones pequeñas.

Las grandes empresas aportan a la sociedad a partir de su evolución tecnológica, pero esta, normalmente, reem-

---

4. Es claro que el desarrollo es, en última instancia, una función derivada de la educación. Los que tuvimos alguna oportunidad de estudiar el milagro japonés, y los propios nipones, estamos absolutamente convencidos de la veracidad de esta afirmación.
5. Por supuesto que hablo en términos generales sin entrar en estas páginas en lo que es una retribución adecuada, ni –menos– en a quién corresponde el fruto de su labor.

plaza mano de obra (y materias primas críticas). La destrucción paulatina de empleo por parte de las grandes corporaciones (e incluso de pequeños innovadores) no es una práctica perversa, sino el producto de la lógica competitiva y el precio a pagar para mover la frontera de lo posible. La subsistencia de la gran empresa depende de la incorporación de tecnología[6].

Según ese concepto actual, la lógica excluyente de las megacorporaciones implica que la expulsión de mano de obra irá deteriorando paulatinamente la demanda, y de ahí que habría menos consumidores, el mercado languidecería y, en consecuencia, la producción sería excesiva y los negocios desaparecerían. Y con ellos, las compañías insignes del sistema.

Por eso, algunos de nosotros nos dedicamos a promover la presencia paralela de una lógica complementaria. La que hace que la mayor parte de la población del mundo

---

6. Tampoco voy a entrar en la discusión de las bondades o efectos perniciosos del avance tecnológico. Sólo dejaré constancia de que, como humanista, creo que la tecnología debe estar al servicio del hombre y no al revés, como ha ocurrido. La tecnología permite, *a priori*, reducir el esfuerzo humano para generar riqueza, tener más comodidad y seguridad en el trabajo, resolver cuestiones graves de salud, mantener el medio ambiente, etc. El problema es cómo se reparte el beneficio de la innovación tecnológica. No me opongo a la genuina retribución que debe poseer el innovador (o la empresa que incorpora una nueva tecnología), sólo que no puede acarrear un perjuicio superior al conjunto social. Si provoca desempleo grave, a la larga el propio beneficiado será el mayor perjudicado porque deberá vivir en un mundo desequilibrado y con carencia de compradores. El problema es que esto no se ve (o no se quiere ver), porque el beneficiado sabe que a la larga estará muerto y no le importa lo que suceda con los que vienen, ni siquiera con su propia descendencia. Pero estas son las reglas de juego actual; sólo se podrá pensar en una situación diferente si existe un orden distinto, si se impone la noción de que la tecnología tiene que ayudar a mejorar la calidad de vida, establecer un reparto equilibrado y colectivo de las ventajas que trae aparejadas, introducir un modelo de respeto a la humanidad, a todos y a cada uno, y generar un sistema que combine el desarrollo económico con el social.

tenga empleo. La que sustenta a las micro, pequeñas y medianas empresas.

Veamos ahora el tema desde otro punto de vista.

Decía que para lograr lucro hay que tener consumidores, y para que haya compradores debe haber trabajo. Pero también, para obtener beneficios es preciso que la gente elija nuestros productos; y para eso debe estar satisfecha con ellos, y la complacencia depende en gran parte de la calidad del producto/servicio que se entregue y de la relación que se geste entre comprador y vendedor.

Para que el cliente esté satisfecho, el personal de la organización debe trabajar con alegría y generar el mejor producto o servicio. Su esfuerzo debe significar una oferta de la mejor calidad, lo que depende del trabajo a conciencia; de menor costo, lo que deriva de la productividad; y, además, que el contacto entre la empresa y el comprador sea cálido y amigable, atributos que sólo pueden ser brindados por trabajadores que hacen las cosas con felicidad.

Así ocurre si cada trabajador está motivado y comprometido con la misión de la empresa, si se siente y es parte de ella, lo que sólo se puede lograr si las personas son respetadas como semejantes y no como recursos, capital o activos.

Porque para que una empresa funcione, eficaz y eficientemente, debe poner en su centro de atención a todas las personas que en ella trabajan y también respetar el carácter humano de los compradores, proveedores y de cada miembro de la comunidad con que se mantienen vínculos.

El humanismo debe, pues, impregnar toda actividad productiva.

El proceso de constituir al hombre como eje del desarrollo personal y de sus formas organizativas (familia, grupo, empresa, sociedad) es un desafío permanente. Y lo es más en el caso concreto de las sociedades mercantiles, tan redundantes en sus atractivos materiales y tan carentes de humanismo.

Ya se irán decantando los sistemas y encontraremos formas renovadas de lograr la "felicidad terrenal". Pero, por lo pronto, ahora es necesario que la empresa que es el motor del sistema, respete al ser humano (cliente, trabajador, propietario, ciudadano).

Como me acotaba mi colega Claudio Pietrantueno, "empresa es una comunidad de personas, para personas y con las personas", por lo que ni estas, ni su operación llamada trabajo, pueden ser reducidas a la mera condición de "recurso".

Pymemanía

Toda mi vida estuvo relacionada con las pequeñas empresas. Me crié al lado de la fábrica de bicicletas, motos, sillas plegadizas y butacas metálicas de mi padre. En el patio de mi casa había una puerta que comunicaba con el establecimiento. Fue así como jugaba entre tornos y balancines, viruta y grasa, y llevaba en mi nariz a la escuela el dejo a esencia de banana del horno de pintura.

Recuerdo los "ajustes de cinturón" de las épocas bravas. Se comía polenta y arroz pero no se dejaban de pagar los sueldos. Los obreros eran parte de mi familia ampliada.

Me acuerdo de las reuniones informales de familia para tratar cuestiones de la empresa y cuando en grupo de primos poníamos niples en las llantas de las bicicletas. Tengo presente la llamada de mi padre a Guatemala para pedirme opinión sobre si aceptar la coima que le exigían los testaferros del Ente Autárquico Mundial '78 para concretar una venta de miles de butacas para los estadios mundialistas, hecho que podía salvar a la fábrica asolada por la misma política económica engendrada por los intermediarios del poder militar. Por supuesto que primó el temperamento ético de mi familia italiana y fue así como las butacas fueron de plástico y no de metal.

No me olvidaré del sufrimiento de mi tío, y el de mi propio padre, cuando un chupatintas contable y el consorte de la hija de un buen amigo de la familia –al que mi padre le entregó acciones por una ayuda en malos momentos y que fueron apropiadas por su yerno– produjeron el vaciamiento y quiebra de la empresa.

Con el tiempo seguí ligado al tema PyMEs desde el Ministerio de Economía, donde impulsé los programas asociativos (consorcios de exportación) en los años '80; más tarde mi consultoría se dedicó fundamentalmente a ayudar a las empresas menores en el desafío de exportar; mi vida académica tuvo esa misma orientación, igual que la mayor parte de mis libros y escritos. Desde la Sociedad Latinoamericana de Estrategia (SLADE), junto con mi querido amigo Luis Bianco, poníamos el énfasis en los temas estratégicos ligados a las PyMEs, acompañando al mejor grupo de estrategas nacionales más comprometidos con la realidad de las grandes empresas (Roberto Serra, Armando Bertagnini, Rubén Rico, entre los más destacados). Dos veces desde el Instituto de Comercio Exterior y Apoyo a las PyMEs del Banco Ciudad impulsé el segmento. Hoy tengo una vivencia directa derivada del contacto con las PyMEs que me facilita mi doble función de directivo de Garantizar S.G.R. y presidente de la Fundación Garantizar el Desarrollo. En Garantizar, además, tuve el privilegio de compartir horas de trabajo con uno de los más dignos dirigentes de PyMEs que conozco, César Tortorella.

Este libro está motivado por una realidad familiar; por la conciencia de la enorme importancia que tiene la PyME sobre lo micro, lo macro y lo social, y por la correspondencia entre el humanismo, la sociedad y la pequeña empresa.

Da fe de que perseguir el lucro y respetar al ser humano no sólo no son contradictorios sino que pueden llegar a reforzarse. Aunque sea difícil de observar a corto plazo, aunque se nos impregne de cultura mercantil salvaje, quiero creer y transmitir que humanismo y buenos negocios pueden ir juntos. No lo hago para tranquilizar mi conciencia, pero estoy seguro de que logrando armonía, a muchos empresarios honestos se les bajará el nivel de estrés.

En cuanto a la obra en sí, nació como un libro de estrategia que profundizaba el pequeño adelanto realizado en la colección que editó la revista *Mercado*[7].

El desarrollo se hizo demasiado extenso al abordar temas relacionados con gestión, cultura, formas organizativas y, dada la particularidad, incluir representaciones de políticas de Estado imprescindibles para el desarrollo del conglomerado PyME. Siendo el conjunto demasiado largo, opté entonces por encarar cada tema por separado.

Este primer libro está dedicado a aspectos culturales, organizativos y de gestión que la práctica me lleva a recomendar a los dirigentes de PyMEs, fundamentalmente de la periferia del sistema económico mundial.

De qué trata el libro

En el mercado no compiten las empresas sino cadenas de valor que enhebran desde el insumo más básico hasta el bien o servicio que es finalmente consumido. De esa forma, no basta con ser eficiente. Todos los eslabones deben serlo y sus engarces no deben cargar los costos sino reducirlos (eficiencia por especialización).

Por otra parte, también habrá que considerar que sólo una pequeña fracción del precio final es controlada por la empresa, pues el resto viene dado desde afuera. El entorno al que está vinculada la organización mercantil es funda-

---

7. CLERI, Carlos: *Estrategias PyME y Cooperación Interempresaria.* Editorial Coyuntura, Buenos Aires, 2000.

mental a la hora de manejar la competitividad. Un contexto negativo añade costos, en cambio uno eficiente los disminuye. Gran parte de la capacidad competitiva está relacionada con la forma en que se manejan las relaciones con el universo de fuera de la empresa, pero que está vinculado a ella de manera directa o indirecta.

En el mundo de los negocios hay aspectos que son manejables y otros que no.

De afuera hacia dentro, se puede definir la existencia de un entorno lejano, no manejable, en el que prácticamente las compañías (y más las PyMEs) no pueden accionar. No están en la órbita los aspectos vinculados a las megatendencias mundiales de carácter económico, político, social, tecnológico. Lo importante es tener el escenario bajo observación. Medir las consecuencias de los hechos no manejables. Conformar un paraguas de protección para guarecerse de los efectos adversos. Armar instrumentos flexibles y ágiles para aprovechar las posibilidades favorables que se presenten.

Un segundo entorno está vinculado a la actividad, sector o industria en el que cada empresa actúa. Allí, las acciones individualmente consideradas tienen poco peso relativo (proporcionado a su participación en el mercado); aunque algún acto innovador, incluso de una firma pequeña, puede provocar un cambio en la tendencia o el funcionamiento de la industria (reinvención).

El tercer nivel del ambiente es próximo. Es el de las relaciones directas con el exterior. Incluye los vínculos con los clientes, los proveedores, la comunidad y hasta con los competidores directos. Sobre este nivel se puede accionar, y aunque limitadamente, se logra algo de influencia.

Finalmente se encuentra el espacio de lo que es directamente controlado, pues la empresa tiene a su disposición la posibilidad de tomar decisión sobre ello; e incluye la forma en que estructuramos la organización mercantil; el papel, trato e importancia que les asignamos a las personas que en ella trabajan; la forma en que se conduce el negocio; los objetivos estratégicos; los caminos para alcanzarlos, y aun la cultura organizacional.

Este libro se refiere al manejo del ámbito interno, del entorno cercano y de las relaciones próximas. Es decir, los aspectos manejables.

En primer lugar, presenta los elementos esenciales del negocio –la empresa, el empresario y la estrategia– y formula algunas apreciaciones sobre sus características principales. Al considerar a la organización mercantil, se repara en que su razón de ser en la sociedad es producir bienes o servicios para satisfacer las demandas de los consumidores, logrando generar un lucro a su propietario (dueño del capital). Se enfatiza en los dos grandes pilares que sustentan la vida de las PyMEs al permitir crear valor para sus clientes: su idea del negocio y la voluntad de hacerlo efectivo. Pero al mismo tiempo, se advierte que la empresa es una organización de personas para servir a otras (propietarios, personal, clientes), por lo que sus acciones deben ir orientadas en este doble sentido: crear un ámbito laboral pleno y satisfactorio, que produzca alegría en la creación de riqueza (y con ello lograr el nivel máximo posible de eficiencia), y a la par, producir beneficios.

Cuando se aborda al empresario, se observa su carácter de conductor. En especial se toma en cuenta la potencia de sus hechos, estilo, intereses, valores y objetivos. En las empresas menores el *character* del conductor está amplificado.

Y aunque tiene que ver con las relaciones del segundo círculo, el tema estratégico es tratado de manera escueta porque es el núcleo del próximo libro. Se remarcan sólo algunos aspectos de elaboración, los parámetros principales y las palancas que tienen las PyMEs para generar negocios.

En la segunda parte del libro se analizan los cambios en el escenario de los negocios (se refiere al cuarto círculo, o sea, el que está alejado del control de las empresas). Estas mudanzas incluyen fuertes exigencias, pero también oportunidades, para el accionar empresario.

Desde allí se proponen una serie de cursos de acción relacionados con los ámbitos manejables para mejorar la eficacia y la eficiencia de una PyME indiferenciada, y deja a los lectores la tarea de lograr la adaptación a sus casos particulares.

Al inicio se presentan acciones para mejorar la conducción. Esto tiene que ver con las cosas que el dirigente o empresario debe hacer para mejorar su gestión. Luego se hace mención a ciertos aspectos del funcionamiento de la organización que están en condiciones de ser mejorados para lograr mayor efectividad. En este sentido se proponen acciones que tiendan a:

1) organizar a las personas de la mejor manera y,
2) crear el ambiente para alcanzar el máximo nivel de productividad posible.

En la última parte se presentan aspectos relacionados con la organización y la gestión práctica para aprovechar y mejorar los negocios.

El texto finaliza con la presentación del "Manifiesto eutópico".

Agradecimientos

Quiero agradecer al enorme grupo de personas que han hecho posible este trabajo; todos ellos son la parte del iceberg que no se ve pero que lo sustenta.

En primer lugar a Luis Sznaiberg, que leyó, corrigió, comentó y ayudó a aclarar muchos barullos producidos por la ansiedad para comunicar. También a Claudio Pietrantueno. A mi hija Paola, que pulió los primeros momentos del libro y a mi compañera Marisa, que soportó mis largos tiempos de fin de semana sobre la computadora y alentó la obra.

PARTE I

LOS ELEMENTOS MANEJABLES DEL NEGOCIO

EMPRESA

3E

EMPRESARIO   ESTRATEGIA

CAPÍTULO 1

LA EMPRESA.
INSTITUCIÓN VITAL DEL SISTEMA

"El aspecto general de una empresa cambia según sea la formación organizacional que caracteriza a la persona que la observa. Si la formación básica que usted recibió es la comercialización, entonces quizás vea a la empresa como un conjunto de productos y marcas, cada uno de los cuales apunta a un segmento de consumidores en concreto. Si usted tiene una orientación manufacturera, la empresa le parecerá un conjunto de maquinarias y servicios, cada uno con sus procesos discretos y flujos de trabajo, en el seno de una red logística interconectada. Desde una perspectiva financiera, la realidad funcional es una cartera de agrupamientos de activos: cada uno procura (eso es lo que se espera) la rentabilidad buscada, en la medida en que los ingresos superen a los costos. Una visión orientada hacia los recursos humanos podría considerar la empresa en primer lugar como compuesta por poblaciones de empleados, quizá agrupados en varios niveles (por ejemplo, asalariados, trabajadores a horas, y a jornada parcial). Un examen más refinado podría centrarse en los talentos y aptitudes de esas personas; en la calidad, en lugar de la cantidad. Y una visión orientada hacia el futuro vería la empresa como una serie de trayectorias profesionales y una mezcla emergente de insuficiencias y excedentes de talento. Todas estas panorámicas son 'correctas', pero limitadas. Cada una de ellas desecha más que lo que incluye."

Robert Tomakso, *Repensar la empresa*

Qué es una empresa

Una organización es un conjunto de personas que trabajan juntas para cumplir con un propósito común. Una empresa son individuos que unen sus esfuerzos para alcanzar un beneficio económico. Precisamente, ese deseo de lucro es lo que la diferencia de cualquier otra institución de la sociedad.

María Freier, licenciada en Ciencias Antropológicas, advierte sobre su complejidad y profundidad. Toda organización humana es una construcción social, un producto cultural, a su vez generador de cultura. La empresa, además de articular tecnologías, capitales intangibles y relación con los mercados, es fundamentalmente una asociación de personas, con distintos matices culturales y psicológicos, por lo tanto no es por completo racional económicamente. En su interior se produce una acumulación de patrimonio, conocimientos, cultura, valores profesionales y morales, que tienen como protagonistas a todas las personas que la integran. Es así como las empresas, específicamente las industriales, y dentro de ellas las PyMEs, tienen mucho que decir en torno a la dinámica social[1].

"Cada actividad organizada –desde la fabricación de cacharros hasta poner un hombre en la Luna– da origen a dos requerimientos fundamentales y opuestos: la división de trabajo entre varias tareas a desempeñar, y la coordinación de esas tareas para consumar la actividad. La estructura de una organización puede ser definida simplemente como la suma total de las formas en que su trabajo es dividido entre diferentes tareas y luego es lograda la coordinación entre estas."[2]

> En el mundo capitalista, las personas dependen de las empresas más que de cualquier otra institución para lograr su bienestar económico.

La mayor parte de la creación de riqueza en la sociedad contemporánea descansa en la empresa. De allí deriva la importancia de su existencia y la necesidad de su estudio. *"Las PyMEs se vuelven sistemas creadores de valor económico cuando desarrollan dinámicas productivas y competitivas que les permiten enriquecer su contexto conectando a las personas con los mercados, en los cuales se encuentran los recursos requeridos para satisfacer sus necesidades, a la vez que se enriquecen en el proceso."*[3]

---

1. FREIER, María: *Garantizar Noticias*, N° 24, octubre-noviembre 2004.
2. MINTZBERG, Henry: *Diseño de organizaciones eficientes*. El Ateneo, Buenos Aires, 1994.
3. VENTOCILLA CUADROS, Eleodoro: *La creación de valor y las PyMEs*. Documento, Caracas, 2004.

Crear valor es devolver al sistema económico mayor valor que el que se toma (consume); la situación inversa es convertirse en parásito.

Con todo, la empresa ha sido insuficientemente analizada.

Desde la Economía se la considera una función de producción. Una especie de "caja negra" a la que se le inyectan componentes (insumos, capital, trabajo, tecnología) y de la que se extraen productos elaborados. La Administración sólo contemplaba casos aislados y no el conjunto y su proceso evolutivo, hasta que se introdujo la "perspectiva de la competencia" y apareció una disciplina híbrida, mezcla de historia, economía y administración, conocida como Historia económica de la empresa, Historia empresarial o Historia de la empresa[4].

Las relaciones entre el mundo de los negocios y la disciplina económica no fueron muy estrechas ni precisas, pero la teoría económica dio rigor analítico y sistematización a la dirección de empresas y esta le devolvió un realismo que a aquella le faltaba. Por otra parte, la divisoria de aguas entre macro y micro trajo problemas prácticos al soslayar los lazos que unen las partes con el todo (sistema económico). Como resultado, muchas decisiones macro no se ocupan de los efectos micro que provocan, como también hay acciones empresarias que se ejecutan con independencia del marco general.

Integrar el ambiente a las observaciones sobre las sociedades mercantiles evita el *descuelgue* clásico de los intelectuales –seguidos por profesionales y aun empresarios[5]– que termina provocando resultados peligrosos.

---

4. Quien quiera profundizar en la historia de la empresa, puede recurrir al muy buen libro de VALDALISO, Jesús María y LÓPEZ, Santiago: *Historia económica de la empresa.* Crítica, Barcelona, 2000.

5. En general, el empresario por su práctica difícilmente se desenganche del contexto en que opera, pero esta consideración es empirista y puede ser mejorada con metodologías de análisis que incrementen la posibilidad de aprovechar las oportunidades y disminuyan el riesgo de los acontecimientos amenazadores.

Atender al diseño de la estructura de las entidades de negocios es vital, a tal punto que muchos analistas le confieren un papel relevante para lograr el éxito. En otras palabras, numerosos expertos consideran que la competitividad (ergo, el éxito o fracaso) deviene de la forma en que se organiza la firma para alcanzar eficaz y eficientemente el logro de su misión. Surge de ello que la función de los directivos consiste en conformar la disposición organizativa más acorde con lo que creen será la mejor forma de responder a los retos y exigencias que deben enfrentar.

> La forma que adopte la empresa derivará de la mejor manera en que el directivo crea que puede cumplir con su sueño (visión) y misión.

Y como dicen Ricart y Álvarez, los dirigentes deben establecer la estructura de responsabilidades, los procesos de dirección y coordinación, los sistemas de información, evaluación y control, y el estilo de dirección y postura frente a las personas y sus relaciones. Lo importante es que todo ello se integre coherentemente en una estrategia que exprese cómo se piensa enfrentar el futuro[6].

Por eso es fundamental gestionar la correspondencia entre la empresa (conjunto de personas dirigidas por un empresario), la estrategia y el entorno competitivo.

PyMEs, ¿estado circunstancial de un ciclo de vida?

Es común suponer que las firmas pequeñas constituyen el punto de partida en la evolución de la especie "empresa". Esta falacia, claro, surge de asimilar su ciclo de vida al del hombre (nacimiento, infancia, adolescencia, madurez, envejecimiento y muerte). Pero no todas siguen esa trayectoria, y sólo coinciden en el punto de partida (naci-

---

6. RICART, Joan Enric y ÁLVAREZ, José Luis: *Cómo prepararse para las organizaciones del futuro.* Folio, Barcelona, 1996.

miento). La mayoría, incluso aquellas que llegan a mantenerse activas por largos períodos, se conservan pequeñas, aunque lleguen a hacerse más eficientes con el paso del tiempo. Así pues, la cristalización de una empresa puede derivar de muchos factores, ya sean:

- personales: no poder afrontar el estrés de la gran competencia; o no querer trascender la propia comarca (en estos casos, el líder actúa como freno);
- operativos: el negocio se maneja mejor desde una estructura pequeña;
- financieros: no se cuenta con recursos suficientes para encarar el necesario salto de crecimiento;
- otras causas: evolución desfavorable del contexto, localización, entorno atrasado, poca exigencia de la demanda, etc.

En suma, las PyMEs son entidades diferentes de las *grandes empresas* (GEs). No son su réplica "enana" ni su etapa infantil. Sólo algunas llegan a grandes, mientras que el resto mantiene la dimensión que le da origen y razón.

Como resultado encontramos dos trayectorias diferenciadas: las que transitan el camino natural del crecimiento (micro/ pequeña/ mediana/ grande); y las que tendrán toda una vida para gozar la ventaja de ser pequeñas.

> Algunas empresas nacen, crecen y desaparecen. Otras, en cambio, pueden conservar el mismo tamaño y perdurar más allá de lo imaginable.

La obsesión por el crecimiento es un síndrome que ocasiona disturbio. He visto a muchas empresas PyMEs entrar en turbulencia por hacer frente a una demanda comprobada y solvente. La ansiedad es normal, pero la falta de meditación y el crecimiento no planificado –especialmente cuando se abusa del endeudamiento o se incorpora de golpe mucho personal– pueden provocar daños irreparables.

En ocasiones sucede que para aumentar la capacidad productiva (equipamiento) se gasta el capital de trabajo y se toma prestado. Lo que no se piensa es que el progreso incrementa la necesidad de fondos. La empresa queda entonces atrapada en una anemia paralizante. He observado que la resolución del conflicto en el corto plazo se encara recurriendo a créditos usureros que van carcomiendo a la empresa hasta desangrarla. Por eso decimos que, muchas veces, lo que necesita una PyME no es un crédito sino un socio. En Garantizar[7], al avalar la compra de un bien de capital analizamos siempre la factibilidad integral de la operación.

Tipificación

Así, las PyMEs constituyen una categoría distinta de las GEs, pero tratar de establecer exactamente el punto de diferenciación no es fácil.

Se duda sobre si el segmento incluye a las microempresas, y hasta soy partidario de separar a las pequeñas de las medianas. Este libro, por ejemplo, está dedicado al tramo superior de las pequeñas empresas y a las medianas más chicas, aunque algunos comentarios competen también al resto del segmento MiPyME[8].

> Los países ajustan el corte de personal ocupado a su propia realidad. Para Estados Unidos son PyMEs los establecimientos con menos de 500 trabajadores. La Unión Europea establece la cota en 250. Brasil la fija en 500 para la industria y 100 para comercio y servicios.

La tipificación, por supuesto, depende mucho de su objetivo; pues hay variantes si se realiza para un propósito de carácter político o

---

7. Sociedad de garantías recíprocas dedicada a facilitar el financiamiento PyME.
8. Usaré la sigla MiPyMEs cuando incluya a las microempresas, que es la forma en que normalmente el Estado las agrupa para diferenciarlas de las grandes compañías.

cuando se persigue una intención sociológica, histórica o académica.

La geografía y los desiguales niveles de desarrollo de los países obligan a considerar diferentes parámetros. Una PyME de un país industrial superará el límite impuesto en un contexto menos avanzado.

La diversidad impide una clasificación única; no es lo mismo el rubro agropecuario que el fabril. Incluso dentro de los grandes agrupamientos se observan diferencias, y hasta en un mismo sector pueden encontrarse distinciones abismales que impiden el uso de una tipificación única y aceptada por todos. Hay industrias que no admiten pequeños jugadores; otras discriminan a los grandes y, a veces, se mezclan. Hay actividades intensivas en capital, tecnología, recursos naturales o mano de obra. ¿Cómo comparar manzanas con computadoras, libros con naves espaciales?

La informalidad y el ocultamiento de datos por razones impositivas, muy comunes en las pequeñas firmas, dificulta una medición precisa, lo que aumenta la confusión.

En la práctica, las variables más usadas para la clasificación son: el *número de personas ocupadas por establecimiento* y el *monto bruto de facturación*. Hay algunos métodos más sofisticados, que consideran el *patrimonio neto*, el *activo* y combinaciones exóticas de distintos parámetros.

En Argentina, el Ministerio de Economía[9] fija los límites entre GEs y PyMEs a partir de tres elementos: *personas ocupadas, ventas anuales* y *activos netos*[10]. Por su parte la Secretaría PyME (órgano oficial que atiende al sector en la Argentina) dispuso cinco categorías de empresas y utilizó la variable "ventas anuales (en pesos)" para clasificarla: Agropecuario; Industria y Minería; Comercio; Servicios y Construcción.

---

9. Res. M. de E. N° 401/89, 208/93 y 52/94.
10. La baja calidad que tiene la información sobre estas variables fue dejándolas en el olvido.

Categorías de empresas de acuerdo con el personal ocupado
(Consideración general)

	Comercio y servicios	Industria y transporte
Microempresas	Hasta 3 personas	Hasta 10 personas
Pequeñas empresas	Entre 4 y 15 personas	Entre 11 y 50 personas
Medianas empresas	Entre 16 y 100 personas	Entre 51 y 300 personas

Para obtener datos censales de las empresas de la Argentina, y sólo para Industria, Comercio y Servicios, debemos remontarnos al año 1993[11]. En aquel momento el total de MiPyMEs ascendía a 895.000; representaba el 99,7% de los establecimientos, el 81% del empleo y el 71% del *valor agregado bruto*[12] de los sectores contemplados. Dos años después, cuando fue sancionada la Ley PyME, el Ejecutivo consideraba que el segmento representaba el 40% del PBI y ocupaba aproximadamente el 60% del total de los trabajadores, cifra coincidente con otras investigaciones publicadas[13].

Participación comparativa de las PyMEs argentinas y de la OECD

PAÍS	% del PBI	% del empleo total
Argentina	40	60
España	64	64
Italia	40	49
Francia	62	69
Alemania	35	66
Reino Unido	30	67
Estados Unidos	48	54
Canadá	57	60
Japón	57	74

Fuente: Banco Mundial.

11. La medición abarca al sector privado urbano; quedan afuera importantes sectores.
12. Definido como el resultado entre el valor de producción menos el consumo intermedio.
13. En general utilizo datos oficiales del INDEC. Para algunas cuestiones particulares tomaré otras fuentes: AFIP, ANSES, CEPAL, el Observatorio PyMI de la UIA y la encuesta realizada por Mora y Araujo para SEPYME. Actualmente se están esperando los datos del último censo.

Particularidades de las PyMEs

Las PyMEs son volátiles (altas tasas de nacimientos e inestabilidad), dado que las empresas nacen pequeñas (son pocas las firmas nuevas que nacen con porte voluminoso) y los decesos se producen generalmente en los primeros momentos de vida. Un corte muestra que la mayoría son jóvenes y están conducidas por sus fundadores.

El primer momento de la verdad de toda empresa es el choque de las ideas pergeñadas por su creador y el punto de vista de los clientes. Si no cuadra, se produce el deceso. Sorteado ese momento, es muy probable que la creación tenga grandes posibilidades de subsistir, salvo que se produzcan situaciones derivadas de la imposibilidad de los directivos para acompañar la evolución de la compañía, o catástrofes macroeconómicas a las que estamos tan acostumbrados.

> Las PyMEs generalmente son: jóvenes, no controladas por otras empresas, de propiedad y gestión familiar.

La mayoría de las firmas menores son independientes (no controladas por otra entidad), aunque las pequeñas empezaron a integrarse en redes y las grandes han abordado procesos de desmembramiento para lograr mayor velocidad o capacidad de adaptación al cambio.

Las PyMEs, por lo común, son propiedad de las familias, que también las gestionan.

Virtudes

- *Flexibilidad.* Su organización pequeña y dinámica les otorga elasticidad para amoldarse al actual ambiente incierto y cambiante. Los países con un sólido entramado de empresas pequeñas tienen mayor capacidad para avenirse a los cambios del entorno. Por eso, en los últimos tiempos crecieron más que las grandes. En este contexto, sólo lo maleable puede sostenerse, por lo que las PyMEs se convierten en pilar fundamental de la arquitectura productiva. Esta virtud es una potencialidad, ya que no por ser pequeño se es flexible, pero son mayores las posibilidades de serlo. Lamentablemente me he topado con un sinnúmero de PyMEs que son más rígidas y burocráticas que muchas GEs.

- *Carácter pionero.* Revitalizan la sociedad con sus emprendimientos novedosos; se inician con una idea producto o forma de hacer las cosas incubado por un *entrepreneur,* que se cristaliza en un laboratorio pequeño; este, con el tiempo, puede llegar a manejar grandes escalas. De esta forma se van abriendo camino.

- *Proveedoras de bienes y servicios* para los consumidores, pero también para GEs, que logran mayor eficiencia a través de la delegación de aspectos sensibles o no manejables de su proceso productivo. En la práctica, existe una diversidad de actividades que, por su tamaño, especificidad o requerimientos de manejo, no resulta conveniente que tomen a su cargo.

- *Innovadoras y creativas.* Alimentan la especialización y diferenciación de productos acordes a las exigencias. Muchas creaciones innovadoras nacen en pequeños talleres y laboratorios. De esa forma, las PyMEs dinamizan la economía.

- *Guardia del equilibrio de la sociedad.* Son resguardo del equilibrio y crecimiento sostenido de la economía, imprescindibles para integrar a las personas al sistema. Al atemperar la concentración econó-

---

VIRTUDES

- Flexibilidad.
- Carácter pionero.
- Proveedoras de bienes y servicios a las GEs.
- Innovadoras y creativas.
- Equilibran la sociedad.
- Importantes empleadores.
- Sostén de la demanda.
- Contribuyentes impositivos.
- Permiten el equilibrio regional.
- Dinamizan la economía.
- Ayudan a la movilidad social.
- Aportan a la productividad global.

mica posibilitan un cierto orden positivo en la distribución de la renta, condición necesaria del desarrollo. La concentración conlleva una peligrosa inclinación de poder que termina siendo fuente de arbitrariedades; a la postre, generan descontento y violencia, poniendo en peligro la democracia, la creación de riqueza, la calidad de vida y el propio mantenimiento de las sociedades mercantiles.

- *Principales empleadores de mano de obra.* Son el más potente agente de contratación laboral que existe en la sociedad. Todos los países descansan en la fuerza de trabajo de las organizaciones pequeñas.
- *Sostén de la demanda.* Como contraprestación al trabajo se abonan salarios que se traducen en poder de compra, y dan vida a nuevos negocios. Cuando se destruyen PyMEs (como sucedió en la Argentina de los '90) se debilita la demanda, se cierran establecimientos, y se abre un proceso de realimentación que esparce y generaliza la miseria.
- *Contribuyentes del sostenimiento del Estado.* Aportan al fisco de manera directa o indirecta.
- *Permiten el equilibrio regional.* La influencia de una red PyME diversificada y extendida geográficamente constituye un aporte esencial para lograr la integración territorial. Mientras las GEs se asientan en los conglomerados urbanos, por infraestructura y cercanía al cliente, las firmas pequeñas nacen alentadas por las realidades locales y, por lo general, se mantienen afincadas en su territorio de origen.
- *Ayudan a la movilidad social de los ciudadanos.* Muchos obreros y empleados se independizan, abriendo sus propios talleres u oficinas. Un caso interesante es el origen del *cluster* metalmecánico de Córdoba. Las fábricas del Estado (DINFIA, IME, etc.) fueron centros de formación de obreros especializados que luego

crearon sus propias industrias, lo que termina por explicar la pujanza de la "docta" y la proliferación de firmas menudas en su territorio.

- *Aportan a la productividad global.* Su baja productividad es compensada por la dinámica que provocan. Los cambios en la productividad ocurren porque las firmas que mejoran su desempeño se expanden y desplazan a las de menor eficiencia, y las que ingresan reemplazan a las que salen. Siendo las PyMEs las que explican la mayor parte de las entradas y salidas, podemos inferir que son los mayores contribuyentes al crecimiento de la productividad agregada, aun cuando su nivel de productividad individual sea menor que el de una grande[14].

Contribución de las PyMEs al progreso y al futuro

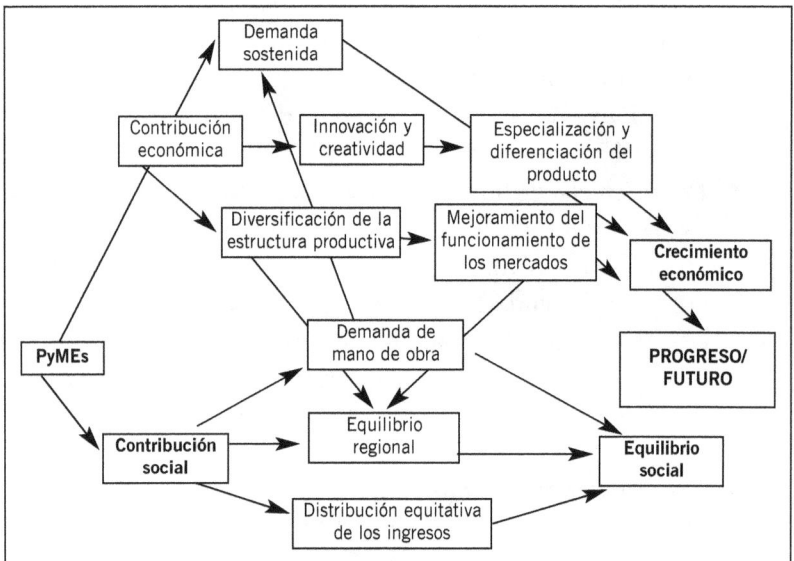

---

14. Instituto Argentino de Mercado de Capitales (IAMC): *Políticas para las pequeñas y medianas empresas: evaluación y propuestas.*

Debilidades

Por lo general, las PyMEs tienen algunos comportamientos viciados.

- *Volatilidad.* Presentan una alta tasa de mortalidad, que se explica por su debilidad constitutiva. Al nacer de una idea nueva (no probada), tienen alta posibilidad de fracaso, especialmente en su etapa infantil[15].
- *Sensibilidad a los entornos negativos.* El cúmulo de fragilidades las hace susceptibles a los ambientes adversos. Los cambios súbitos y no anunciados de política económica, la competencia salvaje, las mudanzas vertiginosas del escenario, la internacionalización y la aceleración de la carrera tecnológica, constituyen un entorno que repercute negativamente sobre los más

---

15. Los años '90 son un ejemplo. Al atraso histórico (burguesía claudicante, falta de infraestructura, carencia de entramado industrial, debilidad tecnológica y educativa, falta de financiamiento, limitado apoyo estatal) se sumó el "Washington Consensus" (WC, sigla que reproduce un famoso dispositivo que nos viene a la mente cuando rememoramos las célebres regulaciones que los Estados Unidos y los organismos internacionales aplicaron indiscriminada y criminalmente sobre las economías más débiles y atrasadas), que sobre los pilares de democracia y mercado (lo que quedó demostrado en Venezuela es que la segunda predomina sobre la primera) se ordenó a: reducir la intervención del Estado; eliminar los instrumentos equilibrantes; suprimir las trabas a la circulación especulativa de capitales y mercancías; liberar las tasas de interés; acotar las devaluaciones compensatorias; dejar en manos de la voracidad privada los servicios públicos y olvidarse de la justicia social, que dejó de ser un objetivo para ser una consecuencia esperada, y nunca cumplida, del orden impuesto (teoría del derrame). De esta manera se propició el monopolio y se benefició a las empresas de servicios no transables, al sector financiero y a los importadores (los procesos de sustitución de producción nacional constituyen una forma grave de exportación de empleo y destrucción de firmas pequeñas). El resultado fue mayor recesión, concentración, desocupación, inequidad y caída del volumen de negocios (incluso los de los supuestos beneficiados que a la postre sólo obtuvieron una victoria pírrica).

débiles. Esto se ve potenciado por los ambientes hostiles que son tan comunes en el subdesarrollo[16].

- *Falta de información.* La información es fuente de negocios. Si bien Internet ha contribuido a la socialización, la revelación disponible no siempre se adapta a las necesidades y a veces produce el fenómeno inverso, la "infotoxicación", que resulta igual de perniciosa. Muchas fuentes secundarias y genéricas son valiosas, pero en los negocios se requiere de información precisa, por lo que los datos deben ser elaborados (cualificados), lo que siendo oneroso no puede ser amortizado por las PyMEs. Los países desarrollados cubren esa deficiencia con centros de información y bases de datos públicos, cosa que no ocurre en los periféricos, lo que obliga a las empresas de estos últimos a asumir el gasto en forma directa o trabajar a tientas. Eso es una desventaja que reproduce el círculo del subdesarrollo. Las PyMEs tienen menor información de mercado y les cuesta mucho procesarla para que les sea de utilidad.

DEBILIDADES

- Volatilidad.
- Sensibilidad a entornos negativos.
- Desinformación.
- Bajo volumen de producción.
- Retraso tecnológico.
- Baja productividad.
- Producción excesivamente diversificada.
- Carencia de estrategia.
- Dificultades de gestión.
- Aislamiento.
- Limitado acceso al financiamiento.
- Exceso de jerarquía y autoritarismo.
- Falta de comunicación interna.
- Crecimiento no planificado.
- Inversión mal orientada.
- Falta de mentalidad exportadora

- *Problemas de volumen.* Operan con volúmenes limitados, lejos de la economía de escala, ergo, de la mayor productividad. No pueden competir en negocios

---

16. CEPAL afirma que sólo el 1% de las PyMEs argentinas son de excelencia, dos tercios enfrentan un desafío fundacional y el tercio restante difícilmente podrá sobrevivir.

donde manda la magnitud. Esto se acelera en muchos casos por un afán de cubrir muchos productos al mismo tiempo.

- *Producción excesivamente diversificada.* Muchas PyMEs se enorgullecen de tener una oferta amplia que termina constituyendo una flagrante debilidad operativa. Es mejor dedicarse a pocos productos con volúmenes adecuados, que a muchos cuando la falta de escala impide competir.

- *Retraso tecnológico.* Desarrollar un producto, una nueva manera de fabricarlo, utilizar el más sofisticado y reciente equipamiento, no es barato. La necesidad de disponer de fondos importantes y tener asegurado un volumen de mercado suficientemente grande para recuperar la inversión aleja a las PyMEs de la mejor práctica tecnológica (*best practice*). En los países industrializados, el *gap* se atempera con la presencia de un Estado que aporta fondos para I+D y facilita mecanismos de transferencia a disposición de las firmas menores. Los parques tecnológicos, incubadoras, viveros, capital semilla, fondos de riesgo y una buena sintonía con las universidades y centros científicos y tecnológicos, son algunos instrumentos.

- *Baja productividad.* Por volumen y atraso tecnológico tienen, naturalmente, menor productividad que las GEs.

- *Dificultades de acceso al financiamiento.* En la mayoría de los casos, las firmas pequeñas son consecuencia de una idea brillante y poca plata en el bolsillo. La debilidad financiera es cierta, pero no necesariamente grave, por lo menos en los países en que las pequeñas empresas son tomadas en serio. En la periferia, la debilidad es crónica y hasta se acrecienta si las cosas van bien. Al crecer, la necesidad de capital se incrementa y supera la capacidad de autogeneración, y al estar cerradas las puertas del sistema financiero (fallas de mercado), quedan limitadas a lo que consigan de familiares y amigos. Con respecto al acceso a recursos de terceros existe una clara discriminación, porque se asume que el riesgo PyME es elevado (normalmente, salvo para los casos de empresas infantes, no es así); hay poca información disponible y corta historia crediticia; la información contable que se presenta es poco veraz y no sujeta a las normas contables establecidas. También influye el impacto que tienen sobre las operaciones pequeñas los gastos operativos.

- *Carencia de estrategia.* Funcionamiento anárquico y no planificado, basado en el instinto y la imprevisión. No poseen una estrategia que ordene y facilite el alcance de los objetivos propuestos.
- *Gestión inadecuada.* Management mal preparado y desactualizado. Se usan modelos de gestión basados en la improvisación y en viejas modalidades de dirección tutelar: dirección por instrucción o gestión por excepción.
- *Problema de formación.* Las pequeñas firmas a veces tienen empresarios y trabajadores débilmente formados, lo que afecta el funcionamiento de sus organizaciones en términos organizativos, técnicos y de dirección.
- *Falta de comunicación.* La información es escasa, incompleta, poco trabajada y no necesariamente a tiempo. Además circula poco y se atesora en la cúspide. Las áreas funcionales trabajan como compartimentos estancos, no se produce comunicación horizontal y la poca información que transita va de arriba abajo (órdenes), sin provocar el intercambio (sube y baja) que mejora la toma de decisiones e incentiva al personal.
- *Aislamiento.* La misma cerrazón para abrir el capital se expresa en la incapacidad de generar vínculos sinérgicos con otras organizaciones. Carecen de la necesaria permeabilidad para permitir el ingreso de ideas,

aportes y contribuciones del exterior. Recurren poco al conocimiento de otros y a la vinculación con organismos públicos, universidades y consultores.

- *Baja demanda de servicios de apoyo.* Se desaprovecha la posibilidad de incorporar conocimientos y experiencias de terceros. Se rechaza de plano toda cooperación con otras firmas, con lo que se pierden los beneficios de la *fertilización cruzada.*
- *Organizaciones jerárquicas y autoritarias.* El exceso de autovaloración y la desconfianza en los demás derivan en estructuras piramidales y jerárquicas, basadas en autoritarismo, rigidez y burocracia, lo que debilita la productividad. Hay un excesivo nivel de centralización de la gestión.
- *Localización inadecuada.* Muchas veces nacen en localizaciones que no son las más apropiadas y allí se quedan. Esto limita su acceso a mercados importantes, sus relaciones con grandes empresas y con los centros tecnológicos, académicos y de decisión política y económica.
- *Crecimiento no planificado.* El progreso equilibrado es una cuestión compleja. La expansión descontrolada termina estrangulando a la firma. Las PyMEs tratan de crecer, a veces en contra de su mayor ventaja –ser pequeñas–, y lo hacen de manera audaz, desordenada y peligrosa.
- *Inversión no orientada estratégicamente.*
- *Falta de mentalidad exportadora.*

Una mirada a los problemas actuales

El entorno de una sociedad global, basada en la información y el conocimiento y que funciona en red, no es particularmente fácil de sobrellevar para la gran mayoría de las

PyMEs. Aunque de cara a los escenarios que se modifican violenta y rápidamente, su flexibilidad y rápidos reflejos podrían beneficiarlas.

En primer lugar quiero referirme a un problema de la estructura empresaria de la Argentina que puede transportarse a toda la realidad latinoamericana, y tiene que ver con el fenómeno de la concentración y extranjerización productiva.

Los primeros datos del Censo Nacional Económico 2004-2005, que incluye un Operativo Especial a Grandes Empresas (OEGE) en el que toma a las 1.000 empresas más poderosas de Argentina, arrojan índices preocupantes.

En 1993 las mil empresas más grandes representaban el 17% del valor agregado argentino; diez años después habían pasado a 26%. En ese mismo año, las empresas de capital nacional (51%) participaban con el 50% del valor agregado por el panel; en 2003 esta participación había bajado al 20%. Las extranjeras pasaron de ser el 26% del grupo al 75%, reportando el 80% del valor agregado, el 76% de la producción, el 67% de la remuneración y el 58% del empleo.

Mientras que las firmas argentinas tienen un valor agregado 2,2 veces inferior al promedio del panel, las extranjeras lo superan en una vez y media. Las cien primeras firmas aportan el 65% del valor agregado y el 40% de los puestos de trabajo. El dato más alarmante es que en el período, las 1.000 empresas líderes triplicaron su producto y lo hicieron con un 18% menos de personal, confirmando la sugerencia de que las grandes firmas expulsan empleo y que estaríamos encaminándonos a un mundo de crecimiento sin empleo.

A mediados de 2002, el Instituto de Comercio Exterior del Banco Ciudad procesó una encuesta destinada a conocer las penurias que atravesaban las PyMEs en el marco de una de sus crisis más feroces. Los resultados fueron inquietantes, porque los problemas se podían ver amplificados; las conclusiones mostraron fuerte consistencia y coherencia con las apreciaciones teóricas de quienes seguimos de cerca la problemática.

- *Dificultades vinculadas al entorno macroeconómico.* Discrecionalidad del Estado para fijar y cambiar las reglas de juego. Imposibilidad de prever el marco jurídico y económico. Percepción de injusticia fiscal.
- *Dificultades para operar en el mercado interno.* Mercado interno reducido. Competencia desleal, trabajo informal, trueque, contrabando, comercialización de artículos robados, etc.
- *Dificultades para operar en comercio internacional.* Imagen negativa en el exterior. Ausencia de herramientas de financiación de exportaciones. Dificultades para proveerse de insumos importados, aun en montos insignificantes. Especulación de los que controlan canales de insumos críticos. Retenciones. Dificultades para invertir con el objetivo de reorientar ventas hacia la exportación. Falta de reglas claras que impide pensar en una estrategia exportadora de plazo medio. Inexistencia de un sistema que permita descontar las facturas por ventas al exterior.
- *Dificultades financieras y crediticias.* Ausencia de crédito. Plazos y costos inadecuados. Falta de liquidez y capital de trabajo para adquisición de insumos. Desaparición del crédito de proveedores. Ruptura de la cadena de pagos y retrasos en las cobranzas. Falta de apoyo para la creación de nuevas empresas. Aumento significativo del costo bancario e impositivo: servicios, tarifas, impuesto al cheque, etc. Restricciones para trabajar con *factoring*.
- *Otros problemas.* Dificultades para acceder a incentivos públicos. Trámites engorrosos, burocracia, instrumentos que no existen en la práctica. Diversidad de ventanillas. Falta de incentivos para capacitación.

Hoy, el crecimiento está frenado por la carencia de personal idóneo y calificado. Esto deriva de la "maldita reforma educativa" de la década de 1990, que casi acabó con las escuelas técnicas; además, la transferencia de la responsabilidad a las provincias y municipios, dada su heterogeneidad de fondos, profundizó las diferencias entre regiones, favoreciendo la concentración y la exclusión.

Por otra parte, al cortarse el crédito, las empresas sobrevivientes comenzaron a operar con recursos propios, mejorando sus índices de productividad y competitividad[17]. Eso produjo una especie de aversión al crédito. Las firmas se pasaron *al otro lado,* lo que no es bueno. En primer lugar porque el problema no estaba en el crédito sino en sus condiciones (altas tasas, plazos breves sin períodos de gracia). Para endeudarse en las condiciones de los créditos normales para PyMEs se requiere un retorno elevadísimo, lo que sólo algunos sectores y pocas empresas pueden presentar.

Basarse en el ahorro previo es asumir un ritmo de crecimiento lento frente a la toma de fondos de terceros si el retorno supera la tasa de interés. La falta de recursos redunda en atraso tecnológico y escasa inversión en conocimientos y talento.

La empresa familiar, una empresa más especial todavía

Si las empresas pequeñas son originales, las familiares lo son aún más.

Popularmente, empresa familiar (EF) es sinónimo de empresa pequeña y no profesionalizada, pero lo cierto es que no es el tamaño ni la calidad de gestión lo que la identifica, sino la propiedad y conducción en manos de uno o

---

17. Una serie de estudios sobre empresas exitosas muestran que las firmas con bajo endeudamiento tuvieron mejores resultados que las endeudadas.

más miembros de un grupo familiar[18]. Si bien son EF el quiosco de la esquina, una pequeña industria y un comercio del centro, también son familiares aproximadamente un 20% de las GEs.

Cuando nos toca trabajar con una EF, lo primero que pensamos es en la existencia de un nivel de conflicto superior al que suele existir en las compañías no controladas familiarmente, lo cual es cierto. Está demostrado que la mezcla de conflictos familiares y empresarios hace que nada más que un 30% de las EFs sobreviva a la primera generación y sólo un 10% pase a la tercera. Por eso es importante conocer cuáles son los aspectos conflictivos que deben ser individualizados para abordarlos a tiempo y evitar que se constituyan en letales. Los avances de la administración de EFs han desarrollado métodos de prevención que han demostrado ser útiles.

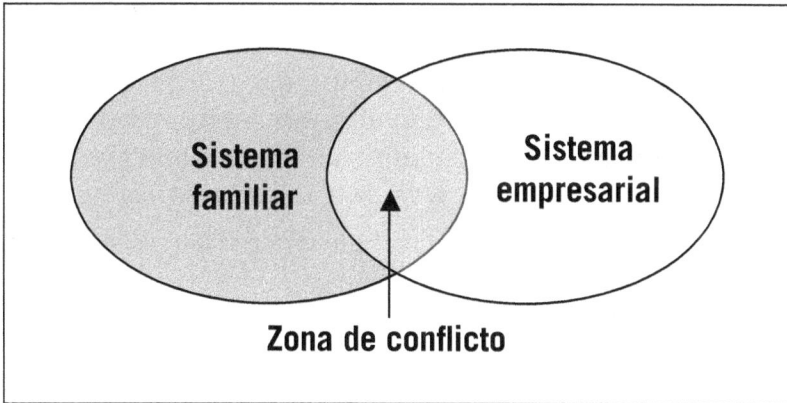

En la propiedad de las EFs aparecen como grupos de interés: el hombre propietario; la mujer propietaria; el cónyuge del/la propietario/a; los hijos e hijas del propietario/a; la propiedad conjunta de marido y mujer; los hermanos propieta-

---

18. DODERO, Santiago: *El secreto de las empresas familiares exitosas.* El Ateneo. Buenos Aires, 2002.

rios; la familia política; otros descendientes y sus familias políticas; la propiedad multifamiliar y los socios; el personal ajeno a la familia. Entre todos estos actores se pueden producir áreas de conflictos que superan a los que normalmente se dan entre socios no vinculados por lazos sanguíneos.

Esto es lo que hace diferentes a las EFs. La mayor disparidad se debe a la incorporación de lo afectivo a las relaciones laborales.

Así como las conductas de las personas en las organizaciones no familiares son conscientes y están basadas en la reflexión y la racionalidad, en las dinastías prima lo emocional. Las firmas miran hacia fuera, mientras que las organizaciones familiares son introvertidas. En tanto que la adecuación al contexto genera evolución y transformación en las empresas comunes, en las de vínculos sanguíneos se trata de minimizar el cambio o, por lo menos, hacerlo imperceptible.

Cuando dos ámbitos deben ser considerados, es probable que entren en contradicción y uno se convierta en prioritario. En estos casos el costado que queda como secundario se convierte en residual y sufre consecuencias. Existe la idea de que hay que jerarquizar la importancia de familia o empresa. Unos ponen en primer lugar a la empresa, dejando de lado a la familia; otros privilegian a la familia y descuidan a la empresa, y hay quienes no dan prioridad a ninguna de las dos. Lo cierto es que son aquellos que se esfuerzan por tener con ambas idéntico compromiso los que ven florecer a las familias y a las empresas[19].

Por lo general las empresas deben pasar trances difíciles. En esos momentos la relación entre los directivos tiende a ser hostil, y si la discordia se da entre miembros de una familia, los conflictos se llevan a la casa. Todo trance que ocurra en la empresa repercute en el ámbito familiar y vice-

---

19. KOENIG, Neil: *No puedes despedirme, soy tu padre.* Deusto, Bilbao, 2000.

versa. Por eso la resolución de las controversias se torna más compleja de lo que sería en campos delimitados.

La mezcla de jerarquías e interrelaciones que se produce en el campo laboral de manera simultánea con las que ocurren en la familia provoca conflictos. A veces, algunos miembros del clan familiar aprovechan la empresa para satisfacer necesidades personales y le generan perjuicios importantes.

"Una trampa en la que suelen caer las EFs es la de confundir el derecho que el propietario tiene sobre la empresa con la capacidad para dirigirla".[20] Los propietarios que viven el presente a expensas del futuro provocan caída de la renta, mermas de productividad, uso ineficiente de los fondos, pérdida de ventajas competitivas y de enfoque innovador, situaciones que se potencian con el paso de las generaciones.

Es común que algunos parientes, especialmente los hijos adultos, sean obligados a consagrar su vida laboral a la empresa, sin contemplar sus deseos, interés, inclinaciones, talento y vocación profesional. Es necesario que los padres comprueben fehacientemente que los hijos quieran trabajar en el negocio de la familia y tengan idoneidad para hacerlo. Muchas veces, el valor de tener a los descendientes trabajando en la organización lleva a ignorar su idoneidad para ejercer los cargos asignados. Una propensión común es el nepotismo. Esta flaqueza conduce a un sistema de gestión que privilegia a los familiares por encima del talento de otros miembros. Esto puede llevar a padecer desventajas competitivas si se encumbra a los incompetentes y se desalienta y pierde a los terceros más diestros e ingeniosos.

La transferencia de roles familiares a la empresa origina sobreprotección de sus relaciones sanguíneas y también lo opuesto, subvaloración.

---

20. PITHOD, Abelardo y DODERO, Santiago: *La empresa familiar y sus ventajas competitivas.* El Ateneo, <datos>

La preponderancia de los vínculos afectivos por sobre la objetividad hace que en muchas EFs se produzcan situaciones conflictivas en lo salarial. En algunos casos se tiende a elevar la paga a los miembros de la familia dejando de lado sus habilidades y contribuciones, mientras que se menosprecia a los trabajadores no familiares. En otras compañías se produce el fenómeno inverso, al considerar que es una obligación de los parientes aportar a la empresa y se les paga menos. Además, se traslada a la firma la creencia de que los hijos deben ser tratados igual para evitar problemas psicológicos, por lo que las remuneraciones no toman en cuenta el rendimiento, la prestación y el compromiso, alentando la indolencia y desanimando el esfuerzo. La rivalidad infantil entre hermanos puede trasladarse al seno de la empresa y derivar en conflictos internos que producen mermas de rendimiento.

Las EFs tienden a ser más rígidas, conservadoras y cerradas que otras PyMEs. Temen dar información o compartir la propiedad y/o conducción con personas externas a la familia. La contabilidad puede adolecer de falencias como fuente de información. Tienen graves problemas al momento de la sucesión; el liderazgo está confundido con la ascendencia y es centro de conflictos emocionales.

Pero las EFs también tienen importantes *ventajas*. Contabilizamos el profundo sentido de pertenencia que deriva en un fuerte compromiso con la empresa y la familia. Existe una gran dosis de confiabilidad y orgullo. La fluida transmisión y propagación de saber, *know how* y valores hace estable la cultura de la organización. Además, muestran elasticidad respecto de los tiempos y el volumen de trabajo, y hasta en el manejo del dinero.

CAPÍTULO 2

EL EMPRESARIO

"Llamemos 'empresa' a la realización de nuevas combinaciones (nueva combinación de medios de producción) y 'empresarios' a los individuos encargados de dirigir dicha realización. Estos conceptos son al mismo tiempo más amplios y más restringidos que los usuales. Más amplios porque denominamos, en primer lugar, empresarios no solamente a aquellos hombres de negocios 'independientes' de una economía de cambio a quienes se designa así usualmente, sino a todos los que realicen de hecho la función por la cual definimos el concepto, aun si son 'dependientes', o empleados de una compañía, como directores, miembros del consejo de administración, etc. (cosa que se está convirtiendo en la regla general), o si su poder real de actuar como empresario tiene otro fundamento, como el de disponer de una mayoría de acciones. Como lo que caracteriza al empresario es precisamente el llevar a cabo nuevas combinaciones, no es necesario que tenga conexiones permanentes con una empresa individual: muchos 'financieros', 'promotores', etc. no las tienen y, sin embargo, pueden ser empresarios en el sentido que damos a la palabra. Por otro lado, nuestro concepto es más limitado que el tradicional, por no incluir a todos los gerentes, consejeros o industriales que se limiten a poder explotar negocios establecidos, sino sólo aquellos que en realidad realizan esa función."

Joseph A. Schumpeter,
Teoría del desenvolvimiento económico

El empresario, artífice de la creación y acumulación de riqueza

Muchos analistas concluyen que el progreso depende de la existencia de un espíritu emprendedor[1]. La gravitación del empresario se convirtió en objeto de estudio y algunos

---

1. MINTZBERG, LAMPEL y AHLSTRAND, en *Safari a la estrategia* (Ediciones Granica, Buenos Aires, 2003), establecen que una de las escuelas descriptivas del pensamiento acentúa el carácter "entrepreneurial" del líder como factor clave de éxito.

extravagantes han llegado a considerarlo como único factor productivo; dando a la tierra, el capital y el trabajo el carácter de simples medios de producción.

En su *Teoría del desenvolvimiento económico* (1912), Schumpeter estableció que la economía es un plano circular que se rompe para subir a un nivel superior cuando el empresario (ingenio de la economía) introduce alguna innovación.

Las iniciativas de negocios requieren de una firme voluntad, afán de dejar rastro, necesidad de éxito, capacidad de asumir riesgos y arrastrar a otros. Fernández Aguado dice que los empresarios están dispuestos a "vender su alma" por llevar a cabo una idea. Todo esfuerzo es válido para ver triunfar su iniciativa y creen que lo que realizan será inmortal, diferente y revolucionará la vida[2].

La empresa es una creación de personas singulares que habitan en la sociedad: los emprendedores, que "*...no se forman accidental o espontáneamente. (...) Las empresas se 'crean' porque uno o más individuos comprenden que a través de la acción coordinada y concertada de un grupo de personas se puede realizar lo que no se consigue mediante la acción individual*"[3].

En consecuencia, el empresario imprime su personalidad a la creación, haciendo su impronta ostensible en la estructura organizativa y en su relación con el contexto exterior. Justamente la personalidad (cualidades y defectos) del que conduce explicará gran parte del éxito o fracaso de la empresa. Por eso el análisis debe trascender a los hechos y prestar atención a los *modelos mentales* subyacentes.

---

2. FERNÁNDEZ AGUADO, Javier, citado por Miguel Ángel Alcalá García-Rivera en: *De la dirección por valores DPV a la dirección por hábitos DPH*. Deloitte & Touch, Madrid, 2002.
3. SCHEIN, Edgar H.: *La cultura empresarial y el liderazgo*. P&J Editores, Barcelona, 1999.

HECHOS

PATRONES

ESTRUCTURAS

MODELOS MENTALES

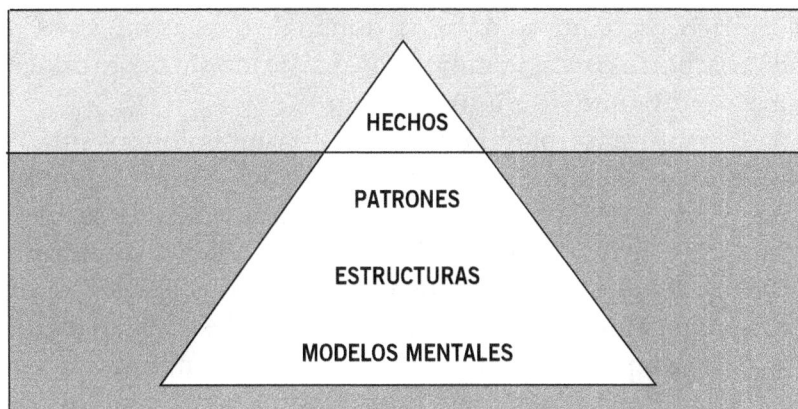

Al inicio, la cultura de una empresa se corresponde absolutamente con la de su fundador. Salvo casos de obstinación extrema, las normas de comportamiento se van puliendo en beneficio de la entidad.

En las firmas pequeñas, la simbiosis propietario/empresa se mantiene a lo largo del tiempo. El empresario PyME ejerce la guía de la compañía y sólo en casos excepcionales la transfiere a alguna persona de confianza, por eso la conducta corporativa se corresponde íntegramente con el perfil del directivo. Con el tiempo, la interacción con otras personas y sistemas, el aprendizaje organizacional y la presencia de un grupo de ejecutivos (con diferentes puntos de vista y experiencias) va mudando el comportamiento.

Para lograr resultados positivos, la cultura formal debe coincidir con la informal.

La conducción es un diálogo que confronta las convicciones del que dirige con las de sus colaboradores. Este entendimiento cruzado sólo será constructivo si se plasma como síntesis positiva. Si, por el contrario, los empleados encuentran falencias conductivas (trato autoritario, perverso, histérico, oscilante o confuso), dudan de que la empresa sea llevada por el buen camino y no hay armonía, se produce una ruptura que disminuye los logros.

La cultura formal y la informal se combinan. Los subordinados aceptan mensajes contradictorios porque admiten que los que mandan sean incongruentes y porque se sienten débiles para oponer resistencia. Se genera una cultura emergente que refleja las ideas de arriba mediatizadas por las adaptaciones de los subordinados, que desarrollan mecanismos compensatorios para proteger a la empresa[4].

La función de conducir

> Conducir una empresa es tener un propósito y una meta claros, y saber transmitirlos para lograr que el colectivo aplique todo su esfuerzo a cumplir con la misión y alcanzar la visión.

La dirección de empresas contempla cinco pasos: planificar, organizar, conducir, coordinar y controlar; aunque todo pueda ser resumido en la palabra conducción. Conducir es hacer las cosas correctas (visión y orientación de la compañía, eficacia o efectividad), y hacerlas bien (buena instrumentación de las ideas, eficiencia).

Cuanto más alto se encuentra una persona en la estructura, menos específica y más integral es su tarea. Este hecho se ve en los cargos ejecutivos. Sólo basta un nombre para designar al supremo: "presidente"; mientras que, hacia abajo, encontramos primero "gerentes de...", y se hacen necesarias cada vez más palabras a medida que se desciende en el escalafón: "jefe del departamento de..., de la gerencia de...".

Henry Mintzberg resalta los mitos de la tarea directiva. Se piensa en planificadores reflexivos, pero los estudios

---

4. SCHEIN: *Op. cit.*

muestran que no tienen tiempo para pensar y trabajan a un ritmo agotador obligados por la urgencia y la diversidad y discontinuidad de sus funciones. Por más que se crea que el directivo no tiene tareas habituales que realizar, se hace cargo de una serie de ritos, ceremonias, negociaciones

> Aprender a delegar es una condición fundamental de la conducción de empresas.

y una fuerte interrelación con el exterior. Aunque se suponga la existencia de un sistema complejo de información para asistir la toma de decisiones, la práctica lo muestra atado a medios orales y reuniones más que a documentos que nunca lee. Se afirma que la dirección de empresas está cerca de ser una ciencia, pero la mayoría de las prácticas valiosas están guardadas en el cerebro y son intuitivas. Mintzberg se pregunta: "¿En qué consiste el trabajo de los directores de empresa?". Y contesta: "Ni ellos mismos lo saben".

Sin embargo, Samuel Husenman[5] decía que si alguien tiene el escritorio tapado de papeles o no puede dejar la oficina, está haciendo algo mal. No aprendió la primera lección del arte de conducir: delegar. Los directivos deben conducir y no estar absorbidos por el día a día. Ignacio Mur[6] incluye este punto dentro de los "siete pecados capitales" de las PyMEs. Señala que la atención del quehacer diario hace olvidar lo esencial, convierte al empresario en bombero y lo aleja de pensar en el largo plazo (foco en aspectos estratégicos) y vigilar la correcta ejecución de las ideas. La afectación de un directivo a los aspectos estratégicos no puede hacer que se desentienda del control de la forma en que se ejecutan sus ideas.

La delegación es lo que permite al directivo abocarse a su tarea medular, establecer el rumbo y alcanzar la mayor

---

5. Samuel HUSENMAN fue director del Programa de Desarrollo Ejecutivo de ESADE Business School (reconocida Escuela de Negocios de Barcelona). Lo acompañé en el proyecto de la Escuela en Argentina hasta su fallecimiento. En ese corto período, tuve el gusto de disfrutar y aprender a su lado.

eficiencia posible. Pero, en la complejidad de lo que es y de lo que debe ser, un directivo de pura cepa debe agregar a sus condiciones naturales la formación que le permita mejorar su método y su práctica, optimizar la asignación de su tiempo y la dirección de los recursos y personas a cargo, todo en un marco dinámico de mejora permanente.

El riesgo inverso es que la delegación introduzca incongruencias entre orientación y ejecución. Es que dirigir exige hacer abstracciones, y ello conlleva el riesgo de no ser entendido. Esto puede crear distancia entre conductores y conducidos, y deteriorar así la buena gobernabilidad de la empresa.

La conducción efectiva requiere de la plena sintonía entre quienes dirigen y quienes acompañan. Por eso es necesario crear una comunidad de valores a través del diálogo, la generación de un ambiente de confianza y la fluida información que permita a todos tener una imagen realista de lo que sucede en la empresa y entre esta y su entorno.

> Marvin Bower (citado por George Steiner, 1999) establece catorce procesos que debe seguir un directivo.
> 1. Establecer objetivos.
> 2. Marcar la estrategia: ideas y planes para alcanzar el objetivo.
> 3. Poner metas de corto plazo.
> 4. Desarrollar la filosofía de la firma.
> 5. Disponer las políticas.
> 6. Planear la estructura.
> 7. Dotar de personal.
> 8. Establecer los procedimientos.
> 9. Proporcionar las instalaciones.
> 10. Facilitar el capital.
> 11. Fijar normas.
> 12. Sentar los programas y planes operacionales.
> 13. Suministrar información.
> 14. Motivar a las personas.

Fernández Aguado[7] relaciona la tarea de gobernar las sociedades mercantiles con el hábito de la prudencia, término que procede de la expresión latina *procul videre*: ver lejos, ob-

---

6. Ignacio Mur fue colega de Samuel en ESADE y con él me tocó co-dirigir el Programa de Directivos Propietarios.
7. FERNÁNDEZ AGUADO, Javier: *Liderar. Mil consejos para un directivo*. Dossat, Madrid, 2002.

servar lo que vendrá, anticipar el futuro, una virtud importante para todos, pero especialmente para quien conduce.

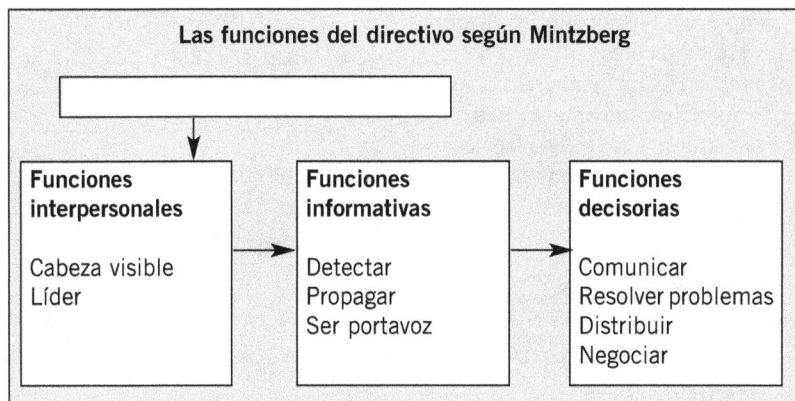

Las funciones del directivo según Mintzberg

Funciones interpersonales	Funciones informativas	Funciones decisorias
Cabeza visible Líder	Detectar Propagar Ser portavoz	Comunicar Resolver problemas Distribuir Negociar

---

Misión, visión, valores, objetivos y control

Toda buena conducción comienza con la razón de ser de
la empresa (*misión*), avanza hacia un sueño (*visión*) y la *reflexión* sobre la manera de concretarlo; continúa con la transmisión de los *valores* a los integrantes de la organización,
luego la *planificación* de las acciones; sigue con la *gestión* y
la *ejecución*, y culmina con el *control*.

Collins y Porras[8] explican que las empresas que disfrutan
de un éxito duradero tienen valores y objetivos, que perma-
necen invariables, mientras que sus estrategias y prácticas
empresariales se adaptan incesantemente a un mundo cambiante. El buen resultado va de la mano de la gestión de la
continuidad y el cambio, de la comprensión de lo que nunca
debe cambiar (lo intocable) y lo que es susceptible de ser
modificado.

---

8. COLLINS, James y PORRAS, Jerry: *Construir la visión de su empresa.* Deusto-
Harvard Business Review, Buenos Aires, 2001.

> La conducción debe dirigir los esfuerzos de todos los miembros de la organización para lograr el objetivo y hacerlo con el mejor uso de recursos, esfuerzos y tiempo. Eficacia y eficiencia son variables fundamentales a alcanzar por toda organización mercantil. Sólo de esa manera se logran beneficios.

Sólo teniendo claridad en la razón de ser (misión) y lo que se desea (visión) se puede conseguir una buena comunicación para lograr el compromiso de las bases de la organización. Sin un cuerpo comprometido será difícil que se ejecuten las acciones acertadas para alcanzar la meta propuesta (*eficacia*) con el menor uso posible de recursos, esfuerzos y tiempo (*eficiencia*). La relación entre conductor y conducidos adquiere, entonces, una gravitación trascendente.

Todo nace del olfato comercial del fundador y debe convertirse en el resultado de la convergencia de su lógica y la del grupo convocado para trabajar. Para que los resultados sean positivos, debe existir identidad.

Se sostiene que la principal virtud de un líder es su visión. La visión bien concebida posee dos componentes cardinales: la ideología esencial y el futuro imaginado (Collins y Porras).

La ideología esencial define el carácter duradero de una organización, su identidad y código ético. Tiene dos componentes: los valores esenciales y el propósito esencial. Los valores son una serie de principios y postulados primordiales y duraderos de una organización que inspiran su acción. Los valores se toman prescindiendo de las circunstancias, de los retos del mercado y también de las modas. Por eso son esenciales y deben superar la prueba del tiempo. Los valores nucleares son pocos y no deben ser confundidos con las prácticas, las estrategias y las normas culturales.

> Misión y visión están sustentadas en valores.

El propósito esencial, que conocemos como misión, es la razón básica de la organización que motiva la acción. Es el alma, el propósito que guía e inspira. Por lo general, está expresada en los hechos (sobreentendida) y simplificada en una frase o declaración fundacional. Tampoco debe confundirse el propósito con las estrategias y los objetivos. Collins y Porras dicen que luego de cinco porqués consecutivos encontraremos el verdadero propósito.

La mejor forma de definir la misión es contestar tres preguntas: a) ¿Qué necesidades satisface la empresa?, b) ¿A qué clientes atiende?, y c) ¿Sobre qué características diferenciales sustenta la oferta?

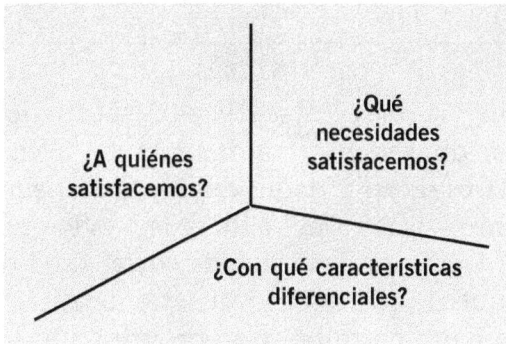

Es parte de la buena conducción hacer que las firmas se dediquen a aquellas labores que se incluyen simultáneamente en dos conjuntos. Uno es el de lo que se puede hacer mejor que otros, o sea, aquellas actividades donde se poseen ventajas competitivas perdurables o se pueden llegar a tener si se invierten los esfuerzos y recursos necesarios. El otro es el de lo que la gente está dispuesta a adquirir para satisfacer necesidades actuales o potenciales. Lo potencial incluye la satisfacción de nuevas demandas estimuladas desde la oferta y el desplazamiento de actuales proveedores a través de un mejor posicionamiento.

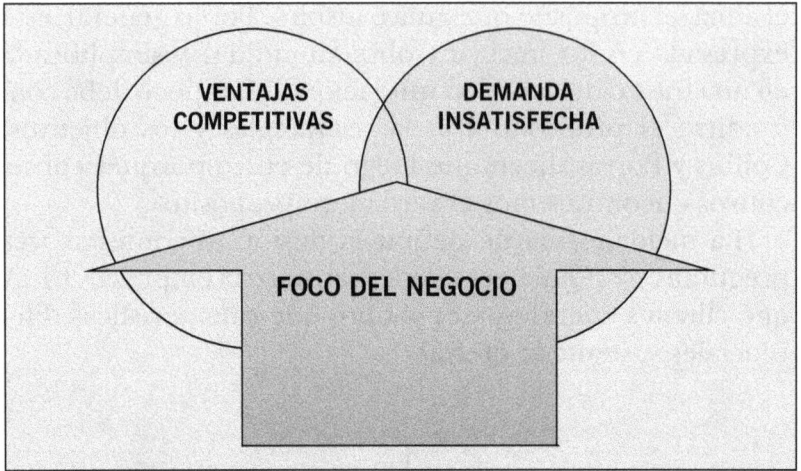

La ideología no se crea, se descubre. No tiene como función generar diferencias (competencias nucleares, destrezas particulares o capacidades diferenciales) sino servir de norte e iluminar la acción. La ideología es lo que la empresa defiende y el motivo de su existencia. Es el futuro imaginado, lo que se quiere llegar a ser o alcanzar o se desea crear, y requiere un cambio y un progreso importantes. La visión une al presente con el porvenir.

En la vida tanto como en los negocios, es necesario reflexionar acerca del destino y desarrollar un sueño. La mayoría de las personas no se dedica a pensar en el futuro, y aquellos que lo hacen pueden modelarlo[9].

Warren Bennis subraya que los líderes deben tener una visión del porvenir de la que deben fluir naturalmente metas claras. Su mirada debe tener significado para los demás, quienes sólo si la sienten como propia estarán dispuestos a acompañar al conductor. Por ello hay que saber expresar la visión y hacer que cale en la mente de todos. Para ser eficaz, debe ser un propósito colectivo, una mez-

---

9. NANUS, Burt: *Liderazgo visionario.* Ediciones Granica, Barcelona, 1994.

cla de deseos compartidos. Y para que sea atractiva, debe ser clara y verosímil. El que inspira a la organización debe ser capaz de expresar su sueño de manera seductora, como para generar sentido de pertenencia e inducir a trabajar para su consecución. Para eso es necesario traducir ese sueño en una serie de afirmaciones y testimonios creativos y motivadores, pero que constituya un mandato para todos. La comunicación debe enriquecerlo, de manera que todos los que integran la firma terminen unidos por una imagen única sobre el porvenir.

El panorama del futuro, cuando es inspirador, se convierte en un faro que ilumina el camino y en motor que pone en funcionamiento al barco.

Pero a veces las empresas llegan a una situación de crisis por seguir haciendo exactamente las cosas que las hicieron crecer. De acuerdo con Roger Martin[10], esos problemas derivan de un proceso de cuatro fases relacionadas con la visión. En primer lugar, los fundadores articulan su visión. Luego, la empresa funciona con esa visión y la perfecciona. Pero esos mecanismos suelen volverse excesivamente rígidos con el tiempo, y mantienen vinculación con la visión original y no con el cambiante entorno en que operan. En esa tercera fase, la información de control sobre los resultados obtenidos se deteriora. Y los datos valiosos chocan con una actitud defensiva de la organización y la hace caer en la última fase: la crisis.

También la vorágine en que está inmerso el pequeño empresario nubla su *visión*. Eso es más negativo que una *misión* indefinida, porque esta se hace tácita en la operatoria diaria.

Las personas atribuyen su visión a las circunstancias y aun a la suerte. Pero es más fácil que una revelación ocurra

---

10. MARTIN, Roger: *Cambiar la mentalidad de la empresa*. Deusto-Harvard Business Review, Buenos Aires, 2004.

en la mente de quien ha meditado extensamente sobre el futuro y acumulado conocimientos sobre un contexto organizativo[11].

El desarrollo de competencias directivas

En primer lugar se espera que los directivos sean competentes. Serlo es lograr un alto nivel de productividad, tener capacidad para resolver problemas y alcanzar las metas propuestas (de la organización que dirige y propias) en el corto plazo y usando la menor dotación posible de recursos.

El médico brasileño especialista en "desarrollo integral del ser humano", Eugenio Musak[12], liga competencia y resultado, proponiendo la siguiente fórmula:

$$Cp = \frac{R}{(T + E)}$$

Cp = Competencia de la persona o de la organización
R = Resultado alcanzado, cuali o cuantitativo
T = Tiempo utilizado para alcanzar el resultado
E = Esfuerzo aplicado o volumen de recursos consumidos

Otra forma de ver lo mismo es a través de la inversión en desarrollo personal. En este caso se considera el saber, poder y querer hacer:

$$Cp = C \times H \times A$$

Cp = Competencia personal
C = Conocimiento (adquirido por los estudios)
H = Habilidad (adquirida a través de la práctica)
A = Actitud (motivación)

---

11. NANUS: *Op. cit.*
12. MUSAK, Eugenio: *Metacompetencia.* Editora Gente, São Paulo, 2003.

En lo que llama "metacompetencia", el autor establece una vinculación entre diferentes tipos de competencias. En primer lugar relaciona las idoneidades esenciales para ejecutar un trabajo (conocimiento, práctica y voluntad) y las aptitudes transversales que sirven a la acción directa (liderazgo, trabajo en equipo, capacidad negociadora, de cooperación, de comunicación, de administración del tiempo), e incluso algunos conocimientos generales que sirven para mejorar la *performance* en cualquier campo de especialización (informática, administración, marketing, finanzas, etc.).

La segunda manera en que mide la metacompetencia es a través de la asociación entre competencias técnicas (derivadas de la formación profesional) y calidad humana. La buena calidad humana potencia la eficacia profesional, en tanto una mala calidad la hace no aprovechable, la anula. La simpatía y las buenas intenciones no reemplazan la capacidad profesional, pero la potencian.

Aunque la habilidad directiva es una aptitud de índole natural y nada puede reemplazar al talento original, es posible lograr mejoras en las competencias y capacidades a través de la formación y la experimentación.

Algunas capacidades a desarrollar

No hay un recetario para ser empresario ni, menos, para serlo con éxito: "...*incluso armados con todas las técnicas, los líderes se encuentran con que no hay ninguna autopista que los lleve al futuro. Tampoco hay mapas o carteles indicadores. Los exploradores sólo cuentan con una brújula y un sueño. La visión de una organización actúa como su polo magnético. Posee la extraordinaria capacidad de atraer la energía humana*"[13].

---

13. KOUZES, Jim y POSNER, Barry: *El desafío del liderazgo.* Ediciones Granica. Buenos Aires, 1997.

Las virtudes que los conductores de PyMEs deben poseer y/o desarrollar son tantas que sería casi imposible encontrarlas todas en una misma persona. Sin embargo, vale la pena enunciarlas y meditar sobre ellas. A continuación enumero aquellas destrezas que he podido detectar en un nutrido grupo de dirigentes PyMEs que me conmovieron por su idoneidad[14], enriquecida por observaciones realizadas por terceros expertos y estudiosos de la problemática.

Lo que sigue es la enunciación de los caracteres que se tienen de origen o deben ser trabajados en las aulas, oficinas y talleres; y también los desvíos que vale la pena reconocer y neutralizar.

---

14. Es probable que quienes me conozcan se sorprendan, pues me he cansado de denunciar que el fracaso argentino es el resultado de la incapacidad de su clase empresaria para asentar un modelo de acumulación capitalista viable. La mayoría de las personas culpan del fracaso a los políticos, pero estos, más allá de su moral, capacidad y conducta, son simples súbditos del imperio del "caballero don Dinero". Si el dominante es el capital financiero, la orientación política les evitará riesgos y les facilitará sus operaciones; si lo son los contratistas del Estado, se les pagará más de lo que valen sus provisiones; si son empresas extranjeras se les entregará la riqueza nacional asegurándoles prebendas y se les garantizará poder girar al exterior sus dividendos. También opino que es lícito que los intereses exteriores no sean coincidentes con el provecho de mi país. Por eso no los acuso salvo cuando utilizan medios espurios para hacer prevalecer sus deseos. También cargo contra quienes traicionan a su país. La Argentina y prácticamente toda América Latina tienen entronadas en sus gobiernos incumbencias que contradicen el interés nacional. Por otra parte, los derechos corporativos de las empresas nacionales no siempre han sido defendidos. Las gremiales empresarias han tenido un débil papel en la defensa sectorial, de clase y nacional. Muchos encumbrados dirigentes no tienen empresas, y otros las han vendido para invertir los fondos en el exterior. De más está decir que quienes actúan o procedieron de esa forma no pueden tener el honor de ser llamados empresarios y, menos, argentinos. No dudo de que nuestro fracaso tiene que ver con la rotunda decadencia de la clase empresaria, cuyos integrantes no supieron, no pudieron o no quisieron ponerse al frente de un proyecto de desarrollo nacional. *Pero lo destacable es que en el medio de esto, existe un genuino grupo de emprendedores nacionales con todas las letras, aunque su representatividad ha sido insuficiente para mover el amperímetro del desarrollo nacional.*

El conductor debe combinar cualidades técnicas y humanas, intuición, instrucción, aprendizaje, experiencia y también una fuerte convicción.

> **La actitud positiva es el elemento que puede motorizar el desarrollo efectivo de todas las demás destrezas necesarias para conseguir objetivos.**

Estos aspectos se encuentran integrados en la mente del fundador, que los inyecta en la compañía.

La *actitud positiva* es una cualidad. Esta actitud se expresa en los sentimientos y es lo que se ve de las personas.

Se puede ser optimista o pesimista. Incluso optimista en determinados momentos y pesimista en otros. La postura es un proceso dinámico ligado a cómo percibimos la realidad. Pero podemos controlar lo negativo y potenciar lo positivo. Eso ayudará mucho a obtener mejores resultados.

No niego los conflictos. Gran parte de mi modelo estratégico está basado en descubrirlos para superarlos, y pienso que el mayor acelerador es quitar el freno. En lugar de ver las cosas desde el lado de los problemas hay que hacerlo desde las oportunidades: eso alivia la tarea de remover dificultades. Durante muchos años he cerrado mis conferencias con una frase de Antonio Gramsci, mi favorita: *"Al pesimismo de la inteligencia hay que oponer el optimismo de la voluntad"*.

Una buena actitud genera el entusiasmo que resalta las virtudes y oculta los defectos. Cuando se espera positivamente un acontecimiento, más viabilidad tendrá. La "Teoría de las expectativas favorables" dice que más que una profecía autocumplida, es el resultado de la liberación de energía que aumenta la creatividad y el esfuerzo. Enfrentar la realidad con desesperanza anula los bríos. Hay que poner la "mejor cara" a los problemas, concentrarse en los aspectos gratos o satisfactorios, simplificar las complicaciones e impedir que las cosas negativas interfieran con la vida y menos con lo que va bien.

Lo más significativo de una buena actitud es que la gente bajo su influencia reacciona favorablemente, asume valor,

COMPETENCIAS Y HABILIDADES QUE DEBEN SER CULTIVADAS POR LOS CONDUCTORES DE PYMES

- Valores firmes y racionales.
- Prudentes.
- Racionales, equilibrados.
- Correspondencia entre valores y acciones.
- Saber adónde se dirigen.
- Ser ingeniosos para ver y aprovechar oportunidades.
- Tener hambre de gloria.
- Emprendedores, independientes, con carácter rebelde, dinámicos y audaces.
- Capaces de generar confianza, seductores.
- Generadores de cambio.
- Convencidos, seguros, obstinados.
- Líderes.
- Utilizan de la mejor manera su valioso tiempo, delegan.
- Abiertos, con pensamiento lateral.
- "Esponjas" para adquirir saber.
- Negociadores basados en ganar-ganar.
- Polivalentes.
- Coach.
- Empáticos.
- Aptos para ejercer control.
- Humildes y abiertos.

se llena de entusiasmo, resalta sus virtudes y oculta los rasgos negativos. Las actitudes positivas mejoran el ambiente laboral y el rendimiento propio y el de los demás.

En general, los seguidores reflejan el carácter de su líder. Si la actitud del conductor es positiva, la gente que lo sigue tendrá confianza y actuará también de manera positiva. Siempre es más agradable convivir con gente alegre que con el malhumor y los costados negativos.

Las posturas negativas terminan siendo nefastas.

Aristóteles consideraba que la prudencia era el *auriga virtutis* (la virtud que gobierna a las demás). Fernández Aguado sugiere que es este el mejor hábito para el buen gobierno. Las decisiones deben mantener el equilibrio que surge de la aplicación continuada del hábito de la prudencia. Por eso se debe integrar la prudencia a la conducción.

El imprudente desprecia a sus colaboradores porque no tiene capacidad de valorar lo bueno y tiende a hacer lo que le resulta placentero sin calibrar las consecuencias que ello tenga para la organización y sus miembros. El empresario juicioso sabe lo que cuesta hacer un trabajo con perfección.

Por eso, además de aceptar consejos, debe saber dar juego y situar a cada uno en el lugar más adecuado. Como un maes-

> Para obtener resultados positivos, las actitudes y las conductas deben ser coherentes con las creencias.

tro, asumirá las propias equivocaciones, aprendiendo a motivar y caminando adelante con el ejemplo y el esfuerzo. Siempre pensará en el bien común. Es imposible ser prudente no siendo bueno, o al menos intentándolo. Sigue diciendo Fernández Aguado que la prudencia reclama respeto a la verdad, astucia, flexibilidad, providencia, indagación del futuro, circunspección que vincule principios y acciones para considerar la conveniencia de los actos y, finalmente, cautela o precaución para evitar la precipitación.

Dice Fernández Aguado que el directivo debe alejar a los enemigos de la prudencia: la jactancia, la precipitación, la pasión, la obstinación, la inconstancia y la gloria vana.

El empresario exitoso escucha poco, cree que todo lo sabe y juzga que nadie puede aportarle algo valioso. Es común que exprese frases como *"Cuando llegues a tener una organización como la mía te voy a escuchar"*, *"Qué me puede enseñar alguien salido de la universidad que nunca pagó sueldos"*, *"Mi hijo tiene la caradurez de decirme cómo manejar la empresa"* y que rechace todo lo que contradiga su punto de vista. No prestar atención a los otros miembros de la empresa y de la familia hace perder aportes valiosos. La personalidad cerrada se transfiere a la firma, y hace desperdiciar conocimientos aprovechables que se encuentran disponibles en el exterior. El aislamiento cuesta muy caro.

El poder lleva muchas veces al autoritarismo, a dictar normas y a exigir pleitesía de los empleados. En ocasiones, el empresario actúa de manera altanera, perdiendo de vista el respeto y reconocimiento de aquellos a quienes conduce. La concentración de poder obstaculiza el diálogo y se convierte en un grave problema.

LO QUE NO DEBEN SER
- Autoritarios.
- Altaneros y cerrados.
- Conservadores.
- Narcisistas, basados en un organigrama solar.
- Hacer pasar todo por ellos.
- Ególatras.
- Histéricos.
- Psicóticos.

Autoritarismo y liderazgo generan efectos contrarios. Uno paraliza y el otro motiva.

No es necesario saber de todo ni poseer todas las destrezas. La autosuficiencia es peligrosísima. Por inclinación natural, cada uno sentirá atracción por algún área funcional. Los técnicos harán de la empresa un "meccano" y se dedicarán fundamentalmente a la producción, otros usarán su tiempo en las finanzas o el marketing. Lo que es imprescindible es una visión general, el conocimiento de los principales secretos para cumplir con el rol de coordinador. Conocer las áreas funcionales permitirá saber qué pedir a los subordinados y establecer sistemas de control.

El éxito ensoberbece y genera complacencia, inercia y aprensión al cambio. Las personas, y con ellas las organizaciones, al envejecer se vuelven conservadoras. La cultura y las estructuras se cristalizan y hacen al empresario terco, inflexible, falto de reflejos, irreflexivo, adorador del pasado. Al cambiar el mundo y no la empresa se produce un peligroso desajuste. Se consolida una actitud poco crítica que hace perder de vista que los métodos que fueron útiles al inicio no sirven para una organización compleja.

Al escudarse en la falta de tiempo y en los logros pasados, se pierde interés por el aprendizaje. La débil formación aleja a la firma de la excelencia. Alguien así debería preguntarse cuánto está invirtiendo en sí mismo, porque si es poco está limitando el valor del eslabón que debe ser el más fuerte de la empresa.

En el caso de las pequeñas firmas mercantiles, la transferencia de valores entre el dirigente y el resto de la organización es prácticamente absoluta y puede ser fácilmente observable. Para que logre influencia positiva en el ánimo colectivo, es necesario que todos conozcan esos valores, los comprendan y estén convencidos de que su aplicación les generará beneficios, ahora o en el futuro. Las creencias deben ser *firmes y racionales*. Debe haber *coherencia* entre los hechos, actitudes, acciones o apariencias y los valores comunicados. Siendo la empresa un sistema, el éxito depende de la acción de todos sus miembros, por lo que los dirigentes deben saber que los seguidores no aceptan la falsedad, la mentira ni la hipocresía. Las conductas no pueden ir en contra de lo que se transmite.

El conductor debe ser racional y tener equilibrio emocional. Debe actuar responsablemente, porque sus acciones ejercen fuerte influencia sobre la vida laboral y personal de quienes son conducidos.

Los directivos siempre deben aspirar al éxito. Deben tener *hambre de gloria* similar a la de los deportistas y artistas. En consecuencia, siempre deben imponerse metas.

Por eso necesitan espíritu emprendedor, independencia, carácter rebelde, dinamismo y audacia para asumir riesgos y desafíos.

Los conductores exitosos deben poseer una óptica diferente de las cosas; ser capaces de mirar el futuro; tener *visión estratégica* de largo plazo, intuición para detectar las oportunidades; no tienen que dejarse llevar por los acontecimientos, sino que han de construir la realidad. Los dirigentes deben ser perceptivos e ingeniosos para aprovechar los momentos favorables. Sus acciones deben ser planeadas rigurosamente, de modo de no dar pasos sin saber dónde pisan. Para poder llegar a un lugar es imprescindible saber adónde se está. Según Séneca, *"no existe viento favorable para quien no sabe adónde se dirige"*.

Deben ostentar *seguridad* y *confianza* en sí mismos y hasta ser obstinados. Al tener una personalidad firme y estar convencidos de su competencia, transmiten confianza y autoridad, logrando que otros asuman como propios sus proyectos. El carisma y la seguridad les permiten generar confianza y seguidores. Son seductores. Son capaces de conducir a personas que poseen diferentes conocimientos y especializaciones que superan el saber del conductor. Poseen talento para conseguir que todos saquen lo mejor de sí, contribuyan con sus ideas y participen positivamente en la construcción de realidades.

Son entusiastas. Continuamente superan los momentos emocionales negativos.

Una buena actitud para conducir es ser *sociables* y tener buen humor. La sonrisa y la risa están normalmente asociadas a su personalidad, y muchas veces salen de los problemas de manera graciosa, creativa y hasta humorística.

Se preocupan por ser flexibles y comunicativos; abiertos a las ideas de los otros, a las relaciones con diferentes culturas e idiosincrasias; son constructores de vínculos que crean actitudes y hechos positivos.

Los mejores llegan a desarrollar una filosofía de delegación, manteniéndose libres para comandar el timón y ejercer, simultáneamente, el control. La capacidad para delegar es un síntoma de madurez emocional. Este es el resultado de tener muy en claro el enorme valor de su tiempo.

Son continuos generadores de cambios que impactan positivamente sobre el colectivo al que pertenecen. Gozan de una mente abierta, dotados de pensamiento sistémico y lateral. Tienen apertura al conocimiento y a la información proveniente del exterior. Están capacitados para

> **HUMILDES Y ABIERTOS**
> "Tengo mucho que aprender sobre el Mercosur. Quiero la opinión de cada uno de ustedes y les digo que la puerta de mi oficina siempre estará abierta. Pretendo, de a poco, visitar a todos en sus lugares de trabajo. Estoy aprendiendo castellano, así que no duden en conversar conmigo."
> **Shozo Hasebe**
> Presidente de Toyota Mercosur.
> Enero 2006

escuchar, recibir información y desarrollar conocimientos. El empresario es un ser *creativo* por excelencia.

Para ejercer esa función es imprescindible tener apertura hacia el conocimiento. Se aprende tanto de los éxitos como de los fracasos. Los errores son inherentes a las prácticas audaces e innovadoras. Correr riesgos es poder errar. Deben ser capaces de capitalizar experiencias. Ser incansables a la hora de instruirse. Su entendimiento será directamente proporcional a la inversión que realicen en su propia formación. Igualmente deben estar actualizados y afirmar su conducción con conocimientos de tecnologías transversales (especialmente la informática).

Corresponde que sean *mediadores* y *negociadores*, diestros para manejar conflictos. Los bretes tienen que ser resueltos metódica y económicamente. El manejo de técnicas de negociación es importante.

Deben ser *capaces de formar, dirigir y trabajar en equipo.* Los mejores conductores tienen abierta la cabeza para cooperar con otros, incluso hasta con competidores. El espíritu cooperativo es uno de los talentos menos extendidos pero más importantes del dirigente empresario.

Lo inverso, pero más común, es que establezca en la empresa un organigrama de tipo solar, donde todo gira alrededor del patrono. El resultado es que se convierte en imprescindible y ante la menor situación (viaje, enfermedad, vacaciones) la empresa entra en pánico. Lo ideal es poder funcionar normalmente sin la presencia del máximo conductor.

La mayoría de los empresarios temen cotejar sus creencias con terceros e incluso con el sentido común. Se requiere temple para enfrentar las dificultades, la dura competencia y un sistema que arremete con impuestos, medidas intempestivas, cambios de dirección y falta de seguridad jurídica. El exceso de confianza y la arrogancia conducen a errores y a veces ocultan lo opuesto: la inseguridad. Los narcisistas y engreídos son fáciles de timar; normalmente terminan estafados por los inescrupulosos que saben tratar a los ególatras. Paradójicamente, el autoritarismo, la altanería y la arrogancia terminan en complacencia y paternalismo, que acaban en el relajo.

> Observé muy de cerca este proceso en una institución en la que trabajé. Nacida de la potencia de un Emprendedor con mayúsculas, digno de gran parte de las virtudes enunciadas pero también de los defectos, la entidad se desarrolló firmemente en sus primeras décadas. Luego las lacras de este empresario –soberbia, autismo, cerrazón mental, cholulismo y una continua propensión a ser timado (era un gran comprador de personas y proyectos milagrosos, más si venían de gente con contacto en los medios, lo que terminaba en desatinos mayúsculos y despedidas virulentas)–; el prohijamiento de una segunda línea leal pero limitada (que poco ayudaba a la toma de decisiones o a corregir errores estratégicos por miedo al supremo, y después contribuía a encontrar justificaciones acusando a la adversidad o a la confabulación), y una buena dosis de nepotismo, dieron como resultado la desaceleración del crecimiento y la declinación, que todavía sigue.
> La institución está lejos del sitial dorado que pudo tener y que merecía.

El empresario PyME es el primer trabajador *polivalente.* Urgido por una sed de independencia inició un proyecto que lo convirtió en administrador, financista, viajante, cobrador, comprador, perito en leyes e impuestos, y *lobbysta.* Pero no siempre la polivalencia es buena. Encargarse de todo no es bueno: la virtud es delegar con responsabilidad.

Justamente, un vicio fundamental es no saber delegar el día a día. Debido a la escasez de recursos o por cultura, los empresarios PyME tienden a abarcar todo y terminan perdiendo el control. Dan igual importancia a los aspectos trascendentes que a los menores, con el consiguiente menoscabo de los primeros. Un buen avance para mejorar el rendimiento de la organización es entender (y aprovechar) el valor que tiene la delegación responsable. Dado que su tiempo es el más valioso, debe administrarlo y utilizarlo con el máximo de eficacia y eficiencia. Si lo malgasta en acciones que fácilmente pueden ser ejecutadas por otras personas cuyo tiempo vale menos, se afecta la productividad. Las PyMEs son, por lo general, llevadas por los acontecimientos. Es el empresario quien debe "parar la pelota" e introducir un espacio de reflexión para: determinar qué empresa quiere y elaborar un plan de acción para alcanzar la visión y un presupuesto para controlar el rumbo.

El directivo debe tener entendimiento y actitud docente. Una parte importante de su función es ser instructor, entrenador, ejemplo, *coach*. La ICF (*International Coach Federation*) expone las competencias nucleares del *coach*: confiabilidad, presencia, escucha activa, dominio de las preguntas pertinentes, comunicación, creación y desarrollo de conocimientos, diseño de acciones, planificación, liderazgo, responsabilidad, sentido ético. Cris Bolívar[15] complementa los atributos con: proactividad, visión estratégica, pensamiento sistémico, autoconocimiento, flexibilidad, autorregulación, empatía, creación de vínculos, gestión de cambio, motivación, atención difusa, creatividad. El dirigente, como un entrenador, tiene que poner en la cancha al mejor equipo, no salir él a jugar.

> **EL FACTOR CERO**
> Pedro Belohlavek define al factor cero como el elemento que destruye la energía que se pone en marcha para cualquier acción. Es lo que hace que una persona, grupo o institución encuentre un freno que destruye toda la acción.
> El factor cero es una característica de las sociedades individualistas, envidiosas y malintencionadas. Es el producto de: a) la duda, b) la sospecha, c) el desconocimiento y d) la descalificación previa.
> Es muy difícil identificarlo: cuesta saber si detrás de un consejo se encuentra el factor cero.

Un aspecto peligroso es la histeria. El voluntarismo o la conducta impulsiva hace volver sobre los propios pasos,

---

15. Consultora catalana especialista en inteligencia emocional.

contradecirse y, con ello, enloquecer a los colaboradores generando un ambiente estresante.

Pero probablemente el rasgo más temible en los niveles de liderazgo es la psicopatología. En los últimos tiempos, se ha llenado la bibliografía sobre empresas con este tema. Esta anomalía de la personalidad (ser antisocial, disocial o sociópata) afecta a algo más del 3% de la población en general. Podríamos simplificar diciendo que es la inversa de la empatía, pues el que la padece menosprecia los deseos, sentimientos y derechos de los demás. Engaña y manipula a otros en su favor. Nunca tiene remordimiento ni culpa. Es experto en todo, frívolo, narcisista. No se hace cargo de nada y es distante y frío. Jamás muestra calidez o preocupación por lo que les sucede a los demás. Si estos síntomas son nocivos para cualquier tipo de relación, la situación se agrava cuando el psicópata está en la conducción de la empresa. Un aspecto importante es la manipulación de sus seguidores, a los que hace sentir el poder de mando y de los que abusa en sentidos leves y perversos.

Hay un rasgo que remarco por encima de los demás y que aconsejo sea trabajado: la capacidad de ponerse en los zapatos de los interlocutores, entender sus posiciones y razones: la *empatía*.

Finalmente, deben tener pericia para supervisar y controlar.

Hace tiempo leí un artículo de Luis Pereiro, profesor de *Entrepreneurship* de la Universidad Di Tella, que decía que el empresario PyME representa normalmente dos papeles: el de importante y el de víctima. Una investigación que dirigió le permitió derribar algunos mitos.
MITO 1. La culpa es de la economía. Como el gurú económico, cree que todos los problemas vienen de la macro y afecta a todos por igual. La historia demuestra que más allá del contexto hay quienes logran éxito aun en momentos de fracaso general. Coincido con su corolario.

Por favor, deje de quejarse: la culpa no es de la economía. Agregaría que actúa sin reconocer que él también es parte de la economía y sus actos (y actitudes) repercuten más de lo que cree en el sistema.

MITO 2. La culpa es del sector. Si se trata de invalidar el punto anterior porque crecen algunas empresas que hacen negocio con la crisis, también la realidad demuestra lo contrario, como puede observarse en retornos muy variables en todos los sectores. El segundo corolario también es válido: por favor, deje de quejarse, la culpa tampoco es del sector.

MITO 3. La culpa es de la globalización. Es cierto que algunos negocios se ven afectados, pero hay formas de encontrar respuesta. La solución siempre es innovación. Corolario: si su oportunidad está seca, búsquese una nueva y aprenda a manejar desde el principio. No es divertido lagrimear sobre un nivel agotado.

MITO 4. No hay plata para empezar. Para iniciar una empresa chica no hace falta plata grande. Corolario: plata es lo que sobra, lo que falta es un buen proyecto.

MITO 5. No hay plata para crecer. No todas las empresas crecen con crédito y hoy (lo digo yo y no Pereiro) hay alternativas de apoyo financiero a PyMEs con buenos negocios que ponen a la carencia de fondos al final de la lista de problemas. Corolario: ¿es su empresa lo suficientemente rentable como para seguir creciendo? (Complemento yo: ¿puede mostrar una foto de la empresa que sea suficientemente creíble como para que alguien arriesgue su plata y le preste?)

Agradezco a Luis Pereiro por su contribución a la racionalidad y la seriedad.

CAPÍTULO 3

LA ESTRATEGIA

"Pensar estratégicamente es el arte de superar a un adversario a sabiendas de que el adversario está intentando hacer lo mismo con uno. Todos nosotros ponemos en práctica el pensamiento estratégico tanto en el trabajo como en casa. La gente de negocios y las propias empresas tienen que utilizar buenas estrategias competitivas para sobrevivir. Los políticos tienen que diseñar campañas estratégicas para ser elegidos y estrategias legislativas para que sus ideas sean votadas. Los entrenadores de fútbol planean estrategias para que los jugadores las pongan en práctica en el campo. Los padres tienen que convertirse en estrategas aficionados (los niños son auténticos profesionales) para conseguir que los niños se porten bien. Durante cuarenta años, las estrategias nucleares de las superpotencias han regido la supervivencia de la raza humana."

Dixit y Nabeluff, *Pensar estratégicamente*

Cuatro modos de enfrentar la realidad

Las actitudes de las personas varían de acuerdo con sus filosofías. Igual sucede con las organizaciones.

La vida de las empresas y de las personas puede ser afrontada de diferentes maneras. Se puede adoptar la actitud *pasiva del avestruz*, escondiendo la cabeza bajo tierra, recibiendo lo que se viene, y esperando que la "providencia" sea benévola. Otra forma es tomar la postura *reactiva del bombero*, que atiende prestamente los incendios y disturbios que aparecen. También encontramos la conducta *preactiva del asegurador*, que se prepara para enfrentar los acontecimientos que podrían ocurrir. Finalmente, como se propone en este libro, está el comportamiento *proactivo del constructor*, que se anticipa a los hechos para erigir un futuro de acuerdo con sus propias ambiciones. Esta actitud es rebelde, imaginativa, creativa y generadora de cambios.

> **Debemos asumir una actitud proactiva, constructiva, capaz de mejorar el mundo para los demás y para los propietarios y miembros de la empresa.**

La idiosincrasia del sujeto marca su meta e induce su comportamiento. De igual manera, la cultura de la empresa (misión, visión y valores) inspira la estrategia.

Gary Hamel divide a las empresas en conservadoras y audaces. Las últimas, lideradas por progresistas, van en búsqueda del futuro; las primeras se amarran a una cultura, que probablemente fuera conveniente en el pasado, pero que con el paso del tiempo[1] quedó obsoleta. La realidad de-

> **Planificar los actos es ingresar al terreno de la estrategia.**

muestra que para sobrevivir y desarrollarse en un contexto cambiante y fuertemente competitivo es preciso reinventar a diario el modo de satisfacer las necesidades ciudadanas. Es esta una incuestionable función social de la empresa.

Por todo eso, la estrategia es el tercer aspecto al que se debe prestar atención.

Muchos problemas de las PyMEs derivan de la falta de una estrategia clara. Por eso tantas veces son llevadas por delante por otras empresas (grandes, medianas o pequeñas) que sí saben hacia dónde se dirigen y tienen definido un camino a seguir.

En este libro trataré de compartir algunas ideas sobre las pequeñas empresas que quieren ir en busca del futuro.

La estrategia en la historia

La palabra "estrategia" viene del griego *strategía* que significa "mandar las tropas".

Los primeros estrategas fueron generales, dado que en el mundo antiguo el planeamiento de las acciones, el desa-

---

1. Incluso por su propia acción.

rrollo de destrezas y el uso efectivo de los recursos eran una ayuda imprescindible para demoler al enemigo.

> La estrategia nació en el campo de batalla y se fue extendiendo al terreno civil.

A partir de la Edad Media, la herramienta rebasó el ámbito de lo bélico. Los monarcas (aconsejados por gurúes y visires) planificaron las relaciones diplomáticas para anexar territorios o defenderse. Para ello tejieron curiosas alianzas, casando hijos, presionando, urdiendo complots y hasta asesinando. Cuando estas artes no funcionaban, se recurría otra vez a la confrontación armada.

Después fue utilizada en política. En la Argentina, el general Perón, por ejemplo, usó su conocimiento de estrategia militar para dominar durante décadas la escena política[2].

Finalmente, la estrategia terminó recalando en la órbita de los negocios, donde recibió un nuevo e importante impulso intelectual. En este terreno, al principio, predominó lo numérico *(presupuesto)*; luego el *planeamiento estratégico,* en el que reinó la forma, y por último, la *administración estratégica.* En el origen se establecían reglas fijas, se proyectaba de arriba abajo y se terminaba en la redacción de un manual que fijaba las conductas y acciones. Ahora es una disciplina prospectiva, inquisitiva, creativa, demandante, democrática, proyectiva y, fundamentalmente, flexible.

Definiciones de estrategia

- Alfred Chandler (1962)[3] señaló que la estrategia es la determinación de metas de largo plazo, la adopción de trayectorias y la asignación de recursos para conseguirlas.

---

2. El libro de cabecera de Perón, *De la guerra*, de Von Clausewitz, es el mismo que hoy usan muchos expertos en administración estratégica.
3. CHANDLER, Alfred: *Strategy and Structure.* MIT Press, Cambridge, 1962.

La estrategia ordena y asigna los recursos, considerando los atributos y deficiencias internas, anticipando los cambios en el escenario y las acciones previsibles de los otros actores inteligentes, con el fin de lograr ciertos resultados anhelados y una posición privilegiada de la empresa.

- Ansoff (1965)[4] la asimila a un conjunto de reglas de decisión, una especie de hilo conductor que orienta el comportamiento; remarcó también el acople entre la firma y su entorno.
- Según Quinn (1980) es el plan que integra los propósitos, establece las políticas y sus consecuentes acciones.
- Para M. Porter (1980)[5] es la búsqueda de una posición competitiva favorable y sostenible en el tiempo frente a sus concurrentes de mercado –"*La estrategia competitiva es una combinación de los fines (metas) por los cuales se está esforzando la empresa y los medios (políticas) con los cuales está buscando llegar a ellos*"– y el modo que tiene la empresa de crear diferencias con respecto a la competencia.
- H. Mintzberg sostiene que la estrategia es síntesis y no sólo análisis. No es un proceso mecánico pretendidamente científico, sino arte, creatividad. En el planeamiento se encuentran respuestas a las dudas, se acomodan piezas del rompecabezas y se profundiza el conocimiento de la organización para ajustar la acción. La estrategia se convierte en un hilo conductor con cuatro componentes: los productos que ofrece y los mercados en los que opera; los cambios que proyecta aplicar al alcance de sus productos/mercados; la ventaja que coloca a la empresa en una posición sólida ante sus competidores; y la sinergia o medida en que las diferentes partes de la empresa pueden funcionar

4. ANSOFF, Igor: *La estrategia de la empresa.* Universidad de Navarra, Navarra, 1976.
5. PORTER, Michael: *Estrategia competitiva.* REI-CECSA, Buenos Aires, 1991.

juntas para lograr más que si operara cada una por su cuenta[6].

- Peter Drucker se pregunta ¿qué es nuestro negocio? y ¿qué debería ser?, y define como *proceso* o *estrategia de la organización* al nexo entre una y otra cosa.

> Estrategia es el arte de planificar cursos de acción para conducir las fuerzas de la organización hacia un objetivo determinado dentro de un plazo, tomando en cuenta sus recursos y habilidades así como también sus debilidades, y en el marco de un escenario y circunstancias que acarrean riesgo y, a la vez, oportunidades.

- Johnson y Scholes dicen que es la dirección de la empresa a largo plazo, para alcanzar ventajas a partir de configurar sus recursos en un entorno cambiante, hacer frente a las necesidades de los mercados y satisfacer, simultáneamente, las expectativas de los *stakeholders*[7].

> Cuando se establecen objetivos claros y mensurables, los desempeños mejoran.

- Según Strategor[8], se trata de elegir las áreas de negocio en que se intenta operar y asignar recursos de modo que se logren mantener y desarrollar. Este grupo de estudios insiste en que en la estrategia importa más la elección de la asignación de recursos, inversiones y desinversiones, que los discursos de los directivos.

---

6. Extraído del texto "El proceso estratégico" atribuido a Joer y Schendel, en Henry MINTZBERG, James Brian QUINN y John VOYER: *Strategy Formulation: Analytical Concepts*; West Publishing, St. Paul, 1978.
7. JOHNSON, Gerry y SCHOLES, Kevan: *Dirección estratégica*. Prentice Hall, Madrid, 2001.
8. STRATEGOR: *Estrategia, Estructura, Decisión, Identidad*. Biblo Empresa, Barcelona, 1995. (*Strategor* es el equipo de profesores del Departamento de Estrategia y Política de Empresa del Grupo HEC de Joy-en-Josas, dirigido por Jean-Pierre Detrie.)

El porqué de la estrategia

> **Es imprescindible imponerse metas que expresen los deseos, y señalen la dirección y el lugar adonde queremos ir.**

Para alcanzar un objetivo es necesario planificar la manera de llegar a él. No hay recetas. Reflexión y acción es lo que más se acerca al milagro.

En términos de negocios, encontramos una simple razón: las empresas están inmersas en un mercado tratando de sobrevivir y desarrollarse mientras enfrentan a competidores que intentan aventajarlas. Para eso es necesario elegir el mejor camino y construir saber y habilidades (ventajas competitivas sostenibles en el tiempo). La estrategia es escoger una opción y desechar otras. Elegido el camino, hay que tener perseverancia para transitarlo.

No concibo al ser humano sin metas y carente de una estrategia de vida; tampoco puedo entender a una organización sin objetivo y una manera prevista de alcanzarlo. No creo en el bienestar de la humanidad sin una definición precisa del camino que tomará.

> **Las empresas deben planificar sus pasos.**

No tener estrategia condena a ser esclavos de los planes de otros. No saber adónde ir, o no elegir un camino preciso, nos conducirá a cualquier parte, y puede que no sea un buen lugar.

El éxito depende de la elección de una estrategia correcta y su adecuada instrumentación.

Siempre seguimos una estrategia, en términos de Minztberg, explícita o implícita. Practicar el juego de otros también es una estrategia; perdedora, pero estrategia al fin. Cuando no tenemos meta, las energías se malgastan en esfuerzos estériles; pero si hay una orientación precisa y compartida, los actos se encaminan por ella, superando las dudas y sorteando obstáculos. La potencia del deseo es irresistible.

A través de la estrategia se aumenta el rendimiento y mejora la posibilidad de alcanzar el éxito.

Responsabilidad de la alta dirección

Alfred Chandler fue el primero que distinguió dos tipos de función directiva: la *dirección operativa,* que implica la conducción de las actividades cotidianas, y la *dirección estratégica,* orientada al largo plazo. Luego agregó la *dirección táctica.*

La estrategia es función y responsabilidad de la conducción. Es la alta dirección la responsable de institucionalizar la visión de la empresa, la que tiene que liderar su búsqueda y conformar su cultura[9].

J. Kotter, por su parte, diferencia planeamiento de orientación. Define al primero como el proceso deductivo que se sigue para obtener

> La estrategia es responsabilidad de la alta dirigencia, pero es conveniente compartir el proceso de análisis con otros miembros de la organización y hasta recurrir al auxilio experto de fuera de la organización.

resultados. Fijar la orientación es un proceso más inductivo; basado en datos, pautas, relaciones y vínculos que ayudan a explicar las cosas. Aunque los debates sobre visión terminan derivando en la mística, avanzar por la buena dirección no es algo mágico. Es un proceso difícil, agotador, de recolección y análisis de información. Las personas que articulan las visiones no son magos sino pensadores estratégicos dispuestos a correr riesgos[10].

El núcleo central de la sociedad es el que define los dominios y el modo en que se va a competir[11]. Sus elecciones no serán indiferentes a su idiosincrasia. La personalidad del directivo queda plasmada en cada decisión. Los imaginativos patrocinarán estrategias creativas; los inseguros tomarán

9. STEINER, George: *Planeación estratégica.* CECSA, México, 1999.
10. KOTTER, John: *Lo que de verdad hacen los líderes.* Deusto-Harvard Business Review, Buenos Aires, 2004.
11. HAX, Arnoldo: *Estrategia empresaria.* El Ateneo, Buenos Aires, 1987.

En países avanzados, la inclusión de un director experto y confiable en un Consejo Consultivo, integrado por los propietarios y directivos supremos, es un recurso difundido para potenciar la función de la firma.

caminos contradictorios; los audaces asumirán riesgos; y los conservadores se quedarán quietos.

Normalmente, los conductores deciden la estrategia, los que están más abajo la ejecutan (realizan el trabajo), y en el medio están los que actúan como transmisores de las decisiones (de arriba abajo) y de la información crítica (de abajo arriba). Pero si se quiere lograr mayor efectividad, es aconsejable establecer un proceso que permita aprovechar toda la capacidad pensante existente en la firma. La estrategia impuesta difícilmente logra los mismos resultados que la que se instrumenta con el conocimiento y la participación de todos.

La estrategia debe ser:

- clara,
- simple,
- consistente,
- enfocada,
- capaz de ser conceptualizada,
- comprensible,
- innovadora,
- creativa,
- anticipadora,
- continua,
- flexible,
- capaz de conducir al liderazgo,
- motivadora de entusiasmo.

Aun en las PyMEs donde el pensamiento del líder es determinante, se mejora el resultado con el aporte de todos los colaboradores.

Cuando los talentos propios son insuficientes, son importantes la oxigenación y el intercambio. Los expertos externos ayudan con su metodología, visión global y *coaching*. Pero lo principal es integrar el método con la experiencia e intuición natural y hasta primitiva del constructor.

Prahalad (1995) sostiene que es necesario armar una arquitectura estratégica que sea la unión del presente con el imprevisible futuro.

Aproximación a la estrategia

Las decisiones estratégicas son complejas, se toman en situación de incertidumbre y exigen un planteo integrador que a veces incluye cambios de paradigma. Hay que buscar en el futuro las mejores opciones de negocios, plantear objetivos y planificar la manera de alcanzarlos. La estrategia está guiada por creencias compartidas, de las que surgen objetivos y reglas que orientan el comportamiento y reducen la eventualidad. Un evento ocurre, mientras que una acción se elabora.

Johnson y Scholes aconsejan ajustar los recursos a las oportunidades del mercado y aplicarlos en los lugares adecuados para que produzcan efectos trascendentes (palancas). Las inversiones deben estar relacionadas con la mejora y el desarrollo de ventajas competitivas nucleares que sean valoradas por los consumidores.

Por otra parte, la estrategia no puede ser ajena a las características de la organización, a sus destrezas y recursos. Tampoco elaborarse a espaldas de las condiciones del entorno general y del mercado en que opera. Siempre hay que considerar la presencia de errores (de los contrarios o propios), las maniobras inteligentes o estúpidas, el nivel de compromiso, el impacto emocional, el azar que puede transformar todo (comodines) de la noche a la mañana.

Según Arnoldo Hax, la tarea de crear un contexto organizacional apropiado para el control estratégico abarca cuatro orientaciones: cognoscitiva, estratégica, de poder y administrativa; y tres mecanismos organizacionales: la administración de datos, el manejo gerencial, y los mecanismos de resolución de conflictos[12].

Para la toma de decisiones debe considerarse: la experiencia (referencia experimental); el conocimiento (referen-

---

12. HAX, Arnoldo: *Estrategia empresaria. Op. cit.*

cia cognoscitiva); la voluntad de los integrantes de la empresa (referencia motivacional) y el entorno económico (referencia ambiental).

El proceso incluye presentir, pensar, decidir, actuar y mejorar. Requiere usar la cabeza (pensamiento), el corazón (pasión), los brazos y las piernas (acción). La relación se refleja en el triángulo griego de la estrategia, donde los colores azul, amarillo y verde representan respectivamente a la razón, la pasión y la acción.

PENSAMIENTO - *LOGOS* (AZUL)
Reflexión, razón, racionalidad, prospectiva,
anticipación, entorno, visión global

PASIÓN - *EPITHUMIA* (AMARILLO)
Deseo, motivación, apropiación
colectiva del pensamiento, movilización

ACCIÓN - *ERGA* (VERDE)
Sensaciones calientes, acciones,
realizaciones, voluntad

Enfoques estratégicos

En estrategia hablamos de tres enfoques básicos y correlacionados entre sí.

- **Estrategia corporativa (*corporate strategy*).** Considera a la empresa como un todo, determinando las áreas de negocios en que participará (ingreso a nuevos negocios, retiro, búsqueda de un portafolio equilibrado). Se encarga de las decisiones que no pueden ser descentralizadas sin correr riesgos de cometer errores, subutilizar o desperdiciar recursos, o construir sinergias. Busca satisfacer las expectativas de los *stakeholders.* Arnoldo Hax y Nicolás Maluf[13] marcan como puntos centrales la *evaluación interna* (misión, segmentación del negocio, estrategia horizontal, integración vertical, filosofía, determinación de los puntos fuertes y débiles) y el *examen del ámbito corporativo* (panorama económico, análisis de los lugares geográficos críticos y de los sectores de la industria, tendencias tecnológicas, de personal, políticas, sociales y jurídicas: identificación de oportunidades y amenazas); entre ambas definen la *postura estratégica* (directrices, objetivos de desempeño, asignación de recursos y conformación de la estructura gerencial).

- **Estrategia de negocios (*business strategy*).** Se refiere a un negocio determinado y la forma en que se compite. Tiene que ver con la relación producto/mercado. Establece el modo en que se crean ventajas competitivas sostenibles y se posiciona a la firma en el mercado. Define el negocio tal cual es hoy y cómo debería ser en el futuro proyectado. Establece su alcance, los productos que se ofrecen y la forma en que se competirá. Abarca: 1) una *evaluación interna* para definir los puntos fuertes y débiles, el desempeño pasado y la identificación de factores críticos para lograr ventajas competitivas; 2) un *examen del entorno* considerando las oportunidades y amenazas, identificando los factores externos que influyen sobre la empresa, y proyectando un futuro posible; 3) la unión de ambos en un *plan de negocios* de mediano plazo que incluya la *presupuestación,* la *programación estratégica* y los *programas de acción específicos.*

- **Estrategias funcionales u operativas.** Operan sobre las funciones. Hax y Maluf consideran que esta varian-

---

13. HAX, Arnoldo y MALUF, Nicolás: *Estrategias para el liderazgo competitivo.* Ediciones Granica, Buenos Aires, 1997.

te ha sido dejada de lado por las empresas norteamericanas, y a ello adjudican su declinación competitiva. Proponen para cada área funcional el mismo análisis de situación interna y exterior: Comercialización - Mercado de productos; Finanzas - Mercados financieros; Persona - Mercados laborales; Tecnología - Mercado de tecnología; Abastecimiento - Mercado de insumos. Empero, las estrategias funcionales no tienen sentido aisladamente del plan de negocios. Tampoco se debe buscar la maximización individual porque puede provocar pérdidas al conjunto. A veces una parte del cuerpo orgánico se debe sacrificar.

Al estar este libro enfocado a las estrategias PyME, no voy a referirme a las preguntas que habitualmente se hacen las corporaciones con negocios diversificados. Las PyMEs y también los nuevos emprendimientos operan sobre un mercado único, por lo que debemos concentrarnos en las estrategias de negocios.

A la vez, las estrategias pueden clasificarse como sigue.

- **Formales o deliberadas.** El proceso de formulación es formal, organizado, basado en un análisis del mercado y de los atributos de la empresa. Termina en la formulación de intenciones precisas (*business plan*).

- **Informales o emergentes.** Derivan del pálpito y experiencia directiva. Se construyen a medida que se avanza. No se las ve pero están subyacentes. Un caso extremo es el de las estrategias anárquicas, que no tienen un plan preconcebido; las personas manejan sus propias acciones, creando patrones de conducta.

- **Combinadas u oscilantes.** Se determinan ciertos aspectos, dando flexibilidad y margen de maniobra a los mandos medios para la ejecución y la elaboración de las tácticas.

Además podemos clasificarlas en:

> En las PyMEs, normalmente, las estrategias son emergentes, tienen mucha informalidad o, a lo sumo, son combinadas y, por lo general, impuestas desde la dirección.

- **impuestas**, donde se instruyen jerárquicamente las acciones a realizar y se formaliza el proceso de control, y
- **por consenso**, que expresan intenciones basadas en valores compartidos y acordadas entre la dirección y el personal.

Las elecciones trascendentes

La primera decisión a tomar es optar entre:

- **abandonar** el negocio,
- **conservarlo,** consolidándolo y dándole continuidad, o
- **crecer** a partir de mejorar el posicionamiento. Esta alternativa incluye el desarrollo de nuevos productos o mercados.

La siguiente opción es elegir la forma de participar en el mercado; estableciendo el producto a ofrecer, la manera en que se competirá y quiénes serán los clientes.

Para asegurar una ventaja competitiva[14] duradera, Porter propone dos estrategias productivas básicas, que a su vez se combinan con dos alternativas de aproximación a la demanda: la contracción de los costos y la generación de un valor superior.

---

14. Tomo la definición de los consultores de S*trategic Planning Associates*, para quienes la ventaja competitiva radica en la forma de lograr simultáneamente que, a un precio determinado, los productores obtengan los menores costos posibles y los compradores perciban un valor realzado.

- **Liderazgo en costo.** Fijar mejores precios que la competencia, hacer foco en el control de los gastos, en la eficiencia y la productividad. Se trata de reducir al mínimo los costos absolutos.
- **Diferenciación.** Ofrecer productos distintos, innovadores, que no pueden ser fácil y rápidamente imitados.

Con respecto a la aproximación a la demanda, esta puede ser:

- **amplia**, orientada al mercado general, o
- **enfocada**, destinada a un segmento especializado del mercado.

De esto derivan cuatro opciones estratégicas genéricas:

Posicionamiento amplio Producto de bajo costo	Posicionamiento amplio Producto diferenciado
Focalización amplia Producto de bajo costo	Focalización limitada Producto diferenciado

Estrategias de costos

Se trata de lograr participación en el mercado a partir de costos más bajos debido a:

- el *efecto de experiencia*, que determina que el costo total del producto, en unidades constantes, decrece al acumularse experiencia. La representación gráfica del efecto de experiencia toma la forma de una curva descendente. Además, es una barrera importante de ingreso;
- el *efecto economías de escala*, que vincula el costo al volumen de producción; considerando que los gastos fijos están escalonados, favoreciendo a las series más lar-

gas. Por otra parte se producen ahorros en las compras y se amortizan mejor los recursos;

- el *efecto economía de alcance*. Como consecuencia del crecimiento del negocio (por ampliación de la torta o por desplazamiento de los rivales), los costos finales –especialmente gastos comerciales y de logística– bajan, dado que se amortizan sobre una base más amplia;
- la *mayor utilización de la capacidad instalada de producción*.

Además se considera la incorporación de tecnologías duras o blandas. Mayor compromiso del personal que deriva en aumentos de productividad. Subcontratación y tercerización (*outsourcing*). Optimización de la localización, acceso a sistemas institucionales de estímulo a la producción. Combinación de insumos provenientes de orígenes diversos y ventajosos (internacionalización).

Estrategias de diferenciación

Se trata de lograr ventajas sobre la base de la particularidad de la oferta, a partir de:

- generar bienes o servicios diferentes de los que ofrecen los competidores, con respecto tanto a su composición como a la satisfacción de las necesidades de los compradores;
- instalar, por medio de la publicidad y la promoción, una preferencia basada más que en la entidad de la oferta, en la percepción de una imagen que crea un deseo.

La diferenciación por lo alto puede hacerse a través de que el mercado perciba un valor superior al costo del bien de referencia. En tanto, la diferenciación por lo bajo se desvía del punto testigo por una percepción inferior que se encuentra sustentada por un precio más bajo. En ambos casos, el consumidor observa una relación costo-beneficio conveniente. Finalmente puede plantearse una ruptura estratégica, que se corresponde con situaciones en que el mercado le asigna un valor más alto y, a la vez, menor precio que el punto de referencia.

La distinción puede hacerse a través de:

- **mejoras**; se trata de que el mercado estime que a un precio determinado logra un valor superior (diferenciación por lo alto);
- **especialización**, destinando la oferta a un segmento específico (diferenciación por lo alto);
- **depuración**, degradando la oferta a partir de un precio menor, a fin de establecer una relación costo-beneficio favorable (diferenciación por lo bajo);
- **recorte**, eliminando aspectos superfluos que permiten bajar el precio (diferenciación por lo bajo[15]).

Para que tenga efecto comercial, toda variante debe ser significativa, posible de mantener a largo plazo y no provocar riesgos a la empresa.

Las GEs, por las escalas que manejan, la tecnología incorporada y sus potentes sistemas de comercialización, están en mejores condiciones para ofrecer productos a bajo precio o tomar espacios de mercado ampliados. Las firmas menores, en tanto, deben ofrecer más valor que precio, por vía de la "satisfacción absoluta" o "la creación de valor para el cliente".

He visto ganar mercados con tecnologías inferiores o con precios más altos, cuando se le agregó a la oferta algún complemento de valor. Un asesoramiento, un consejo, un servicio posventa, una atención debida, un bien distinto, productos y servicios que logran hacer bajar otros gastos o generan economías de trabajo, mayor calidad, una entrega ajustada a la necesidad, ahorro de tiempo, una satisfac-

---

15. STRATEGOR: *Op. cit.*

ción más profunda, o duradera, o una emoción inolvidable, son acciones que propician la penetración de las firmas pequeñas en el mercado.

Estrategias de segmentación

Se mencionó que una debilidad de las PyMEs es el reducido volumen que les impide alcanzar alta productividad, aunque existen ciertos productos que no tienen ninguna relación con la escala; por el contrario, la producción reducida les resulta ventajosa. Son aquellas cosas hechas a medida; las que deben salir del común; lo distinto, lo novedoso, lo que está de moda y no puede hacerse en serie.

> Las pequeñas empresas deben aspirar a ser las mejores en algunas cosas o para algunos consumidores.

Las empresas menores tienen éxito cuando identifican y consiguen satisfacer las necesidades de un determinado tipo de clientes, que consumen un cierto tipo de productos y servicios. Las pequeñas empresas no pueden ser mejores en todo ni para todos: *"Los profesores de ciencias empresariales llaman a esto segmentación de mercado; los empresarios lo llaman sentido común"*[16].

Todos los mercados se dividen en porciones cada vez más exiguas. Un segmento es una parte del mercado que difiere del resto por alguna razón. La definición del espacio y la manera en que sirve al mercado determinan el ámbito de competencia de la com-

> Hay sectores que no tienen o han perdido sensibilidad al volumen.

pañía. Una forma novedosa de dividir el mercado, estableciendo más precisamente las necesidades del consumidor, ofrece una oportunidad para obtener primacías[17].

---

16. CLIFFORD Jr. Donald y CAVANAGH, Richard: *Estrategias de éxito para la pequeña y mediana empresa.* Folio, Barcelona, 1989.
17. KARLÖF, Bengt: *Práctica de la estrategia.* Ediciones Granica, Buenos Aires, 1991.

A medida que se avanza en la escala de ingresos (entre países o en su interior), se producen fragmentaciones. El proceso de fraccionamiento es continuo y creciente. Estos segmentos se forman a partir de las diferentes preferencias, gustos, necesidades, deseos, intereses y puntos de vista de las personas.

> Que los mercados se van subdividiendo en pequeños grupos de consumidores constituye una realidad insoslayable. Esto es una tendencia natural, pero también inducida desde la oferta.
> Hacia allí debe orientarse la acción de las PyMEs.

Philip Kotler reconoce que sólo en los Estados Unidos existen sesenta y dos grupos distintos de estilos de vida. La fragmentación puede ser natural (originada en la discrepancia de gustos) o inducida (por la oferta).

Las segmentaciones naturales tienen que ver con:

- **la geografía**: el alcance está limitado por la existencia de localidades, países y zonas geográficas. Las distancias constituyen impedimentos de atención. Por eso, una empresa puede dedicarse a atender una porción cercana del mercado[18];

> Hay demandas diferenciadas por los gustos, necesidades, deseos, intereses y puntos de vista de las personas.

- **la demografía**: las diferencias de edad, raza, sexo, religión y cultura alientan consumos diferentes;
- **el nivel socioeconómico**: hay diferencias en el consumo de las personas de acuerdo con su ingreso, clase social, nivel educativo;
- **el nivel psicográfico**: las personas tienen diferentes estilos de vida y formas de relación que dan origen a disímiles tipos de consumo.

Finalmente, hay que considerar las combinaciones de los fragmentos anteriores.

---

18. Esto fue presentado en este capítulo al hablar de los negocios de carácter local, mencionando especialmente los servicios y productos que tienen carácter idiosincrásico.

Por todo eso, a una empresa pequeña le conviene orientarse hacia espacios
reducidos de demanda y especializarse
en su atención. Se trata de encontrar el
lugar correspondiente, o sea, de que
haya compatibilidad entre lo que la
empresa hace bien y lo que sus clientes desean.

> Las empresas pequeñas deben seleccionar los segmentos hacia los que se orientará y apuntar todos los esfuerzos a su satisfacción.

Kotler dice que en los nichos está la riqueza. Encontrar
el espacio más apto no es una labor sencilla. A veces surge
de una casualidad, o como resultado de aprender por prueba y error, pero normalmente es obra del respeto a las emociones profundas de los clientes.

En resumen, las posibilidades que tienen las PyMEs son:

- **competir individualmente**, con estrategias de focali-
  zación y diferenciación, utilizando su ventaja principal –ser pequeñas– para ubicarse en los espacios a los
  que las grandes no pueden llegar;
- **integrarse a cadenas productivas** como proveedores
  de grandes firmas, para garantizar mejoras de estándar, seguridad en la entrega y calidad;
- **colaborar con otras pequeñas empresas** a través de
  estrategias asociativas.

El proceso estratégico: pasos

Fuera de la existencia de éxitos nacidos de la improvisación, que los hay, los resultados mejoran con la asistencia
de un *plan de negocios*. Ese proceso requiere un análisis que
penetre hasta el fondo del problema. La aplicación del pensamiento estratégico, sistémico y lateral supera normalmente
al abordaje intuitivo, mecanicista, fragmentario, lineal o estático. Kenichi Ohmae[19] advierte que el pensador estratégico

---

19. OHMAE, Kenichi: *La mente del estratega.* McGraw-Hill, México, 1983.

llega a dividir el todo para descubrir el significado de sus componentes, pero luego vuelve a ensamblarlos para observar el conjunto y la dinámica de sus relaciones.

Personalmente, opero con un proceso que incluye doce pasos[20]. Pero una vez establecido por primera vez el proceso formal, los pasos se superponen, se modifica el orden establecido. En una existencia dinámica, la práctica irá convirtiendo al proceso estratégico en un continuo, donde la velocidad de los acontecimientos terminará uniendo las etapas, de manera que siempre se estará simultáneamente en las fases de análisis, elección e implantación.

12 PASOS ESTRATÉGICOS

1. Reflexión.
2. Análisis del entorno.
3. Reconocimiento de la empresa.
4. Proyección del escenario.
5. Análisis FODA. Determinación de objetivos, metas e hitos.
6. Consideración de los problemas, obstáculos y bloqueos.
7. Delineamiento de los cursos de acción para alcanzar los objetivos. Método.
8. Reorganización de la estructura y modo de gestión. Asignación de personal y recursos.
9. Instrumentación.
10. Control y monitoreo.
11. Aparición de nuevos problemas.
12. Ajustes.

Los pasos no son muy diferentes del planteo de *reflexión, análisis, elaboración, implementación* y *ajuste* que utilizan algunos autores, o del de *planificar, desarrollar, chequear* y *ajustar* (PDCA) de las prácticas de calidad; solamente he querido

---

20. Los pasos fueron presentados en mi libro *Estrategias PyMEs y cooperación interempresaria.* Ed. Coyuntura, Buenos Aires, 2000.

pormenorizar algunas acciones que me parecen importantes y que muchas veces pueden quedar escondidas al punto de generar olvidos que luego terminan siendo peligrosos.

El proceso se inicia con una actividad colectiva de reflexión o puesta a punto. En ese primer momento se trata de aclarar la misión, la visión y los valores de la empresa, el concepto del negocio, la identidad, la cultura organizativa, las fuerzas y capacidades esenciales que la impulsan. Dilucida el negocio en que se está, cómo y quiénes lo hacen. Establece las expectativas, deseos, valores, poder y objetivos de los diferentes grupos de interés de la organización que la estrategia deberá satisfacer. En la reflexión debe quedar despejado *lo que se quiere.*

Luego, es necesario analizar el entorno y las propias fuerzas. Uno trata de percibir lo que sucede "afuera" pero atañe a la empresa; y va desde el análisis más general hasta la consideración del contexto cercano, pasando por los factores críticos y las circunstancias de la industria. Aborda dos facetas: la foto actual y la proyección al futuro. Se trata de encontrar información necesaria para definir lo que se debería hacer para cumplir con la misión y alcanzar la visión. Define *lo que se debe hacer.* El otro atañe al análisis introspectivo. Incluye el reconocimiento de los recursos disponibles y las fortalezas y debilidades para comprender *lo que se puede hacer.*

Estos aspectos están marcados como *análisis del entorno, reconocimiento de la empresa* y *proyección del escenario.* Pero el autoconocimiento y el análisis del entorno son acciones intercambiables, que la práctica estratégica traduce en comportamientos continuos y simultáneos.

El análisis culmina uniendo los puntos fuertes y débiles con las oportunidades de negocios y amenazas externas, siempre en el marco de los intereses a satisfacer y lo que se quiere. El viejo FODA, con ciertas adaptaciones, es una síntesis maravillosa de un proceso complejo que, partiendo de la reflexión, llega a elaborar un diagnóstico que facilita la formulación de la estrategia. Acá aparecerán todos los argumentos que impulsarán a la empresa al crecimiento, a la consolidación o al abandono del proyecto.

Es el momento de determinar *hasta dónde queremos ir,* por lo menos en un plazo preciso y razonable de tiempo. Acá se debe plantear el objetivo u objetivos de la etapa para la empresa, establecer los vectores estratégicos, considerar las opciones más propicias, su factibilidad y rentabilidad.

Es preciso encontrar la forma de hacer que los objetivos correspondan a los deseos de los factores de poder, a los posibles cambios en el escenario y a las características especiales de la empresa. Los objetivos deben ser mensurables. Un buen plan de negocios es aquel que incluye su correspondiente presupuesto. Los objetivos deben ser traducidos a metas (cuantificados); si bien puede ocurrir que algunos fines no sean posibles de llevar tan fácilmente a números, debe encontrarse la forma de medirlos. También es conveniente establecer metas sobre plazos más cortos (hitos) que puedan ser confrontadas con los resultados de las acciones que se adopten.

Establecido el lugar adonde se quiere llegar, se recomienda introducir los problemas, inconvenientes y bloqueos que presumiblemente se presentarán en el trayecto. Entre ellos, la carencia de los recursos que se reconocen necesarios; la existencia de dificultades derivadas del entorno, de los movimientos estratégicos de otros actores inteligentes (clientes, proveedores, competidores), y de la interacción dinámica entre las acciones propias y las ajenas. Hay que reflexionar acerca de cómo juegan las economías de escala, la diferenciación de productos y las barreras de entrada y

> La conciencia de las dificultades facilita la determinación de los modos de vencer los obstáculos, obtener los recursos faltantes y aprovechar las fuerzas para transitar el camino hacia la meta (cursos de acción).

salida, los requerimientos de capital, los canales de comercialización y el acceso a ellos, sin pasar por alto las medidas de gobierno.

Conocer las restricciones y los retos mejora el proceso de selección del camino para llegar a la meta (desvíos, disposición de recursos, escudos defensivos, alianzas). Al advertir las limitaciones se facilita la posibilidad de neutralizarlas. Eliminar un bloqueo impulsa más a la organización que tratar de imprimir más velocidad.

Una forma simple de planificación para quienes se inician en la práctica de la estrategia es tomar puntualmente un problema y resolverlo, siempre recordando el ciclo: *planificar, ejecutar, monitorear* y *ajustar*.

Con todos estos elementos a mano se deben proponer políticas para alcanzar el posicionamiento deseado. Se trata de responder al ¿cómo llegamos a...?, para entrar al delineamiento de la estrategia (elección del camino y del método).

Se debe definir la matriz producto/mercado. Entran en juego de esa manera las diferentes estrategias competitivas: *diferenciación, costo* o *enfoque*. También se debe dilucidar si el camino se recorrerá *solo* o *asociado*. Es oportuno verificar si es posible atender otros requerimientos de los clientes, o si hay otros consumidores con las mismas necesidades que la firma satisface. Frente a la empresa aparecerán muchas opciones que deben ser sopesadas para tomar las *decisiones estratégicas* que acerquen al objetivo y optimicen los resultados. Simultáneamente, hay que cuidar que posean la flexibilidad y maniobrabilidad necesarias para no atar a la empresa a un camino irreversible.

> Hay que tratar de que los consumidores nos elijan. Para ello hay que ser relativamente mejores que los demás.

La estrategia debe elaborarse a partir de una empresa real (recursos, estructura y negocio que la sustenta), y desde ahí plantear retos que superen la coyuntura y muevan la frontera de lo posible. Una meta ambiciosa obligará a reorganizar la firma. Se trata de encontrar el vehículo más apto para arribar al destino. La estructura es un medio de transporte que se debe acondicionar de acuerdo con el camino que se tomará, y no ser una limitante. Se debe recapacitar sobre los talentos humanos y los recursos materiales requeridos para alcanzar el objetivo. Hay que alinear las políticas con la estructura, las personas y los recursos.

Finalmente, hay que dinamizar la organización en función del objetivo. En otras palabras, contestar al reto de *cómo impulsamos a la empresa hacia la meta*.

La estrategia no tendrá éxito si no logra que todos se comprometan con ella. Comprometer al personal es parte del proceso. Para ello es necesaria la comunicación en términos comprensibles y útiles. Alcanzar la meta debe beneficiar a la compañía y también a todos sus integrantes. De la satisfacción nacerán la aprobación y el compromiso. Un personal que sabe adónde se dirige y lo desea, se esforzará por llegar. Si todos van hacia el mismo lugar, podrán tirar juntos del carro. Comprometer al personal es la manera más honesta y efectiva de maximizar la productividad.

La estrategia no es un mero ejercicio teórico; también es acción. Los planes sirven si se instrumentan. Para alcanzar buenos resultados, el pensamiento y la acción constituyen una mezcla inseparable. La razón de planificar es determinar buenos resultados, pero estos sólo se consiguen actuando. Pensar sin hacer no genera consecuencias y actuar sin pensar nos puede llevar a desenlaces no deseables.

Mencioné la necesidad de poseer una visión dinámica, y ahora quiero volver sobre el punto. El escenario se mueve por los actos de la firma, las respuestas que genera y las acciones autónomas de otros actores (gobierno, competidores, proveedores, clientes, aliados, tecnólogos, terroristas y personas acuciadas por necesidades). En un ambiente turbulento, las empresas siempre se enfrentan a imprevistos, aparecen en escena nuevos problemas. Por ello es preciso mantener el cuadro bajo análisis, considerar los movimientos y observar los efectos. Hay que estar atentos a los cambios. Tener flexibilidad para modificar los postulados y organizarse para atender los cambios de contexto. Esas mudanzas, así como también los errores cometidos en la toma de decisiones estratégicas, obligan a introducir modificaciones, buscar caminos alternativos, cambiar lo planificado.

Es esencial poseer un sistema de evaluación que permita ver si el camino que se recorre se alinea con los planes. Si los hechos potencian a la empresa o la desequilibran. Hay que establecer normas, vigilar el desempeño y corregir las desviaciones.

La realidad de la pequeña empresa

La mayoría de las PyMEs no piensan en términos estratégicos[21]. Improvisan, operan a ciegas, siguen la inercia y actúan en manada tras un negocio que se mostró rentable para algún precursor. En general, las acciones se formulan por reacción, en el momento. También es difícil encontrar PyMEs organizadas para anticipar el futuro, sacarle provecho o contrarrestar los riesgos. La mayoría de las estrategias formales son defensivas y no sostenibles en el largo plazo.

Al hablar de las PyMEs, Johnson y Scholes hacen una serie de reflexiones.

Salvo que hayan identificado un nicho que las mantenga –aunque operen en un único mercado o un número limitado de ellos y tengan una gama reducida de pro-

---

21. Aclaro que estoy hablando en términos generales. Hay PyMEs con estrategias, pensamiento y planificación, pero, al menos en los países periféricos, no en la medida suficiente para mover el amperímetro del crecimiento.

ductos o servicios– están sujetas a importantes presiones, por lo que las estrategias competitivas son de gran importancia.

Al no poseer recursos para realizar complejos análisis de marketing, son los altos directivos (e incluso el propio fundador) quienes deben llevar el pulso del mercado.

Sus elecciones estratégicas están generalmente limitadas. Con frecuencia, se trata de consolidar una posición en un nicho o de buscar el crecimiento, para lo cual es importante la forma en que se logran los recursos financieros. Encuestas realizadas en Argentina muestran que las PyMEs sólo se concentran en afianzar o expandir la presencia de sus productos históricos en su mercado tradicional. No consideran la posibilidad de innovar. No vislumbran filones novedosos, ni piensan en especializarse. Y, por lo general, tampoco se lanzan a alcanzar mercados exteriores.

Formalmente, si se hace un listado de las funciones de la organización a las que se les presta atención, aparece primero ventas, luego producción y servicios a clientes; en el segundo nivel está el aprovisionamiento y la logística; y quedan relegadas para el final la calidad, la I+D y el planeamiento, cuando no la comunicación.

¿Qué hacer para contrarrestar la improvisación? Lo ya dicho: elaborar e implementar una buena estrategia, actuar en consecuencia y, como decía el inefable Tato Bores, *¡¡¡good show!!!*

PARTE II

LOS ASPECTOS
NO MANEJABLES

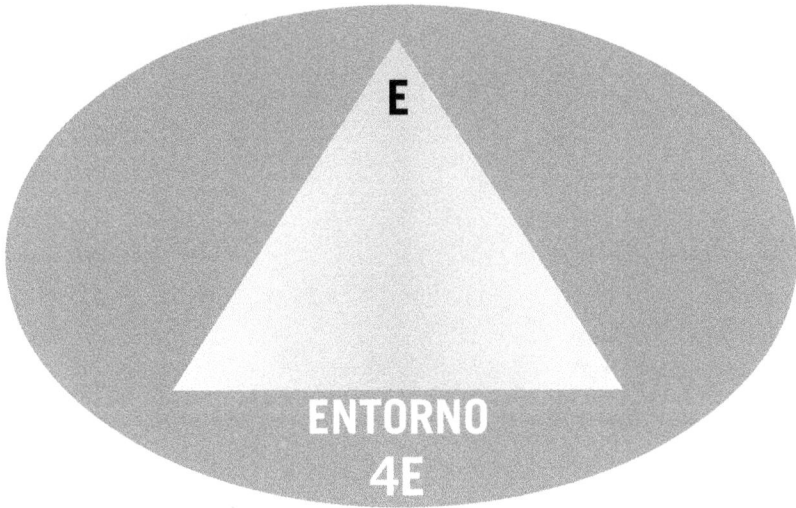

E

ENTORNO
4E

CAPÍTULO 4

EL IMPACTO DEL ESCENARIO
SOBRE LA EMPRESA

"En primer lugar, me centraré en la transformación que se ha producido. La transformación de orden económico y tecnológico. En términos económicos, puede caracterizarse la economía por tres grandes características: es informacional, es global y funciona en red.
Como sabéis en la economía hay dos características fundamentales, son la productividad y la competitividad. La productividad, como ya sabemos, es la unidad de cuántos productos se obtienen por unidad de insumos; y la competitividad es cómo se ganan partes del mercado, no necesariamente a costa de los otros, ya que el mercado se puede ampliar. Eso genera la competitividad positiva y la competitividad negativa (te destruyo a ti para tener más).
De hecho, la historia económica demuestra que la competitividad positiva, que es la ampliación de mercado para casi todo el mundo, suele ser más beneficiosa para todos que la negativa, la del 'te tiro por la ventana para quedarme con este trozo de mercado'. Por tanto, para empresas, regiones o países, estas dos variables –productividad y competitividad– son las variables centrales de toda economía. Se puede demostrar que los elementos clave hoy día son la capacidad tecnológica y humana de generar, procesar y producir."

Manuel Castells,
Globalización, tecnología, trabajo, empleo y empresa

Empresa y entorno

Las empresas son subsistemas del sistema económico. Sus acciones afectan la marcha de la economía y, a la vez, el proceso dinámico de esta las conmueve especialmente.

Al establecer las pautas de elaboración estratégica, ya había aconsejado vigilar el entorno político, económico, social, tecnológico (análisis PEST) para definir el rumbo de la empresa. Es justamente en el futuro cuando se producen las acechanzas que pueden afectar su continuidad, pero también donde se encuentran las oportunidades para generar más y mejores negocios.

En un marco más amplio, el mundo avanzó a medida que se fueron encontrando modos más eficientes de producir bienes, servicios y riqueza. Este impulso estuvo centralizado primero en el esfuerzo individual y luego en la organización de las personas con objetivos productivos. Los cambios son inherentes al desarrollo sin pausas de las fuerzas productivas.

El análisis del entorno es una tarea ardua y de suma importancia. Es llamativo el poco caso que hacen a este tipo de cuestión los conductores de empresas pequeñas, que siguen manejándose a tientas o tomando como válida la información periodística, normalmente sesgada y al servicio de fuertes intereses económicos y políticos.

Es lógico suponer que las PyMEs no pueden tener un laboratorio de coyuntura y, menos, uno de prospectiva. Pero eso no significa que no los necesiten. Lo aconsejable es contar con la colaboración de un experto que dedique algunas horas mensuales a discutir los aspectos macro con el consejo de aministración, o recurrir a instituciones de apoyo que organizan reuniones genéricas[1].

El análisis experto es válido, especialmente cuando los viejos paradigmas mecanicistas no sirven en el mundo actual, donde el aumento de la complejidad obliga a recurrir a nuevas formas de abordaje de conocimientos.

---

1. Hay que tener cuidado con los expertos que se contratan. Normalmente, los gurúes de la *city* tienen una idea parcial de la realidad y están al servicio de intereses diferentes de los de las pequeñas empresas. Por otra parte, su visión macro no les permite distinguir y precisar la información realmente útil para la actividad empresaria. Con respecto a lo institucional, la fundación Garantizar el Desarrollo, que presido, realiza reuniones bimensuales donde un economista vinculado con el interés nacional, el Dr. Ignacio Chojo Ortiz, pasa revista a la situación económica de la Argentina y brinda un panorama de futuro próximo que resulta muy útil a la hora de tomar decisiones.

Las teorías del *caos de sistema y cibernética*, las herramientas de *prospectiva exploratoria* y una *visión estratégica* son los auxiliares recomendados para lograr una mirada de conjunto, amplia, dinámica y de largo plazo.

La visión del escenario como punto de partida del análisis

El funcionamiento del sistema económico

El sistema económico capitalista ha tenido desde sus inicios una sucesión de avances, frenos y caídas, reconocidos como crisis cíclicas (*stop and go*).

Las mayores zozobras que recordamos son la "gran crisis" de los años 1929-1932 y los tiempos de la Segunda Guerra Mundial.

Desde 1950 –y con el auxilio de John Maynard Keynes, que recomendó el uso de políticas financieras públicas para "planchar" los ciclos– las oscilaciones se atemperaron y, aunque no exento de problemas, el mundo de posguerra vivió treinta años gloriosos de acumulación y progreso.

A la par, se instrumentó un sistema de seguridad social que protegía a las personas más vulnerables. Por entonces el aumento de la productividad permitía mejorar el ingreso de los trabajadores fortaleciendo la demanda que, a su vez, creaba nuevos puestos de trabajo para su atención, en una espiral positiva.

La hegemonía sobre Occidente fue ejercida por los Estados Unidos que, al mismo tiempo, disputaban el dominio global con la Unión Soviética. La Guerra Fría condujo a una carrera bélica que fue erosionando la acumulación de capital reproductivo. En consecuencia, el crecimiento de los Estados Unidos se hizo más lento y el país del norte fue alcanzado por Japón y Alemania. En el otro "super-bloque", la ineficiencia y el autoritarismo terminaron por provocar la implosión del comunismo, y la salida de escena del único orden alternativo.

El momento crítico de posguerra lo señalaron las crisis petroleras (1974 y 1979), que marcaron un punto de inflexión. En este caso no se trató de un trance cíclico, sino de un hecho puntual que repuso el fantasma de la fragilidad. Este período delicado introdujo un fenómeno nuevo: la recesión con inflación (*estanflación*).

Luego, el avance tecnológico desató las fuerzas productivas que en su proceso expansivo comenzaron a chocar con mercados reducidos por la estática arquitectura institucional (Estado-nación). Ello obligó a buscar nuevas formas institucionales[2] y generó la aparición de los bloques económicos.

Sin el fantasma del comunismo, que obligaba a un entendimiento social que evitara la radicalización de los trabajadores, un grupo de profesores de Chicago conducidos por Milton Friedman, intentó recuperar la doctrina del individualismo y el ansia de lucro como motores del crecimiento, y la llevó a su estado de más profundo salvajismo[3]. Había que destronar el Estado de Bienestar (*Welfare State*) para que no estorbara la concentración de ingresos en la punta de la pirámide, confiando ilusa o perversamente (como quiera ser mirado) en que ello derramaría riqueza sobre toda la sociedad y así se lograría un mundo más equitativo.

---

2. Actualmente Latinoamérica, además de los modelos propios (Mercosur, Pacto Andino) vive una ofensiva norteamericana para conseguir una posición ventajosa frente a Europa y Japón (ALCA) sin desmontar su sistema defensivo para-arancelario ni eliminar restricciones y subsidios agrícolas. Lo extraño es el apoyo haco Estados Unidos de parte de la región, considerando que las empresas latinoamericanas (salvo en algunos sectores de bajo valor agregado) no están en condiciones productivas, tecnológicas y financieras de competir de igual a igual en ninguno de los dos mercados.

3. A pesar de que Nash había destruido los cimientos de la teoría enunciada por Adam Smith en un contexto distinto y que fuera alimentada por el establishment mundial.

Bajo estos principios nació el proyecto iluminista de los Estados Unidos[4], que se expresó claramente en los lineamientos del Consenso de Washington (WC). Sobre los pilares de *democracia y mercado*, que fascinaron a unos y adoptaron otros, los países menores abrieron sus economías para allanar la movilidad de bienes y capitales. Olvidando sus intereses, privatizaron y malvendieron las empresas públicas y flexibilizaron las normas laborales, mientras se endeudaban para pagar el gran ágape de unos pocos, al que nunca estuvieron invitados[5].

> Los consumidores se van homogeneizando; las fronteras ya no son una restricción; los mercados financieros constituyen una unidad, y el capital se desplaza sin impedimentos por el mundo.

Con la caída del muro de Berlín, la economía capitalista se expandió. Y donde la seducción de la mano invisible no llegaba, quedaron dos caminos para imponer el orden: el chantaje de los organismos multilaterales controlados por los Estados Unidos, o la fuerza de las armas. Pero esa conquista ideológica y económica arrojó secuelas difíciles de medir (choques de culturas, religiones y etnias)[6].

El progreso social dejó de ser así un objetivo en sí mismo para ser considerado consecuencia del crecimiento económico. En efecto, las regulaciones del Estado de Bienestar fueron eliminadas una a una, y el derrame esperado no sucedió: los ricos se hicieron más ricos y la pobreza aumentó, como aconteció con el *gap* entre países opulentos y países paupérrimos. El Estado dejó de cumplir su función de mediador y vigilante del sistema en el largo plazo, y nadie lo ha cubierto hasta el momento. El mercado sin control tiende al monopolio, y no hay peor enemigo del mercado que el monopolio, cualquiera que sea su razón.

---

4. John Gray nos alerta sobre ello.
5. El caso argentino es la mejor ilustración al respecto.
6. Samuel Huntington afirma que "luego de la Guerra Fría el choque será de civilizaciones".

Las catástrofes climáticas aumentan porque no se toman medidas para restringir la especulación y la voracidad de los países dominantes y sus corporaciones. La polución crece, el agujero de ozono se agranda, las aguas se contaminan y el efecto invernadero comienza a hacer estragos. La realidad muestra que la práctica neoliberal sólo consiguió aumentar la desigualdad, la inestabilidad y el caos. La mayor parte de la humanidad vive en condiciones miserables, cuando con sólo una fracción del gasto bélico se podría eliminar su sufrimiento.

Más allá del horror que nos producen, ya nada nos extraña: ni las respuestas terroristas, los conflictos bélicos, el poder de las mafias, la destrucción paulatina del continente africano, ni los desórdenes latinoamericanos.

El mundo sigue creciendo gracias a que esconde la mugre bajo las alfombras. Lo que no podemos saber es qué pasará cuando nos tape la suciedad.

Por suerte, aunque limitado, todavía queda algo de sentido común. Y aunque los Estados aún conservan una visión parcializada y defienden solamente a sus ciudadanos y no a la humanidad (como el caso de Europa o Japón), sus lecciones bien pueden ser embriones de cambios positivos en el futuro.

El fenómeno de la globalización

Para Coriat[7] sólo es posible entender la globalización como un proceso, ya que, desde el origen del ser humano, el valor de vivir en comunidad fue creciendo en la medida en que se tomó conciencia de la conveniencia de distribuir el trabajo según habilidades y conocimientos. Las interrelaciones se expandieron hasta donde permitía la geografía, las

---

7. CORIAT, Benjamín: *El desafío de la competitividad.* Oficina de Publicaciones del CBC. Universidad Nacional de Buenos Aires, 1997.

condiciones del transporte y la capacidad de producir bienes y servicios. Así se pasó de la simpleza de las comunidades tribales a la alta complejidad del orden actual, compuesto por dimensiones múltiples.

En este proceso las empresas ocuparon un rol central, pusieron al Estado a su servicio y utilizaron la información y el saber como pilares del éxito económico. Se formaron bloques de naciones para ampliar el mercado, y se evitó así encorsetar a las fuerzas productivas, lo que constituye el hecho más importante e irreversible de la era actual. Los países y las personas se hacen cada vez más interdependientes. Se consumen bienes que no son elaborados localmente y se ofrecen productos o servicios que no compran los conciudadanos.

George Yip[8] señala la existencia de una serie de impulsores:

- **de mercado:** demandas que se hacen homogéneas; clientes y canales globales;
- **de costo:** necesidad de economías de escala y alcance, curvas de aprendizaje, amortización de los gastos en I+D;
- **gubernamentales:** políticas comerciales entre naciones (emblocamiento), normas técnicas compatibles;
- **competitivos:** mayor pugna entre empresas, operadores globalizados.

Los distintos aspectos de la globalización

La globalización compone una serie de planos en los que se manifiesta el fenómeno. Esos planos se mezclan, interactúan y potencian recíprocamente.

Plano comercial

Con el incremento del comercio entre países, las operaciones mundiales de productos (y también de servicios) han

---

8. YIP, George: *Globalización*. Grupo Editorial Norma, Colombia, 1993.

> El comercio mundial se ha hecho más fluido, al crecer muy por encima de las tasas de aumento del PB mundial. Las mayores tasas de aumento se dieron dentro de los bloques.

crecido a un ritmo muy superior al aumento del producto bruto mundial[9]. La competencia es esencialmente internacional porque, o bien se llega con los productos al mercado global, o las posiciones nacionales son asediadas por proveedores externos.

Hay una caída porcentual del comercio mundial de productos primarios y del tráfico interindustrial. Los flujos intraindustriales representan el 40% del comercio. Como derivado de lo anterior, el comercio Norte-Sur decreció en términos relativos frente a la mayor dinámica del intercambio Norte-Norte[10].

La relación de los términos del intercambio sigue vigente.

Aparecieron nuevos jugadores, en el Sudeste asiático (Hong Kong, Taiwán, Singapur, Corea, Malasia, Indonesia, Tailandia) y en América Latina (Brasil, México y Chile), y las corrientes comerciales entre empresas vinculadas tuvieron un crecimiento espectacular (actualmente constituyen más de un tercio del comercio mundial)[11].

Plano financiero

El sistema financiero fue el que más rápido respondió al llamado global. El fácil desplazamiento de la moneda y la elevada liquidez mundial permitieron que la globalización recorriera más largo camino en ese terreno. La monetiza-

---

9. En cierto momento de la historia, el comercio internacional cuadruplicó el crecimiento del PB mundial y aún hoy lo duplica.
10. El comercio Norte-Norte representa el 75% del comercio mundial, en tanto dentro de la tríada EE.UU.-UE-Japón, se comercializa el 50%.
11. Vale considerar que en el comercio intraempresa no existe juego de ley de oferta y demanda. Una mejor oferta puede ser desechada en aras de la maximización del interés del grupo económico. Este dato constituye una modificación trascendental que archiva en parte las viejas teorías del comercio internacional, creando nuevas bases para el intercambio.

ción de la economía mundial fue forzada por: 1) el incremento de los precios del crudo y la incapacidad de los países productores de petróleo para canalizar internamente su mayor ingreso (petrodólares); 2) la creación europea de moneda bancaria a partir de sistemas financieros de bajo encaje (eurodólares)[12]; 3) la continua emisión y transferencia de divisas y sucedáneos (documentos de deuda pública) que hicieron (y aún hacen) los Estados Unidos para cubrir sus déficits gemelos (comercio internacional y fiscal).

Esos excedentes de moneda y la débil demanda de un mercado recesivo redujeron las tasas de interés (que incluso llegaron a ser negativas) e impulsaron a buscar nuevos tomadores, que se encontraron en los países de la periferia. Ni prestadores ni tomadores midieron la capacidad de repago[13]. Así fue como la deuda constituyó una de las mayores trabas al desarrollo, pues las transferencias de fondos hacia los acreedores es de tal magnitud que aminora el ahorro interno e impide la acumulación en capital reproductivo. Simultáneamente actúa como factor de dominación que pone límites al crecimiento genuino[14].

Todo culminó en un mercado interconectado, que opera las 24 horas del día, combinando aperturas y cierres de Asia, Europa y los Estados Unidos.

El mundo se convirtió en un casino (*casino capitalism*), donde prima la especulación en derivados: opciones, futuros y *swaps*; negocios inmobiliarios (*real state*); juegos de bolsa (*stock exchange*) y operaciones de arbitraje de moneda (sólo el 2% del cambio de moneda es explicado por los flujos comerciales, y se supone que el resto es especulación). El

---

12. En 1980 los créditos de la banca europea quintuplicaban los depósitos del sistema.
13. Aunque siempre, de una manera u otra, los más débiles terminan pagando.
14. A la postre, el endeudamiento de la periferia constituye un tan nuevo como perverso mecanismo para asegurar ingentes transferencias de ahorro interno hacia los mercados financieros centrales.

costado financiero se desentendió de su papel de auxiliar de la economía real para crear un sistema sustentado en una burbuja de riqueza intangible y volátil. Nadie define mejor la situación que George Soros, cuando afirma que el mayor enemigo del sistema capitalista es el capital especulativo, cuya peligrosidad supera a la del comunismo.

> En el mundo funciona un único mercado financiero que opera todo el día.

En los últimos quince años el mundo experimentó seis crisis financieras que, al momento, han podido ser acotadas a un espacio local y, por lo tanto, controlable.

Plano empresarial

Las empresas operan internacionalmente tomando las mejores contribuciones de cada localización, y combinándolas para alcanzar una cadena de valor imbatible.

> Casi todas las empresas deben soportar la competencia internacional, ya sea porque se lanzan al mercado mundial o porque extranjeros se abalanzan sobre su mercado.

Como las ventajas se logran y desbaratan rápidamente, el proceso de localización y deslocalización se dinamizó y el desplazamiento de Inversiones Directas en el Exterior (IED) se hizo vertiginoso. Hoy las firmas compiten tomando materias primas de un lado, fabricando en otro, donde la mano de obra es más barata, utilizando maquinarias de alta tecnología, contratando diseño donde mejor les parece, envasando con materiales de los países más aventajados y recurriendo a los servicios de fletes, seguros y publicidad más convenientes. Se acabó el nacionalismo en el armado de cadenas productivas.

Plano tecnológico

El componente tecnológico es la vedette de la globalización moderna. Por una parte, porque ha facilitado la operatoria internacional en todos los aspectos (transporte, manejo de datos e información, comunicaciones). Pero también porque la competencia ha llevado a una carrera tecnológica para mantenerse en el liderazgo, acortando dramáticamente el ciclo de vida tecnológico y de productos, lo que obligó a reemplazar la depreciación en el tiempo de los gastos en I+D, por su amortización en el espacio. En otras palabras, las compañías deben operar con economías de alcance (acceso a la demanda) notoriamente superiores.

La incorporación de tecnología generó un fuerte impacto, primero sobre el empleo de las economías periféricas, pues la innovación en el centro recuperó su competitividad en sectores productivos en desventaja salarial; pero, agotada esa instancia, la desocupación atacó al propio centro, donde también apareció este flagelo.

A diferencia del pasado, al ir a parar las ganancias de la innovación a la punta de la pirámide y no a su base (demanda insatisfecha), la incorporación de tecnología no fomentó el mayor consumo que impulsa al aumento de producción (y empleo) que permitía reemplazar e incluso superar los puestos perdidos.

Y aunque atemperado por políticas anticíclicas (especialmente en Europa), todavía no se ha logrado alejar a la humanidad del riesgo de una sociedad de mayoría de excluidos. La desocupación puede ser superada si el trabajo residual es bien distribuido o si aumentan las actividades ligadas al ocio, que ocupan mucha mano de obra y pueden ser realizadas por micro y pequeñas empresas.

> El acortamiento dramático de los ciclos de productos y tecnologías provoca la necesidad de una amortización de menor tiempo que sólo se supera aumentando el volumen de operaciones. Esto es lo que llevó a las empresas a olvidarse de sus refugios nacionales y salir a buscar demanda en todo el mundo.

Plano institucional

La globalización exige, como es lógico, transformaciones correlativas tanto en el ámbito específicamente estatal, como en las formas organizativas que se habían construido hasta ahora como instancias de mediación entre el Estado y la sociedad. Los países fueron adecuando su funcionamiento a las exigencias

> Los bloques económicos son la formación institucional de los tiempos modernos.

de mercados ampliados, recurriendo a los movimientos de integración o a la presión para lograr liberaciones unilaterales[15]. La constitución de bloques económicos es la forma actual de organización institucional. Dentro de ellos, los flujos comerciales se liberan y el intercambio entre los viejos países (hoy Estados asociados) se incrementa.

Interdependencia de los planos

La tecnología obligó a ampliar las escalas y los alcances. Se formaron bloques, decayó el proteccionismo, y el comercio internacional se fortaleció. Las empresas radicaron capitales fuera de sus países, para lo que necesitan un mercado financiero integrado que opera bajo un fuerte componente tecnológico, etc. Como vemos, los planos aludidos actúan en forma simultánea y convergente, promoviendo una espiral de: + comercio + innovación tecnológica + internacionalización + apoyo financiero + globalización que, a su vez, produce + comercio + innovación + internacionalización...

---

15. Un detalle interesante es que –como demuestra la investigación que realizamos con Elena Cafaldo y Martín Cascante en el Instituto de Comercio Exterior del Banco Ciudad de Buenos Aires– la mayor parte del crecimiento del comercio internacional se realizó dentro de los movimientos de integración regional. Si consideráramos a los bloques económicos como una unidad política, al igual que sucede con los Estados que componen los Estados Unidos o las provincias que integran la República Argentina, la dinámica comercial no sería tan intensa, a tal punto que, desde el año 1995, los flujos no sólo se estancaron, sino que cayeron. Se demuestra así el enorme peso que ya ha tomado el orden institucional que se avecina.

El mundo dejó de constituir una suma de naciones relacionadas superficialmente para ser un sólido complejo de vínculos. A la vez, existe una incipiente estructura supranacional donde la mayoría de los países son sólo actores de reparto.

Paradojas

La globalización de fines del siglo XX conlleva muchas paradojas. Mientras la economía mundial entra en expansión, algunas zonas terminan empobrecidas. La causa es que la tendencia global va acompañada de un proceso de concentración que niega el reparto equitativo de la riqueza (condición del desarrollo); globaliza el libre acceso a los mercados, pero no es solidaria; elimina barreras comerciales, pero impide la circulación de personas; defiende el libre mercado, pero mantiene prerrogativas sectoriales (productos agrícolas, por ejemplo) y dificulta el acceso a los derechos básicos.

Sin embargo, no es la globalización en sí misma la que ha impactado negativamente en la mejora de las economías de la periferia, sino este modelo de mundialización, basado en los principios del WC.

El fenómeno trajo algo que nadie esperaba ver. Mientras que la riqueza se expande, el trabajo humano se contrae. Asistimos a un orden de crecimiento sin generació de empleo. Se ha olvidado la inteligente e interesada máxima de Ford: *"Si no se pagan buenos sueldos* (y en este caso, agravado con: si no se pagan sueldos) *no habrá demanda y entonces no hay negocio, ni fábrica, ni rentabilidad, ni nada"*. El efecto tecnológico, que podría beneficiar de manera importante a la sociedad, puede también ocasionarle grandes trastornos si no es manejado con sapiencia.

A la concentración indignante y del hambre que contrasta con la opulencia de la sociedad de consumo[16], hay

---

16. Recomiendo profundizar el tema en el informe del Worldwatch Institute *La situación del mundo 2004*. Editado por FUHEM e Icaria Editorial Barcelona, 2004.

que agregar la inminente crisis mundial de energía, los problemas ambientales, la falta de agua que provocará nuevas pujas, las mafias, la corrupción y el terrorismo.

En forma paralela al proceso de globalización se produce un fenómeno aparentemente tan contradictorio como real: la segmentación en identidades geográficas, religiosas, étnicas, minoritarias.

Hasta ahora, los beneficiarios son los que en la era industrial lograron una opulenta acumulación de capital, conocimientos y capacidad de gestión empresarial. También participan algunos pocos que, a pesar de una situación desventajosa, gracias a una buena lectura del futuro adecuaron su desarrollo (tecnológico-productivo-comercial) a la nueva conformación.

Estos casos parecerían convalidar la hipótesis de la convergencia a largo plazo que plantean los adoradores de la globalización; pero si consideramos que la mayor parte del planeta (en cantidad de habitantes y de territorio) fue perjudicada, que la concentración del poder económico se acrecentó, que los países desventurados están cada vez más desamparados y hay más pobres dentro de los países más menesterosos, se confirmaría el desequilibrio, como entre otros alerta el Grupo de Lisboa.

> La globalización no ha beneficiado a todos por igual.

El resultado es que hasta ahora son pocos los que lograron mejoras sensibles. La mundialización ha sido selectiva. Todos estos puntos centrales de la agenda mundial son los que de una u otra forma afectan o afectarán el funcionamiento de la economía y la evolución de las empresas.

Tendencias que afectan el funcionamiento de la empresa

Tomando como base el escenario descrito, voy a mencionar aspectos que a mi juicio deben ser considerados por las sociedades mercantiles a la hora de definir sus estrategias[17], desarrollar ventajas competitivas o lograr eficiencia. Resalto con negrita aquellos aspectos que pueden ser bien aprovechados por las empresas PyMEs o que las afectan en forma importante.

- Los viejos paradigmas que actuaban bajo supuestos mecanicistas, imitando la física newtoniana, ya no sirven en el mundo actual.
- La complejidad y la interdependencia han aumentado, y para entender la realidad hay que recurrir a nuevas formas de abordaje. La teoría del caos y el pensamiento sistémico facilitan el análisis de entornos complejos, contradictorios, discontinuos, no lineales e impredecibles.
- Atrás quedaron las arcaicas reglas, suposiciones, recetas y estrategias animadas por la cultura industrial.
- El mundo nuevo privilegia el saber productivo y la información.
- En la mayoría de los sectores, la capacidad productiva instalada supera ampliamente a la demanda genuina (respaldada por ingresos).
- La economía se ha terciarizado. Los servicios son cada vez más importantes. Sin embargo, siguen ligados a facilitar el acceso de las personas a los bienes del campo y la industria.
- La economía mundial está cada vez más integrada.
- La facilidad de comunicación derivada de los avances tecnológicos acilita la integración.
- La economía de mercado es excluyente. Se han incorporado 1.900 millones de personas que antes vivían en sistemas cerrados, y es firme la integración china.

---

17. Mis advertencias constituyen una ampliación de las ocho fuerzas transformadoras fundamentales que mencionan NADLER, D. A.; GERSTEIN, M. S., SHAW, R. B. y Asociados en *Arquitectura organizativa*. Ediciones Granica, Barcelona, 1994.

- El área del Pacífico ha mostrado más dinámica, y ha superado el liderazgo histórico del Atlántico.
- Se produjo un proceso de concentración de poder que profundizó la división del mundo en países ricos y pobres y, en su seno, entre personas.
- La competencia se exacerbó en términos de productos (precios, calidad, especificidad, atributos); en las formas en que se ofrecen (agregados de servicios y bienes que se comercializan en conjunto); en la presencia de competidores eficientes (prácticamente en cualquier actividad es necesario enfrentarse con empresas poderosas) y en la manera en que se ejerce la pugna (prácticas monopólicas, proteccionismo y deslealtad comercial).
- **Los cambios en los gustos, necesidades e intereses de los consumidores se han vuelto vertiginosos e imprevisibles.**
- **En reemplazo del sistema estable del pasado se ha instalado un escenario voluble y fluctuante. El equilibrio, base de la economía clásica, ya no existe. La velocidad impide la armonía.**
- **La transformación continua y ágil es una referencia fundamental del contexto en que deben desenvolverse las personas e instituciones.**
- El cambio se realiza dada la existencia de problemas que no pueden ser resueltos con recursos conocidos.
- La población del mundo crece.
- Ha aumentado notablemente la participación de la mujer en la vida laboral.
- La humanidad tiene una edad promedio superior. El aumento de la esperanza de vida y la disminución de la tasa de natalidad provocaron un profundo cambio en la composición de la mano de obra.
- Hay una mayor preocupación por las cuestiones ambientales.

- **Todos estos cambios demográficos, psicográficos y ambientales ofrecen renovadas oportunidades de negocios.**
- El crimen organizado controla una parte importante de la economía, mezcla negocios formales y prohibidos, y su proceso de acumulación evoluciona más rápido que la economía legal.
- Hay gran facilidad para el movimiento de capitales, tanto especulativos como para inversiones productivas (IED - Inversiones Directas en el Extranjero).
- Con la integración se han revitalizado las corrientes xenofóbicas y los regionalismos.
- El sistema financiero fue el que más rápido se tornó global.
- El flujo monetario de la economía se independizó del real.
- Se ha creado una burbuja financiera que genera periódicas crisis.
- Los inversores institucionales se preocupan por el valor de sus colocaciones y no por la creación de riquezas y la satisfacción de los consumidores. En los Estados Unidos su control supera el 50% de las firmas que cotizan en Bolsa.
- La competencia se ha tornado salvaje y los mercados se han vuelto hipercompetitivos.
- Los consumidores son más exigentes.
- La rivalidad ha dejado de ser local para pasar a ser mundial. Las firmas son atacadas en su propio territorio y salen a cazar clientes fuera de su marco natural (país, nación, región).
- El comercio mundial crece constantemente.
- La aplicación de nuevas tecnologías al transporte de mercancías y personas y los notables avances en materia de infotelecomunicaciones motorizan la interconectividad actual.

- La tradicional razón que orientó a la división internacional del trabajo se volvió perimida y se gestó una nueva forma de reparto.
- **No ha variado la regla que rige las relaciones desfavorables de los términos del intercambio para los productores de bienes sin valor agregado. La ley de Raúl Presbisch sigue siendo inexorable.**
- **El comercio internacional ha dejado de ser explicado por la dotación de factores de la producción (capital, tierra y trabajo) para ser el resultado de la propiedad de valores intangibles creados por el hombre (marca, prestigio, identidad, imagen de calidad, etc.).**
- Cada vez tiene menor importancia el comercio mundial de materias primas e insumos difundidos (*commodities*). En consecuencia, ha perdido participación el comercio Norte-Sur, con un significativo perjuicio para las economías de menor desarrollo.
- El intercambio intraindustrial ha superado al comercio interindustrial.
- Una tercera parte del intercambio se realiza en el seno de las corporaciones. Para este comercio, no existen los precios y la lógica de la vieja ley de oferta y demanda.
- El mayor dinamismo comercial se da entre países que integran un mismo bloque económico.
- Las empresas no pueden ser conducidas con piloto automático ni avanzar a tientas, sino que deben definir claramente su visión, misión, valores y estrategia.
- Los Estados compiten en establecer ventajas de localización que atraigan inversiones. Tratan de crear ambientes favorables para la actividad productiva. Ello significa invertir en infraestructura y apoyar la investigación y la educación.
- También adoptan posiciones activas en defensa de sus firmas.

- Las empresas luchan por ampliar espacios de mercado, y los países, por lograr que se asienten en su territorio.
- La existencia de polos potenciadores atraen inversiones. En los territorios se conforman *clusters* alentados por sinergias y ahorros.
- Hoy no compiten las empresas sino las cadenas productivas.
- En este tipo de enlaces, no alcanza un eslabón eficiente. Todo el encadenamiento debe serlo. La fuerza de una cadena se mide por su anillo más débil. Además, los engarces (relaciones entre eslabones) deben ser virtuosos.
- Las empresas dependen de los atributos de su localización. Sólo controlan una parte del producto/servicio que ofrecen. El resto es "tomado" de afuera. Una eficiencia superlativa puede quedar denostada por la baja competitividad sistémica de una radicación determinada.
- En los sectores maduros, las actividades cambian violentamente de asentamiento, en tanto procuran ventajas locacionales y efectos procompetitivos (mano de obra barata, cercanía a materias primas e insumos estratégicos, mayor financiamiento a menor costo, incentivos a la inversión y bajas tarifas e impuestos). La facilidad con que puede trasladarse el capital disminuye la rigidez de operar encadenado a un emplazamiento estipulado.
- Se producen deslocalizaciones que provocan daños.
- Hay industrias (de punta) que se han hecho indiferentes al fácil acceso a materias primas (reemplazo por insumos artificiales) y a mano de obra barata (la participación de este costo es insignificante en la mayoría de los productos). Asimismo ha perdido relevancia la distancia al mercado de consumo, dada la baja

de los fletes y comunicaciones, tendencia que puede revertirse por el incremento de los precios del crudo.

- Hay negocios que se rigen por fuerzas globales. **Para otros, son vitales el anclaje a la realidad local y la comunicación con los parroquianos.**

- En la actualidad, muchos productos se obtienen mediante la combinación de aportes realizados en diferentes localizaciones. Los colosos empresarios operan guiados por estrategias mundiales, despliegan sus recursos a escala global y arman cadenas productivas que toman partes de diferentes lugares para explotar las ventajas, especializaciones, recursos y talentos. Así se logran productos con precios y calidad asombrosos.

- La conformación de redes mundiales aumenta la eficacia.

- **El riesgo y la incertidumbre de depender de proveedores, que dieran lugar a estructuras integradas, han sido superados por sistemas asociativos entre proveedores y clientes. La integración vertical en el seno de una compañía dejó de ser la manera más eficiente de organizar un negocio.**

- Las organizaciones comienzan a basarse en principios de subsidiariedad, cuya matriz añade valor y aporta recursos para que las unidades de negocios alcancen el éxito.

- **Las corporaciones se organizan de esta forma. Pero también las pequeñas empresas pueden aprovechar la cooperación y amalgamar relaciones respetuosas con grandes grupos económicos, o unir sus fuerzas con unidades que enfrentan el mismo desafío para sobrevivir.**

- **Las empresas se desligan de los negocios que no hacen sinergia, no son rentables o son mejor realizados por unidades pequeñas.**

- **La integración vertical, las economías de escala, los sistemas jerárquicos y las empresas "elefantes" están dando paso a la tercerización (*outsourcing*), la subcontratación, la minimización de escala, los centros de beneficios, las redes y otras formas de organización.**
- La conformación de redes y alianzas económicas se ha expandido de manera inusitada. Incluso han aparecido modalidades asociativas entre empresas competidoras. Coexisten acciones de cooperación y competencia (*coopetencia*). Las industrias de ahora se fusionan y combinan.
- **Antes era importante el tamaño de la empresa. Ahora es importante la escala del grupo.**
- La renta se redujo, afectando la acumulación; y con ella, la capacidad de crecimiento sostenido.
- **La industria se remodela todos los días mediante la creación de nuevas oportunidades de negocios, funcionalidades y cambios en la relación precio/desempeño.**
- **El progreso económico depende ahora del saber aplicado. El poder competitivo está en la inteligencia (*brain power*).**
- Y como el saber está en las personas, de ellas depende la preeminencia en el mercado. Las armas competitivas son la educación y el desarrollo de competencias. Por ello cambió el valor de las personas y las habilidades que se les exigen para trabajar.
- **El conocimiento es la materia prima del nuevo sistema de creación de riquezas. Ahora se lo gestiona. Es vital la posesión de información clave.**
- La competencia futura se basará en la mano de obra capaz de dominar los procesos de alta tecnología y bajo costo. Tanto los productos de alta como los de baja tecnología serán producidos con altas tecnologías.
- Son importantes los nuevos enfoques de aprendizaje individual y de la organización. Las organizaciones se

convierten en aprendientes, abiertas y ávidas de saber productivo.

- Se produjo un cambio de jerarquías desde las industrias basadas en recursos a las sustentadas en capital intelectual: nuevos materiales, circuitos semiconductores, aviación civil, computadoras, telecomunicaciones, robótica, microelectrónica, software, biotecnología.
- El cambio es inevitable para mantener la continuidad. El mejoramiento debe ser permanente.
- **Los cambios violentos e imprevisibles obligan a trabajar a alta velocidad.**
- Para enfrentar las variaciones continuas y violentas del mercado (demanda variable y cambios tecnológicos de la oferta), muchas empresas se organizan en constelaciones flexibles y cambiantes.
- Se ha desatado una carrera tecnológica para mantener la supremacía en el mercado y lograr márgenes más elevados de ganancias a partir del monopolio circunstancial que brinda controlar un producto novedoso o una forma más efectiva de hacer algo conocido.
- La tecnología manda. El componente tecnológico en los productos, cada vez mayor, ha ocupado el espacio de los costos de mano de obra, insumos y materias primas.
- Las fronteras entre esferas de la producción se han difuminado. La interdependencia entre sectores y tecnologías ha aumentado.
- Las nuevas tecnologías generan cambios significativos en los modos de producir.
- La innovación irracional canibaliza los propios productos.
- La inversión en I+D se ha multiplicado y acortado su ciclo de vida. Ello requiere de volúmenes más importantes de colocación (alcance superior) para amortizar las erogaciones. La economía de alcance necesa-

ria supera la óptima escala, obligando a multiplicar estratégicamente sus plantas a lo largo del planeta (economía de extensión).

- Las empresas persiguen aumentos continuos de su nivel de productividad.
- El taylorismo y el fordismo han perdido o agotado su capacidad. En su lugar están apareciendo nuevas formas de organización del trabajo: la de Toyota, el *lean manufacturing*, los sistemas de especialización flexible, etc.
- Hay una racionalización importante de los recursos.
- Los enfoques de reestructuración o reingeniería no tuvieron el éxito esperado.
- El *benchmarking* o seguimiento de las mejores prácticas (*best practices*) también tuvo adeptos, aunque ha demostrado que sirve para mantenerse pero no para lograr primacías. **Los que tienen capacidad para inventar prácticas novedosas son los que ganan.** De todas formas, sigue siendo válido tomar como referencia a los mejores competidores e incluso aprovechar la fertilización cruzada con quienes operan en otros sectores para mejorar.
- Existe una tendencia a la homogeneización de los gustos y necesidades de la demanda internacional, especialmente en niveles socioeconómicos equivalentes.
- La demanda diluyó su condición nacional. Aparecen segmentos mundiales de consumidores.
- La existencia de consumidores homogéneos a escala global facilita su atención. Las empresas se despliegan mundialmente para satisfacerlos en forma simultánea. Atender un segmento internacional de demanda es más rentable y sencillo que interesarse, al mismo tiempo, por diferentes categorías dentro de un país.
- **Coexiste una tendencia de consumo de productos típicos o regionales que expresa la defensa de las identidades autóctonas.**

- **También, de manera contradictoria, la demanda se ve fuertemente segmentada en grupos de consumidores que tienen en común un nivel sociocultural, un estilo de vida o inclinaciones hacia deportes, arte, música, tribus urbanas, *hobbies*, etc.**
- Por efecto de la concentración económica, la demanda se divide en consumidores de altos y de bajos ingresos. Mientras tanto, la clase media paulatinamente disminuye su tamaño e influencia sobre el mercado.
- Se desarrollan técnicas para cautivar a los consumidores. La influencia del marketing, promoción y publicidad aumentó los costos de los productos.
- Diversos servicios se anexan a las mercancías para mejorar su posicionamiento.
- La prueba directa es reemplazada por la experiencia transferida por los medios.
- Las personas de altos ingresos tienen muy poco tiempo para sí mismas y requieren productos y servicios rápidos. Se incrementan las compras desde la casa, de manera interactiva. Se comparan marcas y precios. Se imponen las promociones comerciales y demás incentivos.
- Estimulados por los sistemas de comunicación, los consumidores se han vuelto más exigentes. El mayor poder se expresa en requerimientos de diferenciación, calidad y confiabilidad de los productos.
- La economía dominada por una oferta que decidía lo que se podía y debía consumir (*push*) se transformó en un sistema orientado por la demanda (*pull*) a la que la empresa debe satisfacer.
- Hay negocios donde es vital la comunicación con los compradores.

CAPÍTULO 5

LA ADAPTACIÓN DE LA EMPRESA AL ENTORNO

> *"El mundo está sufriendo la evolución más rápida que el hombre haya conocido. El progreso del conocimiento humano en los últimos años es tan acelerado que se considera que en cada década se está duplicando el total de conocimientos de la humanidad.*
>
> *Desde el punto de vista empresarial, esta revolución del conocimiento se manifiesta en el rápido cambio tecnológico. Este cambio tecnológico tiene una influencia profunda sobre la configuración de los mercados internacionales y la forma en que se desarrolla la competencia puesto que está impactando principalmente en las comunicaciones y en el transporte haciendo el mundo cada vez más pequeño... Si queremos sobrevivir y prosperar, conviene que sepamos que la adaptación a las nuevas circunstancias y, por lo tanto, a unas nuevas normas de juego es una cuestión vital... Este es el mensaje que debe quedar claro para todos*
>
> *No hay alternativa, si no queremos acabar como los dinosaurios con los huesos de lo que fue nuestro cuerpo industrial expuestos en un museo, para permitir a las nuevas generaciones conocer lo que un día fue fuente de riqueza bienestar, y que murió debido a su incapacidad de adaptarse a las nuevas circunstancias de su entorno, cediendo delante de otros mejor adaptados, tal y como pasó con los grandes saurios ante aquellos seres mejor adaptados que ahora conocemos como mamíferos."*
>
> Ramón Costa, *La empresa hacia el año 2010*

Desde el pensamiento económico

Holstrom y Tirole[1] marcan dos cuestiones para analizar la evolución de la empresa: el porqué de su existencia, y sus fronteras, escala y actividades.

---

1. Citados por VALDALISO y LÓPEZ, *Historia económica de la empresa*. Crítica, Barcelona, 2000.

Los neoclásicos vieron a la empresa como una *función de producción* donde, por medio de la tecnología, se combinan factores para producir bienes con el objetivo de alcanzar beneficios. Para esta visión, el objetivo es lograr una posición de liderazgo monopólico, que asegure ganancias elevadas y crecimiento.

H. Simon (1947), conductista, censura la posición maximizadora y la categoría de "racionalidad perfecta", introduciendo el concepto de "racionalidad aproximada" (satisfacción). Concibe a la empresa como una organización de personas con objetivos e intereses contradictorios, pero capaces de ser combinados y mejorados con la práctica[2].

R. Coase (1937) consideró a la actividad económica como un conjunto de transacciones organizadas a través del mercado por el mecanismo de precios. Pero su racionalidad está limitada por la incertidumbre, la información asimétrica y la satisfacción del interés de corto plazo de las partes (Williamson, 1985). De ahí derivó el concepto de *costo de transacción*, que incitó a asumir la mayor parte de las operaciones frecuentes introduciendo el modelo productivo de integración vertical para abaratar costos de mercado, mejorar los flujos de información y facilitar el control. Las operaciones ocasionales se cedían a terceros. La debilidad del modelo está en concentrarse en economizar costos de transacción y no sobre la firma para optimizarla. Además produce otro desvío, la elefantiasis, cuyo problema es el *costo de jerarquía* (excesivos gastos de administración y control). Las compañías trataron de bajar simultáneamente ambos costos. Richardson (1972), por ejemplo, propuso como mecanismo la *cooperación interempresarial.*

Luego, superada la Segunda Guerra Mundial, la dimensión y complejidad del mercado obligaron a incorporar

---

2. Esto fue luego tomado por M. Polanyi y la Economía Evolutiva.

directivos de alta formación (*capitalismo gerencial*), con el predominio de las estructuras multifuncionales. La propiedad y la dirección se separaron; y se agregaron gastos de control y sueldos elevados para fidelizar a los ejecutivos. Por entonces, la empresa empezó a ser vista como un nexo entre proveedores y clientes por vía de contratos (*teoría de la agencia*). Esta visión llevó consigo el objetivo de reducir los costos de intermediación. Stingler (1951) supone la existencia de costos de producción y de coordinación que tienen orden inverso[3].

Penrose (1959) dejó de lado el enfoque de las transacciones y se concentró en los conocimientos específicos e idiosincrásicos que determinan tanto la competitividad como la capacidad para evolucionar (principio de heterogeneidad). Por entonces, la especialización, mecanización y estandarización habían aumentado la eficiencia empresaria y, en consecuencia, la productividad general de la economía[4].

Teece, Pisano y Shuen (1997) promovieron las *capacidades dinámicas* para integrar, construir o modificar atributos, y destinadas a asimilar el cambio tecnológico.

Nació así la *teoría evolutiva*, que afirma que las empresas saben cómo hacer las cosas, que siguen rutinas organizativas, y que las habilidades se logran por aprendizaje, lo que junto a los recursos físicos constituye su competencia. Las prácticas son acumulativas, no imitables y sólo se logran dentro de la empresa. Enfatiza el rol del aprendizaje, la importancia de la historia, la existencia de activos complementarios (tecnologías, sistemas de distribución), trayectorias y oportunidades tecnológicas, y la elección de las

---

3. Al aumentar la producción, en la economía de escala se disminuyen los costos unitarios pero aumentan los gastos de coordinación, y viceversa.
4. Esta observación había sido planteada originalmente por Adam Smith en *La riqueza de las naciones*. Ediciones Orbis-Hyspamérica, Buenos Aires, 1983.

formas de competir. Se destaca la existencia de distintas destrezas: *asignadoras* (qué producir y cómo); *tecnológicas* (incorporadas al capital físico y a las personas, I+D); *transaccionales* (producir, comprar, vender); y *administrativas* (planificar, organizar, ejecutar, controlar).

Por su parte, la *teoría de los recursos y capacidades* constituye una variación de la teoría evolutiva y distingue la interpretación de dos escuelas:

1) la *Escuela de Chicago* asigna a la dotación de recursos el resultado (éxito o fracaso) y la estructura de la industria;

2) la *Escuela de Harvard* (M. Porter) plantea que es la *estructura* de una industria (demanda del producto, tecnología, costos de producción, número y distribución, condiciones de entrada, tipo de información y acceso) la que determina la *conducta* (competitiva) que establece los *resultados*.

Ambas ponen en el centro del análisis al sector industrial, pero Harvard fue progresando hacia una concepción dinámica. El objetivo de sus estudios ha sido explicar cómo se obtiene y mantiene la ventaja competitiva (factor de éxito), y concluye que esta no radica en los activos, sino en la capacidad de organizar los recursos y en la acumulación de valores intangibles, entre ellos, el conocimiento.

Chandler (visión ecléctica) señala que el éxito se explica por la conjunción de los activos físicos y las habilidades funcionales y administrativas de los empleados, coordinados por la dirección (*capacidad organizativa*). Los "recursos" son clasificados en: *tangibles* (activos físicos y financieros); *intangibles* (tecnología, reputación, cultura); y *humanos* (conocimientos y destrezas especializados, capacidad de comunicación, relación, motivación). Mientras que los recursos tangibles se deterioran con el tiempo, los intangibles, aunque también es posible que se deprecien, pueden mejorar o incrementarse[5].

Derivada de la teoría evolutiva apareció la *teoría de la expansión de los mercados*, que adjudica el crecimiento empresario a la expansión hacia nuevos mercados

Desde lo arquitectónico

Siguiendo las exigencias de un mercado competitivo, los cambios en la cáscara que envuelve a la empresa fueron profundos.

Al principio, la vivienda y el lugar de trabajo estaban unificados. Luego apareció el taller y rompió la unidad. Después surgieron las grandes superficies fabriles, que atendían la necesidad de contar con espacios amplios para albergar la división del trabajo y la especialización. Apareció la fábrica vertical, construida hacia arriba.

La incorporación de la máquina de vapor introdujo el requisito de contar con una sala de calderas, por lo que aparecieron las primeras chimeneas.

Cuando el proceso administrativo y las labores contables se hicieron importantes, se les concedió un espacio propio en el lugar de producción o alejado de este.

Para lograr mayor comodidad operativa y evitar los elevados costos logísticos de operar en altura, la empresa mudó hacia estructuras planas: las usinas horizontales. Luego se

---

5. Aunque muy difundido, reniego del nombre "recursos humanos" porque las personas no son recursos. No son utilizables, ni capitales, ni tampoco lo son sus conocimientos. El hombre no es una cosa, es el centro natural de la sociedad; y por lo tanto, debe ser el beneficiario de toda actividad productiva. El uso de las expresiones "recursos humanos" y "capital humano", aunque sea de manera inconsciente, demuestra una concepción alejada del *humanismo*, pues pone al hombre como instrumento y no como fundador de la riqueza que produce.

alcanzó un diseño de estructuras cuyo objetivo es eliminar todo despilfarro.

El último modo de operar es la empresa en red, intercomunicada por medios electrónicos e informáticos, que opera con prescindencia de los límites que impone la geografía.

Desde la organización del proceso de trabajo

Si pasamos revista a las variantes más importantes que tienen impacto sobre la empresa actual debemos rescatar las siguientes.

El taylorismo

Hacia finales del siglo XIX, Frederick Taylor, un trabajador, produjo una innovación trascendente para el proceso de organización del trabajo, al introducir un cambio en las relaciones laborales. Lo que se conoce como *organización científica del trabajo* (OCT) originó una "revolución de la productividad".

La OCT es una concepción antropológica y una filosofía económica y social. Intentó suprimir el conflicto de clases a partir de la introducción de métodos laborales más eficientes, para que al mismo tiempo aumentaran la renta empresaria y el salario. En otras palabras, las ganancias por productividad se distribuirían entre ambas partes, y se atemperaría la pugna.

El taylorismo nació en un contexto de fuerte dinámica económica, demanda en aumento y casi plena ocupación. Por ese entonces, la oferta no tenía que ajustarse a súbitos aumentos de demanda, por lo que el predominio de las herramientas manuales, el lento cambio tecnológico y la escasez de mano de obra calificada constituían el cuello de botella del crecimiento. La dotación de capital por trabajador era baja. La duración de la jornada laboral, larga. El salario ligado al tiempo de trabajo y los instrumentos para cada función, heterogéneos, lo que daba pie a muchas maneras de efectuar las mismas tareas y dificultaba la movilidad del personal para "racionalizar" el trabajo.

> Científicamente, Taylor elevó la productividad a partir de la estandarización, simplificación y división de tareas.

Sobre esas restricciones, y a partir de la observación, la experimentación y el cálculo, Taylor se basó en el estudio de los tiempos y movimientos de las tareas para estandarizarlas y dividirlas, lo que permitía utilizar trabajadores sin instrucción pero a los que se entrenaba para mejorar su rendimiento. En su esquema, el reclutamiento era riguroso. Las tareas, herramientas y equipos se asignaban previamente. La concepción y planificación se separó del trabajo en sí. La conducción se apropió del saber de los trabajadores y decidió la "única y mejor manera" de hacer las cosas. El sistema de gestión privilegió la dimensión individual del trabajo por sobre el rendimiento colectivo. Los tiempos de reposo y pausa, así como el control de las actividades, se convirtieron en obligatorios.

A la par, el sistema lograba otro principio básico: debilitar a las organizaciones sindicales[6]. En este modelo, el trabajador pasó a ser un valor de producción. Un recurso (de donde deriva el desafortunado nombre "recursos humanos"), un engranaje más dentro de un mecanismo superior, la fábrica.

Fayol

La tarea de Taylor fue perfeccionada por Fayol, que desplazó la atención del taller a la oficina, del trabajo manual

---

6. NEFFA, Julio: *Los paradigmas productivos taylorista y fordista y su crisis.* Lumen-Humanitas, Buenos Aires, 1990.

a las funciones gerenciales, de las actividades productivas a los problemas administrativos, e incorporó los conceptos que siguen.

- División del trabajo considerando límites.
- Derecho a mandar, pero asumiendo un sentido de responsabilidad.
- Disciplina definida como respeto a las convenciones.
- Unidad de mando: un solo jefe y un solo programa para las operaciones que tiendan a un mismo objetivo.
- Subordinación del interés particular al interés general.
- Remuneración equitativa y satisfactoria para el trabajador y la empresa.

Los principios fayolianos son: la centralización, la jerarquía, la estabilidad, la equidad, el orden, la iniciativa y la unidad.

Si consideramos este aporte y lo sumamos a las lecciones de la Segunda Guerra Mundial (optimización de los recursos, logística y entrenamiento), ingresamos a otro gran hito del siglo pasado, la *revolución de la administración*. Las enseñanzas de Fayol y el desarrollo de los principios de administración (término genérico aplicable a distintas organizaciones y situaciones donde estén involucrados recursos y personas) surgidos del conflicto bélico generaron un nuevo salto de eficiencia.

> Fayol agregó la optimización de los recursos, la logística y el entrenamiento por vías administrativas.

El fordismo

El cambio del método de trabajo que impuso la cadena de montaje de Ford (1913) fue célebre. Pero dos terceras partes de las ganancias en productividad se consiguieron antes de eso por la economía de escala y la velocidad lograda por la integración vertical de la fabricación de la mayor parte de los componentes y piezas, que luego se sincronizó a la cadena de montaje. Por otra parte, la reducción de costos no se debió a una disminución relativa

> El fordismo es
> taylorismo +
> mecanización.

de los costos salariales, sino a un ahorro de materias primas y componentes, gracias a la sustitución de proveedores por la fabricación interna[7].

Se fabricaba en series largas, lo que obligaba al uso de espacios amplios y a la estandarización de materias primas e insumos. Los trabajadores no sólo fueron considerados como fuerza de trabajo, sino también como consumidores reales y potenciales –en consecuencia, doblemente funcionales–. Se producía una espiral virtuosa: producción/salarios/demanda = + producción + salarios + demanda + producción... Al respecto, Boyer afirma que se entabló con los trabajadores una relación paternalista y autoritaria que incluía la capacidad de compartir las ganancias de la productividad, y lograr así un clima de armonía. El tamaño y la intensidad del capital requerido para seguir el ritmo fordista alentó el oligopolio y la concentración.

En ese mercado calmo y predecible, donde los cambios se producían de tanto en tanto, se privilegiaron algunas cuestiones esenciales.

- *El tamaño.* El volumen no sólo no constituye un lastre sino que es una virtud (cuánto mayor, mejor).
- *Estructuras firmes y sólidas,* armadas sobre las funciones y puestos de trabajo.
- *Las personas* tienen acciones definidas y simples.
- *El control* se ejerce por mandos que se abren hacia abajo; los trabajadores no necesitan manejar otra información que la requerida para realizar sus tareas.

---

7. VALDALISO y LÓPEZ: *Op. cit.*

- *Las comunicaciones* son verticales.
- *Los departamentos y funciones* están estructurados para evitar conexiones; la coordinación se realiza a través de su nivel superior jerárquico.
- *La organización* se basa en departamentos organizados en *línea* y *staff*. Las funciones principales son: producción, ventas y finanzas, algún departamento de compras, y de I+D en las firmas de tecnología avanzada.

Las corrientes humanistas

La prédica transformadora de ciertos reformadores intentó remediar la alienación del trabajo derivada del taylorismo. Elton Mayo, a partir de su experimento en Hawthorne, la filosofía pragmática de John Dewey, la psicología dinámica de Karl Lewin y, tiempo después, el aporte de Chris Argyris demostraron que los ambientes industriales poco confortables merman la productividad. A partir de esa exhortación a la razón y con el objetivo de evitar que las personas se cionaran, faltaran al trabajo o realizaran sus tareas con displicencia y poca atención, se introdujeron algunas nociones de calidad de vida laboral, mejoras ergonométricas, sistemas de participación, cesión de poder y democracia en el lugar de trabajo. Las experiencias tuvieron efectos diversos; pero en el peor de los casos[8], dejaron enseñanzas positivas que perfeccionaron la teoría y la práctica sucesivas.

Así se introdujo una corriente de pensamiento que podríamos llamar *enfoque humanístico* en reemplazo del clásico abordaje de la administración científica taylorista. En lugar de la tarea, el humanismo mira a las personas, preocupándose por los aspectos sociales (colectivo social) o psi-

---

8. El más célebre es la experiencia de Volvo en Uddevalla, donde equipos de trabajo armaban totalmente un automóvil, superando la alienación del trabajo del taylorismo pero sin lograr mejorar los tiempos de las líneas de montaje tradicional.

cológicos (el individuo). En idéntica forma se pasó de hacer que el hombre se adecuara a la tarea, a adaptar la labor al trabajador.

Las conclusiones del experimento de Hawthorne fueron que el trabajo es una actividad típicamente grupal; el nivel de producción depende de la integración social (normas sociales y expectativas) y no de la capacidad física o fisiológica del trabajador; cuanto más integrado socialmente esté el trabajador, mayor será su propensión a producir; el obrero no actúa como un individuo aislado sino como miembro de un grupo social y su comportamiento se apoya en él, no acciona aisladamente sino como parte de un equipo.

Existen códigos de conducta grupal y la resistencia al cambio tiene base en parámetros comunes (Lewin).

> Elton Mayo fue un precursor que se propuso humanizar y democratizar la administración de empresas, abandonando viejos resabios de rigidez y mecanicismo.

Los grupos rechazan a los colegas que trabajan muy por encima o muy por debajo de la norma socialmente aceptada. Son buenos compañeros si se ajustan a las normas. Taylor afirmaba que un ejecutor adecuado, con un incentivo basado en la productividad, llegaría al límite de su capacidad fisiológica en un estado determinado de condiciones ambientales. Mayo demostró que la motivación económica es secundaria, y lo que estimula es el reconocimiento y la aprobación social. Roethlisberger y Dickson señalan que una organización es más que un grupo de individuos que operan bajo la intención de lucro. Experimentan sentimientos, se relacionan entre sí e interaccionan. Las personas son motivadas por la necesidad de ser reconocidas, de "estar en compañía". Conciben la fábrica como un sistema social con dos funciones: producir bienes o servicios, y brindar satisfacciones, siendo este último su aporte humanista.

Los aspectos no formales (grupos informales, comportamiento social de los empleados, creencias, actitudes, expectativas, etc.) son más importantes que los formales (autoridad, responsabilidad, especialización, estudios de tiempos y movimientos, principios generales de administración, departamentalización, etc.). Los grupos espontáneos definen sus reglas de comportamiento, sus formas de recompensas o sanciones. También fijan sus objetivos, escala de valores, creencias y expectativas; a los que deben integrarse los que se incorporan al colectivo social.

En las empresas, las relaciones humanas son vitales. Sólo su comprensión favorece la creación de una atmósfera donde cada individuo es estimulado a expresarse libre y constructivamente, para dar lo mejor de sí.

La forma más eficiente de división del trabajo no es la mayor especialización ni la fragmentación. El cambio de tareas para evitar la monotonía, y fundamentalmente alimentar una relación menos alienante con la creación, influye sobre el aumento de la eficiencia y la satisfacción. En gran medida, la gestión eficiente depende de aspectos emocionales (inconscientes e incluso irracionales).

La tarea básica es formar un núcleo capaz de comprender y de comunicar.

El experimento hizo surgir nuevas formas de entender la organización mercantil. La teoría de las relaciones humanas estudia a la firma como grupos de personas y no como máquina. Pone el acento en las personas y no en la tecnología ni en las tareas. Se inspira en sistemas de psicología más que en la ingeniería. Delega autoridad en lugar de centralizar. Da autonomía al trabajador. Produce un sistema de confianza y apertura. Promueve las mejores relaciones entre empleados[9].

La organización técnica y la humana, la formal y la informal, son subsistemas entrelazados, interdependientes y en

---

9. Visión propia abreviada tomada del trabajo de Rafael Netzahualcóyotl. Gallaga García, *Teoría de las relaciones humanas.* www.gestiopolis.com

equilibrio: si se modifica uno de ellos, se producen modificaciones en los demás, seguidas de una reacción para restablecer la condición (equilibrio social de Pareto).

En tanto la civilización industrial desintegra los grupos primarios de la sociedad (familia, grupos informales y religión), la fábrica surge como una nueva unidad social que proporciona un lugar para la comprensión y la seguridad emocional.

El modelo Toyota

Un cambio significativo fue el introducido por los japoneses para adaptarse a un mercado pequeño, no homogéneo, y con cambios vertiginosos, el *modelo Toyota*.

La innovación se inició en la década de 1950 y produjo un impacto comparable al taylorismo y el fordismo. Como afirma Benjamín Coriat, la imitación del modelo japonés no se hizo esperar; y fue copiado porque aporta rentas superiores a las que otorgan los sistemas previamente citados[10].

Dejemos hablar a los propios usuarios del sistema.

¿Qué es el "Toyota Production System"?[11]

Mejor, nos gustaría contarte nuestra filosofía como compañía.

Mejoras continuas. *En Japón lo llaman* kaizen, *o mejoras continuas. Nos tomamos el tiempo de reunirnos con cada uno de nuestros equipos de producción para sugerirles formas de mejorar el proceso industrial. En otras palabras, les damos a nuestros asociados un sentido de co-propiedad en el proceso.*

Producción multi-modelo. *La producción multi-modelo es implementada en todas nuestras plantas dividiendo a nuestros asociados en equipos de producción. En cada equipo, los asociados son entrenados en las labores de los otros equipos. Con esto se logran muchas cosas. La primera, les da a nuestros asociados conocimientos más profundos que los ayudan a fortalecer sus carreras; no trabajan miles de horas al año hacien-*

---

10. CORIAT, Benjamín: *Pensar al revés*. Siglo Veintiuno Editores, México, 1995.
11. WOMACK, James; JONES, Daniel y ROOS, Daniel: *The Machine that Changed the World*. Rawson Associates/Scribner, México, 1990.

do lo mismo en el mismo puesto. Todos son profesionales de la tecnología que tienen amplios conocimientos. Segundo, crea una fuerza de trabajo más versátil; un trabajador que está entrenado para varias tareas puede reemplazar a cualquier compañero cuando sea necesario. Esta flexibilidad hace que el método de obtención de piezas kanban *o "justo a tiempo" sea posible.* Kanban *significa que la fabricación de cada pieza es realizada de acuerdo con la demanda de producción (algunas veces es "al minuto"). Si la demanda de producción baja, las piezas se van acumulando, lo que hace que el* kanban *sea imposible de cumplir. Pero el entrenamiento en varias áreas permite que el* kanban *de precisión haga posible tener empleados que puedan reemplazar a otros, desarrollando otro tipo de trabajo. Finalmente, este tipo de entrenamiento significa lograr una mayor camaradería. Los desafíos aparecen –después de todo, estamos fabricando instrumentos de precisión–, y cuando uno de los empleados necesita ayuda, otro puede dársela. Todos ganan. Así, en poco tiempo, los trabajadores de Toyota son individuos dentro de un equipo que se ayudan los unos a los otros para lograr el éxito.*

__Poder de decisión.__ El secreto de la calidad Toyota no reside sólo en que contratamos a los mejores. Es que les damos a nuestros empleados el poder de tomar decisiones sobre cómo un Toyota debería ser hecho. Al darles la máxima responsabilidad a aquellos que realmente construyen el vehículo, somos capaces de, si lo hubiera, encontrar algún defecto o realizar alguna mejora necesaria, esto no sólo antes de que el vehículo salga de la fábrica, sino antes de que esté terminado y por lo tanto a tiempo de corregirlo.

Por ejemplo, algunos de nuestros competidores confían en empleados que se aseguran de la calidad del vehículo después de que sale de la línea de ensamblaje. Mientras que es admirable (nosotros también examinamos los vehículos una vez terminados), para nosotros, ese pensamiento es retrógado. ¿Por qué ensamblar el auto antes de descubrir defectos? Algunos los cubren con la tapicería y los plásticos. Incluso pueden permanecer ocultos durante miles de kilómetros antes que el consumidor los descubra.

Por el contrario, en Toyota, cuando descubrimos una anomalía o defecto, la línea de ensamblaje se detiene y se puede identificar la causa. Cuando una fábrica es nueva, sabemos que tendremos que parar y volver a empezar muchas veces. Pero después de haber aplicado estos principios durante los últimos 50 años, ha pasado algo interesante: nuestras filas de ensamble casi nunca se detienen. Gracias a que los trabajadores de Toyota tienen autoridad en el proceso, tienen el incentivo de hacer las cosas bien, desde la primera vez.

El fondo de todo esto es que, para nosotros, los asociados de Toyota son especialistas en resolver problemas. Son personas con pensamiento empren-

dedor, entrenadas en una gran variedad de habilidades. Para nosotros, nuestros asociados no son simples engranajes en la rueda de la industria, sino que son socios dinámicos, que hacen mucho más que realizar una tarea: ellos agregan valor a nuestros automóviles y camionetas."

El experto en el modelo Toyota Yasuhiro Monden[12] basó el sistema en dos pilares: *just in time* (producir las unidades necesarias en la cantidad, tiempo y variedad que exige la demanda) y *jidoka* (sistema de verificación instantánea de defectos). El autor incluye, además, otros dos conceptos clave: la flexibilización del trabajo, ajustando el número de trabajadores en función de los cambios de la demanda, y el pensamiento creativo, a través de la participación del personal en el planteo de innovaciones y mejora continua. Para que esto sea exitoso se requiere mano de obra altamente calificada y polivalente.

> El fundador de Toyota, Kiichiro Toyoda, tenía una fijación: ¿qué pasaría si un fabricante se impusiera el objetivo de lograr que sus productos tuvieran "cero defectos"? En 1950 su hijo Eiji y un genio de la producción, Taiichi Ohno, crearon el sistema reconocido como *"Toyota Production System"*.

Al producir en pequeños lotes se puede hacer una rápida adaptación.

La calidad del producto se cuida en el proceso.

Las fichas estandarizan las operaciones, equilibran y nivelan la cadena productiva para adaptarla a los cambios de la demanda, y reducen el tiempo de preparación. El operario toma lo que necesita de estantes y carretillas que contienen la elaboración anterior (aguas abajo) y deposita su labor en anaqueles para que sean alcanzados por los trabajadores que siguen (aguas arriba). Las repisas y carretones evitan que las cosas queden en el suelo y les dan movi-

---

12. MONDEN, Yasuhiro: *El sistema de producción Toyota.* Ediciones Macchi, Buenos Aires, 1990.

lidad. De esta manera se logran efectos importantes en materia de descentralización de la producción, se integra la función de calidad al proceso y se disminuye al mínimo el stock de piezas y productos terminados. A la vez, se evita el desperdicio de esfuerzo, recursos, stock, y tiempo.

Las personas se valoran por sus competencias, más que por su destreza manual. Por su capacidad para aprender, más que por su erudición. Por su facultad de razonar antes que por su memoria. Por la aptitud para autogestionarse, y no por su disciplina. Por su iniciativa, más que por su obediencia.

La gestión por funciones aumenta la motivación de los trabajadores, mejora el modo de producción, la calidad y el costo de los productos, y elimina las acciones que no generan valor.

La tarea individual y el aislamiento fueron superados por la acción colectiva. Ya no hay situaciones previstas, ahora se enfrentan situaciones aleatorias para las que no sirven los manuales. Los trabajadores son proactivos.

Un aspecto muy interesante es el de los cambios en el *lay-out*. Ohno trató de evitar los modelos tradicionales donde el trabajador es prisionero de una o varias máquinas porque operan sin saber qué pasa alrededor, generando costos de inventarios, acarreo y enlace. Además, este sistema de línea de montaje fijo no puede modificarse si la demanda fluctúa en más o en menos. Toyota estableció formaciones en "U". El obrero atiende al mismo tiempo un grupo de maquinarias y está atento a lo que sucede alrededor. Su polivalencia le permite auxiliar a un colega si es necesario, o recibir ayuda. Si el ritmo de trabajo ami-

> En nuestros días no son las empresas las que compiten sino las cadenas productivas que integran a los abastecedores de los proveedores, a estos, a la empresa y a sus clientes, y a los compradores de los clientes, si los hay.

nora (caída de la demanda), el trabajador tiene tiempo para atender un mayor número de equipos; se produce un corrimiento que deja operarios libres al final de la cadena, los que son aprovechados para hacer otras labores o para recibir instrucción. En caso de

> Taiichi Ohno clasificó los modos del despilfarro en: sobreproducción, esperas, transportes, proceso, existencias, movimientos innecesarios, y necesidad de volver a hacer el trabajo por errores cometidos en el proceso.

que la demanda se intensifique, se incorporan grupos de trabajadores. Este alineamiento permite adaptarse a los cambios de la demanda.

El modelo sigue un proceso de arrastre basado en la demanda (*pull*), que deja de lado el sistema de empuje de la producción fordista (*push*).

También se destaca el carácter de las relaciones con otras empresas. Para poder operar con flexibilidad y calidad, es necesaria una positiva vinculación con los proveedores. Las empresas japonesas establecen relaciones sólidas, al reconocer que su performance está ligada a la calidad de los suministros que reciben. Todos se consideran socios (intereses convergentes) y no rivales (intereses encontrados), al reconocer que la competencia no se da entre empresas aisladas sino entre cadenas de valor. La integración evita los desajustes entre etapas del proceso productivo y aumenta la eficiencia. Además, la simbiosis entre comprador y abastecedor permite introducir la práctica del *just in time*, que baja los costos de stock. Las relaciones entre los eslabones de una cadena deben ser establecidas a largo plazo, jerarquizadas e institucionalizadas. La cooperación modificó la forma de competencia.

Un aspecto destacado es el paso del sindicalismo por industria a la representación por planta. Esto implica pasar del interés de clase a la pertenencia a la empresa.

151

Lean manufacturing

Como respuesta a los japoneses, para competir con ellos, en Occidente se adecuaron las prácticas. El modelo es conocido como "fabricación ajustada" o "*lean manufacturing*" y se basa en la combinación de trabajo artesanal y producción masiva, en la que se procura corregir defectos de ambos.

> El modelo de producción conocido como *lean manufacturing* une la flexibilidad y la calidad de la fabricación artesanal con la velocidad y el bajo costo de la producción masiva.

"*En un esfuerzo por ser competitivas, emprendedoras, flexibles y austeras, las empresas empezaron a derribar sus estructuras tradicionales y sus barreras internas extendiendo el empleo de equipos interfuncionales, retribuyendo los resultados y los comportamientos creativos, reduciendo y simplificando los niveles organizativos, incorporando plenamente las tecnologías de sistemas de información y otras prácticas innovadoras*"[13]

Para Michel Baudin[14], la producción ajustada consiste en buscar mejoras eliminando despilfarros, por la vía de la organización, la logística, el control de producción y la polifuncionalidad. Se trabaja en equipo y la política de personal se rediseña para darle seguridad y estabilidad al trabajador, lo que permite lograr la responsabilidad que hace innecesario el control.

La mayoría de las operaciones son diseñadas por los propios operarios del taller sin mediar una guía experta, un proceso de formación o de entrenamiento. Todo está basado en el sentido común. Pero para eliminar el despilfarro no alcanza con ser racional; hay que incorporar algunos conocimientos no intuitivos. Los operarios, al no tener una

13. ÁLVAREZ, José Luis: "Las redes frente a las burocracias", en *Cómo prepararse para las organizaciones del futuro*. Folio, Barcelona, 1996.
14. BAUDIN, Michel, profesor del Manufacturing Management & Technology Institute, MMTI, 1999.

visión conjunta del proceso, equivocan muchas apreciaciones; muchas veces están esperando que la máquina termine un ciclo o que lleguen insumos, rellenando boletines de trabajo o haciendo cosas que poco contribuyen a la eficiencia. Al

> La automatización inherente al modelo sirve para aumentar la productividad y hacer menos importante el control directo, siendo para ello necesario contratar personal que posea elevada formación y polivalencia.

repetirse y multiplicarse por el conjunto de trabajadores, estos tiempos muertos provocan pérdidas enormes. La producción ajustada logra un importante ahorro de recursos a través de la reducción de inversión en maquinaria, tiempo de desarrollo de productos, nivel de stock, espacio de planta y trabajadores. Significa, además, el fin del sistema enfocado a lograr mejoras parciales, ahora integral.

Los aspectos de base son parecidos al modelo Toyota: integración y sincronización física y temporal; diseño y fabricación del producto en equipo (diseñadores, ingenieros y trabajadores); eliminación de tiempos muertos y de desperdicio de materiales; introducción del control de calidad en el proceso (TQM); disminución de stocks de insumos, materias primas y productos terminados por vía del *just in time*; sistemas a prueba de errores; abolición de todo lo que sea redundante o no genere valor (reingeniería de procesos); mejora permanente; trabajo en equipos flexibles, auto-organizados, autocontrolados, maleables y participativos, que cambian la conformación y el liderazgo ante la diversidad de tareas; integración de la cadena de abastecimiento que lleva a la disminución de la cantidad de proveedores y consolida relaciones de largo plazo; y, por último, la conformación de redes internas o externas de cooperación para el desarrollo de tecnologías y productos, unidad de compras, ataque a mercados.

Otro cambio profundo es la menor afiliación sindical y la merma del sistema de negociación colectiva. También se ve una mayor participación de los trabajadores en las decisiones, que llega hasta su presencia en el Directorio.

La especialización flexible

Michael Piore y Charles Sabel, en *La segunda revolución industrial*, precisan que el modelo de producción en serie perdió vigencia y sostenerlo es contraproducente. En su lugar proponen el modelo de especialización flexible, caracterizado por la innovación permanente, la adecuación a los cambios, la presencia de trabajadores calificados y maquinarias flexibles, todo en un contexto que favorece la cooperación.

La "especialización flexible" fue legitimada internacionalmente por la experiencia de los distritos italianos para resolver problemas de escala. Según Andrea Saba[15], el modelo fragmentó el proceso de producción, permitiendo que las firmas se especializaran en partes de este y originando combinaciones para llegar a una mercancía final integrada con insumos de alta calidad y buen precio. De esa forma se alcanza la competitividad mezclando componentes producidos en la escala adecuada.

El tamaño reducido, considerado antes como debilidad, se convierte en fortaleza.

Saba rescata que, a diferencia de las estructuras rígidas del taylorismo-fordismo, el modelo italiano se basa en relaciones de cooperación, colaboración, solidaridad e incluso amistad entre empresarios y entre estos y los trabajadores. Una vez más, queda demostrado que la maximización del interés general no se logra a partir de los comportamientos egoístas, sino por la vía de la cooperación. Sobre esa base se establece una comunidad de intereses y un tejido de confianza. Su estructura es maleable y las combinaciones permiten hacer frente a las variacio-

---

15. SABA, Andrea: *El modelo italiano*. Editorial de la UNLP, La Plata, 1997.

nes de la demanda, tanto en términos de volúmenes como de gustos y necesidades.

Pequeñas empresas pueden alcanzar alta eficacia compensando la escala óptima del producto final –que es la forma de operar de las GEs– con el volumen preciso de sus partes integrantes. Esto se logra a través de la especialización a escala de una parte del proceso productivo. En lugar de llegar a producir volúmenes importantes de un bien final en una misma usina fabril, las empresas de manera coordinada se especializan en partes del proceso y combinan sus producciones.

En términos prácticos: se puede asociar a un fabricante de suelas con otro que hace capelladas, otro que hace herrajes, e integrar a todos en una planta de ensamblado de zapatos.

Este modelo trasciende cuando cada una de las partes que integran el sistema opera en la frontera tecnológica y garantiza la calidad y el buen costo de su aporte.

El otro aspecto positivo es que se produce una compensación de los efectos benévolos de la economía de escala con los resultados positivos de la flexibilidad. A la vez, es cierto que si no se poseen recursos tan consistentes como los que tiene una GE, la mejor opción es conformar un modelo flexible de especialización flexible. La cooperación facilita que los pequeños se aproximen a la eficiencia de los grandes, al tiempo que mantienen la ventaja de ser chicos.

En Italia y otros lugares donde prendió el modelo, aparecieron "manchones" de especialización. Estos *clusters* están integrados por empresas, institutos técnicos, centros de formación laboral e infraestructura aplicada, y se completan con comercializadoras que explotan la imagen de marca y origen.

Los estudiosos del fenómeno dan gran importancia a la comunidad como marco de soporte de la acumulación y regulación flexible.

El rasgo más importante es su sistema homogéneo de valores e ideas, que son expresión de una ética de trabajo, de la familia, de reciprocidad y cambio. La energía imperante estimula el espíritu emprendedor, el cambio, la competencia y el riesgo. Todo se desarrolla en una estructura social donde operan miles de personas que se relacionan en bares, restaurantes, plazas, veredas y teatros. En cierta medida, afecta todos los aspectos principales de la vida.

El sistema de valores es un punto central, un prerrequisito para participar, que demanda mucho tiempo de maduración. Hace falta pensar simultáneamente en el desarrollo del distrito y en producir, tecnificarse y hacer buenos negocios. Uno sin lo otro no podrían vivir.

A la par se desarrollan una serie de instituciones de soporte. En el caso italiano, el mercado, la empresa, la familia, la Iglesia y la escuela, pero también las estructuras locales, las autoridades, los partidos políticos y los sindicatos. Todas las instituciones están impregnadas por los valores, que son muy fuertes como para integrar a la sangre nueva que continuamente se va asimilando al distrito (G. Becattini[16]). No se puede encontrar el límite entre los vínculos económicos (trabajo, producción, comercio, servicios) y las relaciones sociales (familiares, escolares, comunitarias, étnicas y políticas). La conexión territorial y cultural está sustentada en la confianza entre vecinos.

> El modelo flexible enhebra la cadena de valor, como en el modelo japonés, a partir de acuerdos entre diferentes unidades autónomas para la producción simultánea de los componentes que luego se conjugan en una planta ensambladora.

El Estado tiene fuerte participación[17]. Es interesante considerar que es el Estado y no sólo los gobiernos los que están comprometidos con la política. De esa forma, si un

---

16. BECATTINI, Giacomo: "Distritos industriales y cooperación interempresarial". Ministerio de Trabajo y Seguridad Social, Madrid, 1992.
17. Diferencio Estado de gobierno. Es que no importa el lugar que se ocupe (gobierno u oposición), el compromiso con el desarrollo abarca a todos. Trabar el crecimiento debe constituir, para todos, una práctica aberrante.

partido se encuentra en la oposición, apoya todo lo atinente al desarrollo local y compite en otros aspectos de la lucha política. Oponerse al crecimiento y acumulación de riqueza es suicida.

La descentralización productiva, el distrito y la amalgama área-sistema son particularidades del modelo de especialización flexible italiano. De estas empresas se desprenden trabajadores que crean nuevas firmas, y algunas se convierten en proveedores de sus ex patrones, con lo que dan nueva dimensión y potencial al modelo. La existencia de actividades informales constituye una semilla de nuevas empresas.

Los éxitos de tal política fueron absorbidos por las escuelas de negocios norteamericanas y comenzaron a ser promovidos con diversas particularidades y diferentes denominaciones (*clusters*, conglomerados regionales, etc.).

A escala política, las experiencias regionales exitosas llevaron al auge a las políticas de desarrollo local y producen una transferencia de pensamiento y acción desde los sistemas centralizados hacia los modelos descentralizados.

Cadenas productivas

Otro modelo de fuerte competitividad, que guarda mucha similitud con el anterior y el siguiente, es el de la conformación de cadenas de valor.

En este modelo la competencia se plantea en términos de cadena y no de empresa, de forma que todos sus integrantes son socios y dependen unos de otros para lograr resultados finales positivos. Es posible integrar relaciones entre GEs y PyMEs o entre estas directamente[18].

---

18. Siendo esta una propuesta estratégica, los lectores encontrarán referencias profusas sobre su conformación. Igualmente es válido lo presentado en el modelo de especialización flexible y la formación de cadenas de valor internacional.

Empresas globales

A partir del proceso de globalización de la economía las empresas experimentaron un cambio importante. Las corporaciones de negocios fueron impulsoras del nuevo orden mundial, pero a la vez resultaron afectadas sensiblemente por sus consecuencias. Las empresas ubicadas en el cenit competitivo siguieron, como faceta natural de su evolución, un proceso de internacionalización de sus operaciones.

Este fenómeno no es un hecho nuevo. La integración evolucionó de acuerdo con las exigencias planteadas por el desarrollo sin pausa de las fuerzas productivas y se inició en el mismo momento en que el ser humano comprendió que no todos tenían habilidades similares, y que no toda la geografía poseía los mismos recursos naturales. Así comenzó un proceso de organización de la producción basada en la división del trabajo y la especialización, que catapultó la productividad.

Cuando alguien tiene excedentes de producción, busca colocarlos. La cercanía comenzó a ser importante; se conformaron aldeas y ciudades. Más tarde, las ciudades-Estado quedaron chicas para albergar la fuerza de la producción y se ampliaron los feudos, que pronto debieron superarse para adaptarse a las exigencias de la modernidad. El océano dejó de ser un factor limitante y comenzó el comercio de ultramar. Surgió el Estado-nación que, al ser sobrepasado, dio lugar a los actuales bloques económicos... El camino de la globalización es ineludible[19].

> Las compañías coloniales fueron las primeras empresas con funcionamiento internacional.

---

19. Lo que todavía está por dilucidarse es: primero, si el mundo global adoptará la forma de vida de un país dominante (iluminismo occidental o norteamericano), o podremos convivir aceptando las diferencias étnicas, raciales, religiosas y psicográficas; y, segundo, si los beneficios de la globalización serán repartidos equitativamente, o apropiados por los más poderosos, como ha ocurrido tantas veces en la historia.

En el período moderno hubo momentos de aceleración de la interdependencia entre regiones que tuvieron efectos importantes sobre las empresas.

> Las grandes empresas norteamericanas hicieron importantes inversiones de riesgo en el exterior. Luego les siguieron firmas europeas.

Primero fueron las experiencias coloniales donde el centro abastecía con sus excedentes a mercados lejanos y se apropiaba de insumos y mayores riquezas. Para ello se usaban agentes comerciales que, cuando el negocio tomaba volúmenes importantes, eran reemplazados por delegaciones comerciales propias; luego, se radicaron capitales con fines productivos para evitar restricciones aduaneras.

En la era del capitalismo avanzado, los Estados Unidos fueron pioneros en cuanto a la inversión de riesgo en el exterior. Su liderazgo se consolidó luego de la Segunda Guerra Mundial con el fortalecimiento de la inversión para la recuperación económica de Europa, conocido como Plan Marshall.

Justamente en los Estados Unidos, en la década de los '60 comenzó a hablarse de "empresas multinacionales", término con que se aludía a las firmas que operaban en varios países. Además de superar el proteccionis-

> Las *shogo sosa* o *tradings companies* japonesas fueron una significativa adaptación a los tiempos modernos del modelo de intermediación comercial.

mo, la localización múltiple permitía a las empresas colocar excedentes de capital, aprovechar y prolongar la vida de las tecnologías superiores, y obtener ventajas de localización (cercanía al mercado, a insumos estratégicos o a habilidades especiales).

Por entonces, Japón se había incorporado al modelo productivo de Occidente. Al principio, las firmas niponas eran pequeñas y no integradas, pero se especializaron para alcanzar economías de escala y *know how*. La inversión en capital físico[20], en educación y formación profesional, y la plasticidad de un sistema en red (complejos-grupos-filiales-subcontratistas) le otorgaron las ventajas que le permitieron lograr una importante participación en el mercado internacional. Aun eliminadas las viejas corporaciones feudales, sus lazos no se perdieron del todo y se formaron modernos complejos que lograron vencer simultáneamente los costos de transacción y de jerarquía[21]. Estos grupos corporativos (*kaisha*[22]) están compuestos por empresas industriales, bancos y comercializadoras.

Las compañías japonesas se instalaron en diversos mercados primero para lograr acceder a insumos y materias primas en mejores condiciones. Luego, al detectar focos de insatisfacción donde actuaban, comenzaron a colocar sus excedentes. Finalmente, una vez montada la red, aprovecharon la información para conectar demandas y excedentes de cualquier origen, lucrando con la intermediación (como otrora lo hicieran los fenicios) y creando un nuevo modelo de compañías comerciales de orden internacional: las *tradings companies.*

A finales de los años '80 esas mismas empresas operaban sin fronteras, o por lo menos sin grandes restricciones, y definían sus ofertas aprovechando los mejores atributos de los diferentes asentamientos, para colocarlos en todos los mercados que les apetecían. Todo facilitado por el tercer gran impulsor de la era moderna: la aplicación potente de tecnologías al campo del manejo de la información, las comunicaciones y el transporte. Nacieron así las empresas mundializadas que funcionan bajo una lógica global, y se generalizó el fenómeno de las alianzas y la organización

---

20. En lugar de sacar los beneficios, los nipones aplican la mayor parte a acrecentar su activo productivo.
21. Fue descrito al analizar el modelo ohniano.
22. ABEGGLEN, James y STALK, George: *Kaisha, the Japanese Corporation.* Tuttle, Tokio, 1990.

en red que opera tomando partes de diversos lugares para crear productos y servicios para todo el planeta.

Consecuencias de los cambios

Asistimos a una discusión sobre si el taylorismo llegó a su ocaso o si los modelos alternativos son sólo un maquillaje. Lo cierto es que muchos empresarios entendieron que los viejos modelos provocan alienación en los trabajadores; que el eficientismo conlleva pobreza y que la pugna visceral entre capital y trabajo corroe la productividad.

Ante semejante adversidad, aparecieron las ideas de cooperación entre directivos y trabajadores *(corporate culture)*, de la mano de Elton Mayo y Chester Barnard, que promovieron la armonía como forma de mejorar la productividad.

Peters y Waterman definen a las empresas excelentes como orientadas a lo que saben hacer bien, consustanciadas con los clientes, centradas en las personas, dirigidas mediante valores, con estructuras simples, ágiles y flexibles.

Es significativo el hecho de que todos los cambios que se introducen en la conformación de empresas en la *sociedad del conocimiento* están acompañados por una valoración diferente del papel del hombre. Ello representa una verdadera reforma. El modelo Toyota es el ejemplo más notable. No obstante, todavía no se sabe exactamente cómo decantará fuera de Oriente. Igual que lo ocurrido cuando se introdujo el taylorismo/fordismo, ha prendido inmediatamente en algunos lados, en otros se incorporará luego y en algunas partes, nunca.

De modo que, por un lado, tenemos los intentos de humanización y, por otro, la conformación de carteles, *trusts* o *holdings* que no se detienen ante nada.

El "capitalismo salvaje" crece en base a la concentración de poder por medio de mecanismos naturales de mercado, por procesos de fusión o absorción, y también por medios reñidos con la ética (*dumping* y proteccionismo estatal). Los que producen sin tomar recaudos sociales o medioambientales gozan de ventajas frente a quienes respetan la sociedad y ven las cosas desde una óptica de largo plazo.

Es preciso ordenar la competencia, pero se nota que muchas veces el poder del Estado no alcanza, y las leyes reguladoras (antitrust, defensa de la competencia, defensa del consumidor) son insuficientes o no se aplican.

Es posible que, en el corto plazo, nuevamente ganen los malos. Pero un sistema deshumanizado y reñido con las cuestiones ambientales no puede ser sostenido en el largo plazo, ya sea porque movilizará la rebeldía de los afectados, o porque el hábitat dirá basta.

PARTE III

LA CONFORMACIÓN DE UNA EMPRESA EXITOSA

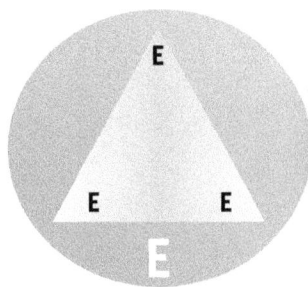

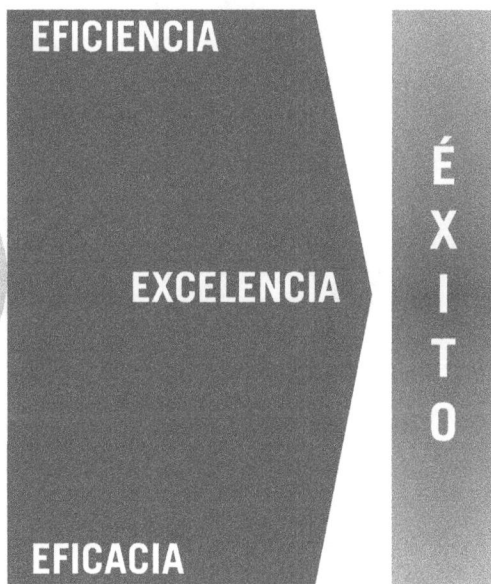

EFICIENCIA

E

E   E

E

EXCELENCIA

EFICACIA

É
X
I
T
O

CAPÍTULO 6

UNA MIRADA SISTÉMICA A LA EMPRESA

"La perspectiva sistémica nos dice que debemos buscar más allá de los errores individuales o la mala suerte para comprender los problemas importantes. Debemos mirar más allá de las personalidades y los acontecimientos. Debemos examinar las estructuras que modelan los actos individuales y crean las condiciones que posibilitan cierto tipo de acontecimientos (...) La estructura sistémica alude a las interrelaciones clave que influyen sobre la conducta a lo largo del tiempo. No se trata de interrelaciones entre la gente, sino entre variables clave, tales como la población, los recursos naturales y la producción alimentaria en un país en desarrollo; o las ideas de productos de los ingenieros y el know how *técnico y administrativo en una compañía de alta tecnología."*

Peter Senge, *La Quinta Disciplina*

El pensamiento sistémico
aplicado a las organizaciones

Siendo la empresa de enorme trascendencia para la sociedad, es necesaria su observación concienzuda para entenderla. El prisma no ha sido ajeno al paradigma de cada época, y fue paralelo a los supuestos mecanicistas de la economía occidental que imitaban la física de Newton.

Aunque la información sobre empresas es profusa, sus problemas de gestión siguen acumulándose. La mirada lineal, los conocimientos técnicos y las habilidades directivas clásicas no sirven para entender la esencia de los cambios veloces e imprevistos de un escenario complejo. Ante el desafío, el intelecto buscó diferentes formas de observación que dieron origen a nuevas escuelas. En palabras del novelista Michael Crichton, *"La teoría*

> **Para entender lo que sucede, hay que superar el modelo de Newton, Galileo y Descartes, y adoptar una visión evolucionista, darwiniana, compleja, adaptativa.**

del caos nos enseña que el concepto de linealidad que hemos dado por sentado en todo, desde la física hasta la ficción, es sencillamente inexistente. Una manera artificial de considerar el mundo. La vida real no se compone de una serie de acontecimientos interconectados, uno después de otro como las perlas de un collar. En realidad, la vida se compone de una serie de encuentros totalmente impredecibles e incluso devastadores "[1]. R. Gibson señala que lo lineal no tiene sentido en un mundo que no lo es. Hay que saltar de lo simple a lo complejo, de lo conocido a lo desconocido, de la tierra firme a la incógnita[2].

> El *pensamiento sistémico* es un marco conceptual que, al permitir ver las tramas invisibles de los actos interrelacionados, da una noción más clara y precisa del conjunto y, a la vez, de cada una de sus partes.

En la complejidad, los efectos de los actos no son tan fácilmente predecibles. *Ex-post* podemos encontrar causas y razones; *ex-ante*, sólo tenemos opciones.

A partir de una adaptación al trabajo publicado por Magoroh Maruyama[3], Enrique Herrscher incluye los siguientes cuatro tipos de modelos mentales para observar la realidad.

- **Jerárquicos**: los hechos responden a un esquema ordenado, basados en la causalidad y una única verdad.
- **Independientes:** los sucesos son únicos y cada uno tiene su verdad.
- **Homeostáticos:** cada obra reconoce al contexto y busca su equilibrio; las diferentes verdades consolidan un todo.

1. CRICHTON, Michael: *Jurassic Park*. Ed. de Bolsillo, Buenos Aires, 2004.
2. GIBSON, Rowan: *Repensando el futuro*. Editorial Norma, Bogotá, 1997.
3. MARUYAMA, Magoroh: *Context and Complexity. Cultivating Contextual Understanding*. Springer, citado por Enrique HERRSCHER, en *Pensamiento sistémico*, Ediciones Granica, Buenos Aires, 2003. Herrscher fue presidente de la International Society for the System Sciences, cargo de importancia suprema. Además de brillante, es una persona muy querible y también un gran maestro.

- **Morfogenéticos:** los acontecimientos derivan de interacciones y tendencias cambiantes. Existe un sistema de causalidad recíproca que aumenta los desvíos. Las verdades cambian con los significados. La información aumenta en función de reglas de relación. Las estructuras crecen a medida que sus partes son más heterogéneas. Lo incompleto y la ambigüedad son normales. Sobrevive el más flexible. Lo importante es el proceso de transformación.

Enrolado en esta corriente, el pensamiento sistémico (PS), que está basado en la teoría de sistemas y cibernética, es una ayuda fundamental para entender las realidades dinámicas y complejas. A las cosas simples hay que mirarlas de manera simple; mientras que a las que abarcan variables –como son la mayoría de las situaciones sociales y culturales– hay que observarlas desde la complejidad.

El PS aborda la percepción de los fenómenos como sistemas; el paradigma mecanicista mira los hechos aislados, estáticos y fuera de contexto. El PS enfoca la complejidad, observa las múltiples relaciones que se producen, las fuerzas que juegan y los factores que se realimentan y potencian, los que se enfrentan y anulan.

Charles François[4] compiló una serie de definiciones sobre sistemas. Resumiendo, un sistema es una entidad conceptual o física, constituida por un conjunto de cosas organizadas y sus correspondientes relaciones. Enrique Herrscher agrega que la organización tiene una finalidad relevante para un observador, al marcar un interés en ver, tratar y agrupar objetos y sujetos.

---

4. Charles FRANÇOIS es un belga que por alguna razón decidió vivir en Argentina, donde difundió la teoría de sistemas y cibernética. Es un destacado miembro de la International Society for the System Sciences desde 1958 y fue presidente de la Asociación Argentina de Teoría de Sistemas y Cibernética (GESI) entre 1984 y 1990. Ver su *Diccionario de Teoría General de Sistemas y Cibernética*. GESI, Asociación Argentina de Teoría General de Sistemas y Cibernética, Buenos Aires, 1992.

El conjunto puede, a su vez, estar formado por subsistemas que poseen coherencia y que se van modificando con el tiempo. Asimismo, varios sistemas pueden integrar un sistema superior. Por lo general, los sistemas mantienen relación con otros similares que, a su vez, forman parte de otros suprasistemas que conllevan en su interior a subsistemas, que pueden o no estar interrelacionados en su todo o en sus partes con el primero. Puede ser también que una parte de un orden colectivo sea un componente de otros órdenes, aunque los diferentes conjuntos de pertenencia no estén ligados más que por esa parte en común. Por ejemplo, un sistema (una empresa) puede estar constituido por personas que son parte de otros conjuntos (religión, club, comunidad de interés, etc.).

Hay sistemas mecánicos, biológicos, sociales e ideológicos. Un grupo de personas ligadas por lazos especiales constituyen un sistema compuesto. Cuando dichos lazos tienen carácter mercantil, estamos frente a un sistema económico. Las empresas son sistemas humanos complejos y característicos, cruzados por interrelaciones de carácter mercantil, que pueden ser mejor comprendidas si utilizamos el marco conceptual y el cuerpo de conocimientos y herramientas del PS.

Debemos a Peter Senge, director de Pensamiento y Aprendizaje de la Sloan School of Management del Massachusetts Institute of Tecnology (MIT), la aplicación de la teoría de sistemas a las empresas. Y también la noción de que el pensamiento sistémico es hoy la primera disciplina (similar a lo que en ingeniería sería una innovación tecnológica) a dominar para conformar una organización capaz de recorrer exitosamente el camino de la competencia salvaje. Se trata de un corpus teórico y técnico que se debe estudiar y dominar para adquirir ciertos atributos y competencias.

La propuesta de Senge está basada en tres ideas fundamentales[5].

---

5. SENGE, Peter. *La Quinta Disciplina.* Ediciones Granica, Buenos Aires, 1992.

- *La primacía del todo*: las relaciones son más valiosas que las cosas y la totalidad es más importante que las partes.
- *La índole comunitaria del yo incita a ver la red de interrelaciones con la sociedad.* Si se pierde la naturaleza social se produce una identificación con el ego, se ve a la comunidad como secundaria y se origina el aislamiento. Cuando se ve a los demás como semejantes, y se comprende que somos parte de algo, se abren las posibilidades de aprender y cambiar las conductas. De esa forma se crece.
- *El poder del lenguaje ilumina la interdependencia.* Si se elimina la comunicación, nos repetimos y terminamos esclerosados.

> Al considerar la complejidad y la dinámica inherente a las sociedades mercantiles, la teoría de sistemas supera el marco conceptual y concreto de la teoría clásica de administración de empresas. Permite estudiar las relaciones de la empresa con su entorno y otros sistemas, de los distintos subsistemas que lleva en su interior, y de estos con partes del sistema que los circunda.

Las empresas son sistemas formados por personas y bienes físicos que establecen relaciones entre sí y con su entorno, con el objeto de ganar dinero y cumplir con su responsabilidad frente a la sociedad en la que viven.

La cooperación de todos los subsistemas permite alcanzar la meta y lograr resultados que superan lo que lograrían las personas y funciones aisladas (sinergia). Y como todo sistema, cualquier acción que realice alguna parte de la organización afecta al todo. Este requisito obliga a tener una visión global de la empresa e integrada al espacio que la rodea.

> "Todo tiene que ver con todo."

169

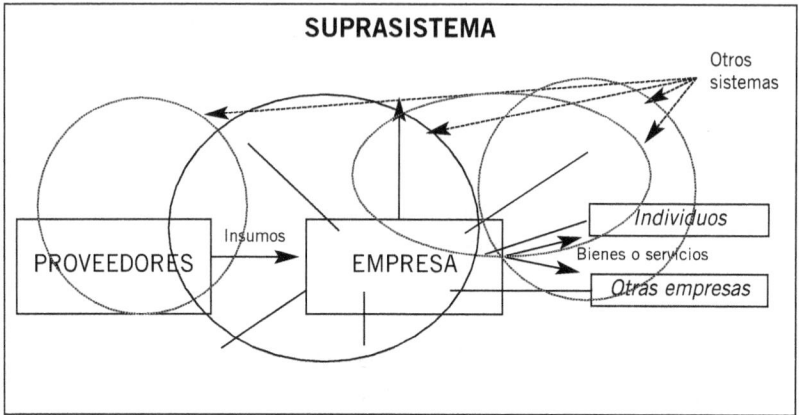

Otro aspecto es que el carácter abierto de la empresa la vincula estrechamente al entorno con el que interactúa. Los límites que la separan de otros sistemas son flexibles y muy estrechos (clientes, proveedores, mercado), aunque también posee otros lazos más difusos (con el país de origen o de localización de sus actividades, la sociedad, la comunidad internacional, etc.).

Las sociedades mercantiles pueden componer simultáneamente diversos sistemas: el del mercado en que operan, el de la industria o segmento del que parte, de la localidad, *cluster*, ciudad, provincia, nación, el de una corporación gremial empresaria, el de una idiosincrasia especial, etc.

> "Siempre es mejor mirar antes de pisar y pensar antes de meter mano, tratar de entender por qué pasan las cosas que pasan, antes de intentar cambiarlas."
> Enrique Herrscher

Al mismo tiempo, poseen en su interior subsistemas conectados con intereses específicos (accionistas, gerentes, empleados, trabajadores) y áreas funcionales (departamento contable, operaciones, logística, marketing, finanzas). Los componentes afectan el funcionamiento del sistema global y sus frecuencias se trasladan al sistema que integra y a otros con los que están vinculados.

No es posible asumir la complejidad de la empresa desde el reduccionismo de la visión mecanicista, que considera las cosas en forma aislada, lineal y estática. Hay que considerar a la institución como un todo, tomar en cuenta la existencia de componentes internos y particulares (subsistemas), establecer su relación con el entorno (suprasistema) y poner todo en dinámica y perspectiva. La observación simplificada y lineal pone en peligro a la empresa.

> Los sistemas se basan en la cooperación e integración de todos sus componentes. Para hacer gráfica la explicación, utilizo el ejemplo del viejo reloj mecánico en el que una serie de piezas, pernos y engranajes se vinculan y conectan. Si el elemento más pequeño está dañado y no opera correctamente, lo que deja de funcionar es el reloj.
>
> Para resolver los inconvenientes internos es muy importante identificar el subsistema correspondiente y operar sobre él. El sistema debe trabajar al mismo tiempo el todo y el detalle. Todo sistema tiende a buscar su armonía y equilibrio. En las organizaciones, la situación adquiere mayor complejidad pues no se trata solamente de movimientos mecánicos sino que, al incluirse como eje central a las personas, debemos reconocer su carácter viviente. La gente piensa, siente y actúa sobre la base de sus necesidades y proyectos. Unos y otros requieren un funcionamiento óptimo de sus partes y la existencias de relaciones positivas para llegar a la excelencia.

La empresa, como todo sistema, posee una energía (personal y organizacional) que se va desarrollando. Esa chispa permite elaborar estrategias para encontrar soluciones creativas e integradoras a los problemas que enfrenta y aprovechar las oportunidades. Al igual que todos los sistemas humanos, las empresas siempre tienden a la mejora. El hombre está llamado al provecho, a la gracia y a la verdad; lo demás son desvíos.

Algunos códigos sistémicos

> Los problemas no son espontáneos sino que derivan del pasado.

Para entender y gestionar las organizaciones empresarias, es necesario poseer una visión profunda, dialéctica y de largo plazo. Debemos alejarnos de la mirada lineal y determinista con que se observaba la vida, y por ende a las creaciones humanas, incluidas las empresas. Lo que vemos depende del lugar y de la capacidad de contemplación. La calidad de la percepción depende de la profundidad con que deseamos y podemos advertir la realidad.

Señala Spilzinger que para comprender a las organizaciones es preciso entender las interacciones que se producen. Mirando esas estructuras dinámicas, obtendremos una imagen meridiana y podremos operar sobre ellas para crear condiciones para la innovación y el cambio[6]. Las maniobras, cuando son fuertes y repetidas, constituyen procesos que crean reglas internas de funcionamiento.

Considerar el todo

Dividir es una simplificación absurda. Ninguna sección puede funcionar aislada del cuerpo del que forma parte. Las

> Dividir un elefante por la mitad no genera dos elefantes pequeños, sino un elefante muerto. Dividir la organización es despedazarla, quitarle su sentido.

piezas operan porque son fragmentos de una unidad y sólo así, y dentro de ella, tienen sentido. En el ser humano los órganos actúan conectados; si extraemos un trozo, tendremos una porción muerta. Podremos "sepa-

---

6. Alfredo SPILZINGER, miembro de Santa Fe Associates International, grupo formado por ex integrantes de la NASA (incluidos algunos Premios Nobel), constituido para transferir conocimientos sobre la gestión de la complejidad al campo civil. *Series of White Papers*, Año 3, N°5.

rarlo" para estudiar algún detalle, pero debemos volver a insertarlo y observarlo en actividad, pues sólo nos interesa su funcionamiento integrado. Nunca aislado, jamás estático.

La empresa, por ser un sistema, requiere de una mirada de conjunto. La relación entre el todo y las partes es la esencia del *pensamiento sistémico*. Todas sus partes tienen una *función*. Los departamentos, personas, recursos, instrumentos y equipos tienen valor y razón, pero lo que importa es cómo se relacionan entre sí. Valen tanto los actos del directivo como los de quienes ejecutan tareas (supuestamente) de menor jerarquía. Los que conducen dependen totalmente de sus dirigidos. Un gerente brillante con una mala secretaria tendrá un desempeño mediocre. En un hospital es valiosa la tarea de los médicos y administradores, pero un yerro del personal de limpieza puede provocar una catástrofe masiva.

Los resultados se consiguen en conjunto. Se equivoca quien piensa que el éxito es la suma de los logros particulares. El éxito o fracaso de uno de ellos no es necesariamente el del todo. Se puede ser muy eficiente y al mismo tiempo muy ineficaz. La competencia en el camino equivocado no tiene sentido.

En términos empresarios, se logrará diseñar el mejor artículo, pero si no se puede fabricar, no sirve. Se podrán manejar brillantemente las finanzas, pero esto no alcanza si no se produce o vende. Se podrá utilizar a tope la maquinaria, pero si no está en armonía con los otros equipos, provoca un desatino.

Eliyahu Goldratt y Jeff Cox escribieron en forma no ortodoxa (de ficción narrativa) uno de los libros más célebres de administración[7]. El texto es útil para observar a la empresa como sistema. El personaje principal está contra la pared. Le asignan la conducción de una empresa en dificultades

---

7. GOLDRATT, Eliyahu y COX, Jeff: *La meta*. Ediciones Castillo, México, 1992.

y aunque logra aumentar la productividad al máximo sigue desequilibrada. Accidentalmente se encuentra en un aeropuerto con un profesor de física, que le hace notar que el fin de una empresa no es bajar costos, aumentar la productividad o aprovechar oportunidades comerciales, sino hacer dinero, y eso depende de todas esas acciones en conjunto y no aisladas.

Eso está ligado además a la *teoría de las restricciones*, que establece que todo sistema está siempre limitado por su eslabón más débil, y sobre él debe lograrse el equilibrio. Siempre se avanza a la velocidad del más lento. Siempre existe un cuello de botella que marca el ritmo. La conclusión es que el máximo de productividad de las partes (maquinaria, persona, grupo, área funcional) no genera el óptimo provecho global, sino que es necesario buscar la nivelación productiva.

La visión debe ser siempre global, la fragmentación confunde y hasta provoca competencias sin sentido. El análisis debe ser segmentado *"árbol por árbol, sin descuidar los vínculos entre ellos y con el bosque total"*. La acción, por su parte, debe basarse tanto en la visión global como parcial: *"no se pueden conocer los árboles sin conocer el bosque, y no se puede conocer el bosque sin conocer los árboles"*. Lo que da sentido a la globalidad y la parcialidad es la diversidad de las partes, que es lo que produce la riqueza de la interacción, los contrastes, la fertilización cruzada[8].

Mientras los equipos administrativos peleen por la optimización de su territorio en lugar de pensar en términos globales, la empresa se verá empobrecida en sus resultados. Si el interés individual supera al grupal, a algunos les irá muy bien pero al colectivo no; y si al conjunto no le va bien, al final a todos les irá mal.

---

8. HERRSCHER, E.: *Op. cit.*

Es posible llegar a conocer y manejar los aspectos concernientes a cada una de las áreas específicas de la firma, pero ello no significa entender a la organización en su conjunto. La globalidad está limitada por divisiones internas rígidas, compartimentos estancos, y falta de interacción, sinergia y mancomunión.

Para comprender cabalmente un sistema, hay que entender las interacciones de sus partes. Al tratar de resolver un dilema o definir un curso de acción, debemos detenernos en el conjunto y en sus relaciones relevantes, no en las partes que lo integran. En la empresa no pueden operar asincrónicamente sus áreas funcionales. A veces se observan los problemas pero no se entiende su proveniencia. Entonces, las dificultades se abordan resolviendo las cuestiones visibles, que por lo general aparecen ligadas a un departamento en particular mientras que, en realidad, el problema es conjunto, abarca a varias áreas y sus interacciones, por lo que debe ser atacado en su integridad. Una empresa no vende, y el problema se asigna a la gente de ventas. Sin embargo, el inconveniente puede estar en el diseño, en el proceso de producción, en los costos (deficiencias en las compras o suministros), en el despacho, en la calidad del producto o en la atención al cliente.

> Cuando las fracciones de un sistema cooperan entre sí y están organizadas u orientadas a un objetivo en común, logran mejores resultados que los que obtendrían en forma aislada. Eso es sinergia.

La teoría de sistemas tiene muy en cuenta la generación de fuerzas sinérgicas que se generan a partir de relaciones virtuosas entre sus partes constitutivas. Herrscher cita a Jamshid Gharajedaghi, experto en teoría de sistemas, cuando insiste en que una organización se estira hasta lo que puede dar cada sector por sí mismo. Allí la cosa se detiene (no hay más soga). Para pasar ese límite es necesario combinar el trabajo a fin de lograr un resultado conjunto que supere la suma de los logros individuales.

Pensamiento y acción son partes inseparables de los buenos resultados

Si creemos que todo se reduce a la práctica y obviamos el conocimiento, no habrá salida. Esto no significa negar el aprendizaje por experiencia –al fin es una de las fuentes en las que abreva el saber–, pero a veces no hay margen para el ensayo y error, y hasta se pueden evitar muchos yerros gracias a la anticipación del pensamiento y la acción de laboratorio.

Cuando en la firma predominan los incompetentes, los empiristas, los eruditos vacíos o los que son cerrados al aprendizaje y a compartir, el rumbo que se adopte seguramente no será el correcto.

Somos responsables de lo que sucede

Nosotros y nuestros problemas formamos parte del asunto. Como observadores somos piezas del sistema. Continuamente recibimos influencia del colectivo al que pertenecemos, e influimos sobre él. Desde el enfoque sistémico, la responsabilidad de los problemas es de todos, aunque no todos tengan el mismo peso. En los sistemas, todos somos responsables, pero algunos son culpables.

Si los trances negativos son atribuibles a un agente externo, se seguirá esperando que él resuelva la crisis y no se asumirá una postura proactiva. Si las personas se limitan a hacer lo que dice el manual, el conflicto será superado.

Retroalimentación, los efectos palanca, las espirales virtuosas y las perversas

Todo está relacionado. No podemos hacer caso omiso de la historia. Los problemas de hoy derivan de los actos realizados en el pasado, y el mañana será el resultado de la forma en que resolvamos los problemas de hoy. Hoy mismo podemos y debemos forjar el devenir.

Para lograr grandes resultados se deben buscar los puntos de apalancamiento. El efecto palanca permite transformar la realidad con ahorro de recursos y esfuerzos. Los pequeños cambios pueden producir resultados importantes, aunque las zonas de mayor apalancamiento no son obvias.

> Los actos se potencian o anulan, se defienden o se contradicen, y generan efectos realimentantes positivos o negativos que es necesario tener en cuenta cuando se toman decisiones.

Las palancas constituyen un tesoro oculto. No son fácilmente evidentes para quienes integran el sistema, y por lo común no están cercanas a los síntomas. Los actos imperceptibles y bien enfocados pueden producir un provecho significativo y duradero si se realizan en el sitio apropiado. Hay que aprender a ver las estructuras subyacentes en lugar de detenerse en los hechos. Las consecuencias que pueden alcanzarse por la aplicación de la fuerza justa en un lugar específico y crítico mejoran las repercusiones logradas con una intervención en cualquier parte.

Descubrir los puntos de apalancamiento (*"dame una palanca y..."*), encontrar los focos de restricciones, liberar fuerzas, potenciarlas, lograr sinergias, evitar los límites y las complicaciones, producen valor competitivo y mejoran la eficiencia en el uso de los recursos. En general, los puntos de apalancamiento se encuentran en el elemento compensador y no en el reforzador. Hay que buscar el factor que opone resistencia y neutralizarlo. Operar sobre las restricciones permite que el proceso continúe hasta que encuentre otro agente limitante.

Las acciones, al operar sobre el sistema, coaccionan a todos sus integrantes e introducen nuevas situaciones. Cuanto más se presiona, más reacciona el sistema, devolviendo la tensión, generando una realimentación compensadora y provocando una ralentización. Forzar demasiado puede significar la ruptura del bien preciado.

Toda influencia es causa y efecto. Las fuerzas se realimentan, produciendo un flujo recíproco de influencia.

Los actos pueden contrarrestarse o reforzarse en contacto con otras fuerzas y situaciones que operan en el sistema. Todo movimiento produce reacción y muchas veces forja un flujo de retroalimentación (*feedback*) que desencadena espirales ascendentes, positivas y virtuosas, pero a veces también puede originar situaciones descendentes, negativas y perversas.

Los sistemas compuestos exponen a dualidades. Las partes arrastran una serie de relaciones enfrentadas, otras suplementarias y también reforzadoras. Incluso, la realidad está llena de complementariedades positivas de cosas que parecen y hasta son antagónicas. Muchas cosas sirven para contextualizar a su contraria. El bien y el mal son referencias mutuas y uno vale para el otro. En el mundo de los negocios, nunca el éxito o el fracaso son definitivos, las crisis son oportunidades y las amenazas forjan el espíritu. Todo tiene su relatividad, al punto de que lo que es bueno hoy puede no serlo mañana. Con el tiempo todo se transforma continuamente.

Se pueden alcanzar dos metas aparentemente contradictorias; por ejemplo, es posible (y aun más fácil) lograr un bajo costo con alta calidad.

Para cambiar la tendencia hay que generar un cambio en la fuente de alimentación. Esta puede ser amplificadora o compensadora (freno). En el primer caso, los procesos se aceleran por refuerzo positivo; en el segundo, el cambio crea efectos adversos que provocan la pérdida de impulso o su neutralización. Si prima la realimentación virtuosa, los procesos tomarán movimiento ascendente (mejoras) creando un rizo reforzador positivo. En caso de que se produzca un impulso negativo, el deterioro se irá acelerando paulatinamente[9].

---

9. Senge a veces usa círculos en lugar de espirales. No utilizo la referencia al círculo porque en ese caso se retornaría a la posición original, mientras que no es así. Se va aceleradamente hacia un lugar diferente, mejor o peor, pero distinto.

Los procedimientos pueden sufrir la presencia de fuerzas de resistencia que dan estabilidad al sistema. La obstrucción al cambio es una demostración de la existencia de una reacción negativa hacia la propuesta. Es necesario descubrir estos procesos compensadores.

> Hay que reconocer la existencia de fuerzas que potencian en uno y otro sentido. De esa forma se podrán aprovechar las fuerzas positivas y neutralizar las negativas.

Hay que operar en el centro del conflicto, no permitir que se "desplace la carga". Si sólo trabajamos sobre los síntomas, la contrariedad quedará incólume y volverá a aparecer en otro momento, seguramente agravada. Si contestamos a un problema esquivándolo, podemos ayudar al sistema huésped a seguir creciendo y dejar a la organización más postrada y necesitada de una nueva o mayor ayuda. A veces se curan los síntomas, pero no la enfermedad. El remedio puede ser peor que la enfermedad. Se aplaca la fiebre pero no se cura el mal. Si no hacemos una intervención de fondo, no sanearemos nuestra afección. No sirve atacar los síntomas, hay que resolver la enfermedad.

Hay intervenciones de corto plazo que son seductoras porque aseguran resultados inmediatos, pero a la larga pueden conducir a una posición negativa y más difícil de resolver. Si uno se acostumbra a manejarse en la coyuntura, los conflictos se convertirán en un problema estructural, más difícil de superar.

Las acciones pueden afectar de maneras diferentes al corto y al largo plazo. La situación puede mejorar antes de volver a empeorar. Siempre hay que prever los efectos concatenados e indirectos, considerar la proyección en el futuro.

La causa y el efecto no están siempre próximos. Senge se refiere al sistema subyacente responsable de la generación de los síntomas y al que es necesario identificar para tratarlo de tal modo que induzca a la introducción de mejoras duraderas. Muchas veces las causas no son fáciles de observar y terminamos atendiendo a cosas no sustanciales.

Si se cree que para cada hecho hay una causa obvia y no que puede ser resultado de procesos lentos y graduales, se sobrevolará la cuestión y se operará sólo sobre lo simple, lo urgente, y no sobre lo importante. Una organización dominada por el corto plazo, que atiende lo visible y no lo sutil, podrá reaccionar ante un peligro, pero no llegará a forjar un contexto favorable.

Lo más rápido puede ser lo más lento. Muchas decisiones rápidas terminan en situaciones que lleva mucho tiempo recomponer. Casi todos los sistemas presentan demoras ante las acciones transformadoras. Los sistemas operan a largo plazo, por lo que hay que dar tiempo para que se produzcan las respuestas ante los estímulos.

Muchas prácticas producen efectos contrarios a lo que se busca. Un esfuerzo excesivo puede generar reacciones adversas. El impulso inicial puede perder fuerza o provocar la reorganización de voluntades que lo deterioran y hasta la vuelta al punto de partida.

Los contornos existen, pero ello no significa que el sistema sea cerrado. A veces las cotas que separan a los sistemas son difusas y hasta imperceptibles. Los sistemas tienen límites. Hay que saber encontrar sus posibilidades para no presionar en demasía. Si se presiona mucho, se puede romper o dañar.

Estar integrado a un sistema no significa perder la identidad. Se puede ser alguien y a la vez pertenecer.

El camino fácil no siempre conduce al sitio al que se quiere arribar. Hacer lo obvio no produce los resultados previstos.

Las empresas son sistemas adaptativos complejos. Organismos de carácter social sujetos a los principios de supervivencia y desarrollo. Por lo tanto, cada empresa debe ser vista como un ser cuasi biológico. Arie de Geus propone analizarla como un ser viviente y pone como principal objetivo la sobrevivencia. Sitúa en la cúspide de la excelencia a las que han logrado pervivir –cambiando incluso su origen– y no a las que más rentabilidad o porción de mercado alcanzan.

En síntesis

El pensamiento sistémico constituye un conjunto de herramientas y técnicas relacionadas con el concepto de "realimentación" de la cibernética y la teoría del "servomecanismo" de la ingeniería. Ayuda a resolver problemas complejos. Implica combatir la complejidad con la complejidad. La complejidad deriva tanto de la existencia de variables como de su dinámica. Esto hace que las relaciones causa-efecto sean sutiles y no obvias en el largo plazo. Para entender los hechos hay que observar las interrelaciones en vez de las cadenas causa-efecto, percibir la dinámica de los procesos de cambio, y no su fotografía.

Spilzinger dice que para lograr el éxito hay que interpretar y relacionar las ideas y las abstracciones y, consecuentemente, la forma en que tomamos las decisiones. Los entes responden a la siguiente estructura de generación de ideas:

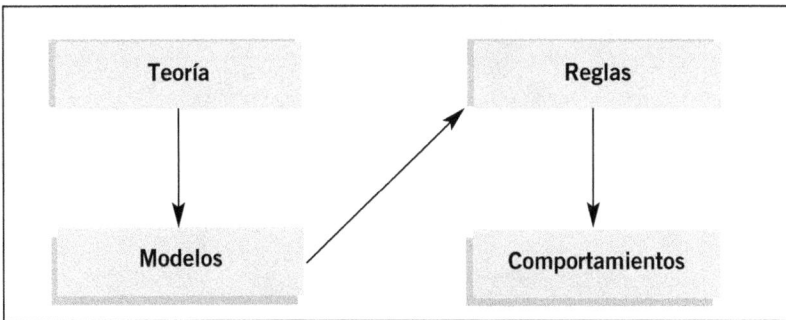

Partiendo de la teoría, ideas básicas o principios sobre las cuales se construyó la empresa, se pasa al conjunto de interacciones. De allí emanan reglas o elementos reguladores que generan comportamientos, usos y costumbres.

Los principios son el punto más alto de abstracción. No dan exactitud numérica, pero permiten responder por qué el negocio es conducido de ese modo y no de otro. La abstracción forma el modelo que establece reglas y guías operativas. Su existencia tiene que ver con el pragmatismo, pues se diseñan para mejorar el funcionamiento y normalizar la operatoria. Su exceso puede entumecer el funcionamiento.

El comportamiento es lo que la gente hace para cumplir con su trabajo. Se cree que deriva del aprendizaje, pero es una cuestión de modelos, y en la empresa, en especial, del modelo sobre el que se diseñó el negocio. Los comportamientos son retroalimentados: se toma información de la práctica que reforma el modelo. Un modelo funciona cuando se reformula de manera continua.

Si asumimos que la empresa es un sistema; si acordamos con que los sistemas tienen ciertas normas de funcionamiento –que he presentado de manera sintética, aunque aconsejo profundizar–; si comprendemos las particularidades, lo que le da identidad; si ponemos todas estas cosas en positivo... entonces podremos eliminar las restricciones que frenan y parecen inconmensurables, reducir los conflictos y potenciar la institución en el cumplimiento de la misión y en el camino de la visión.

HACIA UNA NUEVA
CULTURA EMPRESARIA

> *"El mundo de la empresa, necesario generador de riqueza material legítima, puede y debe asumir también un papel activo, no convencional e histórico, en la humanización realista del mundo en que vivimos.*
> *Su beneficio económico ha de ser la legítima consecuencia de ser útil y de hacer bien las cosas con las personas, así como un medio para sobrevivir y desarrollarse. Y no su fin último y a cualquier precio."*
>
> Salvador García, *Dirección por valores*

La manera de gestionar la empresa

Si el escenario ha cambiado tanto, no queda otra cosa que cambiar la manera de gestionar la empresa. Es importante adoptar una forma de dirigir una organización mercantil que esté en consonancia con el entorno que le toca vivir. Manejarse con ideas y estilos que fueron útiles en el pasado, seguramente no será la mejor manera de responder a un presente tan complejo, dinámico y cambiante.

Los estilos de gestión evolucionaron en el tiempo. En el pasado taylorista se dirigía por *instrucciones*. La *dirección por objetivos* (DpO) fue una instancia superadora. Hoy, cuando el hombre recuperó el centro de la escena, en muchos órdenes y también en la empresa, la DpO también quedó incompleta. Una nueva corriente humanista asoma. Nacida en la India, recaló en Europa, donde tomó nuevos bríos. Conocida como *dirección por valores*, apenas está haciendo sus primeros palotes en América Latina a partir de la prédica entusiasta de Salvador García.

Como humanista no tardé en unirme a esta concepción. La propuesta abreva en tres fuentes seductoras: asumir lo ético y moral, lograr un condimento competitivo y hacer que uno sea feliz con su trabajo. Es que imbuir a la empresa de humanismo no sólo es posible, sino que con el entendimiento adecuado sirve para fortalecer el objetivo principal de la empresa: la rentabilidad.

Es probable que nos toque trabajar en empresas "quedadas en el tiempo", con sistemas directivos basados en el personalismo, en los intereses particulares, en la sordera. En síntesis, el solo hecho de poner un grano de arena en nuestra evolución hacia una dirección basada en valores es suficiente estímulo para levantarse con ganas de trabajar. No obstante, todavía falta mucho para avanzar sobre algunas cuestiones fundamentales. En especial, la necesidad de adaptar la propuesta a las condiciones propias de la realidad de cada país, región o empresa en particular.

Con mi hermano catalán Carles Mendieta, un creativo de aquellos, además de otras muchas cosas en común, nos une una vieja obsesión: que el atraso competitivo depende en parte de que la administración de empresas en los países europeos de origen latino y en Latinoamérica abreva en las experiencias anglosajonas, con condimentos renanos, nórdicos y japoneses, que son procesadas en centros educativos norteamericanos o inspirados en estos.

> Es necesario ir avanzando hacia un estilo de gestión de empresas de corte latino, que sea natural y coherente con nuestra forma de ser.

Es cierto que norteamericanos, ingleses, alemanes, nipones y escandinavos demostraron superioridad en el manejo de sus empresas, más allá de ciertas circunstancias que facilitaron su acción. Pero justamente ha sido la capacidad de espejarse en su propia identidad lo que les dio excelencia. Las imitaciones despojadas de naturalidad difícilmente son útiles en ambientes donde las relaciones humanas y las formas de ser son diferentes. Además, copiar puede ayudar, pero no asegura primacía. Una réplica nunca alcanzará el valor del original. Una copia de Picasso, por muy bien hecha que esté, nunca será un Picasso. Asumimos entonces, y coincidirán en ello muchos colegas, que hasta que no logremos un estilo ligado a nuestros sentimientos, visión y forma de vida, no podremos terciar en el mundo de los negocios, más allá de algún caso aislado. También creo que la decisiva incorporación española al modelo europeo nos obliga a pensar en un estilo propio, latinoamericano[1].

Además, como es sabido, las Ciencias Económicas están basadas en el modelo antropológico del *homo economicus*. Su esencia es eminentemente individualista. Persigue con fanatismo el interés personal, la satisfacción de sus necesidades y la acumulación de riquezas.

La teoría económica moderna fundada con Adam Smith sostiene el principio de que lo óptimo es el resultado de la espontánea actuación de las personas en busca de su propio provecho, en un mercado libre y abierto. Sobre esa base se acepta que la búsqueda del beneficio termina justificando el soslayo de la ética, y hasta existe la convicción de que esta puede llevar a decisiones que alejarán del objetivo de lucro.

"Es necesario resaltar que Nash[2] descubre que una sociedad maximiza su nivel de bienestar cuando cada uno de sus individuos acciona a favor de su propio bienestar, pero sin perder de vista también el de los demás integrantes del grupo. Demuestra cómo un comportamiento puramente individualista puede producir en una sociedad una especie de 'ley de la selva' en la que todos los miembros terminan obteniendo menor bienestar del que podrían. Con estas premisas, Nash profundiza los descubrimientos de la Teoría de los Juegos, descubierta en la década del '30 por Von Neumann y Morgestern, generando la posibilidad de mercados con múltiples niveles de equilibrio según la actitud que tengan los diferentes jugadores, según haya o no una autoridad externa al juego, según sea el

---

1. A lo mejor tiene razón Samuel Huntington cuando nos coloca en una cultura especial y diferente de la occidental a la que creemos pertenecer.
2. Se refiere al matemático John Nash, que en 1994 obtuvo el Premio Nobel de Economía por sus descubrimientos acerca de la teoría de los juegos.

juego cooperativo o no cooperativo entre los diferentes jugadores. De esta manera, Nash ayuda a generar todo un aparato teórico que describe la realidad en forma más acertada que la teoría económica clásica, y que tiene usos múltiples en economía, política, diplomacia y geopolítica, a punto tal que puede explicar e incluir el más sangriento de todos los juegos: la guerra... Muchos de los profesores que día a día enseñan economía a sus alumnos ni siquiera han sido informados de que hace más de medio siglo alguien descubrió que el individualismo, lejos de conducir al mejor bienestar de una sociedad, puede producir un grado menor, y muchas veces muy apreciablemente menor, de bienestar general e individual que el que se podría conseguir por otros métodos de ayuda mutua."

En coincidencia con la cita anterior[3], no sólo Nash, sino la historia, demuestra que los modelos individualistas complotan contra la prosperidad y, en el largo plazo, llegan a poner en peligro el propio orden y hasta su posición ventajosa.

Los resultados de la aplicación de sistemas que enfrentan salvajemente a las personas y descuidan el interés general terminan con parte de la población (a veces la mayoría) viviendo en condiciones infrahumanas. La herida abierta se agrava cuando recordamos que se podría eliminar la miseria mundial reduciendo una parte de los gastos en armamentos que amplifican la violencia y el terror. Si los dueños del poder llegaran a reconocerse como parte del género humano y actuaran con solidaridad, lograríamos una sociedad que merezca ser vivida. Las ideas y estructuras de poder actual están inmersas en una profunda crisis por descuidar la armonía, el bien común y el respeto al ser humano.

Amartya Sen –Nobel de Economía–, personaje representativo mundialmente, formula una profunda crítica a la

---

3. Este capítulo estaba escrito cuando leí el libro de Walter Graciano *Hitler ganó la guerra* (Editorial Sudamericana, Buenos Aires, 2004) y he vuelto a él para insertar este párrafo.

inconsistencia del egocentrismo y llama a modificar aspectos de la conducta para integrar la economía con los principios sociales: *"Estamos viviendo un periodo histórico rico en contradicciones en el que, por un lado, la ética y el respeto hacia el prójimo adquirieron un renovado valor en el comportamiento de los hombres, por el otro, el egoísmo, la explotación, el culto de la propiedad, contribuyen a dar vida a orientaciones de decisión definidas como racionales, que empujan al hombre hacia objetivos lejanos de la dimensión profunda ligada a los valores morales y al actuar social"*[4].

La carencia de conciencia de "los que mandan" sobre sus responsabilidades ampliadas y el aumento de la pobreza originaron sociedades civiles sin fines de lucro, que comenzaron a defender los intereses segregados. Las ONGs (algunas falaces, por cierto) y otras entidades (comercio justo, fondos de riesgo ético, bancos de los pobres, etc.) se multiplicaron.

Pero ninguna institución podría tener más influencia que las empresas para lograr mayor equidad. Es más: si las corporaciones no lo hacen, el mundo no construirá una sociedad sostenible. La dirección de empresas es vital para lograr la armonía que potencie la sociedad hacia un progreso genuino y equilibrado. El más importante intelectual de esta disciplina, Peter Drucker, dedicó sus últimos años de vida a esta prédica, recalcando que las viejas formas de dirección de empresas no prestaron atención a las personas ni a los valores. Por el contrario, los han subestimado y anulado. De esa manera han debilitado las posibilidades de desarrollo y atentado contra sus propios objetivos económicos. Sin embargo, hay importantes ejemplos de empresas competitivas y exitosas que tienen en común el haber

---

4. Citado por CILERAI, Luciano: "El aporte de la Economía de Comunión a la revisión de algunas magnitudes económicas de la empresa", en BRUNI, Luigino y ZAMAGNI, Stefano (compiladores): *Persona y comunión.* Ciudad Nueva, Buenos Aires, 2003.

plasmado un ambiente basado en la observación de una serie de pautas éticas y ecológicas.

Veamos ahora la evolución de los sistemas administrativos.

Dirección por instrucciones (DpI)

La *dirección por instrucciones* (DpI), que crea rutinas basadas en la respuesta automática a los estímulos, ha servido en situaciones de baja complejidad. Vale cuando hay una única solución o hay que actuar rápidamente, pero no cuando es preciso usar la creatividad para resolver problemas aleatorios. Fue útil en entornos estables pero no da respuesta a contextos turbulentos y de grandes cambios.

La DpI, basada en el modelo taylorista, es claramente dirigista y usualmente autoritaria; está vinculada a una estructura organizativa piramidal, de varios niveles, y no tolera la ambigüedad ni el trabajo que requiere autonomía y responsabilidad. Opera bien en situaciones de rutina; en series largas (escala) y para atender a un usuario o comprador no sofisticado (productos estándar); cuando las personas tienen bajo nivel de escolarización; cuando no hay otras opciones (monopolio); para firmas cuyo principal propósito es mantenerse; para quienes tienen una mirada estratégica de corto plazo[5].

> La dirección por instrucciones es autoritaria y sólo sirve para situaciones de baja complejidad.

Los valores que sostienen la cultura de este sistema son el volumen, la fidelidad, el conformismo, la disciplina, el cumplimiento de lo prescripto.

---

5. ALCALÁ GARCÍA-RIVERA, Miguel Ángel, *Op. cit.* Basado en los trabajos de García y Dolan y Fernández Aguado.

Dirección por objetivos (DpO)

La *dirección por objetivos* (DpO) consiste en imponer una meta que orienta el esfuerzo y la acción de cada uno de los miembros de la empresa en pos de su consecución. Trata así de convertir las necesidades de la sociedad en objetivos individuales.

Está basada en la *escuela cuantitativa*, en la *escuela del desarrollo organizacional* y en la *teoría de las metas*.

La conducción identifica el objetivo, lo traduce en metas para cada una de las áreas, les asigna recursos y logros a cumplir. La meta es cuantitativa

> La dirección por objetivos identifica los fines de la empresa, los traduce a metas y asigna logros a cumplir que constituyen una guía para la acción.

para permitir su medición. Se elabora una guía de acción (presupuesto o plan de negocios), donde se definen etapas (plazos concretos), tareas y actividades que deben ser realizadas para facilitar el tránsito desde el estado actual de las cosas al logro de: un porcentaje determinado del mercado; una medida de rentabilidad; un nivel de productividad de las personas, del capital o de ambos; una rebaja de costos y recursos aplicados; un estándar de innovación; un nivel de desempeño del personal; etc. A la vez, se establecen la responsabilidad, los recursos y los tiempos. Finalmente, los resultados se someten a control y evaluación periódica.

La DpO presenta el riesgo de convertirse en burocrática, fría y técnica, no motivar ilusiones ni propuestas de mejoramiento, y crear una cultura de *cumplir para no ser molestados*. Por lo general, entusiasma más a los que dirigen que a "los que hacen".

García y Dolan citan a Edward Cadbury: *"La reducción del obrero a una herramienta viviente, con esquemas de bonos diferenciales para inducirle a emplear hasta su última onza de energía, mientras que la iniciativa, juicio y libertad de movimientos le*

189

*son vetados, ha de desmoralizar a largo plazo a la fuerza del tra-
bajo o, lo que es más probable, ha de generar un gran resentimiento
y producir graves diferencias entre jefes y personas".* Es más, a la
larga, genera una sensación de impotencia en los trabajadores, a los que se les comunica una serie de objetivos sobre
los que no tienen injerencia. Se comunican intenciones y
no planes concretos. Dichas intenciones son pretenciosas
(normalmente se pide mucho más de lo que se espera que
la gente alcance); no toman en cuenta el saber requerido
para cumplir con lo dispuesto, y todo termina siendo un
juego (ganar cueste lo que cueste) que se vuelve obsesivo.
En este contexto, la DpO no es más que una DpI elegante.

El modelo sólo logrará virtuosismo si existe una cultura organizacional orientada a la mejora de las capacidades
del personal; si los trabajadores cuentan con formación
como para aceptar el reto de manejar la responsabilidad
asociada a las metas; y si el cumplimiento de los objetivos
es recompensado. Es apto para una complejidad modera-
da, producción relativamente estandarizada y profesionalización media del personal. La tolerancia a la ambigüedad
es mediana, igual que la necesidad de autonomía y responsabilidad. La organización está orientada a resultados.
La visión estratégica es de mediano plazo y tiene como sustento la racionalización, la motivación, la eficiencia y la
medición de resultados[6].

La nueva propuesta: dirección por valores (DpV)

La gestión moderna debe convertirse en una búsqueda de
armonía creativa y potenciadora. El hombre no sólo es un
agente económico, sino un ser social; el carácter económico es funcional a la necesidad de vivir y al natural deseo de

---

6. ALCALÁ GARCÍA-RIVERA: *Op. cit.*

mejorar su calidad de vida. La economía debe estar al servicio del hombre, y no al revés. Si esto se olvida, pierde su esencia y utilidad.

La empresa, como dije, es un conjunto de personas unidas por el lucro, y tiene cultura, rasgos y objetivos basados en valores. Esto significa que ninguna de las dos cuestiones puede ser ignorada.

El hombre sigue siendo el único capaz de crear nuevos conocimientos y usarlos de manera constructiva. Por eso es el núcleo de la organización.

Los seres humanos sólo se encuentran en armonía cuando las convicciones personales no son contradictorias con lo que hacen. Las personas se acongojan si realizan actos reñidos con sus creencias, valores e intereses personales, familiares, empresarios, nacionales, étnicos, religiosos y propios del género. El equilibrio se alcanza cuando se cruza con una línea de respeto desde los intereses

> El hombre no puede convertirse en esclavo de la economía, sino que debe dominarla para ponerla al servicio de sus intereses más profundos.

más universales hasta los más personales, y se actúa cumpliendo ese mandato.

Vivir de acuerdo con las creencias significa lograr reglas de juego desligadas de la sugestión o la presión del medio.

Si por alguna razón se producen quiebres, la tensión se magnifica, crece el estrés, el rendimiento mengua y los objetivos no se cumplen. La excesiva tirantez puede llevar a los individuos y organizaciones a su desaparición.

Las empresas tienen valores relacionados con el afán de crear valor y obtener lucro, pero este interés mercantil coexiste con otros principios de carácter ético.

> Cuando la armonía se rompe (los actos contradicen las creencias), el estrés avanza sin contemplaciones sobre la empresa y las personas.

El ser humano tiene también intereses y aspiraciones li-

191

gados a su esencia (cultura, ética, moral, etc.) y pretensiones de carácter principalmente económico.

> Se logra la armonía cuando los actos no contradicen los intereses personales y de los grupos a los que se pertenece (familia, empresa, sociedad).

Las aspiraciones de las personas y de las empresas se expresan en valores. Son estos los que promueven sus acciones. Así como una persona de bien se mueve de acuerdo con sus creencias, las organizaciones sanas se inspiran en sus valores trascendentes.

El arte de dirigir depende de un ambiente de armonía entre los valores y los actos; entre los intereses corporativos y los de los individuos que forman parte de la empresa. La búsqueda comienza por combinar las metas lucrativas con las humanas.

> Los intereses y aspiraciones se expresan en valores. Las creencias fundamentan los actos.

Las personas impregnan con sus valores a las organizaciones. La alta dirigencia es la que más influye, pero también lo hace la interacción con las creencias de todos los demás miembros.

A veces las creencias de los conductores están en contradicción con las del resto de la firma. Si ello sucede, la empresa funcionará con una tensión sofocante. En cambio, cuando hay concordia, las personas se expresan libremente y mejora la actuación.

> Debe existir coherencia: entre las metas lucrativas y las humanistas; entre los valores individuales y los comunitarios; entre las creencias y los actos de la organización.

Para lograr esta armonía nació la DpV.

"En esencia, los valores son palabras y, por tanto, estructuras de pensamiento relativamente simples que, sin embargo, abarcan conocimientos complejos de la realidad deseada (...) Si los valores sirven para atribuir sentido a la acción, los objetivos sirven para

traducir la acción en rendimientos y recompensas específicos. "[7] La DpV no entra en contradicción con la DpO; por el contrario, le agrega claridad y eficacia. Mientras que los *objetivos* (propósitos instrumentales) señalan lo que se quiere conseguir y la *realidad*, lo que se ha logrado, los *valores* nos dicen cómo creemos que deben ser las cosas. La base de la DpV es hacer las cosas como deben ser.

La DpV está fundamentada en los principios de los conductores, que esperan sean compartidos por todos a través del diálogo. Sobre esa plataforma se construye la nueva herramienta de liderazgo estratégico. Nueva, porque incorpora lineamientos de la psicología social y de las ciencias de la conducta; liderazgo estratégico, porque se trata de conducir fuerzas hacia un objetivo determinado, mientras que los valores sustentan la actuación del grupo.

La DpV se basa en tres aspectos, unidos por ejes (axis), que forman un triángulo:

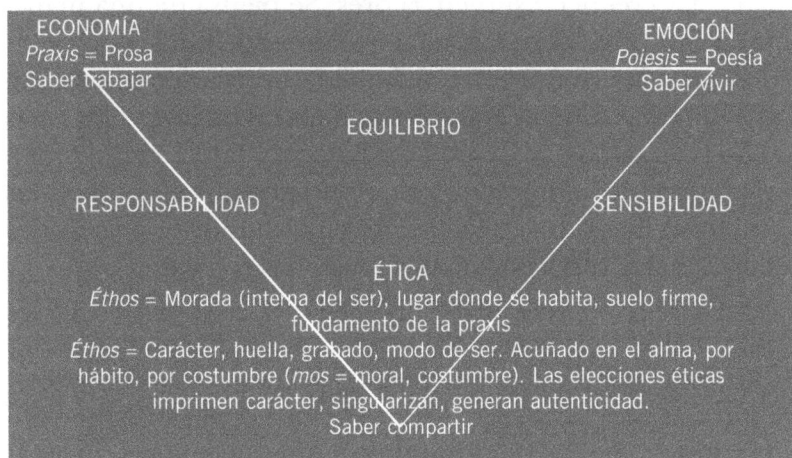

ECONOMÍA
Praxis = Prosa
Saber trabajar

EMOCIÓN
Poiesis = Poesía
Saber vivir

EQUILIBRIO

RESPONSABILIDAD

SENSIBILIDAD

ÉTICA
Éthos = Morada (interna del ser), lugar donde se habita, suelo firme, fundamento de la praxis
Éthos = Carácter, huella, grabado, modo de ser. Acuñado en el alma, por hábito, por costumbre (*mos* = moral, costumbre). Las elecciones éticas imprimen carácter, singularizan, generan autenticidad.
Saber compartir

---

7. GARCÍA, Salvador y DOLAN, Shimon: *La dirección por valores.* McGraw-Hill, Madrid, 1997. Este libro es altamente recomendable para quienes quieran profundizar el tema. La estructura de la propuesta de este capítulo gira en torno a dicho texto y a muchas horas de conversación e intercambio de ideas con Salvador García.

Los valores trascienden la mirada directa y de corto plazo, enfocando el ideal. Son estructuras de pensamiento, elaboradas y arraigadas por aprendizaje colectivo. Sirven para construir una visión explicativa de las cosas que pasan. Son elecciones estratégicas que cimientan los actos considerados adecuados para conseguir los fines anhelados. Constituyen patrones profundos, amplios y generales, que marcan las convicciones de vida que surgen de los testimonios considerados verdaderos. En términos de empresa, los valores provienen de supuestos básicos sobre la naturaleza humana y el entorno económico que la contiene.

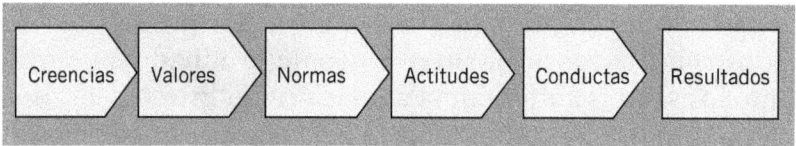

| Creencias | Valores | Normas | Actitudes | Conductas | Resultados |

De las creencias surgen valores. Se piensa de una manera y se adoptan ciertos credos que crean hábitos, que al ser consensuados comprometen a otros y derivan en interacciones. También fundan actitudes o maneras de juzgar las cosas como buenas o malas, como verdaderas o falsas, como morales o inmorales, como deseables o no deseables, como justas o injustas. Derivan en predisposiciones positivas, negativas o neutras hacia otras personas, situaciones o cosas.

Los valores son el eje del que emanan las reglas de juego y las guías para la acción. Se reconoce una idiosincrasia con sólo observar los valores (económicos, emocionales, éticos). Si son elevados, se mejora la reputación corporativa mediante la atracción y fidelización de clientes, inversores, proveedores y empleados.

Como todos los sistemas humanos, las empresas se mueven bajo el influjo de las emociones positivas. La creación de hábitos de conducta beneficiosos para la firma y para cada uno de sus integrantes es una tarea desafiante que enfrentan los dirigentes. Solamente con claridad en los valores se logra que las acciones sean coherentes y no generen conflictos.

> La DpV es una herramienta que tiene como objetivo absorber la complejidad de la realidad para dar sentido al esfuerzo y liberar energía para construir un futuro que genere bienestar ético, emocional y económico.

Si bien la DpO maneja naturalmente valores, la DpV trata de sistematizarlos, ponerlos en la superficie y usarlos como argamasa. Se sustenta en el desarrollo, la participación, el aprendizaje continuo, la creatividad, la iniciativa, la confianza mutua y el compromiso.

En la mayoría de las empresas del mundo, los valores imperantes están alejados de la sensibilidad, la calidez, la imaginación, la alegría, la vida. Por lo general, el nivel jerárquico propone un objetivo pecuniario que pocas veces va acompañado por un nivel de desarrollo ético y emocional.

> La insensibilidad se manifiesta de tres formas: no darse cuenta de lo que les sucede a los demás; darse cuenta pero no reaccionar; y, la peor, no comprender lo negativo de la propia ignorancia.

Las empresas del capitalismo salvaje contemplan al ser humano como un recurso y no como un fin. Operan bajo la ley del más fuerte. No tienen reparos en destruir personas, culturas, recursos naturales, paisajes, o en generar bolsones de pobreza, enfermedad y miseria. Desprecian los impulsos solidarios. Venden fantasías, orientan al consumo de cosas estúpidas, superfluas o engañosas. El único objetivo es el lucro. No existe tiempo para vivir. En ese clima autoritario y falto de respeto a la integridad humana, es difícil que las personas ofrezcan sus mejores talentos.

> No se trata de perder de vista los intereses económicos, pues son fundamentales para la subsistencia de la empresa y de quienes trabajan en ella, sino de armonizarlos con los aspectos humanos.

Esto no significa olvidar el aspecto material. Es el libre impulso emprendedor el que genera abundancia. Para repartir, primero hay que crear riqueza. La conjunción de sudor y valores abre las mayores expectativas de prosperidad y ascenso, y con ella se logran avances que mejoran la calidad de vida. Puestos en armonía, lo esencial y lo mercantil se potenciarán mutuamente.

Se trata de conformar una empresa sensible. Para eso el líder debe tener en claro sus convicciones éticas, emocionales, humanistas, y aceptar la obligación asumida con la sociedad. Quien dirija una empresa sensible debe tener sensibilidad, entender la vida y la empresa, y tener conciencia de que las personas son el fin y que esto no constituye solamente un legado moral, sino que es una efectiva herramienta de liderazgo estratégico para animar o reanimar a la empresa.

Siendo el liderazgo un diálogo sobre valores, el líder ofrece su pensamiento y recibe pareceres, a través de una comunicación bidireccional. Desde ahí se construye una visión común del futuro, en la que se articulan los valores comunes, se forman conceptos, representaciones y alegorías, se genera confianza y se logran grandes resultados. Si los valores no son aceptados, la conducción se convierte en autoritaria, lo que está muy alejado de la DpV.

Una organización está integrada por personas que se emocionan, se entusiasman, inquietan o molestan. Esto es tan cierto que a veces pasa inadvertido (de lo último que se dan cuenta los peces es de que están dentro del agua).

Presupuestos de la DpV

Las exigencias de la DpV son: simplificar la diversidad de la organización (absorber la complejidad); orientar la acción hacia la meta organizacional; lograr en la gente un compromiso que despierte la imaginación y libere energía, lo que aumentará su rendimiento.

La cultura está sujeta a un proceso de transformación y mejoramiento permanente a través del pensamiento, el intercambio y la acción. Pero pasar de una organización basada solamente en valores económicos a una que piensa en la trascendencia ético-emocional de las personas, es un gran salto que permite construir empresas auténticas, capaces de perdurar, tener legitimidad y superar los negocios oportunistas. Se trata de aclarar los valores, propósitos y objetivos, de comunicarlos y, finalmente, de alinearlos con las acciones diarias. Blanchard y O'Connor presentan el *plan de juego de la DpV*. (Ver gráfico de la página siguiente.)[8]

La DpV se impone cuando:
- el negocio requiere creatividad y solución a problemas complejos;
- el mercado exige calidad;
- el cliente tiene criterio y libertad de elección;
- se producen cambios importantes y veloces en una oferta diversificada;
- el entorno es muy cambiante.

La DpV obliga a:
- que el personal tenga un alto nivel de profesionalización y formación para que pueda trabajar de manera responsable y autónoma. Se requiere de personas creativas que puedan manejar situaciones complejas, turbulentas y ambiguas;
- un liderazgo transformador, no burocrático, alejado del autoritarismo y la jerarquía, legitimante, que mire el largo plazo y logre la participación de todos;
- una estructura ágil, chata, en red, con apertura a las alianzas funcionales y estructuras de equipos de proyecto;

---

8. BLANCHARD, K. y O'CONNOR, M.: *Dirección por valores*. Gestión 2000. Barcelona, 1997.

- un nivel amplio de tolerancia a la ambigüedad y mano de obra con alto grado de autonomía y responsabilidad;
- potenciar el autocontrol de las personas.

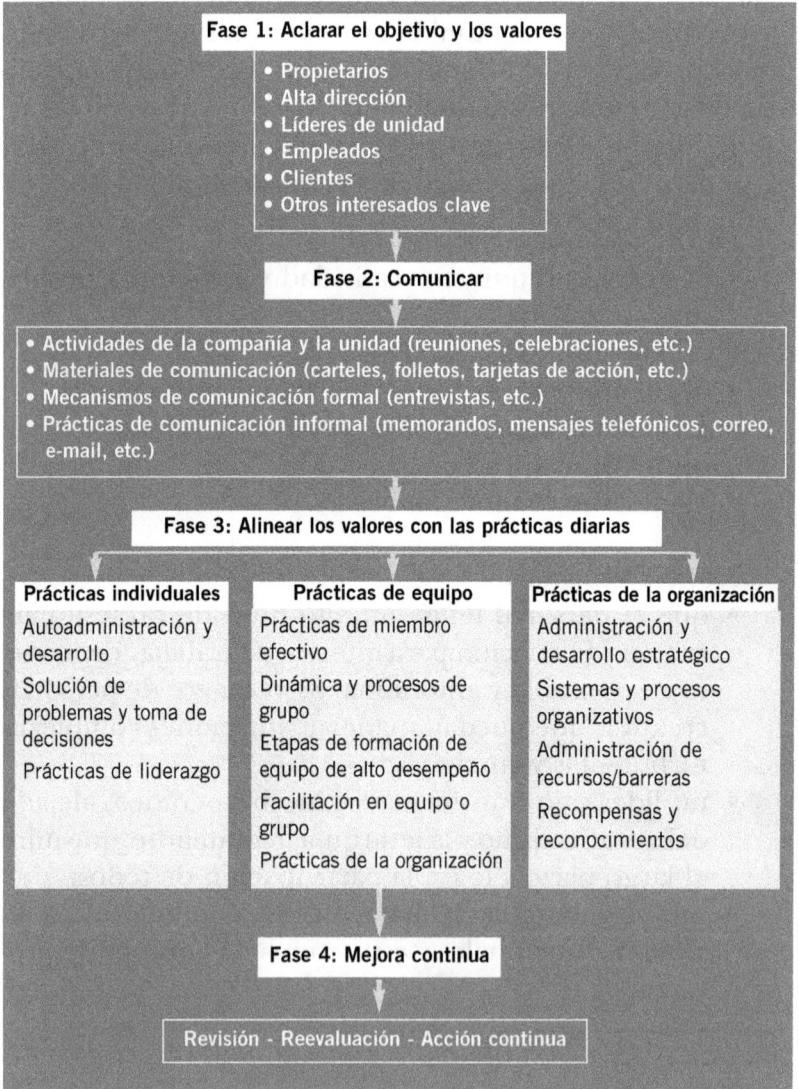

Fase 1: Aclarar el objetivo y los valores

- Propietarios
- Alta dirección
- Líderes de unidad
- Empleados
- Clientes
- Otros interesados clave

Fase 2: Comunicar

- Actividades de la compañía y la unidad (reuniones, celebraciones, etc.)
- Materiales de comunicación (carteles, folletos, tarjetas de acción, etc.)
- Mecanismos de comunicación formal (entrevistas, etc.)
- Prácticas de comunicación informal (memorandos, mensajes telefónicos, correo, e-mail, etc.)

Fase 3: Alinear los valores con las prácticas diarias

Prácticas individuales	Prácticas de equipo	Prácticas de la organización
Autoadministración y desarrollo	Prácticas de miembro efectivo	Administración y desarrollo estratégico
Solución de problemas y toma de decisiones	Dinámica y procesos de grupo	Sistemas y procesos organizativos
Prácticas de liderazgo	Etapas de formación de equipo de alto desempeño	Administración de recursos/barreras
	Facilitación en equipo o grupo	Recompensas y reconocimientos
	Prácticas de la organización	

Fase 4: Mejora continua

Revisión - Reevaluación - Acción continua

La eficiencia es sólo un medio para lograr buenos resultados. Ello requiere que los trabajadores hagan las cosas bien, con entusiasmo y mancomunadamente. Una empresa se dirige por valores cuando:

- está en continua ebullición, mejorando los procesos y generando el desarrollo integral del personal;
- fomenta la participación, el aprendizaje permanente, la creatividad, la confianza mutua y el compromiso de todos;
- invierte más en desarrollo que en control;
- mantiene sus creencias en situaciones de crisis;
- se guía por los valores escogidos, que orientan la política de personal y constituyen criterios de ingreso, promoción y desvinculación;
- sus jefes son facilitadores en lugar de autoritarios;
- la gente es autónoma y responsable en lugar de sumisa;
- los clientes son clientes potenciados en lugar de usuarios;
- recibe currículos de buenos profesionales que incluso están dispuestos a resignar ingresos.

Valores y cultura de la organización

Se dice que el timón está más que en las manos en la columna vertebral. Y en una empresa la columna vertebral son los valores; ellos nos sostienen en momentos de peligro, dudas o riesgos. El cerebro no es suficiente, el corazón tampoco. Manejar el timón exige fidelidades y compromisos, pero también memoria, porque los golpes de mar siempre serán continuos. Hay que saber dirigir mirando hacia adelante, pero también a los costados y hacia atrás. La palabra "respetar" proviene del latín *respicere*, que significa mirar atrás, esto es, tener consideración por lo que nos rodea, no actuar como si uno estuviese solo, porque además, los otros nos pueden ayudar a navegar.

Fernández Aguado advierte sobre la sana tensión que se produce entre el ser y el deber ser, entre lo que sucede y lo que nos agradaría, y también acerca de la fragilidad de los valores. Subraya que es imposible pensar en valores universalmente válidos; por ejemplo la humildad, tan propia de la civilización oriental, es tomada como una debilidad en Occidente. También, a lo largo de la vida de una empresa, pueden producirse cambios por evolución del contexto o por necesidades e intereses de la corporación. Algunos valores corporativos pueden ser rechazados porque suponen cargas. Otros deben ser explicados para ser entendidos.

Los valores se expresan con palabras estratégicamente elegidas que identifican las cualidades que importan y merecen respeto. Una buena expresión permite absorber la complejidad, porque ordena el caos y la incertidumbre derivada del ejercicio de vivir.

Para tener éxito, los sistemas sociales y empresariales deben ser gobernados por creencias que generen cohesión, eficiencia y rendimiento. Las creencias dan sentido a fines y preceptos, intermedian entre la conciencia y la acción.

La DpV apela al cambio cultural para encauzar a la empresa hacia su visión, provocar una adaptación al entorno y superar los conflictos internos[9].

Se pueden observar tres niveles culturales.

1. Lo que la empresa piensa de sí misma (al menos lo que cree la dirección).
2. La cultura subyacente (que puede ser distinta de la que se proclama o se cree tener).
3. Lo que se observa desde afuera.

---

9. La cultura fue proclamada por Thomas PETER y Robert WATERMAN Jr. como un factor clave de las empresas exitosas. Ver *En busca de la excelencia*, Ed. Atlántida, Buenos Aires, 1992.

La coherencia de las organizaciones mercantiles se mide por la identificación que tienen sus integrantes con los objetivos y valores corporativos. Si no existe consenso, es porque los valores no son convincentes o porque no fueron bien comunicados. A veces los desacuerdos no se manifiestan por miedo a perder el empleo. En estos casos se genera una incoherencia que produce "ruido" y tensiones que pueden afectar a la compañía.

En suma, los valores son el alma de la empresa. Las personas, el capital, la imagen, la estructura física y organizativa, los procesos, las tecnologías y los productos/servicios son el cuerpo. Cuerpo y alma deben tener coherencia; ambos son necesarios para obtener resultados positivos.

Comunicación de los valores

Los valores nucleares de las empresas deben ser identificados y comunicados claramente para permitir:

- que sus integrantes se sientan orgullosos de pertenecer a la firma;
- construir una serie de normas que faciliten la asignación de recursos y permitan resolver los problemas que se presentan en el acontecer diario;
- tomar decisiones.

El empresario tiene las opciones de:

- no comprometerse con la formulación y transmisión de valores conscientes;
- prescindir de una estrategia basada en valores;
- imponer sus creencias;
- generar credos compartidos a través del diálogo y el aprendizaje organizativo.

Puede ser que los principios trascendentes nacidos de los fundadores y directivos sean:

> El diálogo es el primer estímulo para la creación de una conducta emprendedora de los empleados.

- aceptados;
- consensuados;
- tolerados, o no, tras su imposición.

El disgusto se manifestará de manera abierta o subterránea. Los efectos del rechazo son mayores costos y bajo rendimiento.

Por eso, García, Dolan y Navarro sostienen que la estrategia y los valores deben ser compartidos para ser efectivos.

Un primer paso es la firmeza en sus convicciones de aquellos que lideran. Quienes conducen deben ser los primeros en mostrar fidelidad a los principios y creencias. Esa práctica permitirá que se constituyan en hábitos operativos de toda la firma. Según Fernández Aguado, todo valor no es algo para declamar o contemplar sino una realidad que mueve la voluntad y modifica actitudes y comportamientos.

Tipos de valores

Los valores pueden ser clasificados como sigue.

A) **Valores finales**: concepciones filosóficas, éticas, políticas, económicas y sociales vinculadas a la misión y la visión. Estas configuraciones dan sentido y cohesión al esfuerzo para conducir la empresa hacia un lugar determinado (lo que se quiere llegar a ser, la magnitud a alcanzar). Los valores integrados a la visión son los que determinan las elecciones estratégicas (posicionamiento), mientras que los credos relacionados con la misión corresponden al carácter económico y social de la empresa.

Los valores finales puede dividirse a su vez.

- **Valores éticos sociales (VES)**: lo que se espera del mundo (justicia social, bienestar económico, mantenimiento ambiental, bien común).
- **Valores personales trascendentes (VPT)**: lo que se quiere para uno (bienestar familiar, felicidad, salud, éxito, prestigio, amistad, sabiduría, respeto, amor, etc.).

B) **Valores instrumentales u operativos:** son la traducción de las creencias finales a la manera de hacer las cosas (tácticas), y conforman la cultura operativa (flexibilidad, velocidad, calidad, creatividad, confianza mutua, satisfacción del cliente, honestidad, trabajo en equipo, participación, etc.).
Los valores instrumentales también se subdividen.

- **Valores éticos morales (VEM)**: son estructuras mentales que están relacionadas con la condición humana, con el comportamiento con terceros (educación, honestidad, sinceridad, responsabilidad, lealtad, solidaridad, confianza mutua, respeto a los derechos humanos).
- **Valores de competencia (VC)**: lo que hay que tener para poder competir (cultura, recursos, imaginación, lógica, coraje, inteligencia, capacidad de ahorro, iniciativa, pensamiento positivo, constancia, flexibilidad, vitalidad, simpatía, capacidad trabajo en equipo, etc.).

Los **valores** deben ser:
- coherentes,
- fáciles de comunicar,
- convincentes,
- pocos, concretos y factibles de ser cumplidos,
- asumidos por los directivos,
- integrados al funcionamiento habitual de la empresa,
- potenciados por incentivos.

Los valores no son cuestión de GEs exclusivamente: los pequeños también deben cultivarlos para mejorar los resultados de sus actos.

Responsabilidad social de la empresa (RSE)

Hoy podríamos afirmar que así como las empresas cuidan los aspectos de calidad, marketing o situación financiera para sobrevivir, no es posible perdurar si se menoscaban sus responsabilidades éticas, sociales y ambientales: *"Reflexionar sobre el futuro es sobre todo pensar el presente; es preferible estar dispuestos a correr algunos riesgos. Y desde esta voluntad de pensar arriesgadamente me atrevo a afirmar que la idea de empresa ciudadana puede convertirse en los próximos años en un elemento vertebrador del debate sobre qué hacen las empresas, qué esperamos de ellas y qué legitima su actuación"*[10].

La difusión del pensamiento neoliberal ganó espacios entre las corporaciones. En consecuencia, la ciudadanía sufre una agresión continua a su hábitat y mantiene una relación desigual como consumidor.

Sólo algunas pocas sociedades mercantiles han asumido un compromiso de cara a quienes les dan sustento y razón de ser.

La sociedad parecía haber elegido el neoliberalismo. Pero su vigencia sólo duró hasta que su práctica provocó tales desatinos que obligó a las empresas a cuidar su responsabilidad por preservar el mundo que le conviene (con gente que pueda comprar)[11]: *"Asistimos, en América, al imperio de un estilo económico que, reduciendo todo a valores comer-*

---

10. LOZANO, Josep María: *La empresa ciudadana. Un reto de innovación.* ESADE, Barcelona, 2003.
11. Podría explayarme en razones morales, pero he querido utilizar sólo el sentido común para mostrar la conveniencia económica del respeto y la solidaridad por sobre el egoísmo.

ciales, nos expone a la neurosis de los mercados. Se respetan los derechos de las finanzas y no los del hombre. Creemos, con una certeza dogmática, casi religiosa, que el dios de la economía, ayudado por la castidad de la tecnología, va a lograr nuestra felicidad. La economía tiene confundidos los medios con el fin. El fin es la vida del hombre, las riquezas son medios para eso"[12].

Para Cantarelli, la RSE es la obligación de procurar metas que sean beneficiosas para la sociedad; que además de responder a leyes económicas, respeten las leyes fundamentales de la sociedad. La autora separa la *obligación social* –que plantea metas sociales compatibles con las metas económicas (responsabilidades económicas y legales)– de la *responsabilidad social* –que agrega el imperativo ético de hacer aquello que mejore la sociedad y no lo que la empeore– y de la *respuesta social* –la capacidad para adaptarse a los cambios en la sociedad–[13].

Desde el origen de la empresa se ha hablado de relaciones sociales subyacentes a las actividades económicas. Siguiendo a Lozano, a mediados del siglo pasado ya se hablaba de la conciencia de los directivos como una cuestión de responsabilidad individual. En los '60 se pasó a plantear la responsabilidad corporativa, cuyo origen fue la comprensión del poder y el efecto de las empresas sobre la sociedad. En los '70 se retrocedió: Friedman proclamó que la única responsabilidad de las empresas era aumentar sus beneficios. Luego se trató de integrar la dimensión ética (lo que hacen las organizaciones), la dimensión consecuencialista (impacto de las actuaciones empresariales y personales) y la dimensión política (orientación de las estrategias y decisiones corporativas). En los '90 apareció con fuerza la pregunta de qué hacen o dejan de hacer las em-

---

12. MORELLO, Gustavo: *Responsabilidad social empresaria: miradas argentinas.* EDUCC, Córdoba (Argentina), 2004.
13. CANTARELLI, Julia: *Responsabilidad social empresaria: miradas argentinas.* EDUCC, Córdoba (Argentina), 2004.

presas frente a la sociedad. Surgió el concepto de *stakehol-ders* y la consideración del equilibrio y respeto por todos, aunque en la realidad sólo se haya atendido a los que tenían poder.

Hablar de empresa sensible es cambiar la mira; tomar conciencia de que se depende más de afuera que de adentro y reconocer el entorno social, global, multicultural.

La RSE es ética pues define lo correcto y lo incorrecto; pero también debe ser pragmática. En el primer aspecto, el foco está en los fines y constituye una obligación de largo plazo; en el segundo, está en los medios y es una respuesta al medio, de corto plazo.

No todos los problemas son económicos, ni se resuelven en ese terreno. Las empresas que son ejemplo de eficiencia son las que han logrado reconocer la existencia de un ámbito de relaciones humanas que va más allá de lo mercantil.

> "Les pido a todos que tengan en mente cuatro palabras clave a lo largo de este año: desafío, armonía, sabiduría y pasión. Me gustaría que pensaran en estos cuatro principios mientras orientan sus trabajos, que serán evaluados como parte del proceso de Hoshin, además de la tradicional evaluación de desempeño."
> Shozo Hasebe, presidente de Toyota Mercosur. *Toyota Informa*, enero 2006.

La RSE se expresa en términos emocionales, éticos y económicos. Abarca tanto los aspectos de la compañía de cara al exterior (medio ambiente, integración social, cooperación, solidaridad) como a las personas que la integran (respeto, participación, futuro). La empresa socialmente responsable agrega a la función económica su compromiso ético con el ser humano, la sociedad y el ambiente.

La visión de empresa ciudadana de Josep María Lozano se expresa en el gráfico siguiente:

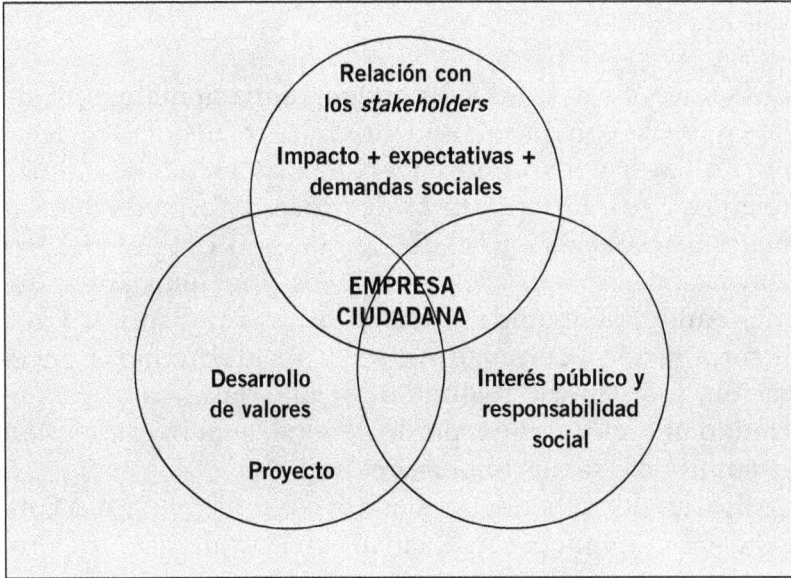

Relación con
los *stakeholders*

Impacto + expectativas +
demandas sociales

EMPRESA
CIUDADANA

Desarrollo
de valores

Interés público y
responsabilidad
social

Proyecto

Coincido con Lozano en que hablar de "empresa ciudadana" no es una ingenuidad, ni un moralismo insolvente, ni un deslumbramiento por una supuesta bondad empresarial; las actuaciones que afectan negativamente a muchas personas no desaparecerán por ensalmo. Tampoco hay que caer en la exageración de creer en la existencia de una intrínseca maldad empresarial. La empresa ciudadana es una opción para lograr al mismo tiempo resultados económicos y calidad de vida. Para eso hay que reconocer que las sociedades mercantiles no son sólo una formación económica sino también una institución social; o mejor, una institución social con fines económicos. Por eso, en la gestión se deben integrar los diferentes planos: económico, humano, social y ambiental. Y su actuación debe ser valorada en función de esos cuatro aspectos y no por el primero solamente.

Como este libro está enfocado de esa forma, no necesito ampliar aquí el concepto.

Valores y PyMEs

Los valores en las PyMEs dependen, fundamentalmente, de las creencias con que el fundador inició el negocio (el legado). A partir del aprendizaje, la incorporación de conocimientos y atributos por la vía de procesos formales o informales de capacitación, el diálogo interno y la práctica; las convicciones se van acercando y los principios afinando, mejorando, adaptando a los entornos cambiantes. Cada incorporación de un cuadro directivo, cada cambio de generación, todo aporte realizado por un consultor va produciendo una síntesis que, por lo general, genera cambios en la cultura y la actuación empresarial.

Los credos deben ser sometidos continuamente a la convalidación de quienes se vinculan con la firma: clientes, proveedores, expertos, colegas y, por supuesto, la sociedad toda. A veces se requiere dejar atrás las viejas creencias, modificar actitudes y conductas para mejorar los resultados, alcanzar nuevas y más elevadas metas y hacer frente a renovados desafíos. Esto implica originar un cambio cultural.

Toda organización económica tiene hábitos que se transforman permanentemente a la luz del proceso de adaptación al entorno cambiante, a los nuevos desafíos que se crean al avanzar y a las normativas y reglas del mercado.

En la vida hay que tener *valor* para conseguir cosas. Ser valientes para defender los *valores* genuinos y asumir riesgos. Mantener el *temple* para no traicionar los *valores*. Y en los negocios, hay que *crear valor a partir de los valores*. Se trata de creer en un conjunto determinado de valores y perseverar en su práctica.

Como señalan Blanchard y O'Connor[14], hay que ser éticos, identificar las expectativas de los clientes, darles un trato justo y suministrarles productos de alta calidad, tec-

---

14. Blanchard y O'Connor: *Op. cit.*

nología y buen precio. Mostrar respeto por todos los empleados y sus ideas, ser equitativos, estimular su iniciativa personal, liderar con valores, con convencimiento y a través del diálogo, ser sensibles. Lograr rentabilidad, dar a los accionistas información exhaustiva y exacta, y cumplir con los compromisos asumidos. Practicar los valores en la comunidad, hacer aportes y fomentar que los empleados también participen.

No es fácilmente soportable trabajar en una empresa basada en la falsedad. En los colectivos humanos el éxito no puede alcanzarse ignorando el respeto y el bien común. Algunas empresas tienen directivos corruptos y autoritarios. Sus logros son despreciables y efímeros.

> Ganar o perder sólo tiene sentido si se lo hace por lo que uno decide que tiene valor.

CAPÍTULO 8

CONFORMAR UNA EMPRESA COMPETITIVA

"En primer lugar, dijimos que el diseño es un proceso continuo, no se deja nunca de diseñar, nunca 'está listo': está en constante adaptación al medio y a las propias necesidades del sistema. En segundo lugar, mencionemos que hay una sutil diferencia entre ese 'diseño activo' y el 'rediseño', aunque para mi gusto están tan próximos que llegan a ser casi equivalentes, salvo en el énfasis percibido por el observador. Digamos que el diseño crea un sistema mientras que el rediseño lo mejora o lo cambia, aunque la diferencia verdaderamente importante es entre esos últimos dos términos: la mejora o el cambio. En tercer lugar, cuando el diseño o rediseño define porciones importantes de nuestro futuro, debe apuntar alto: es el que Ackoff llama 'diseño idealizado'. En cuarto lugar, como necesario complemento de lo anterior, deben considerarse muy atentamente las restricciones, so pena de caer en el voluntarismo ('todo se puede'). En quinto lugar, considerando el diseño permanente, el rediseño, el diseño idealizado y las restricciones en función de los puntos anteriores corresponderá, salvo en los casos más simples, efectuar la iteración. En sexto lugar, de resultas de ello, debemos tomar el proceso de diseño como un proceso de aprendizaje. Séptimo y último: a consecuencia de dicho significado como aprendizaje, casi nunca conviene y casi nunca es posible hacer diseños desde afuera. Puede haber, a lo sumo, un facilitador o entidad facilitadora, pero el motor del proceso, el dueño del diseño, tendrá que ser siempre el dueño del sistema. En el caso de una empresa, el que la dirige."

Enrique Herrscher, *Pensamiento sistémico*

Algunas consideraciones sobre la realidad PyME

Las empresas son sistemas abiertos. En consecuencia, varían constantemente. El estado de equilibrio es un sueño. Además de los desajustes intrínsecos de la organización, su permanente contacto con otras redes (en especial con proveedores, clientes y competidores) provoca conflicto. Como no se puede vivir en un caos permanente, hay que hacer el esfuerzo por lograr cierta armonía. La estabilidad deseada no es espontánea, sino el resultado de un proceso de creación.

El principal objetivo de la empresa es el lucro, y se logra merced a la preferencia de los compradores. En la jungla del mercado, los cambios se producen de manera áspera, veloz e impredecible. Todo es efímero, volátil. Y para sobrevivir –y crecer– las empresas deben adaptarse a las condiciones competitivas prevalecientes. Por eso deben cultivar la capacidad de amoldarse a los cambios en curso.

"Competir en costes ya no es suficiente, pero sigue siendo necesario. Competir en calidad ya no es suficiente, pero sigue siendo necesario. Adaptarse a las necesidades de cada cliente, dar servicio y satisfacción al cliente ya no es suficiente, pero sigue siendo necesario. El último elemento que se ha añadido a la lista de coste, calidad y servicio, es velocidad. Reducir el tiempo de diseño y desarrollo, reaccionar rápidamente a la información del mercado, servir just in time, etc."[1]

Antes era necesario competir con:
• costos,
• calidad,
• servicios, y
• atención al cliente.
Ahora también se requiere
• velocidad.

Armonía, adaptación y veloz respuesta son necesarias para sobrevivir. Y constituyen una base sólida para la creación de ventajas competitivas sostenibles.

Es imprescindible operar sobre las capacidades que hacen a la esencia del negocio (*core business, ventajas competitivas nucleares*) y crear algún diferencial que confiera supremacía (*ventajas competitivas críticas*). Dado que en el mercado las diferencias se acortan y erosionan, también hay que buscar la innovación (*ventajas competitivas de vanguardia*). Ade-

1. RICART, Enric y ÁLVAREZ, José Luis: *Cómo prepararse para las organizaciones del futuro.* Folio, Barcelona, 1996.

más, hay ventajas que suelen ser soslayadas, como los servicios de apoyo y logística (*ventajas competitivas complementarias*), sin embargo, están alrededor del núcleo contribuyendo al éxito.

Como advierte Charles Handy, las organizaciones deben ser al mismo tiempo centralizadas y descentralizadas; globales y locales; diferenciadas e integradas; ajustadas y sueltas; planificadas a largo plazo y flexibles; con trabajadores más autónomos y otros más integrados (en equipo). No hay reglas fijas y hasta dos pensamientos opuestos pueden ser válidos.

David Nadler no deja dudas cuando dice que la forma en que se organiza una sociedad mercantil es vital para su designio competitivo. Desde hace años se dedica a una disciplina llamada "arquitectura de la organización". Con este nombre se refiere a una visión más amplia de los sistemas sociales y laborales. Bajo el influjo de fuerzas que presionan a las organizaciones, se organiza a las personas en estructuras formales, se diseñan las prácticas laborales y también se considera la naturaleza de la organización informal. Además, abarca los procesos de selección, socialización y perfeccionamiento de los trabajadores. Lo cierto es que el método brinda la ventajas de aprovechar mejor los esfuerzos para aumentar la interacción con los clientes y entre los trabajadores[2].

En las PyMEs, el delineamiento preciso de la estructura organizativa no se suele tomar en serio. Los puestos se vinculan a las funciones simples: ventas, compras, contabilidad, mantenimiento, etc., y, por lo general, muchas de

---

2. NADLER, David: *Arquitectura organizativa*. Ediciones Granica, Barcelona, 1994. Con respecto a las fuerzas que presionan, el autor incluye la rapidez con que ocurren los cambios tecnológicos, la mayor competencia, el exceso de oferta, la mundialización, la mayor exigencia de los consumidores, las fuertes injerencias de los gobiernos, los cambios en los modelos de propiedad y la dinámica de cambios sociales que crean un potencial de mano de obra diferente del pasado.

estas funciones son realizadas por una misma persona; así se forjan ineficiencias, falta de control, vacilaciones y pérdida de sinergia.

La necesidad de adecuar al contexto la forma organizativa no es exclusiva de las GEs, sino también válida en las más chicas y, probablemente, más ineludible aún. Y si bien esto fue cultivado primero por las GEs, la aplicación al terreno de las PyMEs –especialmente aquellas que pueden crecer– es en verdad importante. Y destaco especialmente esto, porque este libro se propone –con humildad pero con energía– apuntar aquellas cosas que se deberían tener en cuenta para hacer más efectiva la gestión PyME.

La mayoría de las sociedades que conocemos están estructuradas en orden a las funciones clásicas. Este modelo, vigente hace sesenta años, ha dejado de ser virtuoso dados los cambios introducidos en la forma de producir y comercializar.

Gran parte sigue la lógica del organigrama en rastrillo, derivado de las estructuras militares y eclesiásticas, y se basan en esquemas burocráticos rígidos donde la estructura domina sobre la estrategia, en lugar de que esta produzca la reorganización necesaria para facilitar el alcance de su meta[3].

La modernidad hace que casi no encontremos modelos de burocracia rígida, sino combinados con grupos de dirección cohesionados por intenciones precisas que les dan algo de agilidad, o con equipos de proyecto donde se reducen los niveles jerárquicos. Y la verticalidad no es tan rigurosa.

Las nuevas armazones son matriciales, es decir, están subdivididas en áreas funcionales de apoyo y líneas de productos o proyectos. Las primeras son agencias internas puestas al servicio de las segundas para facilitar su actividad. Su lógica evolución es la organización por proyectos, en la que

---

3. Tema con que nos reencontraremos un poco más adelante.

desaparece el orden jerárquico tradicional y se forman equipos para responder a misiones específicas.

También están las formaciones en red, donde un núcleo reducido de profesionales calificados es el eje a partir del cual se establecen una serie de vinculaciones funcionales o de apoyo para alcanzar los objetivos que se esperan.

Como afirma Miguel Ángel Moragues, un estudioso de los sistemas gerenciales, la descentralización, la departamentalización por propósito y los sistemas matriciales tuvieron escaso eco fuera del aula. De esa forma, gran parte de las conformaciones vigentes son costosas y constituyen un obstáculo para la eficiencia.

Para estar acordes con los cambios, las compañías deben organizarse a partir de estructuras que ordenen las interacciones entre sus trabajadores, diferenciando los rangos jerárquicos pero, a la vez, procurando agrupaciones móviles y variables, en términos de distribución de tareas y objetivos. Al mismo tiempo, las jefaturas y liderazgos dependerán de los temas a resolver. Esto es lo que Moragues define como "zigurat"[4], donde coexisten estructuras matriciales y agrupaciones ortodoxas. Cuando hay necesidad de coordinación formal, operan los rangos, pero hay espacio para las combinaciones espontáneas a fin de resolver lo aleatorio[5]. El comienzo de organizaciones de este tipo radica en la forma como se plantean las relaciones humanas entre jefes y subordinados, y entre pares. Esto tiene importancia para las PyMEs, e incluso para las firmas unipersonales.

Moragues asegura que en contextos turbulentos, es preciso adecuar la estructura para hacerles frente. Las viejas composiciones organizativas no sirven para soportar los

---

4. El zigurat es una construcción mesopotámica con forma de pirámide escalonada.
5. MORAGUES, Miguel Ángel: "Algunas reflexiones que sirven para caracterizar muy brevemente a las nuevas estructuras orgánicas". Documento. Mimeo. Buenos Aires, 2002.

flujos de información destinados a los tan útiles *tableros de comando.*

Las estructuras orgánicas nacieron para facilitar la delegación de tareas y decisiones, asignar autoridad y recursos, comunicar políticas y directivas, y coordinar planes y actividades. En este modelo, lo fundamental son los perfiles de las personas y su contraste con los puestos de trabajo. Las brechas deben ser superadas con formación continua, pues la cosmética no alcanza. El "zigurat" supone, con su eslabonamiento, una horizontalidad que permite acordar las decisiones antes de ser implementadas. Las estaciones de trabajo móviles y no tradicionales obligan a la polivalencia, sirven para atender objetivos y planes cambiantes, y pivotan tanto sobre las jerarquías formales como sobre los liderazgos transitorios.

Estas organizaciones deben estar *en* y *para* la *gente.* El personal tiene que estar motivado, participar integralmente de las tareas que emprende, tener una formación genérica, la misión instalada y una comunidad de intereses. Las nuevas estructuras orgánicas obligan a un nuevo mapa de requerimientos aptitudinales y actitudinales.

Moragues se pregunta por qué estas formas no cuadran en nuestra realidad y responde: *"En primer lugar, porque se las conoce poco, sobre todo en términos de armado práctico, concreto. Además, porque cuando se las conoce, se advierte con claridad meridiana que debe abandonarse el cómodo nicho de la especialización unilateral, del pensamiento analítico exclusivo, y estudiar otras disciplinas, y adquirir nuevas actitudes, para lo cual hay que revisar las anteriores... para lo que no siempre hay vocación... Hace años que escuchamos hablar de Teoría X y de Teoría Y; también de Teoría Z, de originalísimos modelos de evaluación de desempeño... en un país donde se trata precisamente sin ninguna consideración a los Recursos Humanos. Se habla de 'lo nuevo' y al minuto estamos obrando según los antiguos paradigmas, con tanto tesón, que haríamos sonrojar a los primeros clásicos. El nue-*

vo Management, las nuevas estructuras... suponen un cambio pro-fundo de cada integrante. Y requiere un sereno examen de la propia conducta..."[6.]

En rigor, la práctica muestra que las empresas regionales reciben poca información y conocimientos del exterior. La comunicación interna es deficiente. Y prácticamente no se destinan fondos a la formación de directivos ni, menos, de su personal[7].

El estudio de las mejores prácticas no existe en las PyMEs. Lo más parecido es el seguimiento "en manada" de emprendimientos exitosos, lo que es un atentado a la creatividad. Si bien considero que el *benchmarking* es limitado, acepto la fertilización cruzada siempre que haya una asimilación inteligente de la experiencia externa y no termine en un injerto[8].

En las PyMEs es rara la contratación de expertos que permitan incorporar conocimiento. Y muchas veces se pierden empleados idóneos que se retiran por no ser escuchados, no tener participación o no poder aplicar sus conocimientos; y otros son despedidos porque tienen sueldos que la empresa intenta evitar o porque inquietan a superiores menos formados. Todavía somos poco conscientes de que en la modernidad se compite con saber productivo.

---

6. MORAGUES: *Doc. cit.*
7. Muchos empresarios me han confesado que reconocen sus falencias, pero no se animan a formarse porque los programas no se adaptan a sus necesidades o tienen miedo al ridículo de compartir aulas con profesionales actualizados. Sabiendo esto, la **ESADE** Business School trajo a la Argentina un programa que se adapta estrictamente a esta situación y me ha honrado con la dirección.
8. Los Grupos Crea para los productores rurales y los Grupos TEC para industria y servicios están realizando experiencias alentadoras en el cruce de experiencias (*cross selling*). La valentía de juntarse y desnudar su operatoria, aprender de las experiencias ajenas, aceptar ser criticado y luego controlado en la aplicación de los consejos, es una cosa demasiado valiosa como para pasarla por alto.

Alineamiento de la estructura organizativa

Existe una vieja disputa acerca de si la estrategia debe predominar sobre la estructura, o viceversa. No caben dudas de que son aspectos correlacionados. Elaborar una estrategia sin tener en cuenta la organización de la empresa es tan ilógico como conformar la estructura sin tomar en cuenta objetivos estratégicos.

> La estrategia se elabora a partir de una empresa real, con sus recursos y estructura organizativa.
> Pero al plantearnos nuevos retos, debemos recomponer la organización de forma de darle carácter funcional.

También hay que pensar que en algún momento una puede primar sobre la otra. Naturalmente, en el tránsito de la idea al proyecto y del proyecto a la construcción de una empresa, existe una estrategia, explícita o tal vez implícita en la mente del emprendedor. Al forjar la arquitectura organizacional, la forma seguirá a la estrategia. Pero cuando se elabora seriamente una estrategia en una empresa en funcionamiento, es obvio que estará relacionada con la forma, tamaño y capacidad real de la firma. En caso contrario, se estará construyendo una quimera que terminará en frustración y no en una estrategia que guíe los pasos de la empresa. Pero, habitualmente, la estrategia propondrá objetivos que superan lo que se está haciendo hasta ese momento (mover la frontera de lo posible). Por eso será necesario un cambio en la forma organizacional que la haga funcional al desafío que se encara.

Cuando buscamos nuevos horizontes, debemos hallar el vehículo más apto para llegar a destino. La estructura es el medio de transporte que se debe reacondicionar de acuerdo con el camino a tomar y el lugar al que nos dirigimos.

La empresa no es un agente aislado. Y pensar sólo en el lucro limita. Se trata de satisfacer intereses diversos (clientes, propietarios, empleados, proveedores), y el mayor desafío es compatibilizarlos y satisfacerlos simultáneamente.

La cultura de quienes calibrarán la oferta (clientes)[9] y de sus miembros, los recursos cualitativos y cuantitativos que se poseen y la tecnología que se usa, entre otras cosas, son insumos básicos para modelar arquitectónicamente a la firma.

Para Ventocilla, las PyMEs prosperan cuando operan en ambientes propicios y despliegan prácticas dirigidas al aprovechamiento de las oportunidades que ofrecen los mercados. Los ambientes propicios para crear valor son aquellos donde existe "capital contextual"[10] para aplicarlos a la creación de riqueza y bienestar. Intentaré resumir su modelo con el siguiente gráfico.

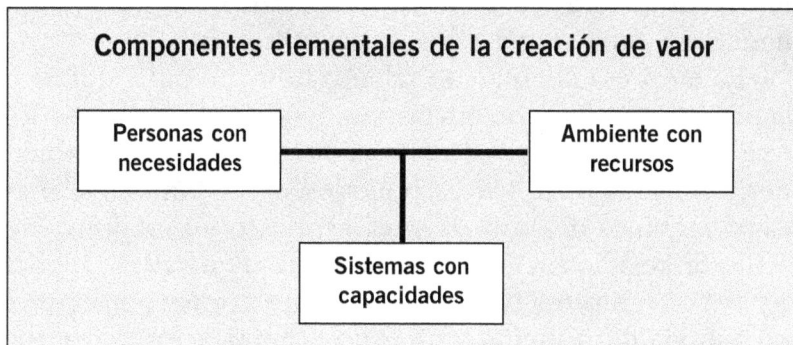

Componentes elementales de la creación de valor

| Personas con necesidades | | Ambiente con recursos |

Sistemas con capacidades

9. Recomiendo tener muy en cuenta la idiosincrasia del comprador para superar satisfactoriamente *el momento de la verdad* (instante en que se enfrentan la oferta y la demanda). Además, se debe pensar no sólo en el presente o el futuro cercano, sino además considerar cómo se los atenderá en el porvenir mediato. Es decir, qué modelo de organización será útil mañana.

10. "Denominamos Capital Contextual al que se encuentra en el ambiente y que no es de propiedad directa del empresario. El Capital Contextual sólo puede ser tomado en préstamo por concesión de los otros integrantes del contexto. Ello da lugar al concepto de 'Pasivos Ambientales' o la deuda que contraemos con las generaciones futuras cada vez que usamos recursos como los bosques, el aire, el agua, la capa de ozono o los bienes culturales. De ahí deriva la Responsabilidad Social de toda empresa de restituir los equilibrios que altera y mejorar el contexto en el que actúa."

Eleodoro Ventocilla Cuadros es un intelectual venezolano por quien guardo mucho respeto. Eleodoro asigna la creación de valor a distintas formas de capital. Sostiene que suele estar disponible entre las personas, en sus contextos de actuación o en los sistemas que esas personas crean para operar en los contextos. Diferencia dos tipos de capital: el *financiero* (tal como lo conocemos) y el *intelectual*. Mi objeción es que no existe tal capital intelectual, pues eso significaría cosificar algo que es esencia y darle carácter de propiedad privada. El saber y lo que se encuentra dentro de los individuos, en sus contextos de actuación o en los sistemas que estos crean para operar, se puede trasladar o morir con ellos. Superando esto intentaré presentar su razonamiento, que comparto y es muy útil.

La empresa cuenta con talento humano para aplicar a la producción (competencias, conocimientos y habilidades que se aplican a la creación de valor económico). También tiene una serie de prácticas, métodos, procedimientos, marcas y símbolos distintivos. Además, posee un conjunto de redes de relaciones con proveedores y clientes[11].

Pero la empresa opera en un contexto que comprende: un sistema de respeto, confianza, comunicación, valores y creencias que hacen al patrimonio cultural y a las relaciones humanas (incluyendo las comerciales); marcos institucionales que aseguran la gobernabilidad del contexto y garantizan el goce de los derechos (materiales e intelectuales), y recursos disponibles en el ambiente que pueden aplicarse a la producción (respetando la preservación del equilibrio)[12].

---

11. El capital humano, el estructural y el relacional, que en conjunto conforman lo que denomina capital intelectual.
12. El capital social, el político y el ambiental, que componen lo que llama capital contextual.

Cuando las ideas y voluntades son aplicadas a utilizar el contexto y el capital financiero de manera innovadora, inteligente y beneficiosa, se construyen ventajas competitivas (que diferencian de otros competidores en el mercado).

La creación de valor es la generación de excedentes (creación de riqueza) que permite expandir el capital financiero, expresado en activos tangibles y medios de pago. En otras palabras, se sabe que una empresa crea valor cuando su desempeño impacta positivamente y fortalece la acumulación de capital antes mencionada. Ventocilla habla de que el capital intelectual (a mi entender, la capacidad de los seres humanos que componen la empresa) debe servir para expandir el capital financiero.

También determina dominar cinco prácticas para crear valor, y propone que se conviertan en gerencias.

- La *gerencia del capital humano*, para traducir el potencial humano en competencias concretas, e incorporarlas a la dinámica productiva.
- La *gerencia estratégica del desempeño organizacional*, que asegure el aprendizaje organizacional para mejorar sistemáticamente las capacidades productivas.
- La *gerencia de las relaciones con el cliente*, para insertar competitivamente a la empresa en sus mercados de factores y productos.
- La *gerencia del valor financiero*, para conservar y fortalecer la capacidad de pagar el precio de su futuro.
- La *gerencia del conocimiento*, para fortalecer el capital intelectual y conectarlo con la formación de capital financiero.

Modelar una organización adecuada a los tiempos actuales

De lo anterior surge que hay una serie de fuerzas que las empresas modernas deben atender: los miembros que las integran,

221

sus capacidades y defectos; el acervo de conocimientos, habilidades y saber productivo; la acumulación de capital físico; las nuevas tecnologías, especialmente las informáticas; la cultura organizacional; las modernas formas de organizar el trabajo; las relaciones; el contexto en que operan; las exigencias de los consumidores; el producto o servicio que ofrecen.

> "Un entorno cada día más competitivo económicamente, complejo socialmente, abierto políticamente y centrífugo culturalmente, se refleja en una visión organizativa de corresponsabilidad, en un sentimiento personal de respeto por la diversidad y en un impulso de individualismo creador acoplado a la necesaria legítima percepción de los intereses colectivos (...) la excelencia no es una meta sino un camino."
> **Ruperti y Nadal**

Esas fuerzas deben ser domadas para lograr un diseño adecuado de la arquitectura organizacional que permita a la firma alcanzar su máximo potencial.

La estructura debe favorecer la aplicación de la estrategia –por ello en la forma debe predominar el objetivo– y facilitar el flujo de trabajo, permitir el control y generar resultados mensurables en plazos razonables, todo en función de lograr:

- que el área de producción funcione de manera eficaz y eficiente;
- que las personas que trabajen en la empresa sean exactamente las necesarias, y que estén motivadas y felices;
- que no haya costos injustificados ni desperdicios de ningún tipo;
- que los gastos financieros sean los necesarios; ni excesivos, como para generar un costo no productivo, ni exiguos, como para limitar las posibilidades de la firma;
- que el departamento comercial sea una fuente de información para producir los bienes acordes a las necesidades de los clientes y que "pongan en la cabeza" de estos la ventaja de adquirirlos;

- que los precios sean adecuados para generar más ventas y producir mayores ganancias; en otras palabras, que los costos reales sean menores que el valor que le asignan (y están dispuestos a abonar) los compradores;
- que se realicen las investigaciones necesarias para desarrollar productos y servicios innovadores que se anticipen a las exigencias de los clientes.

Y, además, recordar el viejo planteo nipón de las cinco "S":

- *seiri*, separar lo que sirve de lo que no sirve;
- *seiton*, poner cada cosa en el lugar que le corresponde, organizar;
- *seiso*, inspeccionar y limpiar el terreno sacando lo que estorbe o no contribuya al desenvolvimiento de la organización; eliminar la hojarasca;
- *seiketsu*, estandarizar, llevar las cosas hacia un sistema normalizado que facilite el desempeño; y
- *shitsuke*, disciplinar, crear la costumbre de hacer las cosas de manera correcta.

Para ser:

- equilibradas y armoniosas. Sin conflictos. Todas las funciones son valiosas para crear valor, ninguna parte debe ser un eslabón débil;
- dinámicas, ágiles y veloces para adaptarse rápidamente a los cambios;
- flexibles, atentas a las transformaciones y maleables, para adaptarse;
- creativas e innovadoras para mejorar la oferta y satisfacer a la demanda;
- dotadas de soporte logístico;
- con buena comunicación;
- capaces de manejar información fidedigna, actualizada, que llegue a las diversas partes de la estructura, sin paredes que limiten su circulación;

- capacitadas para convertir la información en conocimientos aplicables;
- porosas y permeables al saber externo aprovechable;
- abiertas al aprendizaje permanente;
- centradas en el ser humano (el objetivo de la organización son las personas);
- horizontales y participativas, con menos niveles jerárquicos;
- hábiles para aprovechar el saber de todos;
- preparadas para aprovechar ventajas de localización;
- diligentes para beneficiarse de la segmentación de los mercados;
- diestras para mantener una relación estrecha con los clientes;
- inteligentes para transferir (tercerizar) las funciones que no conviene realizar;
- prácticas para generar vínculos asociativos y participar en redes;
- competentes para brindar productos/servicios confiables y de calidad;
- sensatas para recurrir a expertos, que resultan fundamentales para ampliar la visión, agregar talento y evitar muchas trampas del mercado[13].

Para lograr velocidad, muchas organizaciones se descentralizan. Para aumentar su potencia hay firmas que se asocian con otras o se organizan en redes.

Las opciones son muchas, pero se requiere gran habilidad para seleccionar la estructura que mejor cuadre con la cultura de la empresa. No debemos olvidar que el éxito deriva de la construcción de una manera propia (única) y compatible con la idiosincrasia de los miembros de la organización.

---

13. La práctica española de integrar consejeros independientes al Consejo de Administración es muy saludable.

Organizaciones más planas

A partir de la revolución industrial, las empresas comenzaron a organizarse en funciones especializadas y niveles de responsabilidad. Quienes no producían valor, directamente asumieron autoridad como supervisores, capataces, coordinadores y gerentes, quitando a los trabajadores la facultad para decidir la forma de hacer su labor. Para simplificar, se introdujo un modo de producción repetitivo, que convirtió a los asalariados en autómatas sin capacitación (taylorismo).

Esa vieja división del trabajo creó un sistema fragmentado horizontalmente con muchos niveles verticales (jerárquicos), lo que devino en estructuras rígidas y superposición de controles. Ese modelo, aunque fue útil en algunas industrias, derrocha esfuerzos. La falta de comunicación, la generación de roces, los enfrentamientos por avanzar en la carrera profesional, la duplicación de acciones y la falta de coordinación merman la productividad.

El organigrama en araña o rastrillo, derivado de las organizaciones militares o eclesiásticas, se hizo clásico en las industrias de producción masiva basadas en economías de escala. De ahí se trasladó mecánicamente a las pequeñas compañías y empresas de servicios.

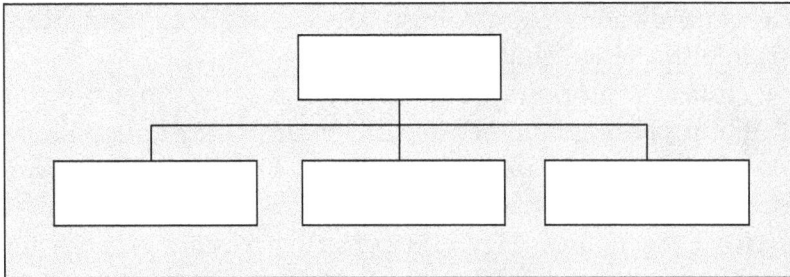

Otra forma de ver la estructura es la siguiente (Salvador García):

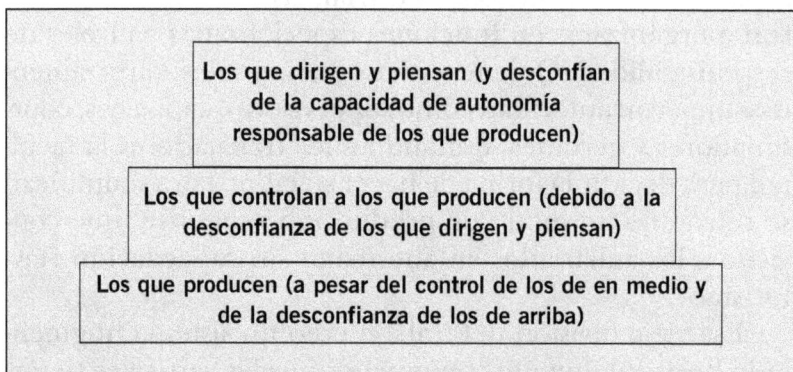

Los que dirigen y piensan (y desconfían de la capacidad de autonomía responsable de los que producen)

Los que controlan a los que producen (debido a la desconfianza de los que dirigen y piensan)

Los que producen (a pesar del control de los de en medio y de la desconfianza de los de arriba)

Las organizaciones burocráticas y de control jerárquico no alcanzan a responder al desafío de la velocidad de los cambios de la era moderna. Para mantener a la empresa en pie surgieron nuevos diseños que rechazan la rigidez e introducen formas planas, horizontales y flexibles.

Para que la información fluya libremente, deben suprimirse las fronteras entre los departamentos, lo que permite mayor lateralidad y un entramado flexible. Pero este orden sólo puede funcionar en un sistema de confianza. El modelo incluye redes internas y formas federativas de organización, equipos de alta eficacia, participación, decisiones descentralizadas, compromiso, autocontrol y elevado adiestramiento de los cuadros.

Tomakso propone ajustar la forma a la función: organizar la empresa horizontalmente para lograr un movimiento rápido y fácil (similar al diseño de inmuebles). La forma debe cuidar el espacio interaccional para facilitar los lazos más necesarios y frecuentes. Hay que construir paredes sólo en los lugares en que se necesitan y crear ventanas para vincular el interior con el exterior. La mejor organización es la que permite un espacio dinámico: *"En la jerarquía de la organización, las sendas más difíciles suelen ser las que recorren la cadena de mando hacia arriba o abajo. Esas vías están demasiado congestionadas con preocupaciones relacionadas con la autoridad, la responsabilidad, la dependencia, la evaluación, el liderazgo y el estatus, como para que puedan ser canales de comunicación eficaces"*[14]. La información fluye mejor transversalmente, porque el esfuerzo es menor, por lo que, para lograr agilidad, hay que moverse en la dimensión horizontal. La estructura debe minimizar los niveles o la altura de la estructura a favor de su espacio estirado horizontalmente. Cuantos más compartimentos existan (y cuanto más estancos), más dificultosas serán las interacciones y más lenta la circulación de la información.

Sabemos que la comunicación es vital: *"No puede existir Organización sin Comunicación porque en ese caso no hay posibilidad de que el grupo influya en el comportamiento del individuo. Más aún, de un individuo que no está conectado a la red de comunicaciones bien puede decirse que no pertenece a la Organización"*[15]. La interdependencia obliga al enlace, para mancomunar conocimientos e información. Para Norberto Odebrecht, la comunicación entre personas libres es un camino de doble vía. La interactuación permite que los miembros de la organización se influyan entre sí y que del arbitraje surja lo mejor para todos.

Hay que establecer relaciones estrechas cuando convenga, y descentralizar cuando se trabaja mejor con autonomía.

García y Dolan señalan que la existencia de estructuras burocráticas con muchos niveles es el derivado de la falta de confianza entre las personas.

Se debe tener cuidado con la ubicación de las capacidades críticas para el éxito.

---

14. TOMASKO, Robert: *Repensar la empresa*. Paidós Empresa, Barcelona, 1996.
15. FRISCHKNECHT, Federico: *La gerencia y la empresa*. Biblioteca de la Empresa, Hyspamérica, Madrid, 1985.

Se deben conformar estructuras más planas y prestar igual importancia a las comunicaciones verticales que a las horizontales. Tomakso propone construir cúpulas, y no pirámides, para que las personas se vinculen no sólo verticalmente (meridianos) sino también horizontalmente (paralelos). Esas estructuras cubren distancias y espacios superiores a los triángulos. Sus nervaduras forman una fuerte red semicircular que distribuye el peso sobre la base e impide que se hunda la cima. El edificio (empresa) se hace de esa forma más sólido.

Para lograr el máximo de eficiencia global hay que reemplazar las divisiones por unidades organizadas en torno a las necesidades del cliente, y los departamentos, por centros de servicio internos o externos.

De todas formas, el conjunto depende de los materiales con que se construye el edificio (Tomakso). La empresa, al estar basada en personas, relaciones y actos interdependientes, con estructuras asentadas en la cooperación y trabajadores que no sólo usan sus músculos sino también sus mentes, evita la fragmentación. El trabajo en *teams* transfuncionales, comunicados entre sí, permite desbaratar los compartimentos estancos. Cuando un área desarrolla un componente y lo hace sin tomar en cuenta el equipamiento necesario, se producen costosos desajustes. Si el diseño se hace integrado a la participación de quienes elaboran componentes o deben ensamblarlos, cuando cooperan los que conocen las necesidades de los usuarios y los que venden –en suma, cuando se realiza un rulo interactivo entre diseño, producción y ventas– se pueden lograr importantes ahorros.

Si bien a escala pequeña la integración de las partes es más simple, vale la pena controlar la presencia de sectores no comunicados que originan sobre-costos. La tarea consiste en aunar roles y funciones, y dar profundidad a los puestos de trabajo.

La naturaleza del control varía desde sistemas jerárquicos, burocráticos y formales hasta sistemas participativos (democráticos) basados en personal motivado y dispuesto al aporte, pero sin caer en democratismos y excesos de análisis que originan el mismo problema que el modelo burocrático: la lentitud.

Mintzberg dice que las organizaciones se estructuran para captar y dirigir sistemas de flujos y definir interrelaciones entre partes. Como las palabras son lineales, cuesta transmitir dicha complejidad, por lo que se recurre a diagramas básicos que tratan de representarla.

El organigrama es un mapa tradicional de las posiciones del orden jerárquico formal. Pero también hay otros mapas que deben ser considerados.

- Las relaciones personales que se establecen en la práctica (informaciones, órdenes, instrucciones verticales, sistemas de control, relaciones horizontales).
- Los *sociogramas*, que expresan las comunicaciones y relaciones informales.
- Las *constelaciones de trabajo* o manchones de encuentros entre personas para realizar tareas, sin jerarquías ni diferencias entre línea y staff.
- El *flujo de proceso ad hoc* que muestra las subidas (solicitud de instrucciones) y bajadas (providencias) que se establecen todos los días en los sistemas operativos.

Para ver el panorama real hay que superponer los planos.

El agrupamiento de unidades se realiza sobre la base de las siguientes cuestiones.

- **Conocimientos o destrezas.** Se juntan los que tienen destrezas análogas.
- **Proceso de trabajo.** Las unidades se dividen por actividad. En una industria pueden estar separadas por áreas funcionales.
- **Tiempo.** De acuerdo con el momento en que intervienen en el proceso productivo.
- **Productos.** Establecidos sobre la base de divisiones por líneas de productos o negocios.
- **Clientes.** Se separan las unidades para atender mejor a cada segmento.
- **Zona geográfica.** Por localización o mercado.

Las nuevas formas organizativas

La exigencia competitiva y la velocidad con que se producen cambios en la demanda[16] orientaron hacia estructuras aplanadas y horizontales, descentralizadas, divididas en equipos de trabajo y unidades pequeñas, coordinadas, con personal comprometido, fuertemente integrado por la cultura, visión, misión, valores y códigos de conducta, y con sistemas de información que transmiten reglas y procedimientos.

Las formas federativas

Una respuesta organizativa es la *forma federativa* (FF), que favorece la plasticidad que requieren los actuales cambios del escenario mejor que las burocracias monolíticas. Al descentralizarse, las unidades se convierten en semiautónomas;

---

16. Entre los nuevos desafíos que provocan cambios en las organizaciones se puede considerar la presencia de demandas de creciente complejidad, oferta de productos de alto contenido tecnológico, diversificación de negocios relacionados, o necesidad de internacionalización de las actividades.

la coherencia entre ellas sólo se logra cuando subyace una visión compartida y confianza en el personal. Las unidades frontales se organizan por mercados y/o clientes, y las de atrás por productos y tecnologías. Al operar sobre la base de la subsidiariedad, todo lo que puede ser realizado eficientemente se cede, y lo que queda se centraliza. De esa forma se crea un modelo interdependiente, en el que se evita la superposición, la competencia, el recelo mutuo y el predominio de una unidad sobre otra. El punto de poder está puesto en el lugar más bajo de la estructura, lo más cerca posible del cliente; eso evita la concentración de autoridad.

Un modelo especial dentro de esta corriente es la *organización lateral*, que funciona de manera informal (espontánea) o formal, en busca de reducir trabas de comunicación (y coordinación) para lograr calidad, rapidez y mejor atención al cliente.

Organización invertida

Las organizaciones son piramidales por naturaleza. Pero una simple modificación produce resultados asombrosos.

Cuando las pirámides están en posición natural, las personas trabajan para sus superiores; aceptan órdenes, caprichos y hasta humillaciones. Esas estructuras, como sostiene Ken Blanchard, no resultan efectivas, pues los únicos habilitados para tomar decisiones y resolver problemas son quienes están arriba.

Si la pirámide se invierte, las personas pasan a ser responsables de sus actos. Si se pone encima a quienes están en relación con los clientes (ventas o producción), o si se sube la apuesta y se coloca arriba a los propios clientes, los resultados mejoran. Las partes de más abajo de la firma tienen la función de ayudar a cumplir de manera óptima sus funciones a quienes están vinculados directamente a los momentos de la verdad.

En el orden natural, los de arriba mandan y los de abajo obedecen. Pero sin restar méritos los directivos de empresas, a quienes va dirigido este libro, pienso que en la acción se juntan los garbanzos. Es el personal el que produce los bienes y servicios. Son ellos quienes tratan con los clientes y llevan adelante los proyectos. Su funcionamiento eficiente depende de las condiciones en que operan. La cúspide de la empresa debe estar dedicada a dar los lineamientos estratégicos, dirigir las acciones, crear condiciones ambientales favorables, proveer los recursos para que los trabajadores puedan ejecutar sus tareas eficazmente, y controlar.

El poder está subvertido, pues se basa en el principio de subsidiariedad. Los organismos centrales tienen que añadir valor y aportar recursos para que quienes cumplen funciones operativas alcancen el máximo de rendimiento.

CLIENTES

OPERARIOS Y EMPLEADOS

MANDOS MEDIOS

CONDUCCIÓN

El nivel superior no debe tener miedo de que los empleados tomen decisiones y asuman poder. Deben aprender a dirigir equipos, conducir por valores, convertirse en educadores, ser elásticos y comprensivos, estar dispuestos a invertir en formación de las personas y tener paciencia, pues el aprendizaje requiere tiempo.

Por ello no tengo dudas en defender este tipo de conformaciones, donde la dirección es un espacio dedicado a servir a los que trabajan en el llano. Si usted prueba esta conformación, se dará cuenta de los resultados que brinda[17].

Explosión estelar *(Starburst)*

Este tipo de estructura está constituida por unidades descentralizadas alrededor de un núcleo de competitividad diferencial. Las empresas van apareciendo a medida que se genera un conocimiento o una competencia que puede desarrollarse mejor con autonomía.

Redes

También debo hacer una mención especial a la organización en red, modelo que deriva de la existencia de estructuras de firmas coaligadas, donde cada cual se dedica a las funciones que pueden alcanzar excelencia, y todo lo demás se subcontrata o se cede a un miembro de la coalición.

Los diferentes nodos realizan algunas funciones que alguien (el núcleo central) debe integrar, generan valor para todos (sinergia) y un entretejido de intereses recíprocos, mutuos y comunes. También son útiles para firmas de diferentes propietarios que se alían para operar, con lo que mejoran su condición competitiva.

También se las denomina *organizaciones telaraña*, pues unen nudos sueltos de contacto que permiten interacciones directas, frecuentes y con un mínimo de autoridad jerárquica. Formalizan un sistema de red con muchos puntos de contacto con el consumidor (es el caso de las empresas de servicios) que interaccionan entre sí y mantienen un mínimo de autoridad jerárquica.

---

17. La primera vez que disfruté esta filosofía fue en la representación de Odelbrecht en Argentina.

Son variantes de esta modalidad, y muy interesantes por cierto porque incluyen a pequeñas firmas, el modelo de *especialización flexible italiano*, las *cadenas productivas* que eslabonan asociadamente diferentes etapas de un proceso productivo para llegar de la forma más competitiva al comprador, y los *clusters*, conformados por unidades operativas independientes que realizan tareas emparentadas sin tener otra conexión que la misma localización. En estos casos es forzoso que alguien asuma el rol integrador, tarea que usualmente es tomada por quienes ocupan una posición dominante en la cadena. A diferencia de los modelos en que el poderoso impone sus condiciones y se desentiende de la suerte de sus subordinados, su éxito depende de las relaciones. Por eso el respeto es un principio fundamental, casi un dogma, que trae implícita la convicción de que no hay posibilidad de lograr la optimización aislada del interés particular.

En síntesis: todos los modelos descritos constituyen una realidad audaz construida a partir de procesos de "prueba y error". Cuando logran mostrar su efectividad, pasan a ser "clásicos" que se transmiten y aplican. Pero siempre aparecen cambios y necesidades que obligan a recurrir nuevamente a la creatividad, dan origen a nuevas estructuras que alimentan la teoría para volver a la práctica, y así sucesivamente, como sucede en tantos otros campos del saber.

El enfoque humanista en la empresa

La primera gran transformación que hay que realizar en la empresa es poner a las personas en el centro de la escena.

Son seres humanos los que crean las sociedades mercantiles, también los que las operan y los que generan valor. Los productos y servicios que se ofrecen sirven a otras personas u organizaciones también conformadas por gente. El lucro que se espera es un beneficio que no tiene razón sino a través de su provecho para alguien.

Las personas son un componente poco explorado en el mundo empresario, por eso se les extrae mucho menos de su potencial. Hay limitada conciencia de que la rentabilidad, la penetración del mercado, el posicionamiento, la satisfacción y fidelidad de los clientes, y tantos enunciados teóricos y prácticos, son el resultado de las acciones de individuos que integran la empresa.

Las personas rendirán más en tanto y en cuanto tengan un horizonte de desarrollo pleno de su humanidad. Sólo llegan a estar motivadas y, en consecuencia, aportan un rendimiento elevado, si eligen libremente el trabajo, si este tiene sentido para ellas y si han tomado resoluciones o diseñado la manera de hacerlo. El liderazgo participativo logra más que el rigor del autoritarismo.

Fernández Aguado reclama que además de prestar atención a lo que los centroeuropeos han denominado trabajo objetivo (o sea, el resultado del esfuerzo del hombre, el bien o servicio final que queda como consecuencia del trabajo humano), hay que detenerse en el trabajo subjetivo. O sea, aquello que queda en el hombre tras haber realizado su labor. Una misma labor objetiva puede dejar trabajos subjetivos de orden diverso o incluso divergente. El humanismo y la DpV como su expresión metodológica se hacen cargo de lo que queda en las personas. El verdadero valor es el perfeccionamiento, hecho que no se produce por vía casual, emocional o retributiva, sino en función de los actos y los sentimientos abarcados. Y es conveniente que los valores terminen siendo hábitos operativos, pues estos se quedan dentro de las personas aunque no trabajen. Son más que rutinas, porque implican un desarrollo creciente y no repetitivo.

> Cuando los que conducen ponen el énfasis en las maquinarias y no en quienes las manejan, la empresa está en problemas.

Sólo se puede comprender la conducta humana si se observa a la persona en plenitud, con todas las fuerzas que actúan sobre ella, sus vivencias, historia, triunfos personales y derrotas. Hacerlo puede significar lograr un comportamiento que genere valor económico. Para ello los individuos deben recibir una parte equitativa del valor que originan y otras mercedes que no se cotizan en moneda[18].

Y a la hora de lograr hábitos positivos, es preciso recordar que las conductas son mejor modificadas en grupo que individualmente, y sólo se transforman en valiosas para las compañías luego de que se las ha discutido y aceptado.

La empresa son las personas que la integran

> Las organizaciones deben trabajar con y para la gente, y no en su contra.

Las empresas tienen vida porque su esencia son las personas que las conforman. Este enfoque permitió avanzar en el respeto por los factores humanos; más allá de los resabios que, aunque en retirada, todavía son generalizados.

En el nuevo modelo de gestión, los límites que distinguen las funciones son borrados, y las tareas disociadas por el taylorismo vuelven a ser amalgamadas y percibidas integralmente. La separación entre planificación, administración y producción se desvanece, llevando al trabajador a la polivalencia, que contrasta con la división y repetición de la súper-especialización del viejo modelo.

La confianza en las personas y en los destinos de la humanidad es el fundamento de la *concepción filosófica* de empresarios de la talla de Norberto Odebrecht[19]. El hombre es el origen y el fin, y su labor, el medio de supervivencia, crecimiento y perpetuación de la especie. En su "Tabla de

---

18. Recuerdo un buen deseo: "Que el futuro te dé todo lo que no se puede comprar con dinero".
19. Particular empresario brasileño exitoso, iniciado en la construcción pero con despliegue de su empresa en varios otros sectores productivos y de servicios.

concepciones filosóficas", Odebrecht[20] establece que los seres humanos constituyen la fuente de valor más importante de que dispone la empresa y son los únicos que pueden ensanchar sus capa-

> Centrarse en las personas de ninguna manera significa perder competitividad, sino lo contrario.

cidades. A diferencia de los demás factores productivos, poseen: personalidad, necesidades a cuya satisfacción aspiran, y capacidad de controlar su propio trabajo.

La capacidad productiva es un aporte individual, pero depende de la vinculación con los demás: superiores, pares y subordinados. La contribución de una persona es óptima cuando posee una visión integradora respecto de su propio trabajo.

Las motivaciones positivas –y no el miedo– es lo que despierta su responsabilidad e impulsa la productividad.

Si asumimos a la empresa como un proyecto humano de carácter social, concluimos que hay que fortalecer el foco en los hombres (que trabajan en la firma o se vinculan desde afuera), lo que no contradice al objetivo de lucro ni hace extraviar el camino a la productividad, sino que, por el contrario, coadyuva a alcanzarlo.

En el origen del capitalismo moderno (principios del siglo XX), cuando la fábrica tenía primacía, el mercado estaba dominado por la oferta (*"Todos pueden tener el auto del color que quieran siempre que sea negro"*, decía Ford). Ese enfoque era productivista. Más tarde, el énfasis se puso en las ventas. Después pasaron a predominar el mercado y el cliente (satisfacción del cliente, fidelización, calidad asegurada, etc.). Actualmente las cosas son diferentes. El abuso de poder provoca inquietud. La gente se siente explotada y avasallada por las prácticas monopólicas y las mentiras publicitarias, y como respuesta se rebela. Hoy crece el respeto a

---

20. ODEBRECHT, Norberto: *Sobrevivir, crecer y perpetuar*. Fundación Emilio Odebrecht, Salvador, Bahía (Brasil), 1990.

la humanidad (responsabilidad social), y se ha incorporado un comportamiento ético que morigera el ansia inescrupulosa de lucro.

Toda organización (y la empresa lo es), desde un grupo pequeño hasta los imperios, está orientada al ser humano y no es nada sin él. Este enfoque sitúa a las personas por encima de toda otra consideración, generando una actitud directiva cuya prioridad hace foco en el desarrollo profesional de los colaboradores, a sabiendas de que ello permitirá alcanzar el resto de los legítimos objetivos empresariales. La gestión antroponómica (Ruperti y Nadal) es la que mezcla –con buena mano y equilibrado corazón– los ingredientes humanos y económicos que vertebran la sociedad mercantil[21].

> La empresa tiene una doble misión:
> - Permitir la realización plena de los que en ella trabajan.
> - Contribuir al bienestar general a través de la oferta de bienes y servicios.

No hay futuro si la compañía no está enfocada a las personas, tanto a los mal llamados "clientes internos"[22] como a los externos (compradores, proveedores, competidores y miembros de la sociedad).

Surgen entonces dos misiones complementarias con relación a los semejantes: una de orden *interno* (dar respuesta a las necesidades y expectativas de todos los trabajadores) y otra *externa* (contribuir con productos y servicios al bienestar general). Las organizaciones deben vivir: *"Como todos los organismos, la compañía viviente existe primeramente para su propia supervivencia y mejoramiento; para realizar su potencial y hacerse tan grande como pueda"*.[23]

---

21. RUPERTI, Ventura y NADAL, Jordi: *Meditando el management.* Gestión 2000, Barcelona, 2003.
22. ¿La empresa no son todos? ¿Ahora los empleados son clientes? Siempre me pareció estúpido el concepto. La empresa es la gente que la compone y no un conjunto diferente.
23. DE GEUS, Arie: *La empresa viviente.* Ediciones Granica, Buenos Aires, 1998.

Para ello precisan tomar decisiones estratégicas que faciliten la realización rentable de su oferta en el mercado. Una organización estancada no puede ofrecer ninguna perspectiva a quienes trabajan en ella. No

> No puede existir esperanza por parte de los trabajadores si la organización en la que laboran no tiene futuro.

hay organización orientada a los semejantes si no tenemos forma de mantenerla: *"Mientras que los valores poiéticos son esenciales para dar sentido a la vida y para crear nuevas posibilidades vitales, los valores prosaicos sirven para la supervivencia y la productividad"*[24].

Existe así una comunidad entre los intereses de la organización y sus miembros. Ello habilita a una colaboración que debe ser propuesta desde arriba.

Es importante que los intereses de los empleados coincidan con los de la organización. Esto es una cuestión de cultura que hay que incorporar: *"Una cultura vigorosa permite que el personal se sienta mejor con respecto a lo que hace, de modo que es más probable que trabaje más"*[25].

Como en ninguna otra institución, en las empresas la gente alcanza dimensión trascendental. El objetivo es crear una empresa eficiente, rentable y socialmente comprometida con el respeto humano. El discurso de gestión casi nunca incluye estos valores y, si lo hace, se vinculan al control y no al desarrollo. La eficiencia, calidad, responsabilidad, cumplimiento, optimización, seguridad, racionalidad y seriedad aparecen como opuestos a la participación, confianza, calidez, autonomía, creatividad, potenciación, aprendizaje de errores, riesgo, flexibilidad y alegría, lo que es una falacia perversa. A la luz de la experiencia, los segundos no sólo

---

24. GARCÍA, Salvador; DOLAN, Simón y NAVARRO, Christian: *Harvard Deusto Business Review*. Bilbao, May-jun, 1999.
25. DEAL, Terence y KENNEDY, Allan: *Las empresas como sistemas culturales*. Sudamericana, Buenos Aires, 1985.

no son opuestos a los primeros sino que son su garantía para alcanzarlos y potenciarlos.

La empresa es vital para la sociedad. De ella deriva todo aquello que consumimos y que fundamenta el bienestar. Las empresas constituyen centros que potencian el crecimiento de la ciencia y el control de la naturaleza, pero pueden provocar conflictos de carácter social, desigualdad, y hasta llegar a degradar al ser humano.

Las firmas tienen como objetivo principal la maximización del lucro pero, tal como señala Arie de Geus, ello puede ser contrario a su longevidad y expectativa. A veces se elige no innovar y se sigue el camino de la maximización de las ganancias de corto plazo suponiendo que aseguran la supervivencia. Pero esa práctica deviene en decadencia. Peter Drucker llamó severamente a la cordura a los gerentes que para mostrar balances trimestrales positivos despedían personal y recortaban gastos en I+D. Al final, la empresa quedaba atrasada y cerraba cuando los inversores institucionales abandonaban el barco que había perdido sus motores. No sirve la gerencia orientada a maximizar el valor de las acciones o a pensar sólo en el lucro, olvidando aquellas cosas que son las que permiten la armonía y la supervivencia.

Las decisiones de las empresas deben girar alrededor de la creación de ventajas competitivas sustentables[26]. Pero eso no sirve si no se toman decisiones estratégicas de carácter ético. El anhelo de lucro y el respeto hacia las personas no son contradictorios, sino que se complementan.

Para ser exitosa, la empresa debe ser sana. Robert Rosen y Lisa Berger[27] remarcan los rasgos de una compañía enferma y el modo de curarla.

---

26. El control de costos, la calidad, el aprovechamiento de una oportunidad de negocios, el mercado que se va a atacar, cómo se segmentará, etc., etc.
27. ROSEN, Robert y BERGER, Lisa: *Cómo lograr una empresa sana*. Ediciones Granica, Barcelona, 1993.

Reconocemos a una empresa eficiente cuando observamos su ambiente.

Es valioso crear un contexto que haga placentero el trabajo, fomente la creatividad y motive. Si los trabajadores están interesados en lo que hacen, comparten sus ideas y hablan en primera persona cuando se refieren a los cometidos, problemas y responsabilidades corporativas, cuando florece el entusiasmo y compromiso, estamos en presencia de una organización exitosa en el orden interno y, seguramente, también de cara al exterior.

Por el contrario, un ambiente hostil introduce ineficiencias. Cuando la organización está sometida a un fuerte estrés, mal clima laboral, y las personas son maltratadas o no consideradas, el desempeño disminuye. Si el ambiente es tenso, todos se recelan, se ocultan cosas, compiten tratando de que el colega fracase; la firma entra en crisis interna y en su relación con el entorno.

Una compañía internacional que tuve ocasión de observar a través de la participación de colegas, posee un sistema excelente de selección de personal, que utiliza modernos tests, entrevistas y convenios con las universidades-boutiques más veneradas del mercado. En consecuencia, anualmente incorpora los cuadros –supuestamente– mejor formados y de más alta potencialidad. Esos brillantes arquetipos tienen la ambición de llegar a la cima. Aunque la firma haya logrado aplanar su estructura, el organigrama no pudo superar la forma triangular. A medida que se avanza en el organigrama, la competencia entre funcionarios se hace más intensa. El éxito personal depende del fracaso de los colegas, por lo que no tienen reparos en festejar e incluso provocar los yerros de sus cofrades. La competencia está instalada, el clima es horrible y los resultados muestran la presencia de una sinergia invertida: la organización logra menos que la suma de las capacidades individuales.

Gran parte del éxito depende de la existencia de un clima favorable al trabajo. No podemos obviar las condiciones laborales, el lugar físico donde se desempeñan las labores y la calidad de las relaciones interpersonales. El ambiente laboral debe ser franco y saludable. Las personas tienen que recibir un trato digno, ser escuchadas y participar para comprometerse con los intereses de la firma.

La organización como un ser viviente

Las empresas tienen vida, identidad, personalidad, objetivos y capacidad de actuar.

Arie de Geus[28], en un trabajo para Shell sobre longevidad empresarial, encontró que la vida promedio de las líderes era de entre 40 y 50 años, aunque algunas llegaban a 200. La muerte precoz se debía a carencia de aprendizaje, falta de capacidad para incorporar conocimientos y rigidez para adaptarse y evolucionar en un mundo cambiante.

Por su lado, Senge aporta su visión y atribuye los decesos a la tensión en el trabajo, las luchas internas por el poder, el control excesivo y el cinismo resultantes de un clima laboral sofocante y que neutraliza la imaginación, el compromiso y la energía.

El estudio de De Geus reconoce ciertos puntos en común en las empresas longevas:

- son sensibles a su entorno, tienen capacidad para aprender, adaptarse y mantener la armonía con el contexto, aun con los cambios acaecidos;
- poseen gran sentido de identidad; los empleados se sienten integrados a la empresa y tienen muy en claro que el todo es más fuerte que las partes; logran sólidos

---

28. Arie de Geus ha sido muy importante en mi formación. Su trabajo y el de Jay Forrester me hicieron comprender la importancia de la planificación por escenarios y modelaron mi visión de dinámica de sistemas. Salvando las distancias, también Peter Senge reconoce que debe a De Geus su inclinación por el aprendizaje organizacional. El trabajo de De Geus al que me refiero es *La empresa viviente.* (*Op. cit.*)

lazos, una potente cohesión que da sentido de comunidad y es promovida desde adentro, de generación en generación, como eslabones de una misma cadena;

- son tolerantes con las actividades que permiten expandir el aprendizaje;

- son conservadoras y frugales con sus finanzas; no arriesgan gratuitamente el capital; entienden el significado del dinero en caja como factor de flexibilidad e independencia de acción, lo que les permite aprovechar las oportunidades.

Para referirme al comportamiento humano en las organizaciones, quiero transcribir la Conferencia "Las contradicciones en la conducta animal. El caso de los macacos zambrinos", dictada por los (supuestos) etólogos Dr. Carles Mendieta y Dr. Ferrán Castellón ante el docto público del "Espacio Socio-Animal Docente Español" en diciembre 2005, en oportunidad de presentar el libro ilustrado (*comics*) sobre el tema: "*It en ti*" (MENDIETA, Carles; CASTELLÓN, F e IM: *It en ti*. Editorial Maikalili, 2005).

> "*Como todo el mundo sabe, el primer conocimiento que se posee del macaco zambrino y de su denominación tiene origen en los escritos de don Donoso de Zambrano (La vuelta al mundo de Magallanes. Editorial Aventuras, Viajes y Bacterias, 1963), cocinero de la expedición de Magallanes. Al interés que don Donoso de Zambrano tenía por los productos autóctonos para la alimentación de la expedición, debemos lo que fue casi un trabajo de campo en pleno siglo XVI. Sus descripciones no sólo se limitaron a la forma de cocinarlo, sino también a sus hábitos, a su forma de vida y sus costumbres. Leyendo sus cuadernos de campo, nos enteramos de que los macacos, en tiempos de Magallanes, eran numerosísimos, habitaban casi todas las islas y se agrupaban en pequeñas*

comunidades muy organizadas, generalmente sobre peñascos tan abundantes en aquel entorno. Existían algunos ejemplares que no pertenecían a ninguna comunidad y que vivían aislados en los llanos a los que el propio Donoso de Zambrano llamó 'autónomos'.

Esta información, como tantas otras, se la debemos a Pedro Jota Resus y a su publicación El mundo, animales y bestias. *Tan prolija fue la descripción de Donoso de Zambrano, que el propio Darwin no consideró necesario hacer ningún alto en su viaje por el Beagle. No pudo, pues, enterarse de que desde tiempos de Magallanes la población se había diezmado, al mismo tiempo que el número de macacos autónomos aumentaba constantemente.*

Ciertamente, no fue hasta la información de Pedro Jota en 1980 (RESUS, Pedro Jota: *El mundo: animales y bestias.* Ed. Movimiento y Manifestaciones Nacionales, 1978), *que la comunidad científica fue consciente del fenómeno. Los macacos zambrinos estaban en niveles en los que era difícil que pudiesen recuperarse y corrían extrema probabilidad de extinción si no se averiguaban las causas de su decadencia y recesión. Nuestras investigaciones, con más de trece años de trabajo de campo, se centraron en discernir si las causas de la desaparición eran exógenas o endógenas; es decir si tenían su origen en el medio ambiente, en los depredadores animales o en los efectos de la propia actividad, en la desaparición de sus fuentes de alimentos, o si, por el contrario, las causas había que encontrarlas en sus hábitos y comportamientos, o en el desarrollo de su sociedad primitiva.*

Uno tras uno fuimos despreciando todas las hipótesis que suponían causas externas. Ni existían depredadores, ni sus alimentos habían disminuido, ni

existían enfermedades importantes, ni otras posibles explicaciones similares.

Por lo que profundizamos el estudio de sus hábitos, su organización y estructura social y organizativa. Hoy, trece años después de haber comenzado nuestras investigaciones, tenemos el gusto de informarles de nuestras conclusiones: la despoblación del macaco zambrino se debe a que su sistema de organización social afrontó grandes contradicciones y fracasó en la forma de solventarlas. Hoy centraremos nuestro discurso en cinco de ellas.

La primera contradicción la hemos definido como "Defensa cínica del grupo". Los macacos tienen un elevado espíritu de colaboración y trabajan en equipo para conseguir su alimento. Eso es conocido de todos, pero como ya apreció la zoóloga Amelie Lesbains (LESBAINS, Amelie: *Ludopatías y fiestas zoofíli-*

cas en el trópico de Cáncer. Editorial Miller, 1982), *han ido manteniendo las expresiones que aparentemente simbolizan acción de apoyo al grupo o del equipo, mientras que en paralelo han desarrollado comportamientos insolidarios e individualistas. Los miembros de más rango dentro del grupo no cesan en sus expresiones de invitación al trabajo y esfuerzo colectivo, tales como pasar los brazos por encima del hombro, abrazar, reunirse, ritos similares a pequeñas danzas unidos de las manos, y toda una parafernalia simbólica de colaboración... Sin embargo, se han ido apreciando conductas contrarias, como la de ocultar comida al resto de los compañeros, guardarse lo recolectado, no informar de los lugares donde se encuentra alimento, y muchas otras manifestaciones que nos produjeron en un principio un desconcierto importante.*

La segunda gran contradicción fue bautizada por nosotros como "Incapacidad hereditaria de liderazgo". *Con ello no nos referimos a una herencia en el sentido genético, sino social. Nos explicaremos: en nuestras observaciones nos había llamado la atención que el status social de los monos dominantes se marcaba desde una edad muy temprana. Los macacos observaban los juegos de los adolescentes y de una forma u otra seleccionaban a aquellos que después ocuparían los lugares de privilegio y de mayor status. Esto se mantenía bien mientras los dominantes escogían a los que tenían más capacidad, mejor predisposición y mayor ascendencia.*

Sin embargo algo pasó en algún momento determinado, en el que uno de los dominantes comenzó a elegir a aquellos que eran más disciplinados, menos capaces y con poca ascendencia entre sus compañeros. Y por una razón curiosa e incompresible en un principio para nosotros, esta actitud se reveló como persistente. Esos monos poco capaces, cuando ocupaban puestos jerárquicamente relevantes, se sentían inseguros y preferían elegir a su vez a los que menos estorbos les podían causar, y a su vez estos... en fin, rápidamente se convirtió en un mecanismo automáticamente repetido, tanto que en un principio lo interpretamos como hereditario. Desde luego, era una de las causas del aumento del fenómeno de los autónomos, y de una deficiente orientación de las comunidades que dirigían.

La tercera gran contradicción la definimos como "Todo lo nuevo es mejor… siempre que no cambie nada". *Esta aparente contradicción paradójica nos fue especialmente difícil de percibir y, posteriormente, de describir. Los macacos sienten pasión por las novedades, les encanta descubrir nuevas herramientas que les permitan, aparentemente, vivir con más confort. De hecho, primero pensábamos que se trataba de juguetes para macacos zambrinos adultos, pero lo descartamos al observar que los utilizaban en todos aquellos aspectos de la vida*

en los que, razonablemente, no era momento para jugar. Este interés por lo 'tecnológico' y su inmensa capacidad para ir acumulando herramientas, casi todas ellas de uso individual, no sólo no los ayudaba en su trabajo diario sino que los llevaba a una doble desestabilización personal: incremento del estrés y disminución de sus relaciones sociales. Sin embargo, este interés desmesurado, ilusionante diríamos, por los 'juguetes' era inversamente proporcional a la posibilidad de generar cambios reales en sus modelos de vida. De hecho, los macacos zambrinos más emprendedores, desde el punto de vista organizativo, tendían a ser marginados e incluso expulsados de su organización, con lo que la inflación de los 'autónomos' mantenía su crecimiento exponencial.

La cuarta gran contradicción se manifestó en una conducta de género muy curiosa y la denominamos "La superioridad de los machos". *Por sorprendente que les pueda resultar, los principales puestos de las organizaciones macaquiles siempre están ocupados por macacos machos, independientemente de su capacidad real de liderazgo del grupo. Esta ley, muy extendida entre los mamíferos en general, se contradecía con el esfuerzo, el trabajo y la capacidad de buena parte de las macacas hembras, pero, ¡y además!, con el discurso ordinario que los macacos mandones repetían constantemente, discurso que se podría resumir en: 'Hembras*

y machos somos iguales y tenemos las mismas oportunidades'. De hecho, sólo en un grupo muy singular de macacos, con labores muy estables y, a menudo, repetitivas, habían establecido una ley por la que un tercio de los macacos mandones eran hembras. Obviamente, al establecer el criterio por norma y no por capacidades (FREUD, Sigmud: *Dominancia y sumisión en los primates.* Viena, 1898), *el resultado final seguía siendo contrario al buen desarrollo de la organización.*

Finalmente, les presentamos la quinta gran contradicción de los macacos zambrinos: "El jefe sirve para jefar" *o* "La incapacidad para entender para qué servía un jefe". *Esta valiosa contradicción pudo ser analizada y descrita gracias a un macaco viejo al que, con el tiempo, bautizamos como Sócrates. Sócrates sufría de un tipo de neurosis compulsivo lingüística* (STRAUSS, Levy: *Neurosis, perversiones y psicopatías animales.* Editorial Tejanos, 1930), *que le llevaba a preguntar permanentemente a sus convecinos sobre cuestiones esenciales de su actividad. Una de las obsesiones de Sócrates era el interés por averiguar en qué consistía eso de ser jefe, o 'mandón' utilizando la expresión precisa del lenguaje macaquil.*

En esas conversaciones nos resultó apasionante descubrir cómo cada microorganización de macacos poseía un porcentaje de macacos 'mandones' notabilísimo, pero ninguno de ellos coincidía en la definición de qué significaba ser 'jefe' y, como mucho, se limitaban a explicar las funciones que ellos consideraban propias de los 'mandones', tales como: planificar, organizar, controlar, representar, etc. Sin embargo, cuando se les preguntaba si un 'mandón' era un planificador, un organizador, un controlador, un representante, etc., respondían que no.

Sócrates, confundido y apartado por el grupo bajo la acusación de ser un 'preguntón impertinente y peligroso', fue marginado. Finalmente, comió unas hierbas amargas que provocaron su muerte. Los autores de esta conferencia sospechan que la neurosis compulsivo lingüística le impedía convertirse en un 'autónomo'.

Nuestro estudio fue revelador: la extinción tuvo su origen en las propias contradicciones de la organización y no en aspectos derivados de su entorno. Igualmente nos vemos obligados a informarles que el paralelismo entre las organizaciones humanas y las macaquiles resultó ser excesivamente obvio, hasta el punto que nos supuso serias dificultades con nuestro propio jefe que empezó a sospechar que nuestro estudio era una crítica a su departamento más que el resultado de un trabajo de campo serio y científico. Esta situación nos ha obligado a abandonar el Departamento de Etología y a finalizar nuestro trabajo como autónomos. Aun así, si bien los macacos zambrinos están ya casi extintos, hemos querido presentarles estas conclusiones en un lugar donde se enseña la Gestión de las Organizaciones Humanas, pensando, quizás demasiado ilusamente, que ustedes aún están a tiempo de tomar medidas.

En cuanto a los monos, quedan sólo cuatro especímenes. Uno de ellos está en nuestro poder. Le hemos construido una especie de peñasco de cartón piedra, con ejemplares en yeso de macacos. Se pasa todo el día haciendo reuniones, pasando la mano por la espalda de las figuritas, y repitiendo compulsivamente los signos inútiles de sus comportamientos primitivos."

PARTE IV

JUNTAR LAS E

CLAVES PARA LA COMPETITIVIDAD EN LAS PYMES

CAPÍTULO 9

LIDERAZGO. ELEGIR EL DESTINO

"El liderazgo es diferente de la gestión, pero no por los motivos que piensa la mayoría de la gente. El liderazgo no es algo místico y misterioso. No tiene nada que ver con tener 'carisma' o cualquier otro rasgo exótico de la personalidad. No es el dominio de los elegidos. El liderazgo tampoco es necesariamente mejor que la gestión, ni sirve para sustituirla.

Por el contrario, el liderazgo y la gestión son dos métodos de actuar diferentes y complementarios. Cada uno tiene su propia función y sus actividades características. Ambos son necesarios para el éxito en el entorno empresarial actual. La dirección se ocupa de hacer frente a la complejidad. Sus prácticas y procedimientos son en gran medida una respuesta a la aparición en el siglo xx de grandes y complejas organizaciones. El liderazgo, por el contrario, se ocupa del cambio. Una de las razones por las que el liderazgo ha adquirido importancia en los últimos años es que el mundo empresarial es cada vez más competitivo y volátil. Cuantos más cambios, más liderazgo se necesita.

En la actualidad, la mayoría de las corporaciones estadounidenses tienen exceso de gestión y escasez de liderazgo. Necesitan desarrollar su capacidad de ejercitar el liderazgo. Las sociedades con éxito no esperan a que aparezcan los líderes espontáneamente. Buscan activamente personas con potencial de liderazgo y las exponen a experiencias profesionales diseñadas para desarrollar ese potencial. De hecho, con una cuidadosa selección, formación y estímulo, docenas de personas pueden desempeñar una importante función de liderazgo en una organización empresarial... El verdadero reto pasa por combinar un liderazgo fuerte con una gestión fuerte y conseguir que ambos se equilibren entre sí."

John P. Kotter, *Lo que de verdad hacen los líderes*

El lenguaje del liderazgo

Al pensar en el viaje de una empresa hacia su futuro, lo primero que surge es la determinación del destino correcto. Luego viene la selección del vehículo, su acondicionamiento y, finalmente, conducir correctamente hacia la meta (hacer las cosas bien, o sea de manera rápida, segura y ahorrando energía).

Frances Hesselbein, presidente de la Fundación Peter F. Drucker, dice que los principales retos que enfrentan los directores generales tienen poco que ver con la gestión del activo tangible de la empresa y mucho con la vigilancia de la calidad del liderazgo, del personal y de las relaciones.

Liderar significa hacer las cosas correctas de la manera correcta, mientras que administrar es simplemente hacer las cosas correctamente. La mayoría de los conductores son sólo administradores, pocos son líderes. El gerente administra, imita, se concentra en sistemas y estructuras que maneja con rígido control, tiene una visión de corto plazo, observa sólo lo que tiene cerca y se mueve, acepta el *statu quo* existente y es un buen soldado que trata simplemente de hacer las cosas bien. El líder innova, es original, crea, se concentra en la gente, inspira confianza, tiene una perspectiva de largo plazo, se pregunta qué, por qué y con qué, mira más allá del horizonte, desafía el contexto, es auténtico y hace lo correcto[1].

Como dice Rosabeth Moss Kanter, el liderazgo es una de las responsabilidades humanas universales más perdurables: *"Los líderes del futuro necesitarán los rasgos y aptitudes de los líderes que han existido a través de la historia: una mirada dirigida al cambio y una mano firme para proporcionar visión y seguridad de que el cambio puede ser dominado, una voz que articule la voluntad del grupo y le dé forma para fines constructivos, y la aptitud para inspirar, a fuerza de personalidad, haciendo que los demás se sientan facultados para aumentar y utilizar sus propias aptitudes"*[2].

---

1. NANUS, Burt: *Liderazgo visionario*. Ediciones Granica, Barcelona, 1994.
2. MOSS KANTER, Rosabeth: "Los líderes de clase mundial: la fuerza del espíritu de asociación", en HESSELBEIN, F.; GOLDSMITH, M. y BECKHARD, R.: *La organización del futuro*. Ediciones Granica, Buenos Aires, 1998.

Como también advierte la autora, lo cierto es que los modelos han evolucionado. Hoy apreciamos que las empresas necesitan un liderazgo compartido, que los estilos han evolucionado hacia un rol de facilitación y respaldo más que el clásico modelo de corte militar o eclesiástico.

Entre las funciones directivas, liderar es quizá la más difícil. Principalmente porque es necesario que quienes son conducidos compartan la visión del mentor, que crean en él

> Ser capar de lograr la simbiosis entre líder y seguidores es un importante talento.

y que asuman como propio su designio. Para guiar una organización económica hay que asumirse como líder.

Sucede que en las empresas, como en todas las instituciones sociales, la dirección se sustenta en el poder que emana de diferentes formas.

- La más tradicional y difundida es el poder coercitivo de la jerarquía, instituido a partir de la autoridad formal.
- La originada en los sistemas de recompensa, fundada en el control de recursos y la capacidad de distribuirlos en función de un objetivo.
- La fundamentada en el poder que deriva del saber experto y emana autoridad en el manejo de conocimientos y técnicas.
- La derivada del carisma que convierte a una persona en referente.
- La basada en una o varias de las condiciones señaladas, la que se verifica a través de la existencia de seguidores convencidos y voluntarios.

Lo cierto es que poder formal no significa liderazgo. No todos los conductores son líderes ni todos los líderes son directivos.

Muchos creen que cuando alguien está en el vértice superior de la firma es automáticamente el líder. Pero el

253

liderazgo no es un sitial en el escalafón, sino un proceso dialéctico que relaciona a una persona con un grupo de seguidores. De ahí que esa persona debe tener destrezas y calidad especiales.

El otro mito es que muy pocos son líderes, aunque ahora sabemos que las organizaciones mercantiles requieren de muchos adalides. Eso lleva a que el liderazgo no puede ser una cuestión de genes, ni algo místico; sino un conjunto de modos de proceder, observables y que pueden ser aprendidos.

> Como ya vimos, el máximo logro de las organizaciones es el que se obtiene con la conducción del mejor, y como no hay un mejor en todo, del mejor para cada cosa. La combinación de talentos y su uso debido permitirá un logro superior.

Lo que sí se requiere es espíritu, la convicción de que se puede soñar y confianza en que se puede conducir a otros hacia la quimera. Finalmente se requiere que otros confíen en su capacidad y lo sigan. Todas las personas deben comprender que para algunas cuestiones se poseen condiciones, por lo que se asume la conducción, pero también hay que reconocer que para otras cosas otros pueden tener ventajas, por lo que es preciso pasar a la función de escolta.

Con respecto a la formación, hay coincidencia en que se ha centrado en las destrezas empresariales y, a lo sumo, se trata el liderazgo como una más, haciendo incompleta la formación del dirigente. Además, cuando se lo trata es a la pasada, rápidamente, de manera superficial y anticuada.

> Kouzes y Posner dicen que los líderes tienen la cabeza en las nubes y los pies en la tierra.

En la introducción del libro de su fundación dedicado al liderazgo, el recientemente desaparecido Peter Drucker enfatiza, con toda su experiencia, que no existe una fórmula para conducir exitosamente. Su experiencia de trato con gigantes de la industria y con empresas minúsculas, con organizaciones mundiales y con quienes trabajan en pequeñas poblaciones, con ejecutivos brillantes y hombres de paja, con personas que hablan de liderazgo y con quienes no lo hacen nunca, lo llevó a concluir que: 1) puede haber líderes natos pero son demasiado pocos, por lo que el liderazgo debe y puede aprenderse; 2) que no existe una personalidad, rasgo o estilo para liderar. Entre los líderes se encuentran personas agradables o severas; comunicativas o cerradas; impulsivas o dubitativas; extravertidas o reservadas; simpáticas o antipáticas; superficiales o modestas; austeras, ostentosas, o amantes del placer. Y agrega (para sorpresa) que lo único que no encontró fue carisma. Con todo, la variedad de personalidades, hasta contradictorias, no había perturbado el accionar como líder.

Lo que sí remarca son cuatro reflexiones sencillas en boca de todos.

1. La mejor definición de líder es "alguien que tiene seguidores". Lo realmente significativo es que sin seguidores no puede haber líderes.
2. Un líder eficaz no es alguien a quien se quiera o admire. Es alguien cuyos seguidores hacen lo que es debido. La popularidad no es liderazgo. Los resultados sí lo son.
3. Los líderes son muy visibles. Por consiguiente, establecen modelos.
4. El liderazgo no es rango, privilegios, título ni dinero: es responsabilidad[3].

En suma, el liderazgo es una cuestión natural, pero también se la puede desarrollar. Es una combinación de ciencia y arte. El método y el aprendizaje son útiles para la ciencia; la personalidad y los atributos personales hacen al arte; pero son aspectos que también deben ser cultivados y perfeccionados.

---

3. HESSELBEIN, F.; GOLDSMITH, M. y BECKHARD, R.: *La organización del futuro. Op. cit.*

La función de un líder

Judith Bardwick[4] dice que a nivel de alta dirigencia, los líderes deben: 1) definir la actividad de la empresa; 2) crear una estrategia decisiva; 3) comunicar con persuasión; 4) comportarse con honradez; y 5) actuar.

La función del líder es plantear la misión y los valores, de manera que sean trascendentes para el personal. En otras palabras, se trata de unir el presente –tal como es– con el futuro –tal como se desea que sea–. Su misión es conseguir resultados concretos.

Los líderes son responsables de crear una visión, anticiparse al futuro, fijar la dirección, orquestar los cambios, comunicar el proyecto, enseñar el camino, negociar, juntar fuerzas, poner a cada uno en el lugar adecuado y conducir el grupo hacia el objetivo.

Según Drucker, el líder exitoso nunca se pregunta "¿qué quiero?" sino "¿qué se debe hacer?", o "¿cómo puedo cambiar la situación?".

Para ello debe tener muy clara la misión y los objetivos de la organización, y qué acciones se deben ejecutar para lograr buenos resultados.

Charles Handy[5] afirma que el líder es por momentos misionero y a veces maestro. Debe creer en sí mismo, tener pasión por el trabajo y amar a las personas.

Por lo general, al tratar el tema del liderazgo, se cometen errores. Uno es establecer la existencia de parámetros comunes para todas las situaciones; otro es tomar un aspecto como central (personalidad o función) y olvidarse de todas las otras cuestiones.

Liderar es una acción compleja, cambiante y de múltiples facetas.

4. BARDWICK, Judith: "Gestión en tiempo de paz y liderazgo en tiempo de guerra". En *La organización del futuro. Op. cit.*
5. HANDY, Charles: "El nuevo lenguaje de la labor de organización y sus consecuencias para los líderes". En *La organización del futuro. Op. cit.*

Edgard Schein[6] establece que si bien hay aspectos del liderazgo que se mantienen a través del tiempo y son útiles en diferentes situaciones, las circunstancias particulares del entorno, de las tareas a realizar y de las características de los subordinados obligan a tener ductilidad y adecuar modos de actuación. Es decir, el líder debe ser capaz de amoldarse a los distintos contextos.

En las organizaciones nacientes el líder es un impulsor. En este caso, el elemento principal de su práctica es la energía con que hace las cosas y su capacidad de transmitirla a sus subordinados. El brío emana de sus convicciones profundas y su adecuada proyección para interesar a los demás en lograr el despegue.

En las etapas de proyección, es fundamental la transmisión de los modelos mentales a los subordinados y la solidificación de la cultura organizacional.

A veces, el empuje excesivo puede ser negativo para la empresa, pues no se trata de esforzarse por nacer, sino de fortalecer la maestría para adecuarse a una competencia rigurosa, hacer frente al crecimiento, a la complejidad de la estructura y al envejecimiento de directivos y personal. Entonces lo que fue bueno en la juventud (alto nivel de energía y visión compulsiva de sus fundadores) se convierte en un pasivo cuando se necesita estabilizarse, ser más eficaz y producir el salto generacional promoviendo líderes noveles para un futuro diferente.

En esta etapa aparecen ciertos conflictos; por ejemplo, el fundador-creador se niega o es incapaz emocionalmente de abandonar su rol de líder. Muchas veces hasta llega a crear, de manera inconsciente, condiciones que dificultan el paso a la siguiente generación: asciende a personas parecidas o que poseyendo talento funcional no tienen habilidad

---

6. SCHEIN, Edgard: "El liderazgo y la cultura organizacional". En *La organización del futuro. Op. cit.*

para convertirse en rivales en el liderazgo. Y cuando no puede atender las cuestiones complejas se las baja a la línea para evitar que sea tomado por un líder en potencia o que colegas accedan a mayor poder.

Los casos exitosos son los de aquellos capaces de evolucionar con la organización o de quienes reconocen sus límites y dejan surgir formas de dirigencia. Por eso es importante que el líder reconozca los elementos clave del éxito para la empresa y les conceda permanencia y estabilidad.

Para momentos de transformación del contexto, Schein recomienda que el adalid sea el artífice del cambio en la organización. Ello exige un proceso de superación de lo viejo y de avance hacia lo nuevo. Siempre me he negado a plantear que cambiar significa desaprender para volver a aprender. En realidad el intelecto debe ser suficiente como para comprender que el contexto ha cambiado y exige *aggiornamiento*. Eso significa agregar al acervo de conocimientos nuevas cáscaras, llenar los huecos, dejar en el desván de los recuerdos lo que ya no sirve y construir una nueva visión que fundamente los hechos. Los modelos mentales siempre pueden ser ensanchados y mejorados. Lo que se requiere es evitar que los hábitos viejos impidan fundar las nuevas costumbres. Es cierto que es muy difícil dejar de lado las cosas que sirvieron para hacer nacer una organización o llevarla al éxito, pero ante la avasallante dinámica de la realidad no queda otra cosa que adecuarse.

> Los procesos organizacionales de cambio exigen a los líderes que manejen la ansiedad, la resistencia y las actitudes defensivas.

A la par de soportar personalmente el dolor del cambio, se debe tener la fuerza emocional para apuntalar una organización que se transforma y al mismo tiempo calmar la angustia de sus miembros.

Para afirmar la metamorfosis hay que potenciar algunos aspectos y formas facilitadoras: incentivar la colaboración, crear relaciones de confianza, utilizar la comunicación y fomentarla entre pares.

El individualismo, muy común en algunas etapas iniciales de la empresa, no puede ser dejado de la noche a la mañana, pero se requiere redefinirlo, ampliar el espíritu de colaboración, crear nuevas normas de juicio y evaluación, valorar positivamente las conductas convergentes y considerar negativo el egoísmo.

Los líderes tienen que dominar las fuerzas interiores para armonizarlas con el contexto. Todo es una cuestión de orientación: *"La combinación de inevitabilidad, desconocimiento e impredictibilidad hace de la orientación, en cualquier dirección, una cuestión básica para los seres humanos y, por derivación, para los líderes. 'Los mapas, por definición, sólo son útiles en mundos conocidos, explorados y cartografiados. Las brújulas, en cambio, son útiles cuando uno no sabe dónde está y sólo necesita un sentido general de orientación' (Hurst, 1995). Los mapas pueden ser el soporte del rendimiento, en tanto que la brújula y su aguja, que operan como los valores humanos, son el soporte del aprendizaje y la renovación. Si la gente se encuentra en un mundo parcialmente desconocido y los líderes admiten también su ignorancia, unos y otros podrán posiblemente movilizar recursos, no tanto para obtener resultados, sino para orientarse"*[7].

El adalid actúa en provecho de todos y de sí mismo. Matsushita pensaba que mejorar a otras personas le permitía superarse. Esa creencia cuasi-religiosa estaba basada en que solo nunca lograría su objetivo. Su proceder cotidiano parecía decir a todos que sin ellos no tendría éxito[8].

Los líderes hacen las cosas que deben, aquellas de las que pueden sentirse orgullosos y no lo que goza de la aprobación de los demás. No se detienen en mezquindades, insignificancias ni ruindades. Pero, simultáneamente, son

7. WEICK, Kart, en: *El futuro del liderazgo.* Deusto-Harvard Business Review. Buenos Aires, 2004.
8. KOTTER, John: *El liderazgo de Matsushita.* Granica , Barcelona, 1998.

intolerantes cuando se trata de medir la actuación, criterios y valores de los subalternos.

Es preciso componer un orden que genere efectos sinérgicos y reforzadores. Los mejores crean un ambiente favorable al desarrollo pleno de las capacidades de quienes los acompañan, y hacen cómodas y regocijantes las labores para entusiasmar y motivar. Kotter dice que dirigir es coordinar a las personas en contraste con mandar, y motivar en lugar de controlar.

Los líderes deben estar presentes en todos los aspectos importantes de la organización a la que modelan, para optimizarla, lograr sinergia, encontrar los puntos de apalancamiento, de forma de lograr los mayores resultados con los menores esfuerzos y recursos. La sinergia en la empresa es la forma de agregar valor.

Más que aprovechar sus dotes y dominio personal, el conductor eficaz debe reforzar la actuación de aquellos a quienes orienta. Su habilidad lo debe llevar a descubrir los puntos débiles y a concentrar su esfuerzo en ellos para fortalecerlos. Dar una dosis de estímulo a los tímidos y evitar que se dispersen los entusiastas, superar la apatía y la indolencia, convertir la incompetencia en rendimiento y evitar las pugnas de intereses que lastiman la organización. Su rol es facilitar el trabajo de sus dirigidos y permitirles que hagan las cosas de la manera más conveniente y provechosa.

La dialéctica líder-seguidor

La primera cosa que uno debe saber en la empresa es que no lo puede hacer todo. El liderazgo no es una interpretación de un solista; los logros son de conjunto. Para eso existen las empresas: grupos de personas que trabajan juntas para conseguir un objetivo. Dirigir es integrar.

El adalid establece un diálogo con las personas que conduce. Es un proceso dialéctico en el que transmite sus creencias a los que lo siguen, y estos las convalidan o no. El monólogo, el mandato sin importar la opinión de abajo,

> Un arquetipo moderno de liderazgo empresario utilizado como ejemplo por autores y estudiosos es Konosuke Matsushita, un hombre común que ayudó a muchas personas a mejorar su condición humana.

no es liderazgo: es abuso de poder. El liderazgo consiste en un diálogo de valores, donde normalmente el líder moldea las creencias de sus dirigidos. Esto incluye la ratificación permanente de la relación mágica con los seguidores. La aceptación es una demostración de convencimiento y confianza en que seguir al líder los beneficiará. Las personas siguen a un líder porque comprenden que su conducción los lleva a sitios a los que no podrían llegar solas. El líder ilumina el camino y hace más sencillos los actos y tareas.

Según Bardwick, los líderes crean seguidores a nivel emocional, porque generan confianza en las personas que están asustadas, certidumbre a

> Autoridad y poder son diferentes.

los que dudan. Su acción logra que la vacilación se convierta en acción, la debilidad en fuerza, la confusión en pericia, la cobardía en valentía, el cinismo en optimismo. El líder crea la convicción de que el futuro será mejor. Inyecta energía, potencia las virtudes y atempera las carencias de la gente que conduce. Su mayor logro es llevarla a un rendimiento superior para finalmente combinar los atributos diferentes en un todo armónico y homogéneo.

El líder debe tener en cuenta la diversidad de los liderados. Ubicarlos en los lugares justos, relacionarlos entre sí, eliminar los focos de conflicto y generar en los colaboradores un compromiso con la firma y sus fines. Se trata de motivar, conducir y corregir desvíos. Los líderes deben ser tolerantes con la variedad de personalidades, porque las tareas son diversas. Las capacidades distintivas son, precisamente, lo que permite los mejores resultados. Un ejército de clones no podría jamás atender la pluralidad.

La tarea del líder es esclarecer las metas, definirlas y hacerlas claras y comprensibles, para lograr que otras personas se entusiasmen. Para ello, el objetivo debe ser seductor y su logro debe generarles beneficios. A partir de allí se fijan las estrategias, políticas y planes. Las políticas dan origen a otro quehacer: coordinar a los miembros de la firma, definir sus funciones y establecer las actuaciones para recorrer el camino hacia la meta determinada y compartida. El tránsito se realiza en un ambiente (mercado) en que los espacios de poder (clientes) se pelean centímetro a centímetro (peso a peso).

> Los líderes notables son los que logran una fuerte interacción con sus seguidores.

Quienes conducen también deben comprender el entorno y conectarse con las influencias exteriores. Una de las formas de llegar al éxito es adelantarse a los problemas, y nadie mejor que quienes están en el día a día para percibirlos. La gente piensa que se le paga por hacer las cosas y no por anticiparse a los inconvenientes. Si bien eso es cierto, cuando los hechos golpean a la empresa afectan a todos los que en ella trabajan. Una simple comunicación permite superar inconvenientes y lograr mejoras en los resultados. La cultura dependiente hace que muchos dirigidos oculten que se está en problemas. Además, algunas empresas tienen "internas" que dividen y producen ocultamientos de información y deslealtades.

No es fácil lograr correspondencia entre conductores y dirigidos. Aparecen recelos de arriba y de abajo. Por eso es necesario crear un estado de franqueza, donde la información fluya libremente, la visión sea compartida y se genere un clima de confianza a partir de reglas, rutinas y costumbres. La confianza es hija de la confidencia y esta, de la información. Los límites a la franqueza son el temor, el orgullo, la política y la aversión.

Sólo contando con un personal capaz de trabajar en equipo se podrá crear esa condición ideal. En consecuencia, los líderes también tienen la difícil misión de seleccionar, atraer y conservar a personas de nivel, a las que deben motivar continuamente para que mantengan su entusiasmo.

La empresa necesita integrar y conseguir que sus diferentes departamentos trabajen en coordinación. La integración exige movilizar recursos, personas e ideas de manera ordenada. Hay que romper los bloqueos que separan las funciones, hacer que sean permeables y desaparezcan las paredes que separan de clientes y proveedores.

En lugar de temer la capacidad y fuerza de sus dirigidos, los verdaderos adalides se enorgullecen de ello. Un líder es el que atrae a personas mejores que él mismo.

El autoritarismo no es un aliado del liderazgo. Una relación armónica y franca logra mucho más que la presión, la manipulación y el control. Las personas responden mejor cuando son tratadas respetuosamente, se las consulta y se les demuestra confianza. Hay una predisposición favorable cuando se comparte el interés por llegar al lugar al que trata de conducir el líder. Todo intento de dominar y regir por presión irá en detrimento de la calidad del trabajo. P. Slater[9] dice que nada nos hace sentir mejor que permitir que otros contribuyan con sus ideas creativas y conocimientos a mejorar el propio acervo. La predisposición a aportar

> Una organización no puede descansar en que los de abajo estén convencidos de que sólo el de arriba puede resolver los problemas.

---

9. SLATER, Phillip: "Dirígete a ti mismo". En *El futuro del liderazgo*. W. Bennis y otros, Deusto, 2005.

es algo que les surge naturalmente a las personas de bien. En el fondo, el despotismo es un rasgo de inseguridad e inmadurez. Al autoritario no le gusta rivalizar, poner sus opiniones en discusión, y no se siente a gusto cuando no tiene el control absoluto. Prefiere privarse de soñar y sentirse por encima de los demás. Además, el que dirige por abuso de poder no está cómodo en un medio turbulento, pues su falta de flexibilidad lo lleva a cometer errores.

> El líder debe ser capaz de hacer que otros hagan.

Las organizaciones requieren un compromiso verdadero de sus miembros. El buen conductor sabe apelar a diferentes métodos de motivación. Tiene que operar sobre toda la escala de Maslow, actuando sobre las exigencias fisiológicas o básicas, la necesidad de seguridad, las condiciones sociales, la autoestima y, finalmente, el deseo de autorrealización. De esa forma logran que sus seguidores participen, ensayen, intenten, influyan, inventen, se instruyan y, principalmente, obren.

El líder debe contagiar su audacia. Hacer que los demás estén dispuestos a correr los riesgos que propone. Modificar los comportamientos de sus seguidores para hacer que sus aportes sean más efectivos para la organización y, en consecuencia, para ellos. No se acompaña al que aprovecha su rol en beneficio personal.

Una herramienta importante de la dialéctica líder-seguidores es la retroalimentación (feedback), que debe ser usada para expandir la capacidad de las personas, y no para manipularlas. La retroalimentación es el camino de dos vías en que cada parte observa cómo la otra absorbe conocimientos, instrucciones, sugerencias y las analiza e integra antes de dar un nuevo paso. La escucha activa y reflexiva, la intuición, la observación, el análisis del contacto visual y la posición corporal, el chequeo de comprensión, la indagación, la habilidad para preguntar, la toma de opinión y la evaluación de los aspectos emocionales son los alimentos de la herramienta.

Qué tiene que tener un líder

En una doble encuesta (1989 y 1995), realizada en cuatro continentes, Kouzes y Posner preguntaron a personas de firmas diferentes acerca de las virtudes que poseen o desean de sus líderes. El resultado fue: honestidad, carácter progresista, capacidad de inspirar e idoneidad, aunque el orden cambió entre una y otra encuesta. También se reclama: que sean justos, abiertos, inteligentes, francos, cumplidores, intrépidos, cooperadores, imaginativos, atentos, decididos, maduros, ambiciosos, leales, controlados, independientes y capaces de brindar apoyo.

Los líderes deben estar al servicio de los demás. Favorecer verdaderas y auténticas interacciones. Ser responsables de velar por el desarrollo y sostenimiento de un nuevo entramado social. Hacer viable la verdadera gestión, desarrollando y estimulando el talento y el potencial de cada uno.

El liderazgo en estos tiempos debe ser franco y directo. No se sigue a quien titubea, oculta, miente o tiene una actitud cínica.

El líder es el que camina adelante, quien está más comprometido consigo y con la organización. El que logra cambios positivos que impulsen a la empresa más allá de sus límites.

Los líderes son –y deben ser– creíbles. No constituir una amenaza sino un soporte. Demostrar que con sus actos mejoran la calidad de vida de todos en la empresa. Se distinguen por sus ideas claras y persuasivas. Manejan los

> El líder nunca busca la calma; su función es generar cambios, movilizar las fuerzas para desplazar las fronteras de lo posible.

tiempos y hablan con naturalidad. Son gestores de certidumbres. Sirven para reducir inseguridades.

No aceptan el no. Luchan por una causa, tras un objetivo que no necesariamente tiene que ver con el logro de mayores beneficios personales, sino con generar una mejor calidad de vida para todos, empezando por sus conducidos.

Son servidores creativos y para ello necesitan incluso reinventarse continuamente.

Deben saber conducir y, a la vez, seguir; ser principales y marginales; estar por encima y por debajo; ser individualistas y jugadores de equipo. Y por sobre todas las cosas, deben estar siempre dispuestos a aprender.

Nunca hacen gala de poder, pues saben que el éxito no depende solamente de sus actos sino de la capacidad y los resultados que logren sus dirigidos. Ninguna de las principales cuestiones críticas de la empresa se resuelve a través de la autoridad jerárquica sino por vía de la imaginación, la perseverancia, el diálogo, la atención profunda y la voluntad colectiva de transformar la realidad.

El estilo autocrático sólo es aceptable en ciertas circunstancias: en situaciones de acción plena, en las urgencias, y cuando no hay tiempo para pensar o actuar democráticamente. Un alto directivo de una empresa de tickets de comida me contaba que el ambiente en su firma era participativo, pero en los últimos días del mes y los primeros del siguiente, todos debían ponerse el casco y acatar órdenes. Igualmente es razonable cuando el plantel tiene bajo nivel educativo, pero es obligación ir modificando el nivel de pericia y la aptitud de los seguidores y con ello avanzar hacia sistemas de conducción más interactivos.

Los conductores que admiro son modestos (o por lo menos tratan de serlo). Los que se vanaglorian y muestran erudición (o mejor, ilustración) no aprendieron nada. Nadie tiene más que un insignificante pedacito del saber disponible: *"Los líderes tienen que ser humildes, admitir que 'no conocen' todas las respuestas y que, por lo tanto, necesitan el talento y las refle-*

> Peter Senge dice que la alta dirección debe ser más humilde.

xiones de todos los empleados. Decir 'no lo sé' no es un signo de debilidad personal sino el principio de un eficaz intercambio de opiniones que sirva para comprometer a los demás en el proceso de coherencia"[10].

Spreitzer y Cummings remarcan que el líder debe tener muy en claro qué sabe (capacidad) y qué le gusta (entusiasmo). La síntesis de ambos términos es la acción productiva. Cuando falla el entusiasmo, no hay energía contributiva. En las épocas de transformaciones continuas que-

> "Para dirigir personas, camina detrás de ellas."
> Lao Tze

da cada vez menos tiempo para reflexionar y absorber información, pero es necesario encontrar el momento para hacerlo, para explorar y aprender.

Los líderes deben hacer lo que predican.

Deben destruir los aspectos culturales que son desacordes con el momento.

Siempre deben estar prestos a tomar decisiones, a presentarse en los lugares de trabajo, a hablar con los empleados, los clientes y los proveedores.

De la práctica, y especialmente de los fracasos, se sacan los mejores conocimientos. En un escenario de incertidumbre pueden esperarse decepciones; lo importante es manejarlas y asumir la experiencia. Tras un yerro, hay que recobrarse y volver a intentarlo con convicción. Hay que tener autoridad para convertir reveses en logros.

> El verdadero liderazgo se confirma en los momentos de crisis y conflictos.

---

10. SPREITZER, Gretzar y CUMMINGS, Thomas: "Prefacio". En *El futuro del liderazgo. Op. cit.*

Sólo el que conduce en la tormenta y no pierde la confianza en y de sus hombres puede asumirse como líder.

No solamente debe liderar el supremo; en todos los lugares de la organización debe haber líderes para que los equipos funcionen y las cosas se realicen de la mejor manera. La conducción no es una cuestión de ubicación en el organigrama, ni de un sueldo superior. A veces observamos que alguien de jerarquía inferior es el que realmente gobierna al equipo, y ello habla bien de sus superiores, que son líderes al permitir el progreso de sus mejores dirigidos.

No existe un solo estilo de liderazgo. A su manera, cada cual trata de crear una vinculación virtuosa con sus dirigidos. La efectividad depende de encontrar el modelo apropiado para cada grupo.

> No hay un único estilo de liderazgo. Las personas y los grupos que estas conforman son diferentes y, por lo tanto, el líder debe amoldarse a sus características, por eso debe ser flexible.

Los frutos de la gestión del líder se miden por los resultados para la empresa, para las personas que en ella trabajan y también para la sociedad.

Volviendo a Rosabeth Moss Kantes:

"Los líderes deben usar su aptitud para crear visiones, inspirar la acción y delegar facultades en otros para alentar a las personas de las diversas funciones, disciplinas y organizaciones a encontrar una causa común en los objetivos que mejoren toda la industria, la comunidad, el país o el mundo y a aumentar la tarta para todo el mundo en lugar de esforzarse por unos estrechos intereses locales que oponen un grupo a otro, desperdiciando recursos y luchando por reducir los trozos de la tarta. Deben convertirse en cosmopolitas que tengan la visión, destrezas y recursos para formar redes que se extiendan más allá de su base doméstica y aporten ventajas a su propio grupo asociándose con otros"[11].

---

11. MOSS KANTES, R.: *Op. cit.*

En su clásico libro sobre liderazgo, Jim Kouzes y Barry Posner[12] remarcan cinco prácticas fundamentales del liderazgo ejemplar, a las que llegaron a través del análisis de casos y encuestas.

- **Desafiar el proceso.** Los líderes son capaces de correr riesgos, buscar y aceptar desafíos; siempre avanzan y son pioneros. Su contribución principal está en encontrar las buenas ideas, apoyarlas y estar dispuestos a desafiar el orden existente para lograr nuevas alternativas de negocio (productos, procesos, servicios, sistemas). Los líderes son los primeros innovadores. Conocen el riesgo, pero igual actúan. Salen a la búsqueda de oportunidades desafiantes y llevan a la organización hacia el cambio, el crecimiento, la innovación y la mejora.
- **Inspirar una visión compartida.** Los líderes tienen una visión atractiva y emocionante del futuro y del papel que le corresponde a su organización. Esta mirada es pasada al resto de la firma, e inspira una visión común. Los líderes deben tener la habilidad de hablar el mismo lenguaje que sus seguidores, hacerse entender y demostrar que su sueño beneficia a todos. Cuando el líder ofrece conducir a las personas al lugar donde desean estar, se produce el milagro del seguimiento. Una visión adecuada genera atención, compromete, inspira y da energía.
- **Habilitar a otros para actuar.** Liderar es conducir un equipo. El logro es el resultado del esfuerzo compartido y esa cooperación normalmente debe ir más lejos que el equipo de trabajo. Debe llegar a todos los miembros de la organización, a sus clientes, a sus proveedores, a la sociedad; a los que, de alguna manera, están relacionados con la visión. El líder debe gene-

---

12. KOUZES, Jim y POSNER, Barry: *El desafío del liderazgo.* Ediciones Granica, Buenos Aires, 1997.

rar confianza para lograr que sus seguidores actúen, dar la seguridad de que siempre estará allí para ayudarles. O sea que debe generar una transferencia de capacidad de ser, elegir y asumir responsabilidades y desafíos. Da esa sensación de que es posible, que permite acercarse al objetivo. Otra forma de ver lo mismo es la **subsidiariedad**, el "dejar hacer", delegar facultades. Es un concepto de la dirección moderna. En las empresas, el orden superior no debe asumir las responsabilidades que puede y debe ejercer un organismo de orden inferior; hay que devolver el trabajo a los trabajadores.

- **Servir de modelo.** La propia conducta del líder es la que sus seguidores toman en cuenta. Es preciso adelantarse y dar ejemplo. Sus actitudes simples y su dedicación sirven de modelo e impulsan a los demás hacia el progreso.

- **Brindar aliento.** Los líderes saben animar a sus seguidores a continuar avanzando. Les demuestran que pueden llegar al objetivo; los estimulan, reconocen y festejan. Los aportes individuales que producen avances hacia la meta deben ser celebrados.

Complemento con otros aspectos sensibles de la acción del líder:

- **Manejar el cambio de cultura.** Se deben destruir los elementos de la vieja cultura e iniciar un proceso de creación de una nueva. Esto no es una tarea que se pueda realizar mágica ni rápidamente. Los cambios deben ir de la mano de nuevos procedimientos, aprendizaje colectivo y reiteradas experiencias de éxito y fracaso. Para Senge no existe ningún sustituto del compromiso para lograr un cambio profundo, y ese compromiso sólo lo pueden lograr los líderes efectivos. No se puede forzar a otros a aprender cuando se cambian las convicciones y actitudes y se incorporan nuevos modos de pensar y actuar. La imposición produce efectos secundarios: incrementa el miedo, la desconfianza y la competitividad interna, reduce la cooperación y socava los resultados.

Además, el líder debe explorar siempre todas las posibilidades. Tener una visión de 360°. Lograr un completo alineamiento de las fuerzas de la organización. Generar consenso. Controlar las angustias. Auspiciar y proteger las ideas que surgen desde abajo. Provocar cambios positivos.

Liderazgo en tiempos modernos

El entorno cambiante, incierto e impredecible obliga al líder a ser un observador del escenario, al que debe entender para poder guiar correctamente a sus seguidores.

Hoy las empresas se parecen más a redes que a máquinas. Hablamos de *adhocracia*, federalismo, alianzas, equipos, delegación de facultades y de espacios para la iniciativa; las palabras clave son opciones y no planes, posible y no perfecto, compromiso en lugar de obediencia (Charles Handy).

Las organizaciones dirigidas por ingenieros que piensan en la empresa como si fuera una máquina –algo que puede ser diseñado a medida, controlado; en una palabra, gestionado– corresponden a los tiempos del maquinismo y ya no pueden correr a la velocidad que exige el escenario actual.

Frances Hesselbein piensa que el líder actual y del futuro debe centrarse en cómo ser: cómo perfeccionar la calidad, el carácter, la manera de pensar, los valores, los principios y la valentía. Debe saber

> El líder moderno asume una caracterización diferente de la que tenía en un pasado que resultaba previsible.

que las personas son lo más importante de la organización, y sus actos deben demostrarlo. La nueva concepción elimina la jerarquía para hacer intervenir muchas cabezas y manos, de modo de crear una nueva clase de estructura. El nuevo diseño sacó a las personas del encasillamiento propio de la antigua jerarquía y las trasladó a un sistema más circular, flexible y fluido que libera el espíritu y empeño humanos.

Coincido plenamente con Judith Bardwick en que, en una sociedad en transformación permanente, los nuevos líderes deben liderar el cambio.

Se requiere el uso de mecanismos fiables para reconocer el territorio social del que forma parte la empresa y así establecer su posible influencia sobre él. Para ello, el líder deberá hacer que los conducidos accedan a información simplificada de lo que ocurre en el contexto y de cómo afecta a la firma, de forma que sus acciones y labores estén orientadas a lograr armonía con el exterior. Parte de la tarea del líder es encontrar sentido al entorno, en ebullición constante, y hacer que la organización pueda armonizar con él.

Las nuevas organizaciones requieren muchos líderes. Como indica Gifford Pinchot, es imprescindible delegar para crear nuevos líderes. En la jerarquía, la delegación es un instrumento fundamental para crear oportunidades de que surjan nuevos adalides. Cuando se crean comunidades se habilitan nuevos espacios para más líderes. Tienen entonces que compartir el poder y el mando de acuerdo con sus conocimientos y destrezas.

> Ya no se trata de liderar a trabajadores que usan músculos sino su cerebro ("trabajadores del conocimiento").

El factor clave del liderazgo actual está en lograr mayor participación e integración de las personas que forman parte de la compañía.

Los líderes del futuro deben poseer niveles extraordinarios de fortaleza para afrontar un proceso de aprendizaje permanente y cambios en los conocimientos y habilidades. Por eso es importante poseer ciertas competencias que incluyen capacidad de aprender, disposición para trabajar en grupo, credibilidad para lograr seguimiento. Cuando el cambio se convierte en permanente y es un compañero de ruta, el líder debe tener fuerza emocional para manejar su propia ansiedad y la de los otros.

> El liderazgo debe ser una función que florece naturalmente en la empresa y no una determinación a dedo desde la autoridad.

En este mundo donde las fronteras están difusas y los cambios son vertiginosos, es necesario tener capacidad para analizar las suposiciones culturales, determinar cuáles continúan siendo útiles y cuáles disfuncionales, para desarrollar procesos que permitan reforzar los puntos fuertes de cada cultura y neutralizar los vetustos. En un contexto donde las tareas se hacen cada día más complejas merced a que la información es cada vez más profusa, los líderes no pueden resolver todos los problemas, por lo que deben tener la iniciativa de convocar a la participación.

> La sociedad de la información y la globalización hace necesario dirigir virtualmente a subordinados que tienen diversidad cultural.

De ahí que deben saber diagnosticar. Asumir que la función de liderazgo moderno es una función compartida, que la clave no está en el líder sino en los líderes que influyen en cada rincón de la empresa, que es preciso co-liderar. Desarrollar capacidades de liderazgo en los colaboradores. Facultar a diferentes personas en diferentes momentos para ejercer la conducción. Saber que a veces los grupos se pueden autogestionar. Convencerse de que –de acuerdo con las circunstancias, las tareas y los desafíos– lo mejor es encontrar una buena combinación de talentos. Y que, en última instancia, siempre la responsabilidad será individual y estará localizada en la persona de mayor jerarquía.

Es que dentro de las cuestiones que se imponen está la de diluir el poder corporativo entre diferentes personas e integrar, concomitantemente, esos poderes repartidos.

Para Spreitzer y Cummings[13], la "generación X" busca una nueva forma de liderazgo y nuevos caminos para el cambio. Consideran la conducción como menos jerárquica y carismática, pero más participativa, democrática y humilde. Han perdido confianza en las instituciones y se asocian con formas alternativas de representación, más populares. No se aferran a las normas, hacen las cosas a su modo.

Weik[14] señala que a medida que el desconocimiento y la imposibilidad de hacer predicciones ajustadas se convierten en marcas distintivas del siglo XXI, los líderes deben considerar que la incertidumbre no está basada en la insuficiencia de datos sino de dudas. Habrá menos expertos y más aprendices. Primará el movimiento continuo sobre el distanciamiento y la reflexión. La toma de decisiones tenderá a migrar hacia los expertos más que a recaer en los responsables autorizados. La cuestión no consistirá tanto en captar la gran visión, como en interpretar la gran historia, con su trama dinámica y continua. Se dará más importancia al sentido común que a la precisión. Habrá más humildad y menos arrogancia.

> "El líder sabio abarca a todos los interesados en un círculo que rodea a la empresa, a la organización, a la gente, al liderazgo y a la comunidad."
> **Frances Hesselbein**

En el nuevo escenario aparece la mujer como actor trascendente. Cada vez es más común que asuma posiciones de liderazgo, y está demostrado que mal no le va.

Las mujeres se adaptan mejor a la economía porque demanda competencias que utilizan desde hace siglos, cuando el género las obligaba a mediar, prever, negociar, llegar a compromisos y reconocer las necesidades de los otros. Como grupo están mejor preparadas para responder a las demandas de una sociedad democrática, mientras que los hombres hablan

---

13. SPREITZER y CUMMINGS: *Op. cit.*
14. WEIK, K.: *Op. cit.*

constantemente de *mantenerse firmes, guardar distancias* y *resistir*, todas cuestiones de rigidez, que en democracia no es una virtud. Los hombres siempre han tratado de dominar el entorno, hacerlo predecible. Las mujeres, en cambio, son más flexibles, siempre han debido convivir con la confusión y el caos, y han estado predispuestas biológicamente a reconocer los límites del poder. Además, hacen participar a sus empleados en las decisiones, lo que genera mayor entusiasmo (P. Slater).

Dice Ronya Kozmetsky, de la Women in Management (WIM)[15], que, al no existir muchas mujeres en campos innovadores, todavía es débil su percepción como líderes y es difícil encontrar modelos para emular. Sin embargo, se anima a distinguir ciertas cualidades,

1) de carácter general:
- **autoconfianza**, un elemento escaso pero necesario;
- capacidad de asumir la **responsabilidad** por las consecuencias de sus actos y de los actos de los subordinados;
- talento para **estimular a otros** a esforzarse por alcanzar determinados objetivos y actuar como **agentes de cambio**;
- **disposición a arriesgarse** para llegar a cumplir su sueño;

> "Esta singular aptitud (la intuición) ha sido pulida por siglos de adaptación cultural. Es realmente un arma femenina y debe ser usada con inteligencia para beneficio de la organización. Cuando en tu compañía surjan problemas éticos o morales, confía en tu (su) intuición. Probablemente no te equivocarás."
> **Ronya Kozmetsky**

y 2) de género:
- **sensibilidad** a la condición humana;

---

15. KOZMETSKY, Ronya: *La mujer en los negocios*. Ediciones Granica, Buenos Aires, 1992.

- **empuje y creatividad**;
- **energía y eficiencia**;
- **capacidad para trabajar en red**;
- **talento para la función docente, de orientación y guía**.

Ronya recomienda a las mujeres: comprender los conceptos de poder y estatus; tener una enorme reserva de paciencia; trabajar muy duro; no darse demasiada importancia; ayudar a las colegas más jóvenes; ser tenaces; ignorar muchas cosas y ser flexibles; confiar en la buena suerte; y confiar en la intuición femenina.

CAPÍTULO 10

ACONDICIONANDO EL VEHÍCULO.
LA ARMONÍA

"Si los múltiples fines de un individuo distan de ser compatibles, mucho menos lo serán los fines de diferentes personas; por consiguiente, en toda situación de la Organización que afecta fines individuales en conflicto, el proceso decisional se transforma de 'cooperativo' en 'competitivo'. La competencia entre los participantes en las decisiones depende en gran medida del poder relativo y de su estructura. Esta situación es particularmente crítica en la fijación de las metas de la Organización, las que una vez estabilizadas permiten coordinar la actividad operativa porque las respectivas decisiones se habrán de referir entonces a metas compartidas o aceptadas y vuelven, por lo tanto, a ser decisiones cooperativas. La separación de decisiones cooperativas y competitivas no es nunca total en la práctica, ya que todo individuo frente a una elección de alternativas siempre tiene en cuenta sus fines propios junto con las metas colectivas. (...) El modelo integrado que pretenda explicar o predecir la conducta de la Organización debe considerar ambos procesos en forma simultánea."

Federico Frischknecht, *La gerencia y la empresa*

Combinar la diversidad

Una incorporación innovadora al arte de conducir es la de coordinar de manera óptima los talentos. Es importante reconocer y respetar las diferencias, no ignorar o despreciar a los distintos, y lograr la integración de todos los miembros.

Decía Federico Frischknecht que la organización es una coalición donde no se puede exigir homogeneidad, cosa que a veces ni siquiera puede pedirse a un individuo, que es un dechado de contradicciones y personalidades variables. Ante esa realidad, las actuaciones podrán adquirir formas cooperativas o competitivas.

Las personas tienen mucho en común y mucho de diferente. La ciencia confirma la existencia de notables diferencias (el ADN de cada persona es distinto). Estos contrastes son sustanciales y no insignificantes. La individualidad obliga a tratar a cada uno de diferente manera. Si no hubiera diferencias, sería posible adoptar un trato estándar, pero no es así. Sólo un trato particularizado logrará motivación[1].

Para Gary Dessler, administrar la diversidad es reducir los prejuicios que impiden aprovechar la variedad de capacidades distribuidas en la fuerza laboral[2].

Si hay comunicación, las partes se unirán para producir riquezas y se desatarán fuerzas sinérgicas que, gracias a la acción coordinada y cooperativa, permitirán la obtención de resultados superiores al patrón común. Las capacidades conjuntas superan la suma de las que poseen los individuos pues las fortalezas se potencian y las debilidades se neutralizan. Arie de Geus, citando a Allan Wilson, señala que los pájaros que se agrupan parecen aprender más rápido, pues aumentan las posibilidades de sobrevivir y evolucionar[3].

El dirigente debe defender la diversidad. Aprender a administrar la variedad. Facilitar la educación y capacitación de los dispares. Y combinar acciones que creen una cultura corporativa de respeto a la pluralidad.

Lo importante es descubrir cuál es el talento especial que tienen las personas para ponerlas al servicio de la empresa.

Un modelo interesante a explorar es el *eneagrama*, un sistema psicológico y símbolo universal y sagrado: *"El eneagra-*

---

1. DAVIS, Keith y NEWSTROM, John: *Comportamiento humano en el trabajo.* McGraw-Hill, México, 1999.
2. DESSLER, Gary: *Administración de personal.* Pearson-Prentice, México, 2001.
3. DE GEUS, A.: *La empresa viviente. Op. cit.*

ma es una antigua enseñanza sufí que distingue nueve tipos distintos de personalidad y su relación (...) Uno de los problemas del Eneagrama es que es muy bueno. Es uno de los pocos sistemas que se ocupa del comportamiento normal y el funcionamiento superior más que de la patología, y condensa una gran cantidad de sabiduría psicológica en un sistema compacto que es relativamente fácil de entender"[4].

La palabra viene del griego *ennéa,* que significa "nueve", y *grámma,* que significa "escrito, letra". Fue traído a Occidente por el maestro George IvanoviCh Gurdjieff (científico, filósofo, aventurero y escritor ruso), que lo usaba para conocer a sus discípulos. Luego, el médico boliviano Oscar Ichazo sintetizó sus enseñanzas y dio a la tradición una forma más entendible para nuestra cultura.

Personalidad es la suma de la naturaleza básica y el aprendizaje de vivir. Los semblantes del eneagrama son *rasgos característicos* de la vida emocional y están identificados con los siete pecados capitales (ira, orgullo, envidia, avaricia, gula, lujuria e indolencia), a los que se agrega el engaño y el miedo. Esto permite construir nueve personalidades o *rasgos característicos.* Cada uno recibe diferentes nombres según los intérpretes. Las denominaciones que uso combinan los trabajos de Helen Palmer y Cristina Graiño[5], y las relaciono con el modelo de estilos de gestión empresarial que identifica las inspiraciones y la forma de resolver problemas en la empresa.

1. El perfeccionista / soberano. Crítico consigo mismo y con los demás. Está convencido de que hay un modo correcto de actuar. Se siente éticamente superior. Vacila por miedo

4. PALMER, Helen: *El eneagrama.* Editorial La Liebre de Marzo, Barcelona, 2001.
5. GRAIÑO, Cristina: *Eneagrama. Un camino hacia la Luz.* Editorial Kier, Buenos Aires, 2004.

a equivocarse. Utiliza con frecuencia las palabras *debería* y *tengo que*. Con alas puede ser héroe moral críticamente astuto.

2. El que da / benefactor / servidor. Exige aprobación y afecto. Busca ser amado y apreciado volviéndose indispensable. Entregado a satisfacer las necesidades de los demás. Manipulador, muestra un yo distinto a cada persona. Agresivamente seductor. Evolucionado, es genuinamente atento y solícito.

3. El ejecutor / carismático / realizador. Busca ser querido por su rendimiento y logros. Competitivo. Obsesionado con la imagen de ganador y con el estatus comparativo. Maestro de las apariencias. Confunde el sí mismo real con la identidad del trabajo. Puede aparecer como más productivo de lo que es. Puede ser líder eficaz, promotor competente, capitán de equipos vencedores.

4. El romántico / artífice / creativo. Atraído por lo inaccesible. El ideal nunca está aquí y ahora. Trágico, triste, artístico, sensible. Es creativo en su modo de vivir y capaz de aliviar el dolor ajeno. Está comprometido con la belleza y la vida apasionada: el nacimiento, el sexo, la intensidad y la muerte.

5. El observador / filósofo / intelectual. Mantiene una distancia emocional con respecto a los demás. Protege su vida privada, no participa. Evitar algo constituye una defensa a la hora de participar. Lo agobian los compromisos y las necesidades de los demás. Compartimenta las obligaciones; se aísla de las personas, de los sentimientos y de los objetos. Puede ser muy bueno a la hora de tomar decisiones, y como intelectual en torre de marfil o monje abstemio.

6. El que duda / organizado / responsable. Temeroso, obediente, lleno de dudas. Vacila (el pensar sustituye al hacer). Tiene miedo a actuar debido a que al exponerse podría ser atacado. Se identifica con causas perdidas. Es antiautoritario. Se sacrifica y es leal a las causas. Fóbico, se siente constantemente acorralado; por lo tanto, afronta el terror de un modo agresivo. Puede ser excelente compañero de equipo, soldado leal y buen amigo, y trabajar por una causa como alguien lo haría por el beneficio personal.

7. El epicúreo / impulsivo / entusiasta. Peter Pan, el joven eterno. Diletante, amante evasivo. Su enfoque de la vida es superficial y aventurero. Le cuesta comprometerse, mantiene abiertas las opciones y permanece siempre excitado emocionalmente. Por regla general, es alegre, su compañía es estimulante. Empieza muchas cosas pero acaba pocas. Es bueno a la hora de sintetizar y teorizar.

8. El jefe / guerrero / líder. Protector. Da la cara por sí mismo y por los amigos. Combativo. Se hace cargo de la situación. Le encanta discutir. Ama el control. Hace demostraciones de fuerza e ira. Respeta a los contrincantes que dan su talla. Establece contactos mediante el sexo y los enfrentamientos acalorados. Es intenso. Hace demasiadas cosas. Puede ser excelente líder, especialmente como opositor, y tener mucha fuerza a la hora de apoyar o proteger a otros.

9. El meditador / conformista / pacificador. Obsesivamente ambivalente; ve todos los puntos de vista. Presto a reemplazar sus deseos por los de los demás y las metas reales por actividades no esenciales. Conoce mejor las necesidades de los demás que las propias. Tiende a desconectarse del mundo. Inseguro de si quiere o no estar, de pertenecer o no. Acomodaticio. Manifiesta su ira de forma indirecta. Puede ser excelente conciliador, consejero, negociador; logra éxitos cuando está bien encarrilado.

- La *tríada de lo instintivo* incluye a las personalidades 1, 8 y 9. Se basan en lo corporal y en las decisiones viscerales. Son impulsivos. Tratan de influir sobre el mundo; entran en conflicto; están en constante tensión.
- La *tríada de lo emocional* tiene como protagonistas al 2, 3 y 4. Todo es sentimiento. Son sensibles, amables,

afectuosos; tienen problemas de identidad. La estima está puesta fuera de ellos. Tratan de llamar la atención. Se defienden con hostilidad y crueldad.
- La *tríada de lo mental* incluye las personalidades 5, 6 y 7, que accionan sobre la base de sus ideas y razones. Son ansiosos, temerosos. Todo es lógica y raciocinio. Son los grandes idealistas.

David Thomas y Robin Ely[6] observan la diversidad desde otro lugar. Señalan el valor de las diferencias debidas al sexo, raza, nacionalidad, clase social, estilo de vida. Plantean que una fuerza de trabajo diversificada incrementa la eficacia de la empresa, permite acceder a nuevos segmentos de mercado y mejora la productividad. Marca como error tratar de evitar la discriminación (lo que es justo, pero insuficiente) o pensar que determinadas personas son útiles porque tienen identidad con su propia gente (también cierto, pero limitado). El valor de la diversidad es la distinción. La virtud está en combinar las diferencias para lograr una empresa más completa, con una visión más amplia, con menos carencias, y que pueda aprovechar los talentos de cada grupo al ubicarlos en tareas que requieren esas competencias.

Porque las empresas son personas, la primera razón para alcanzar el máximo de su potencial es que se conozcan a sí mismas, a sus integrantes, y se pongan alas. Desde la institución es fundamental saber con qué personalidades se cuenta, cómo amalgamarlas de la manera óptima y estimularlas a evolucionar para que aporten todo su potencial. La combinación correcta, la ubicación en los lugares que corresponden y los estímulos para hacer crecer las personalidades pueden potenciar a la organización hacia límites insospechados. Una serie de diferentes sistemas permite

6. THOMAS, David y ELY, Robin: *Cómo hacer que las diferencias importen*. Deusto-Harvard Business Review, Buenos Aires, 2002.

determinar la personalidad y optimizar su vinculación con los puestos de trabajo.

Selección y plan de carrera

Si hemos reconocido que la competitividad de una empresa depende de su personal, surgen como aspectos cruciales su selección, formación y compensación.

Se puede considerar exitosa a una empresa cuando tiene muchos postulantes para contratar. En mi vida profesional recibo continuamente currículos de personas que están en búsqueda laboral. Surgen de mi legión de alumnos, de relaciones personales o simples lances. En general, las demandas no están relacionadas con un puesto especial, pero en el último tiempo comencé a recibir muchas solicitudes de personas de alto nivel profesional e incluso con trabajo, que desean ingresar a Garantizar SGR. Y Garantizar no es justamente una empresa que ofrezca altos salarios. Su función de ayudar al éxito de terceros no le permite ese lujo. Sin embargo, el ejercicio correcto y los efectos de su labor sobre la sociedad constituyen un atractivo. Fue en ese momento cuando tomé conciencia de lo que habíamos logrado.

Además de la visión externa de la compañía y de la calidad de su actuación, las encuestas indican que siendo conscientes de lo movido de la vida laboral contemporánea (cambios de firma y de tareas), la calidad del jefe es un atractivo más importante que la retribución.

Un plan de carrera previsible, que incluya un programa de desarrollo personal (formación y ampliación de habilidades), es importante para interesar a trabajadores de la calidad que exigen los tiempos modernos.

Cuando iniciamos el capítulo repasamos las características de las personas y la necesidad de que correspondan a los puestos de trabajo que ocupan. Un grave error es promover al nivel superior (supervisión) o a puestos de mayor trascendencia y responsabilidad a los empleados que mejor cumplen una labor. Eso los saca de lo que mejor hacen y no garantiza el buen desempeño en el otro estrato. Podemos ganar un mal supervisor y perder un excelente vendedor. Lo importante es que haya un desarrollo en el puesto, con la mejora de las condiciones y la retribución, sin necesidad de sacar a la persona del lugar donde está.

En las empresas normalmente se pone más énfasis en la eficiencia que en la eficacia y por eso se fracasa. Se piensa más en las máquinas que en las personas, que son las que posibilitan que las máquinas existan y que funcionen correctamente.

Fomentar el diálogo y la participación

Participar significa "tomar parte de...". En términos de empresa es afrontar los trances, tomar conciencia de la existencia de dificultades y oportunidades, considerarlas como propias y emitir el punto de vista para superar las primeras o aprovechar las últimas. Podríamos agregar que, a través de ese aporte, todos los miembros de la organización influyen en las decisiones que se toman.

> El diálogo y la participación permiten crear un saber colectivo que anula las ignorancias individuales, y con eso hace más fuertes a las organizaciones.

Santiago Álvarez de Mon dedica su libro[7] a la participación, considera que es la base de la estructura organizativa y competitiva, introduciendo la idea de cooperación.

---

7. ÁLVAREZ DE MON, Santiago: *La empresa humanista y competitiva*. Deusto, Bilbao, 1998.

Formula un significativo llamado al fomento de una actitud proactiva que desemboca en cooperación en pos del objetivo común.

Un clima participativo facilita el desarrollo personal, alimenta el crecimiento, brinda oportunidades, compromete y potencia los conocimientos y habilidades, y mejora el rendimiento. La contribución es viable si la conducción la estimula, permite y valoriza. Para lograr resultados importantes debe haber motivación, es decir, recompensas.

Todas las personas tienen algo que aportar. Todos saben ciertas cosas, han tenido experiencias, han aprendido algo, tienen alguna vocación. Al mismo tiempo, todos ignoran otras cuestiones. Lo importante es que en el grupo se complementen los conocimientos y se anulen las ignorancias. Es así como las organizaciones se hacen más fuertes y logran desatar el poder extraordinario de la sinergia. El diálogo y la participación permiten crear un saber colectivo que neutraliza las ignorancias individuales.

Formas de participación

- Directa o indirecta (ejercida con o sin representantes).
- Formal o informal (legal, contractual, estatutaria o espontánea, no escrita).
- Profunda, superficial o declamatoria.
- En el planeamiento, la gestión o la acción.
- Económica o societaria-institucional (ligada a la renta, el capital, la propiedad, o mixta).

Los sistemas autoritarios y los esquemas paternalistas no sirven. Para lograr más, hay que facilitar la libre expresión, la participación y las relaciones maduras. La empresa debe estar orientada al diálogo. No sólo entre superiores y subordinados, sino también lateralmente. Como vimos, en la consideración sistémica hay que contemplar a los departamentos, funciones o puestos de trabajo, como un conjunto armónico. Cada sección no tiene razón de ser si no está integrada a otras divisiones. En consecuencia, se debe reestructurar la empresa rompiendo los tabiques.

Sólo se logra el objetivo de maximizar el bienestar individual si se optimiza la función conjunta. La eficiencia no es la suma de los rendimientos parciales sino el resultado de la optimización del todo, lograda a través de la integración que deriva del diálogo.

Para ser efectiva, la conducción debe ser clara, concreta y comunicativa.

A través del diálogo, la conducción evita los conflictos entre personas y asegura la combinación armónica de sus talentos en función del objetivo común. Kohlrausch compara a la empresa con un barco: sin tripulación no navega, no lleva a nadie a ningún lugar; entregado a su suerte, se hundirá. Hay también barcos que navegan sin que su tripulación conozca el rumbo o destino. Esa situación es trágicamente común en empresas de todos los tamaños. En este preciso momento miles de ellas se encaminan al fracaso, y no podrán revertir esa dirección si no resuelven sus conflictos internos y adoptan consensualmente direcciones claras, definidas y comprendidas por todos[8].

El diálogo permite compartir creencias. Para Kouzes y Posner[9], los valores comunes fomentan sentimientos afectivos y promueven altos niveles de lealtad para con la organización. Promueven el comportamiento ético y el interés en los demás. Reducen los niveles de tensión. Alientan el sano orgullo de pertenecer. Facilitan la comprensión de las expectativas y estimulan el trabajo en equipo y el espíritu de cuerpo. Suscitan empeño en la ejecución de las labores.

8. KOHLRAUSCH, Marlin: *Leve a sua empresa ao 1° lugar.* Editorial Gente, São Paulo, 1996.
9. KOUZES, James y POSNER, Barry: "Siete lecciones para liderar el viaje hacia el futuro". En *El líder del futuro*, Deusto, Barcelona, 1997.

Crear una corriente de comunicación

La comunicación es muy significativa para el éxito de las organizaciones con fines de lucro. La manera como se presentan los sucesos, incluso los más negativos, es más importante que los hechos mismos. Una comunicación eficaz logra mejorar los resultados. Es fundamental que todos sepan lo que pasa. El éxito está más relacionado con el oído que con la voz, y no todos tienen la habilidad de escuchar.

Así como las personas deben hacer un análisis introspectivo acerca de su forma de comunicación –ya sea con superiores, pares o subordinados–, las organizaciones deben considerar su manera de establecerla.

La forma de comunicarse puede ser abrupta, amable, solícita, imperativa, compleja, amplia, adaptable. Pero en todos los casos, debe ser honesta.

La actuación debe corresponder a lo que se dice.

Hay que reconocer errores y defectos, pedir disculpas cuando corresponde.

Es preciso mantener reuniones periódicas. El trato debe ser personal.

Una comunicación fluida permite persuadir para hacer "correctamente" las cosas "correctas" (eficacia y eficiencia). Por eso la inducción sirve si provoca acciones en el momento preciso y por el camino adecuado. También es preciso reconocer dónde habrá resistencias.

> Las comunicaciones son naturalmente persuasivas y eso no significa manipulación perversa.

Es contraproducente pensar que el destinatario de la comunicación es único. Los expertos alertan acerca de la existencia de públicos abiertamente hostiles, adversos, neutrales, indecisos, mal informados. Para los casos hostiles un mensaje claro no es suficiente. Cuanta más resistencia encuentra, tanto más la sugestión incrementa su efecto. Siempre habrá que seducir.

La comunicación meramente informativa es útil cuando está dirigida a un público formado; por lo menos en los temas relacionados con lo que se trata de transmitir.

Con los auditorios hostiles hay que crear una relación positiva, aunque no se logre llevarlos a la posición de uno. Para eso es importante mostrarse respetuoso, juicioso y con sentido común.

A los neutrales e indecisos hay que atraerlos.

A los mal informados, hay que darles información de una manera sutil para lograr su apoyo. Hay que ser claros y cuidadosos. No saturar. Abrirse a las preguntas y tratar de concentrar la atención de los demás sobre los propios puntos de vista.

En los ambientes favorables hay que alimentar el entusiasmo y procurar que se traduzca en acciones y hábitos de funcionamiento.

El problema se suscita cuando la concurrencia es diversa. Hay que poner énfasis en los sectores más duros y mayoritarios, pero procurando que los mensajes lleguen a todos[10]. Cuando se trata de convicciones profundas, siempre habrá divergencias. Conformar a todos conduce a no satisfacer a nadie. Por eso la acción intenta convencer a los neutros, indecisos y desinformados, potenciar a los favorables y hacer que entiendan y respeten los que están en contra.

Las resistencias seguramente se deben a discrepancias, al carácter escéptico o apático de la contraparte, o a las debilidades del comunicador.

A veces la imagen del transmisor puede jugar en con-

---

10. Esto nos pasa mucho en los cursos, conferencias o escritos cuyos oyentes o lectores tienen diferentes niveles de conocimiento. Uno intenta enfocar la comunicación de manera clara y sencilla, como para que sea entendida por el nivel más bajo, pero tratando de que los estratos superiores encuentren también motivo de interés. Se procura que lo que se transmite eleve y agregue valor simultáneamente a todos los receptores.

tra (ya sea que la figura sea real o creada malintencionadamente por otros)[11].

El valor de lo que uno comunica tiene que ver con el conocimiento del tema, el entusiasmo y compromiso, la energía personal, la relación que se establece con el destinatario y la imagen de honestidad y confiabilidad del comunicador.

Es importante no improvisar. Conocer el público al que se le dirige un mensaje es vital. Pero no sólo hay que conocer al público sino demostrarlo, hacer visible que se comprende su punto de vista aunque no se coincida con él.

De la misma manera, es importante que el receptor conozca quién proporciona la información (fuente). Si no se tienen referencias personales, es preciso presentar relaciones que puedan dar recomendaciones confiables. Los pergaminos son válidos a la hora de lograr la atención.

No hay que equivocarse en la forma en que se transmite el mensaje. A veces es conveniente el tono formal, pero en otras ocasiones se impone lo coloquial. No seleccionar de antemano la forma adecuada de dirigirse a la audiencia puede hacer nulo el esfuerzo comunicativo.

Muchas veces sucede que cosas de las que uno está totalmente convencido no son aceptadas y compartidas por otros. Que cuando intenta lograr una actitud determinada se encuentra con que el receptor no actúa como se quiere,

---

11. Una actitud perversa, a la vez bastante común en el mundo político y hasta en el de la empresa, es partir por desacreditar a aquellos a quienes se considera contendientes en el poder, creando imágenes que los denigran o inhabilitan para realizar ciertas actuaciones. El descrédito ("es loco, no tiene carácter, es inconstante, desconoce ciertas prácticas", etc.) no es caprichoso, porque siempre está basado en una parte de verdad, normalmente surgida de alguna neurosis. Pero lo que se hace es exagerar y complementarla con los daños que puede engendrar su accionar. De esa forma se logra credibilidad. Luego, en cada situación crítica se hace notar el vicio y se logran adherentes para neutralizar la posición.

ofrece resistencia, niega la consigna o se aísla. Esto es producto de que posee creencias y valores diferentes.

Los hechos están basados en los modelos mentales, por lo que es de esperar que haya contradicción entre lo que uno cree y lo que creen los otros. Por eso es fundamental trabajar sobre los valores para homogeneizarlos, afinando la sintonía.

Además, el entusiasmo es un añadido importante a la comunicación. Cuando uno recurre a emociones positivas para motivar, la comunicación tiende a ser clara y coherente. Esta postura generará una respuesta potenciada, una especie de devolución ampliada de lo que se transmite. En otras palabras, el interlocutor responderá con respeto al respeto, con afecto al afecto, con emoción a la emoción.

Cuando se trata de transformar un pensamiento o actitud, hay que centrar la atención en el núcleo del asunto y hacerlo con suficiente tacto como para no exacerbar la contradicción. Si se logra introducir nuevas creencias y valores entre las personas, se estará influyendo en su actitud y sus actos.

Siempre es más fácil motivar a través de una comunicación que se apoye en lo positivo que intentar neutralizar el lado negativo de las cosas.

A veces el conflicto no es tal. Hay que demostrar con delicadeza las contradicciones entre intereses y creencias; y entre creencias y actitudes.

Cuando no hay posibilidad de lograr puntos de vista comunes, la comunicación debe tratar de alejar todo conflicto que pueda provocar daños irreparables.

Otorgar responsablemente autonomía responsable

Cuando pregunto a un directivo qué quiere de su gente aparecen dos respuestas: unos quieren personas dóciles que hagan lo que les dicen (son los tayloristas que se resisten a dejar el pasado); los otros prefieren gente que resuelva problemas, que tenga iniciativa, que sienta el negocio como propio. Esto señala dos formas de operar. La segunda respuesta da origen a un cambio importante realizado para agilizar las organizaciones.

En un caso existe, como dice Chris Argyris, un compromiso externo, el de cumplir el contrato, que es lo que el empleado puede hacer cuando tiene poco control sobre su tarea y está acostumbrado a trabajar bajo el modelo de orden y mando.

Un primer avance fue el sistema de control por resultados, donde lo que importaba y se controlaba era la consecuencia de las acciones. Incluso se llegó a anular la vigilancia del tiempo de permanencia en el lugar. De todas formas se seguía requiriendo, aunque menos, personal de control.

Los nuevos modelos fueron reemplazando los mecanismos de vigilancia rígida por sistemas de autocontrol.

La diferencia entre modelos es que los sistemas tradicionales implican niveles jerárquicos que, además de agregar costos, producen mermas de eficiencia por los tiempos perdidos hasta encontrar las fallas y repararlas. Y aunque se solucionen los problemas, los errores ya están cometidos y los costos asumidos.

> Todos los días hay que enfrentar nuevos desafíos. La mejor forma de resolverlos es hacerlo con sabiduría y responsabilidad.

El autocontrol evita el malgasto en personal de control y la rigidez derivada de las largas cadenas de mando. En la actualidad, como los problemas no pueden ser tipificados, se ha pasado de la prescripción de las tareas (manuales, órdenes precisas) a sistemas que manejan lo aleatorio.

De esa forma se crea, también en el decir de Chris Argyris, un compromiso interno del trabajador, que se siente responsable de un proyecto, persona o programa, por razones o motivaciones personales. El compromiso interno está muy estrechamente vinculado a la delegación de autoridad.

El traslado de las responsabilidades, y a su vez de la capacidad de decidir, constituye un avance de la gestión de empresas conocido como *empowerment,* o en su traducción libre, "empoderamiento" (sistema de autonomía responsable). Consiste en transferir la carga del funcionamiento de las áreas a todos los miembros de la empresa, con lo que se libera su poder interior para lograr resultados significativos (sorprendentes).

> ¿Por qué delegar tareas y responsabilidades? En principio, porque ninguna persona puede asumir toda la carga de la organización. La omnipotencia es grotesca.

Cuando el dirigente se detiene a hacer las cosas que pueden realizar otros, está malgastando su tiempo.

Ricart y Álvarez afirman que dar autonomía de decisión significa comprometer a los empleados, darles participación, transferirles poder de decisión y responsabilidad. Se trata de que las cosas se resuelvan en el nivel más bajo posible. Si se evitan niveles jerárquicos para tomar decisiones, todo se soluciona mejor y más rápido; y se aprovecha mejor el potencial creativo del personal[12]. De ahí la importancia de pasar de la organización que manda y castiga, a la que orienta, forma y reconoce los méritos del manejo responsable y autocontrolado de la tareas que se realizan en un marco incierto y aleatorio.

> La delegación queda en el terreno de lo que otros deben hacer, lo que otros harían si tuvieran oportunidad, o deberían hacer pero requieren alguna colaboración.

Ken Blanchard y colaboradores[13] dicen que lo que ha llevado a

---

12. ÁLVAREZ, J. L. y RICART, J. E.: *Op. cit.*
13. BLANCHARD; Ken, CARLOS, John y RANDOLPH, Alan: *Las 3 claves para el empowerment.* Ediciones Granica, Barcelona, 2000.

la delegación son las elevadas exigencias de los clientes, la competencia exacerbada, la necesidad simultánea de ganar dinero y la actual inclinación de la gente por controlar su destino.

La delegación permite ampliar la actividad, la velocidad operativa y el compromiso de la gente.

> Delegar es confiar.

La persona que faculta adquiere libertad para cumplir su verdadera función, que es la de conducir, planificar, organizar, motivar y controlar. La conducción está para alcanzar la máxima productividad, no para hacer las cosas por sí misma. Y eso depende de cómo logra desplegar las capacidades y competencias que posee la empresa. Esa es la tarea del dirigente. Pero facultar no significa dejar de fijar o medir objetivos y resultados ni dar carta blanca. Tampoco liberarse de responsabilidad.

La transferencia debe ser eficaz. En el primer punto de este capítulo mencioné la necesidad de combinar la diversidad, si-

> Creer que es más fácil hacer las cosas que explicarlas es una gran falacia.

tuando a cada persona en el lugar donde maximice su valor agregado; eso ayuda a delegar las tareas justas en las personas indicadas.

Naturalmente, para funcionar así es necesaria una idoneidad diferente de la que requería el modelo taylorista, cuando las personas eran convertidas en piezas de una compleja maquinaria, se juntaban "fierros" y huesos, tornillos y músculos, bulones y carne, fuerza bruta y cerebro. Hoy los trabajadores deben tener instrucción, saber tomar decisiones, ser capaces de pensar y actuar en consecuencia. En el pasado, esas facultades eran anuladas, y se hacía retroceder a los trabajadores a una escala previa a la humana. Ahora se impulsa al hombre hacia el conocimiento y el mejoramiento continuo. Por eso se proponen estructuras horizontales, con menos jerarquías y sujetas a aprendizaje permanente.

Quienes reciben poder para actuar deben tener adecuadas destrezas técnicas, humanas y conceptuales.

Lo técnico está relacionado con el saber necesario para ejecutar las tareas, incluyendo el manejo de equipo y metodologías. Se logra con formación de aula, adiestramiento y práctica.

Las competencias humanas tienen que ver con la actitud para el trabajo, la capacidad de ejecutar y relacionarse con otras personas, la aptitud para integrar un equipo, recibir órdenes o liderar según sea el momento. Simultáneamente se requiere una visión global y el reconocimiento de la ubicación que la persona ocupa en el complejo sistema que constituye una sociedad mercantil. A mayor responsabilidad, más necesidad de habilidad conceptual y humana, y menos de destrezas técnicas.

Es posible e imprescindible delegar las decisiones rutinarias, técnicas o funcionales. También, el directivo puede comisionar aquello que no le genera satisfacción o está fuera de la órbita de sus habilidades y conocimientos.

> Cuantas más personas sepan desarrollar ciertas actividades críticas, más segura estará la organización.

La alta dirigencia debe ceder a terceros las labores que estos puedan realizar, y especialmente las que serán más eficientemente ejecutadas. Debe quedarse sólo con aquellas funciones que debe, puede y sabe desempeñar. Incluso es correcto contar con auxilio de terceros para algunas de esas tareas, tanto para aliviar el trabajo como para lograr la necesaria formación para el traspaso generacional.

La transferencia debe surgir de un simple análisis de costo-beneficio.

La potestad de actuar debe ser transferida sin miedo ni dudas. El control excesivo es una demostración de inseguridad. Es preciso no volver sobre el tema, salvo por razones de fuerza mayor.

Para delegar hay que aprender a centrarse en los resultados y no en el proceso, del mismo se ocuparán los receptores.

Quienes más predispuestos están a facultar son los que fomentan la creatividad y la participación, alientan el desarrollo personal y profesional, son comunicativos y abiertos, y reconocen los aportes de los demás.

Hay que mostrar interés por la labor que realizan los receptores y quedar a su disposición. Aceptar errores y fomentar el aprendizaje a partir de ellos. Facilitar la formación para la ejecución de las tareas.

> El que delega debe tratar de intervenir lo menos posible. Hay que tolerar que se cometan errores y dar la posibilidad de enmendarlos.

Luego de comprometerse firmemente con el cambio, los pasos para delegar son:

- analizar la tarea que se tiene a cargo y determinar lo que será delegado;
- planificar el objetivo a lograr con la delegación y los tiempos para alcanzarlo;
- fijar claramente la decisión, responsabilidad, autoridad y poder que serán delegados;
- elegir a los receptores y, si fuera pertinente, realizar algún adiestramiento antes de transferir la responsabilidad;
- comunicar la delegación; facilitar la información, la comunicación, la retroalimentación entre los interesados;
- determinar los criterios de ejecución; asignar recursos, e incluso definir un presupuesto;
- determinar la manera en que se realizará el control y se vigilará el proceso, la fre-

> Facultar no significa alejarse del tema o de los trabajadores; es necesario estar ahí y tener una comunicación continua y estrecha con ellos.

> La delegación de tareas fomenta la independencia. Da libertad dentro de la responsabilidad comisionada.

cuencia de la realimentación y hasta dónde queda comprometida la conducción; evaluar los resultados; sugerir correcciones; colaborar en disminuir los problemas; ver la necesidad de recompensar los buenos resultados.

El cambio genera incertidumbres. Seguramente habrá desaliento y dudas, pues en la primera etapa habrá una especie de vacío de liderazgo. Lo importante es no abandonar la cruzada. Si se mantiene la idea, empezarán a aparecer hábitos y conductas que permitirán que renazca la esperanza y se empiecen a ver los frutos.

> Para Ken Blanchard y colaboradores las tres claves del *empowerment* son:
> 1) compartir la información con todo el mundo;
> 2) fijar los límites dentro de los cuales los miembros de los equipos pueden actuar con autonomía;
> 3) sustituir la jerarquía por equipos (autodirigidos).

Los receptores de poder y responsabilidad deben saber lo que se espera de ellos. Tener actitud para asumir la carga. Saber hasta dónde llega su autoridad. Necesitan conciencia plena de lo que significa asumir la asignación. El personal más calificado es siempre el más predispuesto a recibir responsabilidades y el que está más atento a las oportunidades de crecimiento que la empresa ofrece.

A estas personas se las debe preparar adiestrándolas y permitiéndoles adquirir las competencias necesarias para el ejercicio adecuado de la tarea.

Si han participado activamente en la determinación de las tareas que deben asumir y en la forma en que deben hacerlo, la delegación aumentará en eficacia.

En los modelos jerárquicos se establece lo que no se puede hacer. En los sistemas de empoderamiento se fija la variedad de acciones que los delegados están facultados a encarar y las decisiones que pueden tomar.

En los sistemas de delegación responsable no se transfiere toda la responsabilidad de la empresa. Los márgenes quedan (o deben quedar) claramente acotados. Las decisiones estratégicas seguirán siendo tomadas por la dirección, mientras que se trasladan las resoluciones operativas. Lo aconsejable es empezar desde las operaciones más simples y avanzar hacia las decisiones complejas.

La necesidad que impone el *empowerment* de trabajar con equipos se basa en que estos son más eficaces que los individuos. El equipo sabe y puede más que el mejor de los individuos, por lo que el resultado del conjunto es superior al de cada persona.

Los niveles de autoridad son:

- amplia facultad de acción, sin ser necesaria la recepción de ningún reporte;
- independencia para decidir la acción con obligación de avisar antes de hacer;
- libertad de acción con el compromiso de informar lo hecho;
- disposición de presentar distintas alternativas, con sus pros y contras, y una acción recomendada, sujeta a la aprobación del superior;
- necesidad de informar la situación después de estudiarla, y acatar la decisión del superior.

Cuando se requiere alguna acción especial de quien delega, o se cambia algo, deberá hacerse la pertinente comunicación y explicar con claridad los porqués.

La carga de trabajo debe ser distribuida equitativamente, de lo contrario se producirán conflictos.

La selección de a quién se delega debe ser cuidadosa. Para elegir hay que: observar las destrezas requeridas por la tarea; ver quiénes las poseen y quiénes son capaces de asumir el reto de tomar una responsabilidad superior. No es tan importante si el receptor tiene tiempo libre o si la función a asignar requiere mayor capacidad; si es necesario, se trasladan hacia abajo ciertas responsabilidades y se facilita la formación pertinente. Lo que se requiere tener presente es que sólo se sabrá si la elección fue acertada cuando la persona se haga cargo de la tarea. De todas formas se le debe dar tiempo para poner a prueba sus condiciones.

Si hay síntomas de aburrimiento, es que esa persona probablemente está realizando tareas menores que las que permitiría su capacidad.

Quien tiene miedo de delegar por lo que podrán decir las personas a su cargo, no puede conducir una empresa.

Es necesario ser medido, no exagerar la carga delegada, pero no dejar de facultar. Si no se tiene en quién, hay que hacer el estudio costo-beneficio (aconsejado antes) y muy probablemente se advertirá que conviene contratar a una persona.

Si no se delega por falta de confianza en los empleados, hay que procurar que adquieran las habilidades necesarias para generar esa confianza, o sacarlos de la organización. No es práctico trabajar con gente de la que uno desconfía.

Si el superior termina haciendo el trabajo, o dando respuesta a interrogantes que deberían ser contestados por personal de menor jerarquía, o bien no hizo una delegación adecuada, o bien se equivocó de personas.

Hay que recordar que para que vaya bien la relación con el exterior (clientes, especialmente) tiene que funcionar muy bien el interior de la empresa. En cierta forma, el personal empoderado se convierte en un socio de la empresa, por lo que su acción está más sólidamente vinculada al éxito o al fracaso. Lo interesante para cerrar el círculo es que la empresa sienta y compense la asociación.

Pero esta modalidad no está muy difundida en las PyMEs. Es que, para los directivos, no es fácil delegar, y a los receptores tampoco les atrae aceptar responsabilidades superiores. El *empowerment* implica un cambio mental de trascendencia. Es una mudanza de cultura, actitudes, prácticas, conductas y relaciones interpersonales.

En la cultura jerárquica se instruye; en el *empowerment*, guía la visión. En una se manda y controla; en la otra se actúa por medio de asociaciones. No hay seguimiento sino autoseguimiento. De la responsabilidad individual se pasa a la responsabilidad del equipo. Las estructuras se convierten en funcionales, aparecen los proyectos. Hay liderazgo y miembros de equipo que reemplazan a los directores y empleados. Si se avanza en el sentido correcto, hasta la dirección participativa se convertirá en antigua y dará paso a equipos autodirigidos donde las personas son propietarias del trabajo y se manejan con sentido común.

CAPÍTULO 11

PONERLE NAFTA AL VEHÍCULO

"Las organizaciones usan información en tres modos estratégicos: para percibir su medio ambiente, crear nuevo conocimiento y tomar decisiones. La percepción crea una estructura de significaciones compartidas y propósito, que proporciona identidad y valor a las actividades de la organización. La percepción también configura la comprensión de problemas u oportunidades en los que la organización necesita trabajar. Hacer frente a problemas y oportunidades con frecuencia crea momentos propicios para la toma de decisiones, y cuando los problemas son complejos y novedosos, pueden exigir la creación de nuevo conocimiento. Esta depende del conocimiento tácito de individuos y grupos, y de los vínculos de conocimiento y alianzas que ellos y la organización han desarrollado interna y externamente con otros asociados. Los resultados de la creación de conocimiento son innovaciones o una ampliación de las capacidades de la organización. La toma de decisiones está estructurada en reglas y rutinas, y se guía por preferencias basadas en una comprensión compartida del propósito y los objetivos de la organización. Donde se dispone de nuevas capacidades o innovaciones, introducen nuevas alternativas y amplían el espacio para la búsqueda de problemas. La toma de decisión selecciona un curso de acción que se espera que se desempeñe bien (o bastante bien) a lo largo de las dimensiones de las preferencias. Los procesos de percepción, creación de conocimiento y toma de decisiones constituyen las principales actividades de información de lo que llamaremos una organización inteligente."

Chun Wei Choo, *La organización inteligente*

La formación como componente imprescindible

Además de la capacidad para combinar las fortalezas, el arte de conducir requiere un gran esfuerzo por ensanchar el acervo de competencias, saber y destrezas del personal. En otras palabras, trabajar al hombre integralmente, como un ser social, en su dimensión personal y también organizacional y comunitaria.

Estas dimensiones crecen con el aprendizaje, donde se aprovecha la capacidad de reflexión, comunicación (lenguaje) y adaptación.

La conducción, como fue dicho, debe estar sometida a un continuo aprendizaje y actualización (de información y conocimientos aplicables). Pero también el personal debe recibir la capacitación adecuada, especialmente porque al bajar el poder de decisión a niveles inferiores de la empresa debe asumir la carga y, para armonizar con las exigencias de los tiempos modernos, debe estar altamente calificado y facultado para tomar decisiones.

La mayor autonomía trae responsabilidad y requiere talento para atender las tareas de organización, que se trasladan al área de producción, a la que se le asigna además el control de calidad, que deja de ser sólo nobleza de productos para pasar a verificarse en el mismo proceso. Además, porque los empleados son movidos por distintas labores cuyo contenido varía, manejan diferentes máquinas, ajustan equipos, hacen mantenimiento y reparaciones preventivas.

El trabajador debe entender su función como parte integrante de un proceso de producción más amplio. Por eso la formación es imprescindible y debe encararse como una acción continua que permita reciclar y abandonar la especialización antigua para alcanzar la polivalencia necesaria y la competencia de adaptarse a la existencia de puestos polifuncionales.

El trabajo físico ha ido decayendo, al tiempo que aumentaron las labores indirectas (diagnóstico, vigilancia, ajustes, reparación, mantenimiento, supervisión, calidad), y se borró la división entre trabajo manual e intelectual. Antes se eliminaba la capacidad pensante pues era perniciosa; el trabajador era una herramienta, un aparato destinado a tareas menores, y se lo usaba de acuerdo con requerimientos. Se le asignaba menos valor que a las máquinas, era descartable, daba igual uno que otro. Al no tener manejo integral del proceso productivo, si sucedía un desperfecto o una situación incómoda debía siempre recurrir a un tercero calificado para arreglarlo.

Hoy se exige saber. No es posible sobrevivir si los trabajadores no entienden integralmente el proceso productivo, no saben qué están haciendo, son incapaces de mantener los equipos, diagnosticar qué sucede o introducir mejoras a los procesos. Deben estar preparados, desarrollar plenamente su habilidad natural, asumir la responsabilidad y comprometerse. A diferencia del pasado, es lúcido formar al personal, aumentar sus conocimientos y facultad de decisión; motivarlos, retenerlos. La firma debe convertirse en un ámbito de aprendizaje.

Esto resulta claramente contrario a la cultura predominante de las empresas latinoamericanas y, por qué no, del Tercer Mundo.

Se requiere un cambio cultural para que la formación constituya una práctica extendida que coloque al trabajador como núcleo (lejos del rol de recurso).

En esta cultura, las personas se convierten en valiosas y no pueden ser tan fácilmente reemplazadas. Se hace importante disminuir el ritmo de rotación del personal, aspecto no contemplado por la cultura empresaria criolla estupidizada por la prédica neoliberal. Así nacerán *organizaciones aprendientes* (Senge) o *inteligentes e informadas* (Drucker).

La formación y el desarrollo de talentos se realizan muy corrientemente en el lugar de trabajo, pero también fuera de él. Hay que diagnosticar las necesidades de formación, diseñar los programas formativos, elaborar los materiales e impartir los cursos.

La formación como impulsor del cambio

La educación y la formación constituyen la base del cambio. Este se inicia con la transformación institucional que, a su vez, empieza con la metamorfosis de los individuos. El principio del proceso de cambio está en las personas y lograrlo requiere compromiso, lo que sólo se consigue en la medida en que las personas vivencian que una nueva forma de hacer las cosas les trae beneficio.

Los procesos formativos deben facilitar el desarrollo de una nueva inteligencia individual y colectiva. La formación individual y no integrada a los procesos tiene poca trascendencia pero, paradójicamente, el aprendizaje, incluso el organizacional, es personal e intransferible. Por eso se debe operar en forma concomitante con procesos de aprendizaje individual y colectivo.

El hecho de incorporar conocimientos es transformador, integrador, progresivo, evolutivo, dinámico, complejo y sistémico. Conjuga lo racional y lo emocional, y también las posturas diferentes que se unifican a medida que se entienden los procesos. Es personal y social al mismo tiempo.

No hay aprendizaje si no se produce una elevación personal. Por eso está basado en el dolor y el sufrimiento, y a veces surge de situaciones traumáticas. Es creativo y paralelo. Se da mediante la capacidad de reflexión. Surge de la apertura de la mente y el espíritu. Depende del aporte de todos en la organización.

La capacidad de aprendizaje es un valor fundamental para que la estrategia sea exitosa. La empresa debe encontrar una dinámica que la mejore a través de motivar el cambio en las personas y en las relaciones, despertar procesos latentes, anticiparse a las situaciones, hacer ver lo que funciona mal y corregirlo, impulsar hacia una etapa superior, mejorar. Y todo eso se logra con formación.

A nivel personal, las competencias fundamentales son la autocrítica, la autenticidad, el desprendimiento, el desprejuicio, la espontaneidad, la pasión por el trabajo, el respeto a los otros y a sus ideas, la flexibilidad, el compromiso, la creatividad, el inconformismo, la ejecutividad.

A nivel organizacional, los talentos son: la reflexión crítica y autocrítica, la visión realista, la solidaridad, el compañerismo, la sociabilidad, la integración en equipo, el sentido de comunidad, el clima armónico, el profesionalismo, la eficiencia, la comunicación, la capacidad de acordar, la adaptación al cambio, la apertura hacia lo exterior, la participación, la capacidad de ver y aportar a lo nuevo, la capacidad de aprender.

> Tres aspectos hacen que un trabajador sea deseado por toda organización: que sepa el qué y el porqué (conocimientos, formación general), que sepa el cómo (talento) y que tenga los deseos de hacerlo.

En los sistemas humanos todos los componentes son importantes; cada uno realiza una función y participa en el todo. El sistema se sostiene por el aporte singular, único e irrepetible de lo que cada persona puede brindar a la organización.

Formación en la cultura de la empresa

Es valioso el aprendizaje en los aspectos de la cultura e idiosincrasia de la firma y la adquisición de ciertas competencias clave como trabajo en equipo, liderazgo, motivación, comportamiento ético, etc. Los trabajadores deben combinar competencias (habilidades, programación, autosuficiencia, etc.) y facultades para mantener relaciones humanas positivas con quienes trabajan y con el exterior (virtud para lograr sinergias, buen trato, equidad, capacidad para trabajar en equipo, convencimiento, etc.). El talento para

> La habilidad para aprender es la madre de la incorporación de los demás talentos.

alcanzar sinergias a partir de las relaciones humanas y con las cosas es fundamental. Nace de la idea de que los recursos y capacidades, más que ser sumados, deben ser multiplicados. Al respecto, Javier Fernández López propone la generación de una *mentalidad de abundancia,* o sea, la disposición a crear riqueza para distribuirla.

La formación debe tender a fortalecer los aspectos positivos de las personas y, al mismo tiempo, eliminar debilidades. La inversión en personal es la más redituable porque es la que permite diferenciarse de los competidores.

El objetivo final es la sabiduría. La sabiduría no tiene límites, porque se basa en la permanente capacidad de aprender y perfeccionarse. Se propaga en espiral, va y vuelve, pero a cada vuelta, deja un poco más. Lejos de ser un simple conjunto de conocimientos o ideas de otros que se acumulan pero no se asimilan, es

> Decía Napoleón que los sabios son los que buscan la sabiduría, y los necios quienes piensan ya haberla encontrado.

sabiduría sólo cuando se la apropia, y se le adjunta algo nuevo. Se la posee sólo si se la ha somatizado, hecho parte de uno.

Rob Goffee y Gareth Jones han escrito un artículo muy interesante sobre la cultura empresarial, a la que consideran el medio eficaz para mantener unida a la empresa frente a la oleada de presiones desintegradoras, tales como la descentralización y la reducción de plantillas[1].

El artículo formula algunas preguntas básicas: ¿qué es la cultura empresarial? ¿Existe una cultura adecuada para todas las empresas? ¿Cómo puede un directivo cambiar la cultura de su empresa?

---

1. GOFFEE, Rob y JONES, Gareth: *¿Qué mantiene unida a la empresa moderna?* Deusto-Harvard Business Review, Buenos Aires, 2004.

Para los autores, cultura es comunidad, es la forma en que las personas se relacionan unas con otras. Afirman que la comunidad de negocios no es diferente de otras (familia, universidad, escuela, club, pueblo), por lo que las empresas pueden (y deben) ser analizadas a través de los modelos que desde hace mucho tiempo alumbran el estudio de las organizaciones humanas.

Por eso usan la metodología de la sociología que se basa en dos aspectos de las relaciones humanas.

1) **Sociabilidad.** Forma de medir la amistad entre los miembros de la comunidad.

Es una relación espontánea. Implica compartir ideas, actitudes, intereses y valores, en términos de igualdad. Los amigos se ayudan unos a otros, hablan, comparten, se ríen y lloran juntos y sin ataduras.

Este tipo de entorno es agradable, eleva la moral y el espíritu de equipo. Crea un ambiente flexible, beneficioso para la creatividad. Normalmente se va más allá del requerimiento del trabajo formal.

El predominio de la amistad lleva a tolerar el bajo rendimiento, hay una exagerada preocupación por lograr el consenso, se debaten poco los objetivos, estrategias y formas en que se realiza el trabajo. Tiende a generar camarillas, redes informales y "puenteos". Eso es bueno cuando se está integrado a la red y malo para los que están afuera. Estos se sienten perdidos, maltratados y terminan con la moral destruida, y carentes de compromiso y lealtad. Los roles no están suficientemente definidos.

Se busca el mayor compromiso, no necesariamente la mejor solución.

2) **Solidaridad o efectividad.** Evalúa la capacidad para seguir objetivos compartidos con rapidez y eficacia, independientemente de los lazos de tipo personal.

Se guía más por la cabeza que por el corazón. Las relaciones se basan en tareas comunes, intereses mutuos y objetivos compartidos que benefician a todas las partes que intervienen.

Puede surgir entre personas o grupos dispares y sin estar mantenida mediante una relación social continua. Está enfocada a la estrategia, a la relación rápida ante la amenaza de los competidores, y no tolera el bajo rendimiento. Crea un fuerte sentido de confianza en la empresa. Los roles están claros.

Tomando estas dos dimensiones, los autores conforman cuatro culturas básicas de empresa: *mercenaria, conectada, fragmentada* y *comunal*. De nada sirve quejarse o preferir un tipo a otro; los directivos deben poder evaluar la cultura de su empresa y ver si es la adecuada para su objetivo. Suponer que las empresas son homogéneas y que cualquier cultura sirve es una ingenuidad. Es muy útil ver las particularidades de las cuatro formas.

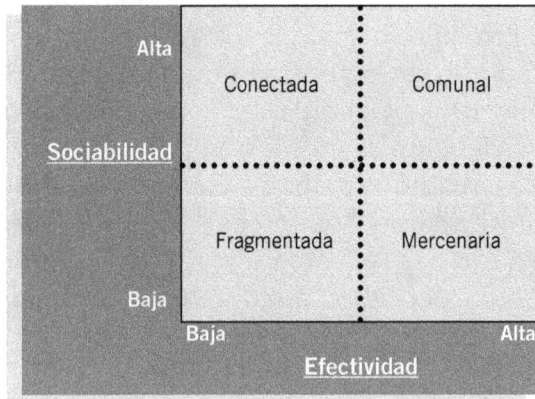

a) **La empresa conectada.** Alta sociabilidad y baja efectividad.

Si bien posee jerarquía, es común el salto de escalafones en una estructura informal que permite favoritismos. No hay reglas, sistemas, procedimientos ni medidas de rendimiento. A veces la falta de solidaridad lleva a tener problemas para encontrar colaboración entre unidades operativas, cuando no se pertenece al mismo grupo. Está politizada y hay camarillas. Hay poco compromiso con los objetivos empresariales compartidos.

Funciona mejor cuando las estrategias son a largo plazo. Las dificultades de corto plazo se superan con lealtad, cuando el conocimiento de las peculiaridades del mercado local es un factor fundamental para el éxito y cuando el éxito conjunto de la empresa es la suma de los logros puntuales.

b) **La empresa mercenaria.** Baja sociabilidad y alta solidaridad. Las comunicaciones y las relaciones se centran en cuestiones de negocios. Los intereses personales coinciden fuertemente con los de la empresa. Hay una percepción nítida del "enemigo" y de los pasos necesarios para vencerlo. Tiene coherencia y capacidad para reaccionar ante toda amenaza u oportunidad percibida. La separación entre trabajo y vida social es clara.

Es intolerante con el bajo rendimiento. Los empleados aportan todo su esfuerzo, o son despedidos. Hay insensibilidad. No son bastión de lealtad. La búsqueda de objetivos concretos los lleva a perder el sentido de colaboración, de compartir información o intercambiar ideas nuevas o creativas.

Esta empresa sirve cuando hay cambios bruscos y extensos. Cuando las economías de escala o las ventajas competitivas se obtienen mediante la creación de centros de excelencia, que luego imponen sus procesos y procedimientos al resto. Cuando los objetivos son fáciles de evaluar. Cuando está muy clara la naturaleza de la competencia.

c) **La empresa fragmentada.** Baja sociabilidad y baja solidaridad. No hay pertenencia. Se trabaja alejado de los colegas (a puerta cerrada o en la casa). Rara vez se llega a un acuerdo sobre los objetivos, factores fundamentales para el éxito, o los criterios de medida del rendimiento.

Es útil cuando existe muy poca interdependencia en el trabajo. Cuando las innovaciones significativas son obra de empleados individuales y no de equipos. Cuando los objetivos de rendimiento se obtienen por el control de insumos y no de procesos. Cuando existen pocas oportunidades y el orgullo profesional limita esa transferencia de saber entre empleados.

d) **La empresa comunal.** Alta sociabilidad y alta solidaridad. Es típico en los negocios que se inician y en empresas maduras donde los empleados han trabajado codo a codo, logrando, simultáneamente, un nivel fuerte de amistad e integración al objetivo económico. Los miembros poseen una elevada conciencia de la identidad de la empresa y de su condición de integrantes, y no existen contradicciones entre ambas. El objetivo básico es la perdurabilidad. La exageración puede provocar una conducta adictiva que va en contra del carácter integral del ser humano. La vida pasa por la empresa y pierden importancia las otras relaciones del mundo exterior. La empresa recibe lo mejor de las personas en su aspecto humano y profesional.

Sirve cuando la innovación exige un trabajo de equipo complicado y amplio, con miembros de varias unidades y lugares. Cuando existen sinergias reales y oportunidades de aprendizaje cruzado entre las unidades operativas. Cuando las estrategias son a largo plazo. La cultura comunal proporciona una alta sociabilidad para fomentar las relaciones (y el compromiso) y una alta solidaridad para mantener la mira en el negocio. Sirve cuando el entorno es dinámico y cambiante.

El lector ya habrá entendido que la obra de Goffee y Jones prefiere este tipo de cultura empresaria, potencia los aspectos positivos de la sociabilidad y la solidaridad, y disimula sus partes negativas.

Los autores proponen, para aumentar la sociabilidad, fomentar la actitud de compartir ideas, intereses y emociones, contratando empleados compatibles, personas con gran probabilidad de convertirse naturalmente en amigos. Incrementar la interacción social entre los empleados, organizando para ello reuniones informales dentro o fuera de la empresa, tales como fiestas, excursiones, e incluso, clubes de lectura. Reducir los formalismos entre empleados. Limitar las diferencias jerárquicas. El directivo debe actuar como un amigo más y dar ejemplo con su cordialidad y amabilidad, preocupándose por los que tienen algún problema.

Para fomentar la solidaridad se debe hacer que los empleados adquieran conciencia de los competidores mediante informes, boletines, videos, memorandos o correos electrónicos. Crear una sensación de urgencia. Estimular el deseo de triunfar. Fomentar el compromiso con los objetivos compartidos de la empresa.

Aprendizaje permanente

El aprovechamiento del saber productivo está ligado a la capacidad de aprender. Las personas en la vida van incorporando herramientas, conocimientos y talentos para sobrevivir. Los trabajadores hacen lo mismo. Pero las destrezas útiles en un momento pueden no responder a las exigencias laborales. Es necesario dejar atrás esos conocimientos para incorporar otros. El instinto de supervivencia es el aliciente para la incorporación de capacidades. Pero sobrevivir es poco: lo importante es crecer.

Coincido con Hamel y Prahalad en que una de las mejores aptitudes que puede tener una empresa para crear ventajas competitivas es su predisposición a la mejora continua. Una organización abierta al aprendizaje es una organización inteligente, y por eso, competitiva. Para ello requiere un talento especial, la pericia para formarse. He querido señalar esta virtud porque es fundamental para incorporar el resto de las destrezas necesarias para competir en el presente y el futuro.

Las organizaciones deben estar pendientes de la incorporación de saber productivo que pueda consolidarse como ventajas competitivas (VCs). Aprendizaje y creación de VCs son indisolubles. Sobrevivir y tener éxito dependen de la capacidad y afán de aprender a escala personal y organizacional.

Como bien dice Senge, en una organización abierta al aprendizaje la inteligencia del equipo supera a la de sus integrantes, porque cada uno desarrolla aptitudes extraordinarias a partir de la coordinación[2]. El saber individual no alcanza para manejar la complejidad. Por eso, en su reemplazo, se propone el aprendizaje en equipo. Una sola mente no alcanza para pensar agudamente sobre los problemas compuestos. En cambio, muchos ingenios sí pueden propiciar propuestas innovadoras y coordinadas para la acción.

"Aunque el aprendizaje en equipo supone actitudes y conocimientos individuales, es una disciplina colectiva (...) La disciplina del aprendizaje implica dominar las prácticas del diálogo y la discusión. El diálogo es una exploración libre y creativa de asuntos complejos y sutiles, donde se escucha a los demás y se suspen-

2. SENGE, P.: *Op. cit.*

den las perspectivas propias. En cambio, en la discusión se presentan y defienden diferentes perspectivas y se busca la mejor perspectiva para respaldar las decisiones que se debe tomar. El diálogo y la discusión son potencialmente complementarios."[3]

Una organización abierta al aprendizaje es capaz de incorporar información, procesarla y convertirla en competencias productivas. Evolución que se inicia con la capacidad de detectar datos relevantes y transformarlos en saber. El paso de información a conocimientos es producto de un diálogo donde se suspenden los modelos mentales individuales para ingresar en un auténtico pensamiento conjunto.

Las mejores personas de una compañía son aquellas que están dispuestas a brindar opinión, enfrentar y resolver las cuestiones que se presentan por primera vez y cuya respuesta no está en ningún manual. Quienes tienen mentes abiertas facilitan la adaptación a los cambios que se suceden de manera vertiginosa. En las organizaciones del futuro se trata de lograr que los sujetos con estas cualidades sean mayoría, y conformar una dotación de cuadros inteligentes en sentido amplio.

Para ello, deben constituirse en entes dispuestos a enseñar y aprender en conjunto. Debe quedar claro que es necesario invertir en lo que constituye la fuente de competitividad principal: las personas.

Es preciso propiciar la participación. El personal debe animarse a hablar. A exponer, proponer, reflexionar, examinar, cuestionar su pensamiento y reconocer que no hay certidumbres sino hipótesis. Esta actitud es la base del aprendizaje y el mejoramiento permanente. He participado en organizaciones donde el consejo era quedarse quieto, no asumir riesgos, no ponerse en evidencia, algo enemigo del crecimiento.

---

3. SENGE, P.: *Op. cit.*

La instrucción debe ser asumida profesionalmente. Debe ser un proceso programado, destinado a la incorporación de ideas, experimentación práctica, construcción de capacidades y competencias, difusión y estandarización. Las empresas deben crear su laboratorio de formación y proponer programas uniformes de capacitación a largo plazo, que desarrollen destrezas y compongan proyectos enfocados a cambiar los modelos mentales. Nada más útil para el éxito que la habilidad para engendrar y desarrollar de manera continua y persistente nuevos entendimientos.

"Si cierras las puertas a todos los errores, puedes dejar la verdad afuera." **San Juan**

"El hombre a quien el dolor no educó, siempre será un niño." **N. Tommaseo**

"En las adversidades sale a la luz la virtud." **Aristóteles**

"La mente de un hombre ensanchada por una nueva idea nunca puede volver a las dimensiones originales." **Oliver Wendell Colmes Jr.**

"Cada fracaso le enseña al hombre algo que necesitaba aprender." **Charles Dickens**

"Las dos mayores tragedias de los seres humanos son: no alcanzar el éxito y alcanzarlo." **Benjamín Disraeli**

(Citados por Ruperti y Nadal en *Meditando el management.*)

Aprender en la acción

El profesor Reg Revans, a partir de su experiencia en las minas de carbón, propició una nueva forma de aprendizaje organizacional basado en la formación de grupos de personas con habilidades y experiencias diferentes reunidas para resolver problemas concretos de la organización. El *action learning* (AL) es un modo de enfrentar la formación y la solución de problemas de manera simultánea. El equipo de trabajo convocado reflexiona sobre las dificultades y trabas que impiden el desarrollo normal de la empresa, sacan conclusiones, aplican los correctivos decididos en conjunto, observan los resultados y vuelven a debatir y actuar en consecuencia.

Carlos Parzianello y Pablo Pécora[4] fueron de los primeros en intentar introducir en Argentina el método de AL, que es popular en corporaciones de los Estados Unidos, Gran Bretaña, Canadá, Australia y países nórdicos. El mecanismo trabaja en dos frentes. En el proceso de aprendizaje de habilidades en sí mismo y en la resolución, simultánea, de problemas de la organización.

En el sistema tradicional el conocimiento está en el capacitador; en el AL está en las personas que forman el equipo de trabajo. El proceso clásico va de la teoría a la práctica (teoría y casos), mientras que en el AL se parte de la realidad y se produce un proceso realimentante, dialéctico. De la participación pasiva del aprendiente y activa del formador se pasa a un participante activo que trabaja con un facilitador. El aprendizaje tradicional no pasa de los puntos de vista existentes y es lineal; el AL presenta un proceso transformador, incorpora y desarrolla nuevos puntos de vista, es secuencial. Aquel es poco flexible; el AL se elabora a medida de las necesidades de la organización, es flexible. En el sistema de AL, el retorno de la inversión se puede medir en resultados directos para la organización.

> El conocimiento está en las personas, y especialmente en quienes están más cerca del problema.

El sistema trabaja sobre los problemas y desafíos reales, todos aprenden del sentido que surge de la reflexión colec-

---

4. Pablo Pécora tiene la particularidad de ser el más reconocido psicólogo deportivo de Argentina. Ha atendido a un numeroso grupo de tenistas, destacándose el trabajo realizado con Gastón Gaudio antes de Roland Garros. Además, colabora con profesionales del golf, automovilismo y polo.

315

tiva para superar una situación real y tangible. La participación y el compromiso con el programa deben ser elevados; la misión del *coach* es orientar el proceso de reflexión.

Un logro esperado es la transformación de las personas y de la organización, como para que lleguen a un nivel superior de conocimientos y de destrezas para actuar. Se trabaja en un proceso interno secuencial a través del tiempo que va dando lugar a respuestas cada vez más elaboradas. La reflexión es la herramienta más poderosa para acceder al conocimiento. Se recapacita sobre los problemas cotidianos que preocupan e interesan. Se parte determinando la particularidad de un problema eje, en el plano: personal, de equipo, de organización o de negocio, y simultáneamente se trata de lograr objetivos. Se trabaja sobre el inconveniente para encontrar soluciones basadas en experiencias pasadas.

La ventaja es que cuando se trabaja sobre problemas y soluciones concretas se logra mayor motivación y se desarrolla una capacidad reflexiva aumentada por la inteligencia emocional y el intercambio. Se aprende de lo que se hace y de las experiencias anteriores. El compromiso de los participantes no es sólo estar presentes sino también instrumentar en la práctica las soluciones que se consideran oportunas. Ganando siempre se aprende.

> Se buscan resultados en términos de soluciones, ideas y conocimientos, herramientas y destrezas incorporadas; se espera, además, una transformación de las conductas y actuaciones. Los resultados son económicos y de aprendizaje.

Pueden buscar mejorar resultados, llevar adelante un proyecto o tarea, aumentar la responsabilidad personal, empezar algo nuevo, solucionar un problema, arreglar algo, lograr un cambio. A cada tipo de objetivos se le pone un indicador cuantitativo para medir su avance.

Es una herramienta fundamental de transformación y cambio tanto a nivel personal como organizacional y comunitario. En lo personal se trata de lograr cambios de conductas, de puntos de vista, de valores, y desarrollo de comunicación (escucha, feedback, exposición), capacidad de reflexión, de acción, integración. En cuanto al equipo, es una herramienta de autoevaluación, modifica las normas o prácticas conjuntas, mejora las relaciones y la circulación de información, alinea con la estrategia. Para la organización no hay nada mejor que el aprendizaje conjunto, porque los miembros logran apertura, mayor interacción e integración.

La dinámica del AL hace palpable y accesible el conocimiento –las personas se muestran como son–, permite un aprendizaje rápido y significativo, estimula la creatividad, genera un espacio de participación y alegría donde se desarrollan y circulan las emociones positivas, y se basa en aprender con otros y jugando.

Coaching

Una persona se cultiva cuando recibe generosamente de otro el regalo de su saber y experiencia. Por eso una de las palabras más respetuosa es maestro o profesor. El conductor experimentado tiene como tarea importante la de transferir conocimientos, formar equipo y delegar. La transmisión adecuada de saber ahorrará tiempo y esfuerzo. Hoy, la calidad de los conductores es el principal factor de retención del personal. Por eso la dirección basada en el *coaching* y el *mentoring* se difundió ampliamente.

En la empresa moderna y competitiva es preciso que el personal superior esté dispuesto a transmitir sus conocimientos a sus subordinados. Hace poco me topé con un libro referido al *coaching* con un título muy atractivo: *Coaching. El arte de soplar las brasas*[5], y creo que es la mejor definición de

5. WOLK, Leonardo: *El arte de soplar las brasas*. Gran Aldea Editores, Buenos Aires, 2003.

> El aprendizaje/enseñanza tiene una vía de ida y otra de vuelta. Aprendí de joven, en Japón, que respetar y escuchar a los mayores es una virtud.

esta disciplina que atiza en el personal el fuego que lleva a actuaciones poderosas.

Los que lideran, conducen; pero también deben orientar acerca de las formas de aplicar eficientemente los conocimientos y habilidades adquiridos en el taller, la oficina y el aula: *"Cada superior debe ser el capacitador por antonomasia de los niveles inferiores, en general, y de los niveles superiores en algún tema ad-hoc que resulte conocer con solvencia. Todo esto sin perjuicio de otros instructores que seguramente serán necesarios en algunas oportunidades"*[6].

El *coaching* es un arte, procedimiento, técnica, estilo de liderazgo-gerenciamiento-conducción y un modelo de aprendizaje.

Es una forma de expresar el liderazgo. Las personas siguen a otras no por su carisma, experiencia o lugar en la organización, sino por su capacidad de enseñar a ser eficaces. De esa manera también se contribuye a mejorar la actuación conjunta.

Wolk dice que es ontológico, porque hace al sentido del ser; transformacional o existencial, porque sólo ocurre con evolución personal. Pone al *coach* como un provocador que utiliza herramientas de inducción, intuición e investigación y articula elementos de lingüística, filosofía, biología, psicología, pensamiento sistémico, inteligencia emocional, corporalidad, trabajo de roles y aspectos cognitivos relacionados con la práctica. El *coach* fundamentalmente el arte socrático de preguntar.

Las personas responden copiando las maneras de comportamiento de quienes las conducen. Si alguien es atento con los clientes, su personal lo será; si no tiene respeto por los compradores, ¿por qué ellos habrían de tenerlo?

---

6. MORAGUES. Miguel Ángel, *Doc. cit.*

La mejor forma de capacitar es con el ejemplo.

El *coaching* es un proceso dinámico e interactivo para ayudar a los entrenados a maximizar su potencia productiva, optimizar su perfil competitivo,

> El discípulo es aquel que toma conocimiento del maestro (y lo supera), no el que lo sigue.

lograr el máximo de cada uno y diluir las debilidades, falencias y miedos, para alcanzar una meta.

El *coach* es el que observa las virtudes de cada uno y las compone en un todo armónico, como lo hace un entrenador en un equipo de fútbol o el director en una orquesta sinfónica.

Hay que recordar que no todos tienen la misma forma de aprender. Algunos aprenden por el oído, otros por los ojos y muchos por práctica. El *coaching* debe orientarse a cada persona de acuerdo con sus condiciones particulares, y enseñarle aquellas cosas que no podría aprender por sí misma.

Polivalencia funcional

El tema de las habilidades requeridas está ligado a la formación. Hoy son muchos los requerimientos para atender tareas y circunstancias diversas. La polivalencia funcional es una característica del trabajador moderno. Este aspecto también debe ser parte del proceso formativo. Primero los supervisores y después los trabajadores deben ser asignados a distintas tareas para adquirir entrenamiento y alcanzar pericias en diferentes campos.

Al rotar las actividades se reducen las fatigas musculares y se presta más cuidado para evitar accidentes. Asimismo, se estrechan los lazos entre los trabajadores y se eluden injusticias derivadas de una asignación defectuosa de tareas, segregación por incompatibilidad de caracteres con un superior y otros sesgos que impiden observar el real rendimiento de las personas. A su vez, al ser trasladados por distintas funciones, los trabajadores adquieren una comprensión integral del proceso del que forman parte.

"La definición de puestos y de estaciones de trabajo móviles, orientados según criterios de polivalencia, permite un enorme incremento de la productividad de las personas y de los grupos de trabajo, porque la formación y la actitud de los perfiles que resulten de las definiciones de puestos polivalentes así lo solicitan. En cambio, la estructuración de procesos siguiendo los esquemas de especialización funcional todavía vigentes, casi diría típicos de la gran mayoría de organizaciones de nuestro país, tanto públicas como privadas, constituye, con mucho, la peor forma organizativa para diligenciar negocios y servicios en mercados turbulentos, complejos e inestables. Ya que precisamente requieren respuestas rápidas, integrales, oportunas, precisas. Exactamente lo que no pueden brindar las actuales estructuras cuando se las pone a funcionar en mercados turbulentos (...)".[7]

El sistema permite aprovechar la experiencia de los más avezados y facilitar la enseñanza de sus habilidades a los novatos. Al asumir una incumbencia integral, se cuida la seguridad, calidad, costo y cantidad de producción. En renovadas acciones y procesos, todos encuentran perspectivas, identifican problemas, aspectos a mejorar, y aumentan las ideas y sugerencias. Los jefes se convierten en camaradas y se desintegran las jerarquías.

Este tema se junta con la *flexibilización*. Los cambios operados en el escenario han determinado una tendencia general hacia la descentralización del trabajo, que facilita la maleabilidad organizativa de diferentes maneras.

La primera es la **flexibilidad técnica:** es la más importante y se corresponde con los cambios de carácter técnico referidos a:

---

7. MORAGUES, Miguel Ángel. *Doc. cit.*

- **el producto**, para producir con un mismo arreglo técnico una variedad de productos diferentes con algunos componentes comunes;
- **la gama**, para modificar rápidamente el proceso de fabricación y obtener un bien que posee algunas características diferenciales;
- **los elementos**, para simplificar o complicar el proceso;
- **el volumen**, para hacer frente a fluctuaciones cuantitativas;
- **el envío**, para transportar el bien por redes de circulación compleja.

El segundo tipo es la **flexibilización interna** ligada a la capacidad para cambiar de puesto de trabajo (sistemas de rotación, polivalencia horizontal, etc.).

El tercero, que apareció como excluyente en la Argentina y muchos otros países latinoamericanos, es la **flexibilización externa**, referida a las obligaciones legales por las que se rige el contrato de trabajo y, específicamente, la capacidad de la empresa para despedir o tomar personal. Este modelo entra en contradicción con lo que en algunos países es tomado como el talismán que permite elevar significativamente el rendimiento: la seguridad en el empleo.

Finalmente encontramos la **flexibilización para adecuar los salarios** (nominales o reales) a la situación económica de cada empresa.

La gestión del conocimiento

Muchos adjudican el éxito al manejo de información. El hombre de hoy tiene más información que el de la antigüedad. Pero la información es un insumo sucio y, por lo general, voluminoso.

Para que la información adquiera valor, hay que convertirla en conocimientos, interpretarlos, sacarles jugo. Entonces es más lógico hablar de que el éxito depende de la acumulación de conocimientos en el manejo de detalles del mercado y, también, en saber productivo.

El saber es una creación derivada del manejo adecuado de información. No hay conocimiento sin información, ya sea empírica o teórica, lograda por observación o participación. Se trata de tomar la información, transformarla en saber, luego en activo, para terminar como ventaja competitiva. De Geus establece el siguiente orden: percibir, incorporar, concluir y, finalmente, actuar. Castells ofrece como variante la serie: información, tecnología, capacidad de gestión y procesamiento. Pero cualquiera sea la fórmula, siempre se enfatiza la aplicación de sapiencias para lograr productividad (eficiencia) y competitividad (eficacia).

Senge menciona cinco conductas necesarias en las organizaciones inteligentes.

1) **Pensamiento estratégico.** Ya tratado.

2) **Dominio personal.** Facilita y ahonda la visión personal, concentra las energías, desarrolla la paciencia y permite ver la realidad objetiva.

3) **Modelos mentales abiertos.** Hay generalizaciones y percepciones tácitas que influyen en la comprensión de los acontecimientos. La novedad a veces no es advertida porque entra en conflicto con los modelos mentales. A partir de la indagación introspectiva, el líder debe tener en claro el modelo mental dominante, para desde allí lograr la apertura que permita adecuarlo a las metas. Hay que desestructurar la cabeza para comprender las evoluciones.

4) **Visión compartida.** Con el liderazgo como la manera de transmitir, compartir, convencer y comprometer a otros.

5) Aprendizaje en equipo. La ejecución debe ser desarrollada por un equipo de personas que trabajan en conjunto y están comprometidas. Las personas deben estar abiertas a conformar un equipo que desarrolle saber productivo.

Muchos analistas de empresas, entre los que me incluyo, llegamos a la conclusión de que la explicación del éxito en los negocios no se sustenta en la dotación y explotación de los factores de la producción sino en cómo se usan los recursos para crear riqueza, y eso deriva del saber. A la complejidad y a los desafíos de la modernidad no se responde con soluciones *express*, sino con conocimientos.

Jeff Papows sostiene que no es que antes el conocimiento no fuera importante, sino que hoy tiene diferente alcance, forma, escala y velocidad de evolución[8].

El conocimiento es una construcción compartida, social; surge de la combinación del aporte individual (subjetivo) y organizacional (objetivo); se basa en la integración. Significa desprenderse de visiones, preconceptos, paradigmas e ideologías. Surge del cuestionamiento, de un conflicto cognitivo. Es ilimitado, nunca se llega al conocimiento total. Se desarrolla mejor en un ambiente donde fluyen y circulan emociones positivas. Se aprende de la elaboración de las frustraciones propias y de los demás. Se puede ampliar la visión a través de la interacción con maestros, pares e incluso discípulos. La mayoría de los conocimientos se obtienen a través del diálogo. La comunicación basada en el encuentro personal, consciente, comprometido y desinteresado es la mejor fuente para las nuevas ideas y el saber.

Hay que encontrar, desarrollar y transmitir el entendimiento útil para ejecutar el proceso de producción y para colocar el producto en el mercado. Se requiere un estado

---

8. PAPOWS, Jeff: *Enterprise.com*. Ediciones Granica, Buenos Aires, 1999.

mental adecuado para recibir información, transformarla en conocimiento, socializarla y aplicarla. Las personas deben ser formadas en las competencias críticas del negocio y su capacidad sujetarse a mejoramiento continuo.

Existen tres niveles de inteligencia: personal, organizacional y social (colectiva e inconsciente).

Javier Fernández López[9] presenta la siguiente gráfica:

La gestión del conocimiento se integra con: las prácticas (soluciones adoptadas), los procesos (secuencias de actividades organizadas), las tecnologías (actividades mecanizadas), las estructuras (para adaptarse a las exigencias del entorno) y los roles y relaciones.

Las nuevas organizaciones gestionan la información estratégica y se organizan para transformarla en conocimientos prácticos.

El perfeccionamiento del saber y del hacer es facilitado o bloqueado por el modelo mental subyacente. Es fundamental encontrar la forma de quitar las barreras (físicas o psíquicas) que obstruyen o limitan el aprendizaje.

9. FERNÁNDEZ LÓPEZ, Javier: *Gestionar la confianza*. Pearson, Madrid, 2002.

El entendimiento se desarrolla en función de la exposición a la realidad, la exigencia y adaptación al medio, y el coraje para enfrentarla. Un cambio en la realidad estimula u obliga a una transformación del modelo mental. Eso implica modificar la personalidad, en especial la forma de resolver problemas. El proceso lógico de crecimiento es aceptar y respetar la propia identidad, conocerse a sí mismo, ser consciente de las potencialidades y limitaciones, y tener ansias de realización.

Hay conocimientos que se generan internamente (en especial, el *know how* productivo); pero otros surgen de la información externa que debe ser recogida.

La apertura es una virtud que abona el camino de armonizar lo propio con los avances ajenos. No hay duda de que la apertura hacia el exterior es una gran virtud. Las compañías deben ser permeables para permitir el ingreso a

> Hay que tener cuidado con la "infotoxicación" o exceso de información.

manifestaciones que estimulen la renovación de las formas de hacer las viejas cosas. Hay que aprender de los demás. De cómo han resuelto sus problemas. Compartir experiencias y concepciones. Es preciso generar la actitud y aptitud de investigar y convertir la pesquisa en conocimiento productivo.

Afuera hay mucha información circulando (especialmente en Internet), pero está en bruto, no es accesible y resulta difícil convertirla en algo capaz de generar riqueza.

La información que ingresa y circula debe ser la necesaria y relevante. Debe ser filtrada, y en algunos casos darle salubridad para que

> Más que la cantidad de datos, el problema es que mucha información es irrelevante y está sesgada. Muchas veces nos empaquetan con un buen envase.

no provoque daño. Un exceso de datos puede "infotoxicar" a la empresa. Si se tarda mucho en calificarla, entenderla y metabolizarla, se producen confusiones y demoras que derivan en pérdidas de tiempo y lentitud en la acción.

No todas las cosas tienen el mismo signo y dirección. Los diferentes puntos de vista, opciones, espacios o tiempos hacen que, a veces, dos observaciones contrarias sean al mismo tiempo válidas.

Además, el saber adquirido nunca debe ser compartimentado. El saber tácito acumulado en trabajadores y directivos debe ser elevado a un plano que permita su socialización y acrecentamiento. La transferencia facilita nuevos discernimientos que se convertirán en pericias que podrán erigir una espiral gradual de saber útil en cantidad y calidad.

> Es probable que esto parezca algo difuso a nivel microeconómico, donde algunas cosas se diluyen, pero se observa claramente en el comercio internacional, donde la explicación de las corrientes de intercambio tuvieron un tránsito desde las teorías de Adam Smith, David Ricardo y Herscher y Ohlin, que se basaban en el control de los factores de la producción, hasta esta nueva forma de observar las ventajas competitivas como construcción del hombre sobre la base de la creatividad y el conocimiento productivo.

Integrar competencias "para..." es más importante que incorporar una destreza laboral, incluso especializada.

Como vimos, la capacidad de aprender abre la posibilidad de incorporar día a día otras destrezas, incluso nuevas cosas que van apareciendo como respuesta a las variaciones y exigencias del mercado. Otra habilidad a formar es la de operar en equipo. Ambas competencias son un interesante cóctel, pues cuando el saber no es propiedad individual, se lo transfiere lateralmente y de generación en generación.

> Hay que observar desde diferentes ángulos, promover el flujo de información y tener cuidado con las exageraciones.

Peter Senge se esfuerza en desechar la creencia consumista del capitalismo acerca de que el saber es algo que puede adquirirse. La capacidad de actuar con eficiencia no se puede comprar sino que se aprende.

El conocimiento tiene entidad social.

No debe confundirse información con conocimiento. Tener información es estar al corriente de los hechos; tener discernimiento es saberlos enfrentar. Los datos son fáciles de compartir, pero la sabiduría es una construcción que nace únicamente del interés de las personas en ayudarse mutuamente.

El taylorismo introdujo la idea del trabajo sin imaginación (operarios sin responsabilidad o facultad para tomar decisiones). Todos tenían una faena rutinaria y minúscula que cumplir, y lo hacían bajo la contemplación vigilante de un supervisor. Los quehaceres se bosquejaban para hacer-

Hay que convertir a los trabajadores en esponjas de *know how* productivo.

los sencillos, de modo que cualquiera pudiera llevarlos a cabo. Hoy, desempeñar una tarea requiere de un agudo grado de comprensión. Hasta los procesos primarios exigen el desarrollo de operaciones complejas. Las tareas no son individuales sino conjuntas, solidarias, y requieren creatividad, profesionalidad, autonomía y responsabilidad. Los directivos se convierten en entrenadores que facilitan y capacitan a sus subalternos. Así, las organizaciones devienen en inteligentes.

El conocimiento mueve la frontera productiva y empuja al mundo hacia el progreso, y a las personas hacia el bienestar.

El saber lucrativo es el ingrediente principal de la nueva forma de crear valor. Son recursos, capacidades y conocimientos específicos, idiosincráticos y culturales que se aplican a la producción y comercialización de bienes o servicios. Su acumulación y particularidad llevan a ganar o perder frente a los competidores. De modo que liderar es saber gestionar la información, administrar su sentido, convertirla en saber tecno-productivo y aplicar los conocimientos a los negocios de manera eficiente.

Aprovechar la inteligencia para obtener beneficios es lograr un producto que el mercado desconocía, reemplazar un insumo crítico, ahorrar trabajo, conseguir mayor comodidad en la labor, aumentar la productividad, encontrar una nueva y mejor forma de hacer las cosas, combinar la oferta con otros productos o servicios.

El entendimiento, especialmente el que tiene que ver con el proceso productivo, no es propiedad exclusiva de un área funcional determinada ni, mucho menos, de la cúpula. Desde la altura y lejanía se pierde la perspectiva. Se desconocen muchos aspectos, especialmente los prácticos que tienen que ver con fundar valor.

Es necesario, entonces, que la gestión del saber se realice a lo largo de toda la organización, que vaya de arriba abajo y de abajo arriba. Las decisiones prácticas, que no son otra cosa que la aplicación del ingenio a la acción, está en todos lados, en los niveles altos, medios y bajos. Valorar sólo los intelectos de la jerarquía es ignorar la realidad. Muchos de los pensamientos más lúcidos surgen de personas que desempeñan tareas periféricas y a las que la institución les presta menos atención.

> Lo importante no es el conocimiento en sí mismo sino lo que se puede hacer con él.

A veces al saber hay que buscarlo afuera e integrarlo. La presencia de asesores puede resultar crucial, aunque en las empresas pequeñas, y especialmente en las familiares, haya resistencia por considerarlo un gasto. En verdad, es una inversión.

La gestión del conocimiento sirvió para fundar varias teorías.

La primera es la *teoría de la curva de aprendizaje* o *curva de experiencia*, que señala que las empresas van adquiriendo experiencia por aprendizaje práctico, lo que permite mejoras en la productividad. La velocidad con que se avanza le da supremacía, aunque a veces los competidores puedan lograr intercepciones (copiadores creativos)[10].

La *teoría de la brecha tecnológica* desarrollada por Posner y Vernon alienta a la empresa a mover primero (I+D) y colocarse en posición de líder. Esa es la explicación de la conquista de los mercados (especialmente internacional) en los tiempos modernos.

> El éxito deriva de la innovación, el conocimiento y el saber tecnológico localizados en la inteligencia de quienes trabajan para la compañía.

La forma de aplicar inteligencias para lograr ventajas desemboca en la *teoría del ciclo de vida de los productos*. Para Vernon, los productos y sus tecnologías inherentes tienen una duración existencial.

Al principio se trata de incorporar el producto/servicio al mercado del país de origen, para luego colocar los excedentes en el exterior (exportación). En esta etapa, la posición ventajosa opera sobre la diferenciación, agregando valor y colocando el bien/servicio a precios que cubren con creces sus costos.

La segunda etapa es de crecimiento. El producto se fabrica en el país innovador y también en otros industrializados. Toma auge el proceso exportador, se estandariza la producción y comienzan a aparecer algunos competidores. La rentabilidad es elevada, pero con tendencia al decrecimiento.

En la tercera etapa, el producto madura y la competencia se intensifica. Se produce en muchos países. La demanda se estabiliza, los costos comienzan a

> La barrera al crecimiento de las firmas está en el saber productivo.

10. Por ejemplo, el Japón de posguerra. Aunque un estudio más profundo demostraría que, más que copiar, los japoneses interceptaron conocimiento y lograron mejorar sustancialmente los atributos de los productos ofrecidos.

pesar. Allí se introducen las series largas, la producción estandarizada y basada en habilidades laborales sencillas.

Finalmente, el producto termina compitiendo por costos y es corriente que se lo produzca en países con mano de obra barata o insumos accesibles. Las series se alargan y la producción se mecaniza.

Como puede observarse en la primera y la segunda etapa, el impulso está basado en la innovación. Esta primacía depende del acervo de saber, la capacidad para aprender, la apertura hacia la información y el saber externos, la habilidad para investigar, el talento para elegir los espacios donde competir (segmentos, diferenciación) y la inteligencia para convertir todos estos atributos en ventajas competitivas distintivas y sostenibles.

> El saber debe estar socializado, no quedar concentrado en una persona.

La empresa se coloca en situación de cuasi-monopolio y se asegura una rentabilidad superior a la media. El éxito se asimila entonces al talento con que los empresarios y los trabajadores manejan el proceso productivo. Para crecer, toda compañía debe amalgamar la inteligencia e imaginación colectiva de directivos y empleados. Eso significa centrar a la firma en el ser humano. Si el conocimiento es vital y el saber está en los hombres, los trabajadores constituyen la principal fuente de superación.

> La destreza, madre de la productividad, es sabiduría aplicada.

Es imprescindible abrir puertas al saber. Su gestión permite crear ventajas competitivas nucleares. Institucionalizadas. Colectivas. Aplicables. Asumidas por todos. Inimitables. De largo plazo. Esto forja la personalidad de la firma, y marca sus diferencias (le da *character*).

W. Bennis propone una "anarquía organizada" que libere las fuerzas de las mentes y la colaboración creativa. Los líderes tienen la función de desarrollar una arquitectura

que anime a las personas a trabajar juntas para desplegar toda
la capacidad de innovación que
existe en sus entrañas. La inteligencia y el conocimiento
deben primar sobre la mecanización, la memorización y la

> El trabajador pasivo que obedece las prescripciones debe transformarse en un ser proactivo capaz de tomar decisiones y manejar lo aleatorio.

automaticidad, que no pueden responder al reto de las
mudanzas del mercado.

Rowan Gibson destaca la naturaleza biológica de la
empresa, a la que ve como una red de cerebros bien dis-
tribuidos que trabajan y aprenden juntos, por lo que puede
ser definida como un orga-
nismo inteligente conducido
por la imaginación humana.

> Lo que interesa en una empresa es la calidad del trabajo, que depende en gran parte del compromiso (actitud) y del conocimiento (aptitud) para realizar las labores.

La incorporación de nue-
vos equipos y la innovación tecnológica (en las plantas industriales y oficinas o centros de

servicios) obligan a cambiar las rutinas y adentrarse en nuevas experiencias. Paralelamente, el operario deberá ejecutar
diferentes funciones, no atenerse a un puesto estático, sino
avanzar hacia la polivalencia funcional. El trabajador moderno cambiará varias veces lo que hace.

Los braceros disciplinados y obedientes de antaño
deben convertirse en fabricantes de ideas que mejoren la
forma de producir. Ser capaces de manejarse con iniciativa y sin necesidad de un control rígido.
Transformar el acatamiento de normas,
procedimientos prescritos y manuales
impuestos, en gestión de lo aleatorio.

> Hay que invertir en la formación de los trabajadores.

Una persona capaz de manejar situa-
ciones complejas se convierte en un individuo dinámico.
Antes se formaba operarios reactivos ante situaciones conflictivas, pero actuar como bombero no trae éxito; puede

La actividad se centra en la anexión de sapiencia para: incorporar tecnologías de producción novedosas; elaborar manufacturas o servicios superiores; aumentar el valor añadido; reducir costos; mejorar la calidad y acelerar su proceso de desarrollo. El lucro se logra a partir de aprovechar los activos intangibles.

controlar o salvar una situación riesgosa, pero luego del daño. La anticipación, en cambio, adelanta la solución de los problemas y evita los efectos negativos. El trabajador deseado es aquel que está delante de los hechos, creando futuro.

Para que el conocimiento fluya y se integre al colectivo, es necesario eliminar toda posibilidad de fragmentación. La comunicación es vital.

No hay duda de que es importante invertir en personal. Enaltecerlo mentalmente, hacerlo avanzar hacia superiores niveles de formación.

Una firma que gasta poco en el desarrollo de talento está destinada a perder o, por lo menos, desperdiciar posibilidades de aumentar su lucro.

Cuando se tienen trabajadores antiguos es necesario reciclar sus destrezas. Contrariamente a lo que se supone, hay que invertir más en el personal "envejecido".

Los fondos deben aplicarse cuando medie un cálculo positivo en el balance costo-beneficio (aumento de productividad contra gastos y tiempo en que se amortizan). El tiempo juega en contra de la práctica de flexibilización laboral[11]. Un trabajador de descarte nunca será sujeto de inversión. Nadie gasta en lo que va a tirar. Y al congelar el acervo de saber, se anula la posibilidad de crecer.

---

11. La forma en que en la Argentina se hizo uso de la expresión flexibilización laboral no es la misma que en otros lugares. En vez de pensar en la flexibilidad que da capacidad de adaptación y respuesta a las situaciones cambiantes del escenario, se incorporó como práctica de libertad para contratar y expulsar trabajadores.

Las personas más talentosas son incorporadas por las GEs porque tienen recursos para pagarles. Para compensar esa debilidad, las PyMEs pueden unirse con colegas para costear y amortizar un experto. Es muy difícil que el requerimiento del aporte de un especialista sea *full-time*. Normalmente cubre su horario realizando funciones que podrían ser hechas por personas menos costosas. Un acuerdo asociativo permitiría compartir su uso pleno y ofrecer un honorario competitivo y (dada la coparticipación) razonable para la firma.

Mark Fruin[12] mostró a la empresa Toshiba como una fábrica de conocimiento (*knowledge works*). Estos ejemplos de superioridad industrial son un constructo de administración de tecnología avanzada, innovación y renovación. Más importante que fabricar objetos es producir *know how*. Se trata de crear producción con alto valor agregado y no simplemente producción[13].

LAS FÁBRICAS DEL CONOCIMIENTO DE MARK FRUIN

Integración del conocimiento

Renovación

Trabajo en equipo

FÁBRICAS DEL CONOCIMIENTO

Transferencia del conocimiento

Creación del conocimiento

Innovación

---

12. FRUIN, Mark: *Las fábricas del conocimiento*. Oxford University Press, México, 1997.
13. La estrategia de avanzar en la ocupación de las personas en producción de bienes y servicios de alto valor agregado fue seguida por Japón cuando llegó a un nivel cuasi pleno de ocupación. Así se transferían hacia otros países las producciones de bajo valor añadido, las que eran reemplazadas por actividades intensivas en saber y pensamiento creativo. La mayor productividad permitía mejores niveles de salarios para la mano de obra.

CAPÍTULO 12

UN VEHÍCULO VELOZ, FLEXIBLE Y FUERTE

> *"Para desenvolverse con éxito en el tormentoso contexto actual de los negocios, las empresas deben tener la velocidad del atún, que se desplaza raudamente en los mares, la flexibilidad del bambú, que se dobla y adapta, y la fortaleza del cerezo, que con sus raíces resiste la fuerza de los vientos."*
>
> Máxima japonesa

Flexibilidad

Quedó dicho que el mundo moderno se caracteriza por los cambios que afectan a la sociedad, a las personas y, por ende, a las empresas. También, que ello ha obligado a ser flexibles. Cada vez se utiliza más el término flexibilidad para definir un particular talento exigido a toda compañía que se pretenda competitiva en la era moderna. En un entorno mutable, las estructuras no pueden ser rígidas sino capaces de adecuarse rápidamente a las transformaciones.

Nunca el cambio social fue tan vertiginoso. Los cambios sociales también son veloces. El influjo de la metamorfosis es tecnológico. Las comunicaciones se amplifican y son asequibles. Las ideas, prácticas y destrezas se trasladan de un país

> **Organizar a la empresa para enfrentar los cambios que se producen en el escenario es una virtud imprescindible de los dirigentes contemporáneos.**

a otro. Las novedades comerciales y profesionales se suceden. Se modifican los gustos, los clientes, la competencia, los principios, las prácticas, la tecnología, y todo simultáneamente y con una celeridad desconocida hasta ahora[1]. La metamorfosis es tan importante y caótica que no sólo sorprende sino que a veces no se puede comprender fácilmente. Para enfrentarla hay que acompañarla con plasticidad.

> La capacidad de adaptación (darwiniana) es una gran propiedad.

En la era del industrialismo, las ideas de Taylor y Ford eran adecuadas y la burocracia mandaba. Las fábricas operaban sobre estándares y las tareas eran prescritas. Los cambios se daban muy de cuando en cuando; incluso durante toda una generación no se producían modificaciones importantes. Todo era previsible. Los saltos eran cortos y se sucedían lentamente, por eso se podían avizorar con mucha antelación. En consecuencia, las estructuras tenían carácter funcional; las jerarquías eran verticales y con muchos escalones; las actividades, rutinarias y repetitivas.

Pero en la actualidad eso no sirve. La burocracia debe ser sustituida paulatinamente por la adhocracia. Esta forma de organizarse puede, incluso, ser circunstancial y variar en consonancia con los cambios del entorno o las condiciones operativas de la industria. La red es la forma más flexible de organizarse. En ella todos los puntos pueden comunicarse, no hay orden ni canal establecido, no tiene rigidez.

> En un mundo volátil y cambiante, adaptarse rápidamente es una gran virtud.

No sólo es necesario que la empresa sea maleable; las personas también deben serlo. El nivel de adaptabilidad depende de la elas-

---

1. BARTLEY, Tom: *Técnicas de gestión para profesionales*. Ediciones Granica, Buenos Aires, 1992.

ticidad de sus miembros ante situaciones diversas, de la polivalencia funcional y de los reflejos para responder a contextos que se precipitan. El ajuste a las diferentes tareas que se deben realizar y la capacidad de manejar lo aleatorio son atributos necesarios. La polivalencia funcional ayuda al manejo de situaciones cambiantes e impredecibles.

Agilidad

Como he dicho, hoy ya no se compite sólo con costos, calidad, servicios, ni atención al cliente; hoy también se requiere velocidad. La agilidad es una virtud que debe ir paralela a la adaptación al cambio.

La rapidez con que se transforma el mercado, las acciones de los competidores, la versatilidad de los consumidores, los cambios de la industria, en sus vinculaciones e interdependencias, las políticas de gobierno y los juegos de poder en la economía mundial, convierten en una gran fortaleza a la habilidad para dar respuesta acelerada a los acontecimientos.

> Hay que hacer lo mismo que ayer, pero más rápido.

Las empresas deben aminorar los tiempos de recuperación de las inversiones. Lo clásico es acrecentar el margen de beneficio disminuyendo los costos o aumentando los precios de venta. Otra forma es acelerar la rotación mejorando la oferta.

> Hay que achicar el tiempo entre diseño y venta.

Una alternativa reciente es la de operar sobre el tiempo, reduciendo el lapso entre la concepción de una idea y su puesta en práctica. La velocidad con que se presenta un producto nuevo mejora la posición de la firma. La contracción de los plazos de fabricación es vital. El diseño y la producción deben ejecutarse en en forma casi simultánea (bucle interactivo); se debe agudizar la localización de los filones provechosos, acelerar la planificación del negocio (plan integrado de producción, financiamiento y comercialización), resolver rápidamente las cuestiones operativas y poner en orden la línea de producción. Los japoneses fueron los primeros que le dieron importancia a esto y trataron de llevar a cero los tiempos muertos (menor tiempo entre etapas de la cadena productiva y de espera entre procesos).

Las firmas más eficaces han logrado unificar el proceso de concepción y realización del producto mediante el trabajo conjunto de quienes conocen el arte de hacer felices a los usuarios y los que se enfrentan a la producción misma.

La agilidad lleva a pensar en una organización *sin grasa*. Una firma eficiente no puede ser obesa. Debe expulsar los lastres que le quitan rapidez. Es preciso tener cuidado con lo que significa esto. Hay que prescindir sólo de lo que origina el sobrepeso, hace lentas las acciones, obstruye el camino o impide responder rápidamente a los cambios ambientales.

Cuando tienen que recortar gastos, muchos empresarios piensan en suprimir puestos de trabajo. Y aunque puede haber algún exceso allí, la pesadez no se resuelve expulsando gente. Habitualmente los males están en otra parte, en la propia estructuración de los sistemas.

> El fracaso de los *"sizings"* (*downsizing, resizing*), por su crueldad e ineficacia, fue comprobado sólo luego de ocasionar mucho daño; y estas modalidades siguen teniendo promotores, especialmente en los lugares más remotos del sistema económico, donde las noticias no llegan o son manipuladas por medios académicos y empresarios inescrupulosos.

La reducción de personal constituye la filosofía predilecta de muchos ejecutivos. No dejo de asombrarme ante el juego del mercado bursátil norteamericano, que se desploma ante cualquier atisbo de disminución del desempleo. Paradójicamente, se premia con la valorización de las acciones el desembarco de un *carnicero* en una empresa, y así se termina festejando el aumento de la desocupación, la pobreza y la miseria de la gente que es, en el fondo, la única fuente genuina de negocios.

Los amputaciones que terminan en despidos de personal pueden colisionar con otros objetivos, como mantener niveles adecuados de calidad o satisfacer a los clientes, y hasta pueden ir a contramano del aumento de productividad. La reducción del personal produce desazón en los que se quedan, que terminan perdiendo compromiso y confianza en la organización. Muchos estudios (Robert Tomasko[2]) demuestran que, al final, ni siquiera se logra el fin directo de los redimensionamientos (reducir costos). En muchas ocasiones hasta

> Los menores costos en empleados terminan muchas veces reduciendo los ingresos del negocio.

las grandes consultoras que recomiendan las sangrías se pueden explicar los efectos devastadores de sus mágicas recetas. Queriendo eliminar grasa se cortan músculos; tratando de adelgazar se termina en la anorexia y la anemia. Ante una situación de desequilibrio, pocas veces se expulsa a los que generan el problema; los causantes reales, en tanto, siguen sentados cómodamente en los pisos superiores de las pirámides.

> El daño de las reducciones de personal es terrible, y no sólo sobre los que son desalojados de las plantas sino también entre los que se quedan, porque se termina rompiendo el vínculo de interés común, perdiendo seguridad y confianza, lo que se refleja en los índices de productividad.

Para viajar rápido en el camino de las realidades complicadas, y no exentas de sobresaltos, que tiene el mercado, se debe componer una estructura liviana. Justamente, las alteraciones veloces son excelentes oportunidades para quienes cultivan la capacidad de reacción. Por ello hay que ser perspicaces para anticiparlas y aprovecharlas. Los reflejos son un atributo necesario y deseable frente al cambio vertiginoso.

---

2. TOMASKO, Robert: *Repensar la empresa*. Paidós, Barcelona, 1996.

> Como pasa con todos los atributos de la organización, los reflejos y la velocidad para dar respuesta a las situaciones cambiantes dependen de las habilidades de las personas que la integran y su modo de organizarse.

Para que una empresa sea ágil, debe tener personas veloces. La celeridad es tan apremiante que parece escapar a la lógica de las leyes naturales. Muchos nos preguntamos si esa realidad es razonable y buena para la humanidad. Es probable que haya que aminorar el ímpetu para recuperar el aliento y volver al equilibrio. Pero en un mundo a la carrera, donde sólo tienen premios los que llegan primero, nadie se arriesga a parar. Sólo un acuerdo que cambie las condiciones podrá lograrlo.

Creatividad

"No se puede crear una organización que aprenda (...) Pero se puede aumentar la capacidad de la gente para aprender y orientar sus actividades de manera creativa."[3] La actividad empresaria requiere mentes capaces de realizar un análisis profundo del desafío y una voluntad firme para encontrar una manera novedosa de resolverlo. Hay que pensar el problema y lograr que aparezcan ideas originales y ver cuál resulta más factible de ser llevada a la práctica con éxito.

La creatividad es una tarea compartida. Surgen mejores ideas cuando las mentes de varias personas entran en contacto. Muchas veces, para alumbrar ideas hay que romper el paradigma con que se mira el

> Crear un espacio para la reflexión creativa puede ser un buen negocio para la empresa.

asunto, cosa que es más fácil lejos de las restricciones del quehacer diario. Por eso las soluciones ingeniosas normalmente

---

3. MORGAN, Gareth: *Imagin-i-zación.* Ediciones Granica, Barcelona, 1999.

vienen de personas ajenas al problema y sin preconceptos. También sucede que una situación, hecho o fenómeno, que nada tiene que ver con lo que se trata, nos brinda una clave para resolver un conflicto.

Las empresas triunfantes tienen claro el valor de la novedad. Están abiertas al riesgo de pensar y tienen confianza en que la mejor forma de resolver una situación compleja es partir del pensamiento y la creación. Cultivan la creatividad y disfrutan de las ideas luminosas, "vengan de donde vengan". Parecería que las oportunidades les saltan encima. Se topan con los mismos lances que el resto; sólo que tienen un *aproach* y resolución diferentes.

> Un equipo creativo vale más que una persona creativa.

Las organizaciones creativas asumen riesgos, aprenden de los errores y son perseverantes. Son capaces de identificar nuevas oportunidades de negocios. Cuando los quehaceres van en declinación, rápidamente encuentran sustitutos. Siempre están dispuestas a romper las reglas, las tradiciones, los mitos y los ritos. Son originales. Salen de la mediocridad para operar sobre lo distinto. Alientan la diversidad.

Pero no alcanza con ser diferentes: hay que serlo en aquellas cosas que conducen al liderazgo en el mercado. La innovación debe tener una orientación estratégica.

> Una firma organizada para manejar de manera innovadora las situaciones que se presentan puede hacer de la creación un logro lucrativo.

El enemigo mayor de la creatividad es la inercia, la costumbre de hacer lo mismo. Es cierto que quedarse estáticos es más fácil, pero también más peligroso. Una organización conservadora desarrolla rutinas y hace un culto de trabajar siempre igual. Con suerte logrará mantenerse. En cambio, un ente ingenioso desafiará los límites de lo posible. La inventiva es un rasgo que provoca diferencias. Es la única garantía de superar el promedio y, en consecuencia, de perpetuarse y progresar. Incluso a los clientes cautivos hay que tratar de ofrecerles algo especial; una alternativa atrevida para cubrir la necesidad. Hay que ofrecer mercancías y servicios de maneras excepcionales, crear nuevas combinaciones, actualizarse.

Las firmas que logran vencer los patrones rígidos y la pereza generan cambios en las formas de hacer las cosas. El éxito está en los productos novedosos, en las combinaciones, en la atención personal, en los servicios adicionales. Si otros lo hacen y uno permanece paralizado, rápidamente se abrirá una brecha que pondrá en peligro la continuidad de la empresa. La invención es la manera de crear ventajas competitivas que permitan hacer las cosas mejor que los competidores (más valor percibido o menos costo).

> La aplicación de las ideas brillantes es más complicada que la concepción de la noción misma.

Las innovaciones tecnológicas logran resultados solamente cuando son aplicadas en función de crear valor para los clientes y cuando están integradas al sistema de la empresa, enlazando las distintas funciones del proceso productivo, conformando una cadena de valor, consiguiendo complementar muchas habilidades. En palabras de M. Porter, la combinación de muchas ventajas competitivas implanta un posicionamiento único y sostenible en el tiempo.

Para crear valor destinado a satisfacer al consumidor no alcanza la forma antigua de orientar la producción, el producto y ni siquiera la tensión correcta del mercado. La presencia de la variada oferta de productos/servicios que supera a la demanda exige mucha imaginación para superar a los rivales.

Para inventar se requiere un estado emocional positivo y equilibrado, pero también es común que la invención derive de situaciones límites. La mención de la palabra conflicto no es placentera, pero es parte de la vida.

> **Creatividad es la posibilidad de encontrar la forma de beneficiar a los clientes.**

De acuerdo con Santa Fe Associates International, cada conflicto tiene una dinámica única y propia, no pueden existir dos similares; cambian a medida que los seres vivos evolucionan; responden a las idiosincrasias, los valores, ideas, modelos, reglas y comportamientos. La administración de conflictos (dado que no es posible su resolución) es básicamente *creativa*. El despeje de las variables se hace a través de nuevos interrogantes que generan un proceso dialéctico (hegeliano), hasta encontrar la síntesis. En la creatividad no existen reglas fijas, sólo hay atractores. Los habituales conflictos económicos se dan entre los propios agentes de la organización; entre esta y el hábitat; y entre la firma y el resto de las corporaciones. Estas pugnas son cambiantes. Los dilemas (proposiciones disyuntivas) deben ser convertidos en una cuestión posible de aclarar (un problema). Al problema hay que abordarlo para esclarecerlo, continuar con la curva de la vida, superar el conflicto y poder convivir con él y con su solución. El conflicto, originado en un paradigma o modelo de actuación (Thomas Khun), sólo se resuelve a través de un nuevo modelo. No hay forma de resolución sino mediante la ruptura de lo anterior, a partir de una nueva idea, una imagen creativa. Consiguiendo un punto de apoyo se podrá mover el mundo (Arquímedes)[4].

La creatividad emana de la imaginación. El libro de Gareth Morgan, *Imagin-i-zación*, comienza con una cita de Albert Einstein: *"La imaginación es más importante que el conocimiento. Formular preguntas y posibilidades nuevas, ver problemas antiguos desde un ángulo nuevo, requiere imaginación crea-*

---

4. SANTA FE ASSOCIATES INTERNATIONAL, "Series of White Papers", *Business Strategy*, Año 4 , N° 32.

tiva y es lo que identifica el verdadero avance en la ciencia[5]. El autor trabaja la "imaginización" para mejorar las aptitudes de ver y entender las situaciones de manera novedosa. Se puede ver una cosa de muchos modos simultáneos, generando imágenes que permiten comprender, diseñar y conducir con estilos disímiles. Las ideas siempre se basan en metáforas que permiten la comprensión y facilitan el manejo de situaciones especiales. Las imágenes ayudan pero distorsionan. Al crear maneras de ver las cosas se crean maneras de no verlas. No hay una única verdad para un propósito. El dirigente moderno debe dominar el arte de la combinación de alegorías para comprender la realidad compleja y moldear sus acciones.

En algún momento, se requieren revolucionarios al frente de las firmas; en otros, conservadores y, a veces, la combinación de los dos tipos de personalidades.

Cuanto mayor sea la integración vertical y más burocrático el funcionamiento, menor será la capacidad de adaptación a los entornos cambiantes[6]. Lo importante es encontrar formas organizativas capaces de fomentar la inventiva. Combinar libertad de expresión, flexibilidad y capacidad de adaptación, da buenos resultados. Todo remite a la descentralización y a la supresión de las jerarquías nimias y redundantes. Hay que proscribir todo pensamiento que imponga límites.

Morgan propone un proceso de autoorganización continua, una forma de adaptación para evolucionar. Las compañías deben reflexionar sobre sí mismas y sus funciones. Encontrar originales maneras de pensar, comunicarse y comportarse.

Las empresas innovadoras tratan de imaginar negocios y dan a sus miembros poder para hacer. Los triunfadores

---

5. MORGAN, Gareth: *Op cit.*
6. TOFFLER, Alvin: *La empresa flexible.* Plaza & Janes, Barcelona, 1985.

son los que imaginan un futuro mejor y se organizan para darle forma. Son los que reformulan los preceptos con que se mueven las entidades, redefinen los mercados, delinean nuevos modos de competir. Tienen conciencia de lo que quieren e inclinación para buscar la manera de lograrlo. Para ello construyen competencias que agregan valor. Tratan de engendrar interés y entusiasmo en las tareas que llevan a cabo para conseguir aportes que les permitan superar imaginativamente los problemas.

Para Norberto Odebrecht las características de un creativo son dedicación y devoción al trabajo, persistencia, inclinación por las actividades intelectuales, predisposición a tratar con ideas y pensar, autonomía e independencia de juicio y opinión, tolerancia a las situaciones de incertidumbre, capacidad para vivir en la indefinición, dominio de su campo profesional, energía y disciplina, necesidad de mejorar lo que el resto acepta, rechazo a la vida ociosa y la ostentación mundana, fuerte necesidad de realización y preocupación por su desarrollo personal de acuerdo con metas preestablecidas tanto a nivel personal como profesional.

Muchas cosas se hacen sobre la marcha. Aunque la teoría y el planeamiento de las acciones ayudan a la práctica, es necesario orientarse para navegar en un mar borrascoso y enfrentar creativa y rápidamente el azar.

Siempre hay que tener una actitud constructiva, aun en las situaciones negativas; esa postura no elimina los problemas, pero ayuda a ver las cosas desde un mejor ángulo y enriquecer la situación. Un aspecto importante de una personalidad positiva es saber encontrar siempre el lado positivo de las cosas.

El éxito depende más de la imaginación que de la previsión. Es posible encontrar factores comunes en las empresas que logran la excelencia. Son la originalidad, la agilidad y la inteligencia. A partir de ellas se formulan respuestas a situaciones parecidas. Cuando aparecen nuevas vicisitudes, vuelven a primar los reflejos, y así se agregan nuevas capas a la cebolla del saber.

Mantener viva la chispa emprendedora

Muchos creen que la capacidad emprendedora se agota en la instancia de creación de una empresa; sin embargo, esa vitalidad es necesaria para el transcurso de toda la vida. Probablemente lo que haya generado la idea de emprendedorismo-independencia-nueva empresa es que es muy difícil mantener personas con espíritu emprendedor dentro de la empresa. La rigidez, la burocracia y las jerarquías hieren a los más creativos y los hacen abandonar el barco[7]. Pero si acordamos en que la identificación de oportunidades y su aprovechamiento es vital, hay que elaborar políticas para dar contención y desarrollo al espíritu emprendedor en la empresa.

El emprendedor es innovador, activo y capaz de asumir riesgos. Tiene talento natural para vislumbrar oportunidades, ver las cosas de manera distinta y encontrar aspectos ocultos. De su poder de observación surgen ideas novedosas que hacen que una minucia se convierta en filón. Crean cosas admirables, de alto valor. Son arriesgados, siempre ven la luz al final del túnel, están seducidos por la recompensa y arriesgan todo en el esfuerzo. También, normalmente, tienen creatividad para hacer aparecer los recursos necesarios para concretar las ideas.

Podemos encontrar emprendedores en todos lados, y hasta en las organizaciones. Al que opera desde dentro de las organizaciones se lo reconoce como un *intrapreneur*. También es habitual que estos atrevidos se encuentren frustrados.

---

7. Lo que nos recuerda a los mejores macacos zambrinos que dejaron la manada para hacerse autónomos.

Se dice que la fuente de nuevas firmas son las GEs, que forman y luego expulsan a su mejor personal. También porque en esa experiencia los más inquietos ven oportunidades, algo que falta o se está haciendo mal. Muchas empresas comenzaron a cuestionarse esas pérdidas y a tratar de retener esos talentos.

Eugenia Bieto, directora del Centro de Iniciativa Empresarial de ESADE B.S. –en quien me he apoyado para presentar este punto–, trabaja sobre tres aspectos interrelacionados que giran alrededor del emprendedor: el entorno, los recursos y las ideas.

Los *intrapreneurships* enfocan los negocios desde una óptica diferente, con iniciativa e innovación. Así generan nuevos productos, proyectos novedosos y procesos diferentes y más productivos. Son capaces de agregar valor y de transformar I+D en ganancias.

Las empresas más creativas fueron las que comprendieron que se requiere talento emprendedor en la fase de nacimiento y crecimiento de la compañía, pero también en la madurez y declive. Siempre es necesaria una renovación estratégica. La creatividad puede volver a poner hacia arriba la curva de beneficios y evitar las crisis. Prefiero un liderazgo emprendedor, a una gestión administradora.

Los elefantes que aprendieron a bailar (el ejemplo es 3M) fueron las empresas que rompieron con los principios vetustos de dirigir por instrucción, tener obsesión por no cometer errores, protegerse las espaldas, no asumir riesgos, no seguir instintos exploradores, ni tomar iniciativas. Por el contrario, trataron de fomentar la creatividad, la independencia de criterios y la asunción de riesgos. Fueron las que buscaron una renovada forma de conducir, impulsar, aprovechar y permitir la actuación de emprendedores en su seno. Para lograr su proyección, se instrumentan actividades que inspiran y promueven el espíritu creativo en los empleados (*corporate entrepreneurship*). Para mantener-

347

los en plantillas estas firmas son capaces de encontrar los recursos necesarios para que las oportunidades no se desaprovechen.

Eugenia dice que los innovadores aseguran el crecimiento de las organizaciones y una posición competitiva próspera en un mercado de alta competencia. En los sectores maduros, crecen por encima de la media, y en los dinámicos, siguen los ratios generales de crecimiento y logran abrir ventanas a nuevas posibilidades y tecnologías.

Las PyMEs presentan las mejores condiciones para albergar talento creativo y ser innovadoras, especialmente porque están muy cerca de los clientes.

Las empresas conservadoras y burocráticas cuidan los recursos y van por la vida sin saber o dar importancia a lo que tienen por delante. En cambio, las que fomentan la innovación privilegian la oportunidad más que la conservación de recursos, transforman la realidad, promueven cambios y se adaptan a las variaciones de los deseos de los clientes.

Las organizaciones creativas requieren líderes progresistas. Que estén convencidos de que la innovación es crucial para el crecimiento. Que se apalanquen en una estrategia novedosa, creen un ambiente para facilitar la inventiva y eliminen toda barrera que se oponga al libre surgimiento de las nuevas ideas. Que acepten errores y hagan que la organización tome experiencia de ellos.

El emprendedorismo se fomenta con una estrategia innovadora, una cultura empresarial que incentive la innovación y el desarrollo de sus miembros y un diseño organizativo que aliente el espíritu creador. La estructura debe estar en orden con un bajo nivel de formalidad estructural, poca complejidad, descentralización, unidades pequeñas, equipos transdisciplinarios, redes informales, fluido acceso a información, nuevas tecnologías, fácil acceso a recursos, tiempo y espacio.

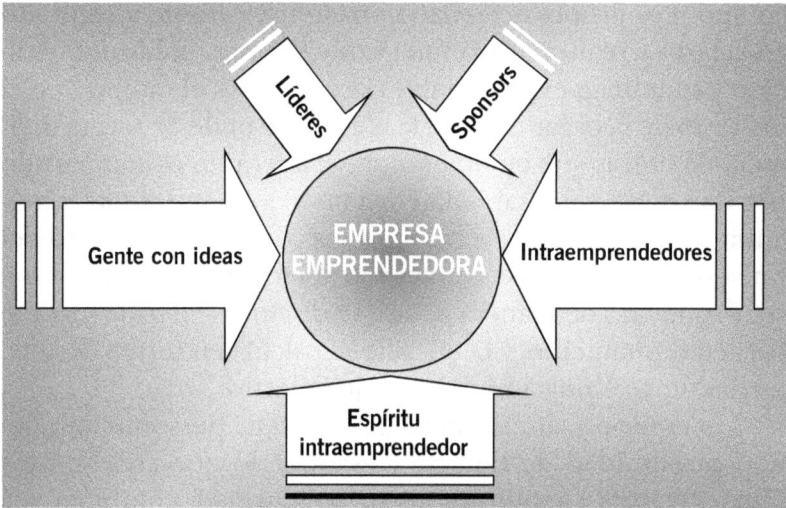

Fortaleza: los equipos de trabajo

Una modalidad difundida para lograr la flexibilidad, agilidad y creatividad necesarias para hacer frente al ambiente complejo es la conformación de *teams*.

Las personas, por muy inteligentes y trabajadoras que sean, no pueden superar por sí solas el laberinto actual. Para tener éxito es imprescindible manejar un caudal de información superior a las posibilidades individuales.

Los conocimientos avanzan tan rápido, que no pueden ser absorbidos por una sola mente. En consecuencia, los puestos de trabajo se volvieron intrincados y exigentes, y obligan a combinar individuos, talento y saber. Así entraron en escena los equipos de alta eficacia, autogestionados, *teamworks, task forces, think tanks,* grupos diagonales y círculos de calidad. Estos modelos integran, combinan y coordinan diferentes habilidades para permitir la ejecución de proyectos o funciones complejas.

Pero no todo grupo de personas que operan juntas son un

equipo. Los grupos accionan con un líder fuerte y centrado en la tarea a realizar; cada integrante es responsable del resultado y su trabajo es personal; su propósito es el mismo que el del resto de la organización; la eficacia se mide de forma indirecta. Mientras que en un equipo, el liderazgo es compartido por varios; la responsabilidad es a un tiempo individual y conjunta; el propósito es específico y los productos son fruto del trabajo colectivo; las reuniones son abiertas y sirven para resolver problemas de manera activa; se discute, se decide y se trabaja conjuntamente, y la eficacia se calcula en forma directa, mediante la evaluación del trabajo colectivo.

Un equipo es un número pequeño de personas que tienen proximidad de tiempo y espacio, lo que crea sólidos lazos afectivos y sentimientos de solidaridad, combinar sus destrezas complementarias, crear un conjunto de metas de desempeño y desarrollar normas de conductas, roles y funciones con el objetivo de alcanzar una meta común.

Los *teams* se amalgaman sobre la base de los valores individuales y de conjunto. Los primeros aportan la diversidad de conocimientos y especializaciones, los segundos los combinan. La conformación es horizontal, sin tabiques que separen a las personas, en función de una integración total que facilita la comunicación, el conflicto constructivo, el crecimiento y el aprendizaje grupal. Los personalismos se diluyen en favor de la contribución de cada uno, lo que permite obtener pequeñas victorias que refuerzan el compromiso. Todo es colectivo.

De esa forma nace una entidad con normas propias que son ajustadas a medida que aumentan la confianza, la comprensión y la comunicación, y se solidifican los vínculos.

Sus miembros tienen flexibilidad, sentido del deber, capacidad de adaptación y comunicación abierta, respeto mutuo, sinceridad, y comparten el liderazgo.

La autodirección implica solución conjunta de problemas, consenso unánime y capacidad grupal para auto-corregirse.

No hay dudas de la superioridad de un equipo sobre un individuo para resolver problemas. Al principio, el rendimiento del equipo puede resultar inferior a la suma de los logros individuales; pero luego, cuando se ensamblan e integran sus componentes, empieza a aparecer la sinergia, y el rendimiento se hace claramente superior.

> La esencia de un equipo es el compromiso común para desarrollar un propósito también común.

Pasar del individualismo al trabajo en equipo requiere una metamorfosis cultural.

Los equipos son el resultado de una ardua tarea.

La mayor dificultad está en contrarrestar el individualismo y el espíritu competitivo subyacente en las empresas occidentales. El egocentrismo es natural en nosotros; es así como se nos ha educado. Maestros, familias, modelos y valores están organizados en función de alcanzar "el número uno". Pero si se toma conciencia de que la cooperación permite mejores resultados y que puede existir confluencia entre los intereses individuales, los del equipo y los de la organización, es factible superar el egoísmo. Los integrantes de un equipo deben dejar de lado su personalismo a cambio de la potencia que produce la cohesión e integración de esfuerzos, habilidades y conocimientos. La urgencia y el miedo normalmente son un incentivo para eliminar defectos.

También hay que acostumbrarse a trabajar con personas diferentes.

José María Rodríguez[8] establece como condiciones básicas para su buen funcionamiento la existencia de: confianza mutua; comunicación espontánea y sincera; espíritu de cooperación y apoyo recíproco; tratamiento conjunto de las diferencias, roces y malentendidos; creación de habilidades

---

8. RODRÍGUEZ, José María: *El reto del trabajo en equipo*. Folio, Barcelona, 1997.

para trabajar en grupo y un liderazgo que opere como factor de integración. Además, sus miembros deben asumir normas de conducta; ser flexibles; tener sentido del deber, capacidad de adaptación, sinceridad, voluntad de socializar los conocimientos, tacto, compromiso, interés genuino en los demás, capacidad negociadora y plena comprensión de los objetivos que deben ser alcanzados.

No hay un único modelo de trabajo en equipo. No se planifica igual en el rugby, el fútbol, el básquetbol o el hockey. Incluso en un mismo deporte hay diferentes formas de ordenar a los hombres en el campo y hacerlos mover. A veces se utilizan esquemas rígidos y en otras se dan libertades. Hay quienes explotan el orden y otros la improvisación del crack.

Ancona afirma que la superioridad de los equipos es contundente cuando el trabajo requiere destrezas diversas, perspectivas o experticia; cuando los componentes del trabajo son interdependientes; y mientras haya tiempo suficiente para organizar y estructurar a los integrantes.

Sobre el funcionamiento

El rendimiento es el objetivo, porque el equipo es un medio y no un fin. Su performance es el resultado de una fuerte disciplina e intensa exigencia.

Todas las destrezas requieren entrenamiento, que sólo se logra si las personas tienen firme voluntad de aprendizaje.

El equipo debe ser suficientemente grande como para cumplir con la función encomendada, y pequeño como para actuar con dinamismo y eficacia. El menor tamaño favorece el comportamiento adecuado y evita problemas logísticos. Sus miembros deben encontrar la forma de mantenerse unidos. Un equipo funciona cuando se logra que los integrantes dependan los unos de los otros para lograr el objetivo.

Tiene que combinar destrezas –experticia técnica o funcional–, para resolver problemas y tomar decisiones. Un buen equipo es el de buen desempeño, cuyos miembros están satisfechos, aprenden en forma colectiva y satisfacen los requerimientos del exterior.

Un aspecto trascendental es cómo los equipos gestionan los diferentes talentos para obtener sinergia (Ancona).

Para alcanzar logros importantes, los equipos deben adoptar rigurosamente una acción afinada y fijar reglas de comportamiento claras. Las reuniones deben ser cuidadosamente elaboradas, y sus diálogos, sinceros.

Tanto la administración por valores como la que se rige por objetivos facilitan la modalidad del trabajo en equipo pues operan sobre los resultados y no sobre las acciones y, a la vez, permiten exteriorizar la capacidad creativa de los miembros. Sólo son útiles los *teams* que se fijan objetivos concretos y mensurables. Hay que recordar que trabajar en equipo no significa diluir las responsabilidades ni crear espacios para perder el tiempo en discusiones inútiles. Los equipos sirven para alcanzar metas. Siempre hay que rendir cuentas a alguien. Los resultados deben ser evaluados entre todos.

Deben existir recompensas claras y adecuadas. La forma de premiar no necesariamente es económica. Los incentivos particulares deben transformarse en premios a los logros grupales.

Para que un equipo alcance los fines deseados, Katzenbach y Smith aconsejan crear un sentido de urgencia, establecer altos niveles de exigencia y lograr que sus miembros se convenzan de que existe una meta real que vale la pena. Fernández López propone formular un claro sentido del deber; que todo el equipo comparta la visión, metas y objetivos; tener una clara orientación hacia los resultados que facilite la toma de decisiones; generar una comunicación entre todos y a todos los niveles, ser abierto a las ideas, pensamientos y opiniones de todos; establecer un liderazgo compartido, construir desde las diferencias, debatir las soluciones, cuestionar el *statu quo*, polemizar; favorecer el aprendizaje continuo, enseñar y aprender de la experiencia, sacar provecho de los errores, renovarse constantemente, transformarse, crecer, estudiar, probar, evaluar.

Es importante prestar atención a las primeras reuniones y actuaciones; considerar los resultados de inmediata consecución; dotar al equipo de información periódica para que pueda enfrentar nuevos retos.

Los retos energizan a los equipos. La mejor forma de impulsar el rendimiento es construir una ética más que un entorno.

También resulta muy útil tener permanentes reuniones de autoevaluación. Estas sesiones ayudarán a monitorear los progresos y a mantenerse en la senda correcta.

Los integrantes de un *teamwork* deben estar juntos mucho tiempo y aprovechar al máximo el potencial del feedback positivo. El clima depende de la empatía que se genere, de la recreación constante de un ámbito de seguridad individual y grupal. La cordialidad, afectividad y camaradería deben alimentar el perfeccionamiento. Las personas poseen idiosincrasia, capacidades, formaciones y ambiciones diferentes: si esta diversidad se sabe conjugar, el colectivo se enriquece y la capacidad de generar valor aumenta.

También hay espacio para los conflictos y las atmósferas enrarecidas, producto de malos entendidos, cosas no aclaradas o no dichas; falta de convicción o confianza; incomodidad personal; sensación de riesgo; confusión, o rivalidad. Esas situaciones pueden ser superadas si se tratan abiertamente; si las personas se colocan en los zapatos del otro para descubrir el porqué de sus actos y creencias; si se desentrañan las causas verdaderas y se encuentran soluciones que contemplen el interés de todos. Si esto se logra, se estará trabajando en equipo.

La elección de los miembros de un equipo debe ser una tarea rigurosa y cuidadosa. Es preciso tener en cuenta las habilidades, capacidades y potenciales de los integrantes, pero también sus personalidades y la compatibilidad de temperamentos. Una persona será apta para trabajar en equipo si combina soltura metodológica, cualidades técnicas con relación a las tareas, y capacidad para la comunicación interpersonal. Hay que armar un rompecabezas utilitario. Primero se sugirió trabajar con equipos multidisciplinarios y luego se avanzó hacia la transdisciplinariedad.

Se deben establecer claramente las funciones de los integrantes; los modos de cumplir; las metodologías y esquemas de sistematización; las habilidades a incorporar; la manera de efectuar los ajustes en ocasión de la superación de etapas o cambios del escenario; la forma de tomar decisiones mediante la participación democrática, relaciones equilibradas y fijación de reglas de convivencia.

Muchas veces los *teams* aparecen espontáneamente. Pero en otras ocasiones, son impulsados y guiados por un superior que debe desempeñar tareas diversas hasta que empieza a descansar en la capacidad autónoma del grupo para resolver situaciones o hacer el trabajo. El constructor compone vínculos, es parte del equipo, un primero entre iguales. Su acción franca crea un ambiente equitativo, abierto y comunicativo.

Es común que un equipo deba enfrentar desafíos distintos a lo largo del tiempo. Para cada acción, normalmente corresponde una habilidad especial. Eso hace conveniente que sean diferentes las personas que integran un equipo y también las que lo lideran. Es bueno cambiar los roles y desarrollar la capacidad simultánea de conducir y ser conducido. Ese doble juego mejora el funcionamiento colectivo. El equipo, por sí mismo, debe ir definiendo la forma de conducción, de acuerdo con la conveniencia, carisma, conocimiento técnico y organizativo[9]. Los líderes pueden variar

---

9. El Programa de Desarrollo de Ejecutivos organizado por la ESADE, además de brindar una formación equilibrada en todos los aspectos del management, hace énfasis en el desarrollo de dos habilidades ejecutivas esenciales: el liderazgo y el trabajo en equipo.

en función de las tareas o de las distintas facetas de cada tarea. Las personas pueden asumir roles diferentes según lo que deba hacerse en un momento determinado (pensar, crear, organizar, ejecutar, expresar, no expresar, etc.). Cada uno tendrá que someterse a un autoexamen permanente, ponderar los esfuerzos y aportes individuales y colectivos, fomentar la autocrítica y expresar sinceramente lo que se piensa sobre las prestaciones de los demás.

Se debe apartar a los saboteadores conscientes o inconscientes.

Aunque el equipo no opere, su existencia, en el imaginario de las personas, debe continuar.

Rodríguez[10] describe los procesos por los que un grupo llega a constituirse en equipo.

- **Formación** (*forming*), considerando las conductas tolerables, los esfuerzos esperados, las metas a alcanzar, las intenciones de la superioridad y la subordinación al supervisor y a los compañeros.
- **Tormenta** (*storming*), buscando un "pulso colectivo" que vaya organizando una estructura, un reparto de poder entre los miembros y una forma operativa aceptada por todos.
- **Normalización** (*norming*), definiendo reglas de conducta y de funcionamiento.
- **Rendimiento** (*performing*).

Robert Hicks y Diane Bone establecen el siguiente proceso.

1) **Gerencia directiva tradicional:** donde las decisiones de la superioridad son ejecutadas por los miembros del grupo, los individuos dan algunas opiniones y el grupo no tiene un gran papel en la toma de decisiones o la solución de problemas.

---

10. RODRÍGUEZ, J. M.: *Op. cit.*

2) **Gerencia participante:** el grupo está comprometido en la toma de ciertas decisiones y la resolución de ciertos problemas, pero no existe una verdadera autoridad o autonomía separada del gerente.

3) **Estructura** tradicional, pero con un gerente ausente: el grupo se contrata para asumir ciertas responsabilidades de la dirección.

4) **Estructura menos tradicional:** el gerente es un facilitador.

5) **Grupo autodirigido con "saltos de nivel":** se compromete para asumir mayores responsabilidades según vaya madurando.

Liliana Acero marca la existencia de una curva de desempeño.

1) **Grupos de trabajo:** no poseen una necesidad real de mejorar sus logros, ni tienen oportunidad de hacerlo; sus integrantes comparten información, experiencias e ideas para tomar decisiones que aplicarán en sus respectivas áreas de compromiso; no hay metas, responsabilidad, enfoques, ni propósitos en común.

2) **Pseudo equipos de trabajo:** aparece la necesidad real y la oportunidad de mejorar el desempeño, aunque sus integrantes no han alcanzado una práctica común, y tanto el interés conjunto como las metas son borrosos, y el desempeño menor que la energía de sus integrantes.

3) **Equipos de trabajo potenciales:** la necesidad de incrementar el rendimiento es clara y se esfuerzan por eso, pero todavía es difuso el propósito, no existe disciplina para enfocar el trabajo común; los resultados, sin ser excelentes, son mejores que en los niveles anteriores.

4) **Equipos de trabajo real:** círculos cohesionados y enfocados, de habilidades complementarias, metas y responsabilidad compartidas; el ejercicio genera siner-

gia, que coloca al fruto por encima del potencial sumado de sus integrantes.

5) **Equipos de alto desempeño:** aúnan a actores comprometidos con el crecimiento, los resultados rebasan las expectativas de sus integrantes; constituyen un instrumento potente y un modelo excelente para otros equipos, reales o potenciales.

Los equipos también se pueden diferenciar según las tareas que desempeñan.

- **Equipos de trabajo:** diseñan, manufacturan y entregan el producto o servicio al cliente interno o externo.
- **Equipos de perfeccionamiento:** aconsejan las mejoras en los procesos, tecnologías, productos, calidad, costos.
- **Equipos de integración:** encargados de que las acciones de la organización estén coordinadas.
- **Equipos de dirección:** tienen como función integrar los grupos de alta eficiencia de toda la compañía.
- **Equipos interfuncionales:** reúnen miembros de la compañía con diversas funciones de la compañía para mejorar su acoplamiento.
- **Equipos de proyectos:** orientados a desarrollar un proyecto específico.

"Los equipos no son la solución a las necesidades actuales y futuras de todos. No resolverán todos los problemas, no mejorarán todos los resultados de los grupos de trabajo ni ayudarán a la alta dirección a resolver todos los retos de rendimiento. Lo que es más, cuando se aplican de manera errónea, pueden representar, a la vez, una pérdida y una ruptura. Sin embargo, los equipos usualmente mejoran el rendimiento de otros grupos e individuos. Representan una de las mejores formas de apoyar los amplios cambios necesarios para la organización de alto rendimiento. [La clave está en] reconocer la sabiduría del equipo, tener el coraje de probar y, luego, aplicar la disciplina para aprender de la experiencia."[11]

11. KATZENBACH y SMITH: *Op. cit.*

CAPÍTULO 13

VIAJAR ACOMPAÑADOS: LA COOPERACIÓN, UN TALENTO ESENCIAL

"La experiencia de numerosas empresas muestra que esta posición perdida sólo podrá recuperarse mediante fuertes inversiones en nuevas plantas de producción, la adquisición de nuevas tecnologías, la búsqueda de nuevos segmentos de consumidores o la internacionalización decidida de la empresa. Ante estas opciones, la empresa puede carecer de recursos para recuperar la capacidad competitiva perdida. En estas circunstancias, una alianza orientada a lograr estos recursos tiene sentido."

Jordi Canals, *La internacionalización de la empresa*

La fuerza de la asociatividad

La cooperación es una virtud y una herramienta estratégica. Acá la presento en su segundo carácter.

Hoy no quedan dudas acerca de que la cooperación es un atributo vital para que las PyMEs puedan resolver cuestiones que las afectan por el reducido volumen con que operan.

Varias veces hice mención a que las PyMEs deben aprovechar la ventaja de ser pequeñas, pero también alerté acerca de que eso mismo es su gran debilidad. Para resolver la paradoja, justamente aparece la colaboración. No se trata de convertirse en grande, sino de realizar

> La cooperación con otros es una de las maneras más efectivas de lograr neutralizar las restricciones competitivas de las empresas pequeñas.

359

combinaciones en aspectos que ayudan a la competitividad (ahorro en compras, facilidad para acceder a puntos de venta, aspectos de logística y servicios de apoyo, etc.). Pragmáticamente hay que aprovechar las ventajas de ser pequeño en aquellas cosas en que eso vale, y encontrar caminos para evitar ese sesgo cuando conviene.

Comencé a valorar el tema en mis inicios en el comercio internacional[1]. Para incorporar a las PyMEs, el Centro de Comercio Internacional del GATT promovió la formación de consorcios de exportación. Fue así como en los '80 decidimos incluir el tema en la estrategia exportadora argentina, como punto destacado de la Ley de Promoción

Siempre utilizo el siguiente ejemplo en mis clases.

Si una empresa arma un departamento de comercio internacional, deberá contratar a un profesional con experiencia y contactos internacionales. Sin contar la posibilidad de que se lo estimule con un porcentaje sobre las ventas, su salario no será menor que U$S 50.000 al año (incluyendo cargas sociales); si a eso le agregamos la acción de visitar compradores, participar en ferias, exposiciones y misiones internacionales, difícilmente se puedan gastar menos de U$S 25.000 adicionales (no estamos hablando de exportadores pasivos, que venden porque les compran u operan de manera esporádica). Agreguemos otros U$S 15.000 de gastos de comunicación, U$S 20.000 por una secretaria que domine algunos idiomas y U$S 10.000 de otros gastos generales (en todos los casos he querido ir por lo bajo, ya que los salarios deben incluir cargas sociales, aguinaldo, etc.), con lo que sumamos U$S 120.000 anuales. Si la participación de los gastos comerciales sobre el precio del producto no debe superar el 5%, la empresa debería estar exportando más de U$S 2.000.000 por año.

Si alguien opera con volúmenes inferiores: 1) no está cargando los gastos comerciales al precio de exportación y los está cubriendo con superávits de las operaciones locales; 2) posee tamaña ventaja competitiva como para admitir gastos comerciales inusualmente elevados; 3) o bien trabaja sobre un producto tan imponente, que hace que los compradores asuman esos gastos (no vende sino que le compran).

---

1. Muy pocas actividades discriminan a las PyMEs como el comercio exterior.
2. La ley 23.101/84 fue elaborada, antes de las elecciones del '83, por un equipo técnico formado por peronistas y radicales, impulsado por Leopoldo

de Exportaciones[2]. Luego lo trabajé profesionalmente[3] y nunca dejé de estudiarlo, habiendo llegado a la conclusión de que incidía tanto en la operatoria externa como en la local, lo que me hizo saltar el cerco del comercio exterior. Lamentablemente tuve que asumir que una herramienta hecha para PyMEs no fue usada por ellas. Más que el individualismo fue el carácter autista lo que abortó la práctica. Lo cierto es que algunos aspectos culturales y la miopía alejaron a las PyMEs de la herramienta. Paradójicamente, las GEs hicieron suya la idea y dieron vida a una ola mundial de alianzas estratégicas.

Los aspectos medulares del tema son tratados en otro de mis libros[4].

¿Qué haría la firma si no tuviera limitaciones financieras, carencias tecnológicas, personal débilmente capacitado o ausencia de canales de acceso a los mercados alejados de su acción? ¿Qué sucedería si la empresa contara con la

---

Tetamanti y Bernardo Grinspun. Muchas horas pasamos con el embajador Juan Carlos Sánchez Arnau en las oficinas de CEPAL, tratando de establecer los ejes estratégicos del comercio exterior argentino, sin importar lo que pasara en las urnas. Sabíamos que sólo a partir de una política de Estado podíamos encauzar el comercio exterior y orientarnos en el camino del desarrollo. Rápidamente convinimos en que debíamos fomentar la creación de firmas comercializadoras internacionales: *tradings*, consorcios y cooperativas de exportación. Más tarde, luego del alumbramiento de la ley, como director de Promoción Comercial trabajé con Carlos García y el Consejo Asesor de Comercio Exterior (CACE) en la redacción de las normas reglamentarias (decreto 175/85) y en su impulso. Al alejarme de la función pública, participé en la estructuración y dirección de un buen número de uniones. Por aquella época, el tema había tomado auge y hasta se llegó a formar una Cámara de Consorcios y Cooperativas de Exportación (CACCERA), que presidiera Manuel Glagowsky. Pero el tema no entusiasmó a las camadas siguientes de funcionarios que, por el síndrome de "todo lo que se hizo antes está mal", lo quitaron de la agenda.
3. Tengo en mi haber la formación y administración de unos cuantos consorcios de exportación.
4. CLERI, Carlos: *Estrategias de alianzas*. 2a. edición, Ediciones Macchi, Buenos Aires, 1999.

escala adecuada para una gestión de características similares a las de quienes han logrado superar los lindes reducidos de su mercado local? ¿Hasta dónde llegarían el proyecto y la misión de la firma si no existieran tantas barreras levantadas en su contra?

En la práctica, luego de plantear los objetivos, llega el momento crucial de considerar las restricciones, y luego el de delinear las acciones para removerlas. Aparecen así una serie de opciones, y una de ellas es la asociación con terceros.

Las políticas de cooperación son una forma –no la única– de resolver los cuellos de botella para alcanzar las metas que persigue la actividad empresaria. Se trata de una herramienta a la que se apela cuando no existen opciones para motorizar una gestión individual con posibilidades de éxito. Sumar ventajas y neutralizar desventajas son recursos que agregan efectos sinérgicos.

Las alianzas permiten:
• aumentar las fortalezas,
• neutralizar las debilidades,
• crear efectos sinérgicos.

A veces, para tener éxito se requieren fuerzas que las firmas no poseen y no pueden desarrollar ni adquirir en el mercado. *"Consideramos el mercado como una jungla donde las compañías se deben valer por sí mismas. Una manera de hacer más fáciles las cosas consiste, para algunos, en desarrollar capacidad juntos."*[5] La cooperación con otros es una herramienta de alta eficacia: *"Un pacto –o punto de partida de una alianza– es una parte esencial del repertorio de todo buen estratega"*[6].

Las alianzas permiten sumar fortalezas para lograr una mayor potencia operativa. Es probable que una firma tenga ciertas habilidades, pero que no sean suficientes. La suma cuantitativa de atributos ayuda a competir mejor. También

5. LEWIS, Jordan: *Alianzas estratégicas.* Vergara, Buenos Aires, 1993.
6. OHMAE, Kenichi: *El mundo sin fronteras.* McGraw-Hill, México, 1995.

se puede buscar la neutralización de debilidades, asociando a aquellas empresas que tengan habilidades complementarias y cubran las faltantes. Una empresa con menor cantidad de debilidades es una entidad cualitativamente más poderosa. Finalmente se trata de que la combinación desate fuerzas sinérgicas, de $A + B < (A , B)$ forma que la unión supere la suma de lo que las empresas podrían lograr por separado. En resumen, el resultado de las partes es sustancialmente menor que el de su combinación. En otras palabras, se trata de concebir firmas más potentes, con mayor cantidad y diversidad de fortalezas y menos debilidades.

En los encuentros asociativos se requiere una fuerte inversión de recursos, esfuerzo, tiempo y renunciamientos.

La decisión estratégica de constituir una alianza surge de un simple análisis de costo-beneficio. Por un lado, se colocan los recursos que insumirá la jugada, más las pérdidas intangibles (grados de libertad) y por el otro, lo que se espera ganar en el intento (también en suspenso). En términos simples y sin detenernos a analizar la multiplicidad de casos, se podría decir que se pierde independencia para ganar fortaleza. Los costos de la unión deben ser claramente precisados. Para tomar la decisión de iniciar una colaboración formal y responsable, es necesario evaluar los desembolsos, esfuerzos y recursos que van a ser invertidos. Si las exigencias o las intenciones superan los límites de los propios recursos y posibilidades, la única solución es encontrar con quién combinar cualidades y superar insuficiencias. El desafío es ubicar aquella sociedad que armonice mejor con la cultura, complemente las pericias y elimine debilidades. Se trata de encontrar las piezas que encajen perfectamente en las partes vacías del rompecabezas.

> La decisión estratégica de constituir una alianza surge de un simple análisis de costo-beneficio.

363

Los procesos asociativos abarcan aspectos:

- estratégicos, en tanto son el resultado de una decisión tomada para alcanzar un objetivo de este carácter;
- culturales, porque todo proceso de complementariedad introduce cambios en la cultura, eliminando ciertos caracteres de personalidad e incorporando otros;
- operativos, pues la asociación opera en la práctica.

La decisión de asociarse es estratégica. Deriva de la toma de conciencia de la imposibilidad de alcanzar una meta con los recursos y destrezas que la empresa posee o está dispuesta a invertir.

> **Asociarse es una decisión estratégica, ofensiva (mejorar la posición) o defensiva (no desaparecer).**

Hasta aquí me he referido a una proposición estratégica ofensiva, pero son más los casos defensivos.

Muchas alianzas fueron motivadas por el miedo a desaparecer, a transitar solos la selva del mercado, o por el deseo de distribuir los riesgos de un negocio. Sólo se acepta perder individualidad cuando no queda más remedio. Por eso las coaliciones se multiplican en momentos de crisis. Pero esas circunstancias no son un buen punto de partida para tomar decisiones tan trascendentes.

¿Qué se busca al plantear una alianza?

El primer incentivo es superar el escollo del volumen con que operan las PyMEs. Se trata de vencer la fuente de obstrucción: insolvencia financiera (para capital de trabajo, compra de equipos, contratación de personal); insuficiencia de alcance (llegada al mercado); incapacidad para gestionar una organización de mayor tamaño; o un retraso tecnológico que debe ser superado.

Puede ser una opción para combinar partes especializadas de un proceso productivo. Varias empresas (manteniendo su independencia) acuerdan dejar de fabricar un producto y dedicarse a algún componente, que luego integran. El modelo italiano es una variante de esta modalidad que, a partir de eliminar superposiciones productivas que derivan en capacidades ociosas y costosas luchas competitivas, logra mayor racionalidad productiva y un uso más eficiente de los recursos escasos.

> Para aumentar el volumen con que operan.

A veces, un producto competitivo no llega a los consumidores por tener que enfrentar altos costos de comercialización. La aplicación de los costos sobre el bajo volumen de la oferta genera una incidencia irrazonable sobre el precio final (es el caso señalado del comercio internacional). La unión de esfuerzos permite amortizar mejor los gastos y lograr una oferta competitiva.

> Para mejorar el acceso a nuevos mercados.

Es probable que una firma posea buenos productos, pero no tenga capacidad de llevarlos al mercado. En el comercio internacional hay firmas que se han pertrechado localmente y hacen difícil el ingreso desde afuera. En esas plazas, los costos de introducción son elevados y a veces hay que invertir mucho tiempo y dinero para avanzar. Una buena alternativa es encontrar un socio que posee los canales y las formas para lograr una penetración rápida.

También ese pueden lograr mejoras comerciales con la integración hacia adelante de la cadena productiva, o la constitución de una empresa comercializadora conjunta.

Vinculada a la efectividad se encuentra la capacidad para adquirir insumos o materias primas. Una debilidad negociadora, el control oligopólico de un insumo o una posición de difícil acceso puede constituir una dificultad insalvable que se remediaría con una alianza para aumentar el poder de negociación o el volumen de compra (*pools*); o uniendo esfuerzos para procurar la producción de los insumos; o sobre la base de aliarse con un proveedor o de integrarse a una cadena productiva.

La unión de recursos puede permitir desarrollar I+D, lanzar nuevos productos, incorporar equipamiento y conocimientos tecnoproductivos, estandarizar productos, etc.

Probablemente la tecnología ha sido la mayor inductora de acuerdos de colaboración a escala mundial. Aunque en la mayoría de los casos las que se han unido son empresas tecnológicas y grandes organizaciones, es posible que las PyMEs se incluyan en este tipo de acuerdos.

> La tecnología es la mayor fuente de inspiración de acuerdos de colaboración.

Las opciones tecnológicas como fuente de alianzas estratégicas pueden ser: búsqueda de mejores modos de desplegar los factores de la producción y los recursos para obtener formas de producir que resulten más baratas o mejoren la calidad (estos casos abarcan acuerdos donde firmas avanzadas traspasan conocimientos a otras); convenios de cooperación para desarrollar un producto que brinde liderazgo; uniones para evitar la difusión de una tecnología, o inversamente, para estandarizarla y expandirla; vínculos para desarrollar nuevos insumos que reemplacen aquellos de difícil consecución o que son comercializados de manera oligopólica. Los arreglos para desarrollar tecnologías de procesos son escasos porque allí juega mucho la idiosincrasia de la empresa.

> Para solucionar problemas logísticos o de infraestructura que liman la capacidad de concurrencia.

La logística y la infraestructura se han constituido en fuente de primacía o desventaja. Es conveniente unir recursos cuando individualmente no alcanzan para realizar las inversiones en instalaciones y servicios básicos necesarios. Una alternativa es recurrir a polos productivos, parques industriales o tecnológicos, que sirven para generar ahorros.

Las alianzas son importantes para contratar peritos costosos, que no se necesitan a tiempo pleno o no pueden ser amortizados. La solución es juntar las necesidades y contratar conjuntamente a un experto. Así se accede a capacidades técnicas, conocimientos de mercado, talento creativo, relaciones, lobby y otras pericias que están incorporadas en algunas personas cuya contratación individual no es posible.

Las inversiones conjuntas son incentivadas para prevenir el ingreso de nuevos competidores; hacer frente a una aplicación masiva de fondos, intentar pluralizar la cartera de productos o disminuir los riesgos de acometer un nuevo negocio.

> Inversiones conjuntas para disminuir el riesgo.

Asimismo, muchas empresas pequeñas tienen debilidades financieras, pero no necesitan préstamos, sino socios. También el aumento del volumen, la cobertura de una demanda creciente, el desarrollo de una investigación tecnológica, la incorporación de innovaciones, la creación de una imagen de empresa o el posicionamiento de un producto suponen una inversión financiera que a veces conviene buscar afuera. Las sociedades de garantía recíproca son un experimento asociativo que une fondos excedentes del mercado para utilizarlos como fianzas a fin de que las PyMEs puedan acceder a recursos del sistema financiero. Lamentablemente, en la periferia no se ha desarrollado un sistema de capital de riesgo que acerque inversores a los emprendedores. En los países emergentes, las experiencias con fondos especulativos ha sido nefasta.

> La necesidad de capital induce a alianzas con inversores individuales, con empresas o con fondos profesionales.

Las relaciones pueden ser competitivas o asociativas. En los últimos tiempos se multiplicaron las asociaciones entre

367

proveedores y clientes. Lograr un modelo de integración que convierta a los eslabones en socios es un arma competitiva potente y suficientemente comprobada.

> El entendimiento de que en los mercados los que compiten son los encadenamientos productivos potenció la formación de alianzas entre eslabones, tanto hacia adelante como para atrás.

Los vínculos asociativos pueden realizarse con empresas, personas (capital de riesgo), el Estado, universidades y/o centros científicos y tecnológicos.

Otro factor de unidad es la necesidad de expandirse fronteras afuera. La internacionalización obligada de muchas empresas ha provocado la conformación de sistemas asociativos de diversos tipos: compañías de comercialización que asumen la totalidad de la acción comercial internacional, consorcios de exportación, simples clubes que comparten algunas funciones básicas, absorciones, fusiones, joint-ventures, subcontrataciones.

Las uniones entre empresas de servicios son cosa frecuente. La práctica de la tercerización es un acuerdo por el que se derivan funciones a firmas profesionalmente especializadas. El outsourcing ya ha llegado a la contabilidad y la administración.

Finalmente, el Estado debería tener un rol importante como promotor de asociaciones. Su beneficio sería contar con empresas más sólidas, con mayor posibilidad de supervivencia y mejores contribuyentes futuros.

CAPÍTULO 14

COMPROMETER A LOS PASAJEROS

"En mi opinión, existe una clara conexión entre la lealtad a una empresa que muestran sus clientes y la lealtad con que esa empresa orienta sus relaciones con los empleados. Esta conexión se pone de manifiesto empíricamente en un hecho que se ha demostrado como incontestable: las organizaciones con un buen clima laboral, cuya muestra más palpable se da en unos bajos índices de rotación no deseada de personal, posee una cartera de clientes más leal y con más larga vida media que aquellas cuyo índice de satisfacción de sus empleados se encuentra por debajo de la media."

Javier Fernández López, *Gestionar la confianza*

Comprometer al personal

Los sistemas autoritarios han ido perdiendo validación. No es que siempre hayan funcionado, pero su insolvencia no se notaba tan claramente como hoy. Hay grandes diferencias entre la dirección por temor y la dirección por convicción.

El respeto es la argamasa de los sistemas humanos; su falta disminuye su potencial. Las emociones positivas son el más importante impulsor de las relaciones humanas. Las negativas, en cambio, destruyen los vínculos y con ello la posibilidad de lograr armonía y sinergia. El miedo puede hacer que algunas personas respondan, pero otras quedarán paralizadas, sin hacer nada útil. Por fallas de conducción, muchas personas terminan siendo descalificadas.

Las personas del siglo XXI son poco tolerantes con la

autoridad. No les sirve que les digan qué deben hacer, sino que requieren que se les explique por qué deben hacerlo. Hoy, las organizaciones y los conglomerados sociales funcionan sobre un sistema de confianza y cooperación. El recelo de ser sorprendidos por los demás o que estos no cumplan con su deber da lugar a excesos de reglamentación que terminan siendo muy costosos para las empresas. La confianza reduce esos costos, de ahí su enorme valor. Está fundada en la seguridad de que las personas actuarán de la manera esperada y serán responsables y respetuosas, en un marco de comunicación cordial que alimente y estreche los vínculos. Por el contrario, las actitudes negativas provocan la destrucción del espíritu grupal.

Los sistemas antiguos conducen a un sacrificio inaceptable en términos humanos, incluyendo acciones inútiles y denigrantes. En el nuevo orden, se deben eliminar las operaciones sin valor. La energía debe ser canalizada hacia aquello que posee sentido. El trabajo directo debe ser reducido paulatinamente y las maquinarias adaptarse para que resulten más fáciles de operar. La comunicación debe permitir relaciones más fluidas, confianza y credibilidad.

El trabajador que confía en sus mandos siente que desempeña un papel activo en los esfuerzos por progresar. Cuando se atienden sus propuestas, se activa la autoestima y se levanta la moral. Las decisiones se toman por consenso y se ejecutan colectivamente.

Las empresas deben brindar seguridad en el empleo. Retener mano de obra es muy importante en términos de costos monetarios e intangibles (pérdida de confianza, interés, etc.). Los trabajadores deben ser incitados a permanecer en la empresa, algo que se logra cuando esta los reconoce, muestra preocupación por su situación personal e invierte para aumentar su caudal intelectual.

Uno de los modos, no el único, de retener a los trabajadores puede ser el ajuste salarial por antigüedad utilizado en Japón. El salario tiene una parte fija, relacionada con la experiencia en la empresa (Nenko: a igual antigüedad igual salario) y una parte variable, en general expresada en bonos, cuyos beneficios están ligados a los resultados de la firma. La relación salarial se negocia, pero siempre teniendo en cuenta el estado de la empresa, que es conocido por todos, y sobre el que no se miente. La conciencia de ser parte de un sistema que compite con otros y de que su propio bienestar depende del éxito de la organización hace que el personal actúe siempre buscando lo mejor para la empresa.

> La motivación debe ser una actividad permanente; no puede ser parcial o discontinua.

Es necesario cuidar los cambios que se introduzcan. Estos deben ser graduales y racionales, sin la brusquedad del downsizing o la reingeniería. El malestar gratuito siempre se paga con ineficiencia. Las relaciones industriales deben construirse sobre bases que garanticen mejoras continuas y sustanciales en las condiciones de vida de los asalariados.

> El personal doblará su esfuerzo si está comprometido con una estrategia que desea y lo ilusiona.

El nivel de compromiso está directamente ligado a la calidad de vida laboral. Es muy conveniente que la empresa logre una fuerte adhesión del personal a sus intereses.

"En un mundo que cambia masivamente (...) uno necesita involucrar a la gente en el desarrollo continuo de la empresa. El grado en que la gente se preocupa, confía y se compromete con el trabajo tiene no sólo un efecto directo sobre los resultados, sino también el más directo de los efectos, de cualquier factor, sobre la expectativa de vida de la compañía. El hecho de que muchos managers ignoren este imperativo es una de las grande tragedias de nuestro tiempo."[1]

---

1. DE GEUS, Arie: *La empresa viviente. Op. cit.*

> Cuando todos sabemos que vamos para el mismo lado, tiramos juntos del carro y evitamos desgastes de esfuerzos y controversias paralizantes.

Un buen plan estratégico no tendrá éxito si no logra incluir a cada integrante de la sociedad. Lo primero que se requiere es comunicar la visión en términos comprensibles, pues sólo se forja compromiso con las cosas conocidas. No deben quedar dudas acerca de que alcanzar tal objetivo no sólo beneficiará a la empresa sino también a todos sus miembros. De la complacencia se debe llegar a la aprobación y al compromiso. Un personal que sabe adónde se dirige, y quiere llegar a destino, dará todo de sí. Se puede demostrar que esta es la práctica más honesta y efectiva para aumentar la productividad. Las personas son el factor competitivo excluyente, pero para que pueda explotarse su potencial hay que ayudarlas a desarrollarse.

Stephen Covey asegura que no es suficiente aprovechar el talento de las personas como enseñaba el sistema antiguo, sino que hay que ayudarlas a encontrar un significado y la realización personal en lo que hacen. Citando a Goethe: *"Tratad a un hombre como es y siempre será igual, tratadle como puede y debe ser, y se convertirá en la persona que puede y debe ser"*.

En 1969 J. Sterling Livingston, en su célebre artículo "Pygmalion y la dirección de empresas", demostró que los principales ingredientes son el entusiasmo y el interés por parte del jefe. Por otra parte, el desánimo, las bajas expectativas y la falta de implicación de los ejecutivos, conducen al escaso rendimiento de los empleados perpetuado por la baja autoestima. Livingston toma el *Pygmalion* de George Bernard Shaw para comunicar que *"Si las expectativas son altas, la productividad será casi con seguridad excelente. Si las expectativas son bajas, es muy probable que la productividad alcanzada también sea baja"*.[2]

---

2. LIVINGSTON, J. Sterling: *Pygmalion y la dirección de empresas*. Deusto-Harvard Business Review, Buenos Aires, 2004.

Resumiendo, las principales conclusiones de su investigación son: lo que un directivo espera de sus subordinados y la forma en que los trata inciden fuertemente en el rendimiento y los progresos profesionales; los grandes directivos tienen expectativas elevadas sobre sus colaboradores y esa confianza ayuda a que el rendimiento sea equivalente; es muy corriente que los empleados realicen lo que piensan que se espera de ellos, se trata de profecías de cumplimiento inducido; los líderes eficaces tienen la capacidad de crear expectativas de alto rendimiento que sus empleados cumplen, por eso recomienda a los directivos entender cómo funciona el efecto Pygmalion: *"Nuestro estudio sobre los líderes eficaces indica sin ninguna duda que un factor clave es (...) lo que llamamos (...) autoestima positiva (...). La autoestima positiva parece ejercer su poder creando en los demás una sensación de confianza y expectativas altas muy parecida a la del famoso efecto Pygmalion (...). Somos todos como Eliza Doolittle, nos comportamos según como nos tratan".*

Un detalle interesante es que Livingston dice que si tuviera que reescribir el artículo haría énfasis en los efectos nefastos de los "pygmaliones" negativos.

Algo que los directivos deben saber es que las diferencias entre empleados buenos y malos no tienen que ver con los sueldos que se pagan sino con la forma en que se los trata.

En el nuevo orden, el trabajador debe estar implicado y tomar decisiones, de modo que lo personal y lo profesional pasen a ser una comunidad de intereses.

Se perfiló así un nuevo modo de organizar la producción, abandonando el taylorismo, que convertía al hombre en un autómata programado. Para desafiar el presente es necesario contar con un personal que esté profundamente consustanciado y sea capaz de manejar lo aleatorio.

Coriat[3] clasifica el compromiso de los trabajadores en

---

3. CORIAT, Benjamín: *Pensar al revés.* Siglo XXI Editores, México, 1995.

tres clases básicas, aunque pueden darse formaciones intermedias o combinadas.

1. **Compromiso impuesto.** No es más que una simple renovación del sistema taylorista. En este modelo, los círculos de calidad no son instrumentos de aporte sino técnicas de control social; lo importante no es lo que se consigue con la participación de los trabajadores, sino esconder un sistema de aprovechamiento hipócrita. Donde pueden existir focos de conflicto se reemplaza a los trabajadores con máquinas (automatización por manchas). Los incrementos de productividad que se obtienen no son repartidos equitativamente. Se crea un núcleo rígido al que se prepara, enseña, valora y retribuye; en tanto los demás quedan en situación de precariedad, en continua competencia y subordinados al cumplimiento estricto de las condiciones impuestas so pena de ser reemplazados. Existe un modelo de flexibilidad hacia fuera y rigidez hacia dentro. Muchos empresarios de América Latina asumieron esa representación del modernismo como método para alcanzar competitividad. Es posible que en el corto plazo sea así, especialmente en sectores donde el costo laboral es relevante, pero, a largo plazo, el modelo será insostenible e incongruente con el objetivo del desarrollo.

2. **Compromiso incitado o estimulado.** Este estilo, popularizado en Japón, produce un *loop* favorable a largo plazo. El personal es instruido, desarrolla polivalencia funcional, y se introducen sistemas de calidad de procesos, *just-in-time*, mejoramiento permanente, velocidad y diferenciación de la producción. Los trabajadores son bien remunerados, se los retribuye por antigüedad y calificación (que justamente se adquiere con la permanencia en el trabajo). Subyace a este esquema una cultura desarrollada en la sociedad (puertas afuera de la empresa, por consiguiente, anterior al ingreso al trabajo) de brindar el máximo de la capacidad personal a la compañía y a la sociedad, como modo de alcanzar prosperidad global e individual. Se intensifica la con-

tención del individualismo y el respeto a las leyes, a pesar de que no estén escritas, generando un elevado nivel de confianza. El grupo se encarga de castigar con el desprecio a los que haraganean y a quienes tratan de sobresalir. Los liderazgos se establecen sobre la base de "lo mejor para todos", dado que se entiende que se obtendrán mayores beneficios personales con el adalid más apto que bajo su propia conducción. La recolección de testimonios directos de trabajadores japoneses me convenció de que un modelo de este tipo recupera la felicidad del trabajo.

3. **Compromiso negociado o contractualizado.** El modelo alemán es un caso paradigmático de este tipo de inclusión. Los salarios son los más altos del planeta, el tiempo laboral el más reducido, y sin embargo es el país de mayor competitividad del mundo, como demuestra su presencia en el podio del ranking de exportadores. El sistema incluye elevada calificación, trabajo en equipo y dedicación a la producción diferenciada por la alta calidad, lo que a la vez redunda en la creación de una imagen de excelencia que posibilita fijar precios elevados, lograr rentas diferenciales y pagar mejor a los trabajadores. Si bien hay similitud con Japón, las reglas que rigen son negociadas y escritas, y existen como complemento un sindicalismo fuerte y un modelo sociotécnico que organiza equipos alrededor del maestro, similar a la escuela sueca, que aporta la idea de trabajar en pequeños grupos interrelacionados. Hay cooperación informal, se aprovecha la creatividad y se produce con una logística que permite un alto rendimiento.

Asigno a este aspecto mucho valor. Sostengo que el auge japonés de posguerra se debe al compromiso de sus trabajadores. Se habla de alienación, de que son autómatas, de razones culturales, pero la verdad es que para tamaña proeza se requiere mucho más que eso.

Los empleados comprometidos se preocupan por la calidad de los productos ofrecidos, presentan ideas creativas para mejorar la producción y la comercialización, alcanzan

Integralco S.A. es una empresa familiar que nació en 1963 y llegó a tener el 65% del mercado de servicios de alimentación a grandes comunidades (empresas) antes de transferir el 100% de su paquete accionario al Grupo Excel. Como tantas otras empresas controladas por el grupo, en poco tiempo entró en crisis. Los antiguos propietarios recompraron la firma y en sólo un año la pusieron de nuevo de pie, con gran apoyo de proveedores, clientes y personal. Su sistema de incentivos está basado en lograr rentabilidad más que ventas. Eso da una compleja matriz de áreas funcionales, que tienen la responsabilidad de cumplir con una serie de puntos para acreditarse los méritos; algunos no están relacionados directamente con su campo de actuación pero lo rozan. Por ejemplo, quienes están en los puestos de servicio deben tener en cuenta los costos y evitar desperdicios. De esa forma, se constituyen en auditores del área de compras. De la misma manera dicha área no queda exenta de la responsabilidad de satisfacer al cliente. El incentivo económico es sólo una parte del modelo de compromiso. Cuando acompañé al fundador, Carlos Bibulich, y a su joven hijo Ramiro, actual gerente general, a visitar un punto de servicios, he visto la relación con los empleados-socios de la empresa. Todos se acercaron a saludar, todas las mujeres recibieron un beso y los hombres un fuerte apretón de manos. El clima es muy cordial y, por eso, el rendimiento es fenomenal.

mejores rendimientos, no tienen motivos para cambiar de patrón o para no asistir al trabajo.

Cuando el personal no está incentivado, la calidad baja, el rendimiento se reduce, reina el malhumor, cae la moral, el espíritu de equipo desaparece, se producen migraciones, no hay interés en incorporarse a la firma, y la imagen externa de la empresa se resiente.

Creo que los japoneses han logrado generar una simbiosis entre los intereses personales y los de la empresa. Es natural que las personas estén dedicadas a sí mismas. Empresarialmente se trata de que esos mismos entusiasmos y talentos sean ofrecidos a la firma. Cuanta menor contradicción exista entre el interés personal y el de la empresa, mayor será el esfuerzo empeñado. La lucha de clases queda en sordina; el rival pasa a ser el competidor. El bienestar depende de que al empleador le vaya bien, por lo que está dispuesto a hacer sacrificios. Se desea el provecho del vecino pues es la fórmula para que también a los demás les vaya bien. Los propietarios son austeros y reinvierten la mayor parte de la renta. La firma devuelve la dedicación de su personal actuando como "madre gallina" al resolver cuestiones vitales (vivienda, salud, educación) para sus empleados y pagar buenos salarios.

> Una forma de comprometer es plantear desafíos.
>
> Toyota Mercosur proponía los siguientes *hoshin* para 2006.
>
> 1er *hoshin*: definir una visión clara, completa de nuestros sueños;
> 2° *hoshin*: maximizar las fuerzas individuales y mejorar la fuerza del equipo;
> 3er *hoshin*: promocionar continuamente las operaciones innovadoras;
> 4° *hoshin*: crear un ambiente donde todos los miembros puedan trabajar con vigor.

La competitividad depende, en gran parte, de la posibilidad de crear una comunidad de intereses. Por eso un objetivo trascendente es comprometer al trabajador, retenerlo, lograr su identificación.

Pero, ¿cómo generar motivación?

> "Nuestro activo más importante son los recursos humanos. Solamente podemos concretar nuestros sueños si aceptamos los desafíos con gran determinación, placer y coraje. Por esa razón, el liderazgo de la empresa debe pensar continuamente en cómo motivar a sus funcionarios. Todos crecerán y los mejores serán recompensados."
> *Toyota Informa.* Enero 2006

- Dedicándose a las personas.
- Comunicando el proyecto. Estableciendo un diálogo entre las ideas de la dirección y las del personal y, de ser posible, construyendo juntos un objetivo único basado en valores comunes. Los empleados deben tener siempre en claro cuáles son las metas y planes corporativos para el futuro. Siendo el porvenir el motivo de mayor incertidumbre, tener información sobre lo que se piensa hacer y las perspectivas de la empresa ayuda a tranquilizar y con ello a mejorar el

377

rendimiento. La comunicación franca es de un valor incuestionable para generar lazos de lealtad y compromiso.

- Haciendo conocer claramente los derechos y responsabilidades de todos.
- Recurriendo a emociones positivas para motivar (esperanza, ambición, felicidad, orgullo, gratitud, autoestima...) y evitando las negativas (temor, envidia, odio, competencias desmedidas y desleales entre pares...).
- Reconociendo la trascendencia del personal en la creación del éxito empresarial.
- Haciendo las cosas con entusiasmo.
- Logrando hacer coincidir los intereses personales con los de la firma.
- Dando participación. Escuchando y valorizando el pensamiento y actuación de todos. También poniendo a su disposición los medios para que se desarrollen como personas integrales y puedan cumplir con sus objetivos.
- Tratando a los empleados con respeto.
- Demostrando afecto sincero. Alentando, reforzando la actuación, reconociendo los éxitos, haciendo conocer el valor y respaldo a las buenas actuaciones.
- Recompensando los logros. Los premios y halagos deben ser justos y precisos.
- Evaluando honesta e imparcialmente. Hay que ser justo con los empleados; en el trato debe predominar el respeto y la ética.
- Transfiriendo responsabilidades y poder a los empleados.
- Permitiéndoles cometer errores, en tanto no compliquen gravemente a la empresa, para que se puedan evitar en el futuro (aprendizaje).
- Otorgando la posibilidad de preguntar sobre las decisiones o las dudas.

- Promoviendo un buen clima. Cuidando la salud y ambiente laboral. Aliviando las situaciones de tensión, incomodidad y exceso de esfuerzo físico.
- Fomentando que los empleados se fijen metas de vida y de carrera laboral.
- Manejando la empresa de manera ética.

Es importante recordar que no hay técnica que valga si no existe un lazo emocional que una a superiores y colaboradores. La cortesía será contestada con un trato similar. El compromiso provoca: el comportamiento leal y honrado, la disposición de ideas creativas que mejoren el funcionamiento, y la aceptación de errores cometidos por los directivos.

La lealtad es una cuestión interna (emoción y sentimiento), pero también una cuestión externa (manifestación y hábito). En el conjunto se expresa un sentimiento de solidaridad recíproca entre los miembros y una relación indisoluble en términos de los intereses de la organización y de los individuos que la componen.

Se considera que las técnicas de motivación del personal se basan cada vez menos en los sueldos directos y más en otras opciones financieras y no financieras.

Jeffrey Pfeffer[4] se pregunta: ¿cuánto pagar a los empleados? ¿Cuánta importancia se debe dar a la remuneración económica como parte del sistema total de remuneración? ¿Es importante mantener bajo el índice salarial? ¿Se debe implantar un sistema de incentivos individuales para recompensar las diferencias de rendimiento y productividad? Y, en caso afirmativo, ¿cuánta importancia se debe dar a esos incentivos? Y responde, desbaratando seis mitos.

Mito 1. Los salarios son iguales que los costos laborales. Lo importante es la productividad. El salario debe ser relativizado por el rendimiento.

4. PFEFFER, Jeffrey: Seis mitos peligrosos sobre el sueldo. Deusto Harvard Business Review, Buenos Aires, 2004.

Mito 2. Reducir los salarios reduce los costos laborales. Cuando se cree que los salarios y los costos son lo mismo, también se supone que bajar los sueldos significa bajar los costos laborales y eso es una falacia peligrosa.

Mito 3. Los costos laborales representan una parte importante de los costos totales de la empresa. Esto sólo es cierto en algunos casos, depende de los sectores. En la mayoría de las firmas representa una pequeña parte del valor de compraventa final.

Mito 4. Mantener bajos los costos laborales proporciona una ventaja competitiva eficaz y sostenible. El bajo salario sirve en estrategias de costo y sólo si constituye una parte importante del precio final; normalmente es una ventaja efímera, fácilmente erosionable. Esta fijación puede hacer perder de vista otros aspectos que sí son decisivos, como la calidad, el servicio y la innovación.

Mito 5. Los incentivos individuales sirven para mejorar el rendimiento. A veces la incentivación del individualismo provoca competencias y egoísmos, que afectan la labor de los compañeros. Por supuesto que es inadmisible y contradictorio con el trabajo en equipo.

Mito 6. La gente trabaja sólo por dinero. Ya vimos que no es así.

Compromiso del personal y marketing

Siempre consideré primordial el valor que tiene para las PyMEs la facilidad de lograr que el personal sienta a "su" empresa como propia; y también la enorme posibilidad de negocios que brinda el trato directo con los clientes. Hace poco encontré un trabajo que fundamenta el virtuosismo de ambos factores. Fernández López sitúa el secreto de la ventaja competitiva en la lealtad y confianza de los empleados que se proyecta hacia la lealtad y confianza de los clientes.

"Paradójicamente, son las empresas más pequeñas las que se están destacando en la atención al cliente, a partir de la generación en sus empleados de una dedicación incondicional a los clientes, una dedicación puesta de manifiesto en la respuesta a cualquier hora, el calor humano y la capacidad de anticipación a sus necesidades."[5]

> El momento de la verdad de la empresa está en la relación con los clientes, en ese punto de contacto, en las relaciones que hacen que compren, sigan comprando, que aumenten la periodicidad de las compras, que se abastezcan de todo lo que la firma produce y vende, y que la recomienden a otros.

El contacto entre clientes y personal marca el éxito de los negocios. Habitualmente, la razón de la mayor parte de la migración de consumidores es el resultado de cómo se los trata. Para retenerlos es fundamental ser agradecidos, manifestarles la importancia que tienen, mostrar preocupación por cómo les va. No es posible remitirlos al manual del usuario, no encontrar tiempo para atender sus consultas, problemas o inconvenientes. Hay que lograr que la gente se interese en los productos.

> Hay sólo dos negocios: captar y mantener clientes. Los dos son importantes aunque mantenerlos es menos costoso.

Todo el esfuerzo lo debe poner la empresa, que es la que debe entender a los clientes, y no al revés.

Un comprador potencial se convierte en cliente si está satisfecho. Hay que lograr diálogo, provocar la repetición de operaciones, conseguir compras cruzadas, obtener recomendaciones y culminar la relación con una comunión de intereses. No hay que suponer lo que los clientes quieren. Hay que consultarlos. Conocer sus expectativas. Convertirlos en socios.

Ignorar, no escuchar o no prestar atención a lo que los clientes quieren es suicida. La escucha debe ser atenta y comprensiva.

---

5. FERNÁNDEZ LÓPEZ, Javier: *Gestionar la confianza.* Pearson, Madrid, 2002.

Los costos de lograr un nuevo cliente son muy superiores a los de mantener a uno satisfecho. Sin embargo, hay una cuestión interna que lleva a atraer a lo que no se posee, en lugar de cuidar lo que se tiene (cosa que es más fácil). En el mundo de los negocios, no se trata de demostrar encanto sino de ganar dinero, y ello se consigue con una buena relación entre costos y precio de venta, y entre precio de transferencia y valor asignado por el comprador.

VALOR PERCIBIDO POR EL CLIENTE > PRECIO > COSTO

Hay que plantear la forma de mantener satisfechos a los clientes cautivos (aunque nadie tenga asegurado a nadie). Los procesos internos deben organizarse para colmar sus expectativas. Su agrado debe ser pleno para que el cliente sea leal. Los empleados (tanto los que están en contacto con la clientela como los que desarrollan y elaboran los productos y servicios que se venden) deben profesar pasión por los clientes.

Un cliente-socio participará en todas las acciones que se le requieran, brindará información y ayudará a su proveedor a ser mejor. Utilizará toda la gama de productos que se le ofrecen y cuando se presente una novedad, la probará. Dará como referencia a la empresa. Rechazará ofertas de la competencia. Y hasta aceptará que se cometan errores.

¿Qué quiere un cliente?: responsabilidad, agilidad, profesionalidad, comprensión, garantía, seguridad y experiencia.

Un buen producto y servicios excelentes no bastan. La calidad por sí misma no asegura el éxito; cubrir las expectativas, tampoco; ni hacer esfuerzos de productividad, gastar en marketing y publicidad, que han sido las fijaciones de las empresas en el pasado reciente. Hay que lograr algún tipo de valor añadido, ser mejores que la competencia, pero fundamentalmente establecer relaciones personales. Los clientes deben sentir y compartir el esfuerzo de su abastecedor por la productividad, la calidad y los mejores costos y, a la vez, sentirse bien tratados. La vinculación con los clientes es un complejo sistema de relaciones donde juegan múltiples aspectos.

Todas las acciones de la empresa deben estar ordenadas para conseguir la fidelidad de los clientes actuales. Eso sólo se

> Si se logra un sentido de sociedad, es posible encontrar en los clientes una magnífica fuente de información (disminuyendo los costosos presupuestos que deben aplicar las firmas que no tienen trato directo y se relacionan con los clientes a través de góndolas, cintas grabadas y números).

logra con una cultura de servicio por parte del personal, que debe producir una experiencia inolvidable cada vez que se entra en contacto. Los consumidores deben estar atendidos por una dotación provista de calidez, conocimientos y dedicación, capaces de crear un marketing relacional, uno a uno, y de gestionar la lealtad. La obsesión por los clientes debe ser una enfermedad contagiosa que afecte a todos. Es forzoso crear pasión por el cliente. Sin él la empresa no tiene vida. Cada día se debe mejorar la forma en que se lo satisface, intentar superar sus expectativas. Esta tarea no es una cuestión del área de marketing sino de toda la empresa. Todas las actividades y personas tienen que estar enfocadas a satisfacer al cliente.

No se vende por conocimiento del producto, por más que sea bueno o el negocio tenga prestigio; es necesario ese plus de relación para generar la venta. El plus está en la relación personal. No se puede poner en vinculación con los clientes a quienes no tienen habilidad para relacionarse, sino a los que disfrutan de la relación con otras personas. Tampoco hay que poner a diseñar productos a quienes no saben lo que los compradores desean. Las personas en contacto con los clientes deben ser formadas en la escucha activa, capacidad de sondeo y obtención de información; no deben ser manipuladoras; deben ser maduras y fieles al concepto de que su bienestar depende de cómo hacen sentir al cliente. Hay personas que generan buena relación; la tarea de la organización es pulir esa cualidad.

El marketing es una relación bidireccional, un servicio fundamental que permite la venta de productos, servicios y, principalmentalmente, sensaciones. Se debe optimizar la función de valor percibido-precio-costo. La comunicación es esencial. No se trata sólo de vender sino de lograr una dinámica de colaboración cliente/empresa que los convierta en socios para alcanzar la máxima satisfacción recíproca (el cliente debe gozar de lo que adquiere y la empresa, obtener rentabilidad). El personal debe convencerse de que el cliente es quien, en última instancia, le da trabajo.

> Empatía, sinergia y armonía son aspectos vitales para hacer glorioso el momento de la verdad: el punto de contacto de la empresa con los clientes.

El *customer relationship manager* (CRM) es una filosofía que orienta todas las estrategias y acciones de la empresa para lograr el conocimiento y la fidelización de los clientes, optimizar la relación con ellos, entenderlos, saber cuáles son sus patrones de compra, qué buscan. Eso permite mejorar los servicios prestados. Personalizar. Lograr deleite. Adelantarse a las demandas. Establecer canales de comunicación fluidos. Adaptar el servicio o producto a las necesidades. Dar respuesta inmediata a las solicitudes. Y cubrir el volumen de los requerimientos.

La aplicación de herramientas tecnológicas y metodológicas para gestionar la relación con los clientes resulta importante y es menos costosa de lo que se cree.

Pero todo eso sólo se logra cuando los empleados asumen un compromiso personal con la empresa, cuando se les transfiere la responsabilidad y el poder de tratar con el cliente. Difícilmente se podrá alcanzar un buen desempeño comercial si el personal no se siente motivado para hacer lo que los clientes necesitan o no les dan el trato que requieren para mantenerse leales.

El celo permanente de la relación evitará sorpresas. Así como quedó demostrado con la calidad, la atención no debe ser medida al final del proceso porque el cliente ya se habrá mudado a la competencia. Un servicio mal dado tiene un enorme costo, difícil de medir.

La situación interna se traduce en el funcionamiento de su personal. Lo que siente el personal se expresa en el producto que elabora y en el trato que dispensa a los clientes. Una persona motivada logrará resultados que no pueden ser obtenidos por los mejores precios ni por la mayor variedad de la oferta.

> Todo se basa en el concepto de ganar-ganar-ganar (empresa-personal-cliente).

A veces me siento desorientado cuando me atienden mal. En primer lugar dirijo mi malestar a la persona, ya que no está en el lugar que debería estar, luego al dueño, que no educa para lograr un buen trato, y termino no comprando. Es posible que pocos actuemos sancionando a los que nos faltan el respeto como clientes. Pero nuestros hijos empiezan a proceder de manera distinta y las empresas se esforzarán para lograr atender bien, o desaparecerán. Y eso no es un problema del empleado, sino del propietario. Es él quien debe elegir el personal adecuado, quien debe educarlo y, finalmente, motivarlo. Si se logra el entusiasmo y la alegría de pertenecer, esa identificación se trasladará al cliente y así se obtendrán mejores colocaciones.

Generar confianza

Como ya he dicho, para lograr la lealtad de los clientes primero hay que trabajar con la fidelidad del personal. El punto central es generar un clima de confianza.

La confianza es el mejor lubricante para el funcionamiento de los sistemas sociales. Antes se decía que "la confianza es buena, pero el control es mejor"; ahora, que "el control es bueno, pero la confianza es mejor". Un sistema franco disminuye la necesidad de monitorear las conductas. La confidencia evita las actitudes oportunistas e ineficaces.

> Lao Tse decía que si a las personas se las trata como maleza, se marchitan; pero si se las trata como flores, florecen.

Las cosas se hacen no porque se las ordene, sino porque las personas tienen conciencia de que deben hacerse de esa manera y poseen responsabilidad para ejecutarlas.

El clima de certeza está basado en una serie de principios de las relaciones humanas: juego limpio, honestidad, integridad y justicia. Cuando estas reglas se subliman, se crean hábitos de comportamiento (Covey) que permiten una metamorfosis positiva de personas e instituciones.

Confiar en los demás, creer que el otro desea nuestro bien, alentar una predisposición favorable con quienes se tiene vinculación, ser íntegros, tener coherencia entre los dichos y los hechos, abonan el mejor desempeño.

Propietarios, trabajadores y clientes son una unidad. Todos deben sentirse parte del colectivo; eso es lo que alimenta el clima de confianza mutua.

Como sostiene Javier Fernández López, una persona humilde reconoce que no puede tener todo bajo control. Sabe que las consecuencias de los actos que ejecuta lo trascienden. Ser íntegro supone tener valor (definido como una virtud principal) y vivir conforme a determinados valores éticos, que se sostienen por sobre todas las circunstancias y se anteponen incluso a las propias necesidades. Una persona sincera es la que dice la verdad; una

> Una cultura de confianza evita que la organización se quiebre o divida en los momentos difíciles y pueda llegar a los límites de su potencial en los buenos.

persona íntegra ejecuta sus actos de manera acorde con esa verdad.

Las empresas más exitosas son aquellas que funcionan con una mística especial, un código de honor, buen ambiente, respeto, protección y un trato familiar. El personal debe sentirse parte de un clan. Estar orgulloso de "pertenecer".

Todos en la organización tienen importancia similar. Si la firma está bien constituida y ha ido incorporando el personal que requiere para cumplir eficientemente con su misión, sus integrantes tienen su razón de ser. Desde el dirigente máximo hasta el último de los componentes aportan a la eficiencia y eficacia de la empresa. Si esto se asume, se considerará y dará valor a todas las personas. Los seres humanos aspiran a ser valorados. Ese sentimiento lleva a las personas a dar lo mejor de sí. El aprecio no puede ser una actitud gestual sino una convicción, un valor cultural. No debe ser un mero eslogan, sino subyacer a todas las acciones.

> La confianza está en el lugar donde se junta el respeto mutuo con la seguridad de sentirse protegido.

> No son leales las personas que trabajan en la empresa sino los que están, aun pudiendo irse.

La confianza es un código de valores y de conducta, que posee símbolos notorios, valores, creencias, actitudes, sentimientos, formas de comportamiento, etc., que terminan siendo fácilmente identificables desde el exterior y que se muestran a los que recién se integran a la empresa para que vayan produciendo hábitos. Si hay tolerancia entre los trabajadores, entre estos y la empresa, y con los vínculos exteriores, el sistema de relaciones se convierte en positivo y potenciador.

> La confianza tiene que ver con el futuro, especialmente con el futuro compartido.

La desconfianza, en cambio, es lo peor que puede sucederle a una organización. Posee efectos traumáticos, hace al ambiente inseguro y se manifiesta con una alta rotación y mala relación con los clientes, baja productividad, falta de creatividad y de motivación.

Jay Conger basa en la seducción la creación de un ambiente de confianza y compromiso. Cuando hay que explicar a los miembros de una empresa por qué deben hacer su trabajo, se recurre a la persuasión. No es, como a veces se supone, una forma de vender pescado podrido o una manipulación. Nada más alejado: *"La persuasión eficaz se transforma en un proceso de negociación y aprendizaje mediante el cual un persuasor conduce a sus compañeros a una solución compartida del problema"* [6].

Conger separa el proceso de persuasión en cuatro etapas.

1) **Establecer la credibilidad.** No se debe sobreestimar la credibilidad. La credibilidad procede de dos fuentes: las experiencias y las relaciones. Para ser creíbles, las personas deben tener integridad y un sólido carácter emocional. Las personas sinceras, estables y fiables tienen ventajas a la hora de persuadir.

2) **Formular los objetivos** de modo que se identifiquen los puntos comunes con el interés de aquel a quien se intenta persuadir. La postura debe ser presentada de manera que destaque las ventajas para el destinatario. Para eso hay que conocer profundamente a la audiencia, lo que le importa. Luego hay que preparar pruebas, puntos de vista y argumentos que demuestren la conveniencia.

> Debe haber tanta estrategia en la forma de presentar la postura como en la postura en sí.

---

6. CONGER, Jay: *El necesario arte de la persuasión.* Deusto-Harvard Business Review, Buenos Aires, 2004.

3) **Reforzar su postura** empleando un lenguaje vivo y pruebas convincentes.

4) **Conectarse emocionalmente.** Acá es importante mostrar el propio compromiso emocional con la postura, y utilizar el tiempo y conocimiento de la audiencia para presentar los hechos en forma que la impacte emocionalmente.

Motivación

Reitero: nada hay más grato que hacer lo que complace. En la empresa el rendimiento se eleva si la gente hace lo que siente, disfruta trabajando y creando, y está en un ambiente físico y humano edificante y agradable.

La eficiencia, ergo también la productividad, requieren de tres cosas:

SABER

EFICIENCIA
y
PRODUCTIVIDAD

PODER

QUERER

Lo primero que hace a la motivación es invitar a formar parte de un proyecto atrayente. Debe existir sintonía entre el propósito corporativo y los intereses personales. Debe poder trazarse una línea recta que vertebre los intereses individuales con los globales. Debe existir un alineamiento de la persona con su familia, empresa, ciudad, país, región y la humanidad en su conjunto. O al revés, que lo bueno para la humanidad lo sea para el país y hasta para el último de los individuos.

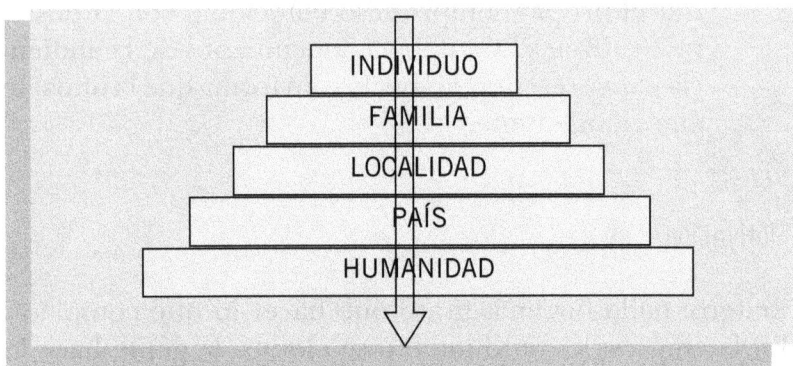

No alcanza con que algunas personas o grupos (dirigentes o no) estén apasionados con lo que hacen. Se requiere que toda la empresa lo esté (o, por lo menos, la mayor parte). Que exista una moral colectiva que favorezca el cumplimiento de la misión.

Las organizaciones clásicas no se detienen a considerar los valores: son los propietarios los que inspiran los credos; los ejecutivos los gestionan, y los trabajadores son sólo parte del sistema; se produce entonces una diáspora entre "ellos" y "nosotros".

El cambio debe conllevar una construcción colectiva que genere motivación, adhesión y compromiso. El valor del compromiso es asimilable al de la planificación y conformación de una estructura organizativa acorde.

Una organización motivada es aquella donde los empleados consideran que sus intereses son asimilables y no contradictorios. Lograr que se cumplan simultáneamente las metas de la empresa y las de sus miembros constituye una necesidad y un desafío.

Es necesario tener conciencia de que los atributos que en verdad motorizan a las empresas no provienen del exterior sino que se encuentran en su interior. No son cosas que se pueden comprar con dinero, sino justamente las que no se consiguen con él.

Por eso en la firma debe reinar la armonía. No es posible esperar buenos resultados cuando no existe comunión de intereses. Cuando hay pujas y enfrentamientos la conducción ejerce un fuerte control por desconfianza, estará simultáneamente anulando la creatividad y la alegría de trabajar y de "pertenecer".

Un ambiente de confianza ayuda a compatibilizar las partes en juego. Ese clima se construye. Se logra seleccionando al personal, reconociéndole su contribución, entrenando, capacitando y educándolo para transferirle responsabilidades con la seguridad de que cada uno hará lo mejor para la organización y para sí mismo. También es importante hacer brotar el sentimiento de orgullo por realizar las cosas bien. Los mejores cuadros, por amor propio o respeto por sí mismos, se empeñan mucho. Es asombroso lo que se logra con respeto, educación y atención[7].

La empatía constituye otro instrumento. Los directivos deben cultivar la capacidad de ponerse en la situación de los trabajadores para entender lo que desean.

Es cierto que el dinero no es todo en la vida, pero las personas tienen que vivir. Por eso es importante asociar el esfuerzo con el reconocimiento monetario. No se logrará credibilidad si se explota a los empleados o si no se los retribuye adecuadamente. Una persona preocupada por su supervivencia no podrá tener una actitud comprometida. Cuando afuera hay hambre y desocupados, los trabajadores están dispuestos a aguantar el maltrato y sueldos

> En los sistemas convencionales lo que no se puede medir no existe.

---

7. Horacio FRÍAS, presidente de El Guayal S.A., hacía mención a una recomendación de su abuelo: "Vale más un saludo que un aumento de sueldo".

bajos, pero no rendirán de acuerdo con su capacidad. Es una cuestión de sentido común. No sirven las declamaciones si no se respeta el valor del trabajo. Si en lo más simple se producen desacuerdos, la duda estará presente en todas las otras cuestiones.

La realización integral del ser humano pasa por tres aspectos: el personal (la vida privada), el profesional (la vida laboral) y las relaciones humanas (la vida social).

En la empresa es fundamental el aspecto laboral, pero también los otros dos. Se deben evitar los desajustes entre estos tres aspectos. Hay que lograr el aporte a la firma a la vez que el desarrollo personal y la ampliación y armonía en las relaciones sociales. La empresa es, junto con la escuela, la otra gran institución de socialización del individuo.

Cuando la empresa incorpora a las personas, debe considerar sus valores humanos, sus atributos profesionales y su capacidad de relacionarse.

¿Por qué la alegría, si se supone que no se va al trabajo para divertirse? Simplemente porque las personas rinden más en un ambiente agradable.

> Para sus trabajadores, clientes, proveedores, incluso para sus competidores y para la sociedad, una empresa, por pequeña que sea, es una gran empresa.

Las personas deben sentir que su bienestar está ligado al florecimiento de la firma. Si en las épocas de vacas flacas se pide "ajustar el cinturón" y hacer esfuerzos extra para salir adelante, mientras que en los momentos de auge no se comparten los logros (ingresos), a nadie le importará lo que suceda, pues siempre estará igual (mal). Los resultados se obtienen cuando se consigue una actitud por parte del personal que supera el comportamiento formal. Si los intereses están mancomunados, y más aún si existe una relación directa entre desempeño y retribución, los trabajadores asumen una actitud contributiva que ayuda a mejorar, a hacer cosas novedosas, a aminorar los costos, etc.

No se logran éxitos con la simple proclamación de los valores, sino que hay que ponerlos en práctica todos los días.

Es fundamental que la patronal no sea ostentosa; en este sentido, mucho tenemos que aprender de los japoneses.

En general se producen tensiones entre lo que la persona cree que vale y lo que la empresa le retribuye, y entre lo que la patronal cree que aporta el individuo y la retribución que le paga. Así el trabajador baja su rendimiento al punto de lo que cree es retribuido. Si la patronal ajusta la retribución, se produce una mala relación que trascenderá a la producción. Naturalmente, es difícil establecer exactamente cuánto vale el trabajo aportado; lo mejor es sincerar la relación, hacer público el estado de situación de la empresa, y vincular la remuneración al resultado.

En una servilleta de café Salvador García me dibujaba algo así:

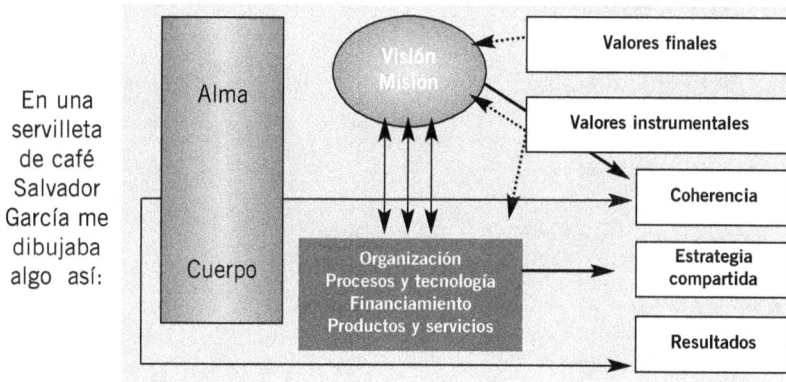

Dos casos para compartir

1) Ya he citado a Marlin Kohlrausch. Quiero ahora contar su experiencia en la empresa Calçados Bibi (fabricante de zapatos para niños) de Rio Grande do Sul, Brasil. Su especial forma de ver los negocios le significó que sus colegas le dieran la espalda, lo trataran de loco o, cuanto menos, de iluso; na-

También hay en las familias, y debe haber en las empresas, un norte cultural, que se halla mezclado con el financiero y social, pues es la felicidad.

LUCRO
FINANCIERO ◆ **SOCIAL**
NORTE CULTURAL

Para alcanzar el objetivo común, lo primero que la empresa debe cultivar es el compromiso

LUCRO
FINANCIERO ◆ **SOCIAL**
NORTE CULTURAL
COMPROMISO

Es necesario poseer una serie de valores secundarios:

- Transparencia.
- Espíritu abierto.
- Exaltación de virtudes y minimización de defectos de las personas.
- Esfuerzo por lograr resultados.
- Ocupación de todos los espacios. No deben quedar espacios vacíos.
- Predisposición a la conquista.
- Compromiso.

LUCRO
FINANCIERO ◆ **SOCIAL**
NORTE CULTURAL
COMPROMISO
Autoestima Empatía Afecto

El compromiso se sustenta en tres pilares:

- autoestima (respeto a sí mismo);
- empatía (capacidad para colocarse en el lugar del otro);
- afecto (cariño a los que nos rodean).

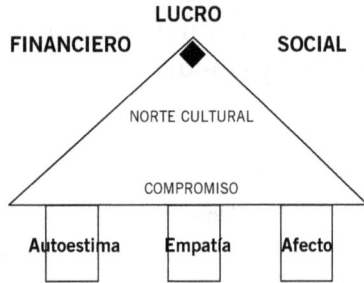

LUCRO
FINANCIERO **SOCIAL**
NORTE CULTURAL
COMPROMISO
Autoestima Empatía Afecto

Transparencia	Espíritu abierto	Compromiso	Esfuerzo
Ocupación de los espacios	Exaltación de virtudes y minimización de defectos	Predisposición a la conquista	

Este es el *edificio* que construyó Marlin Kohlrausch en Calçados Bibi Ltda.

die apostaba un solo peso al modelo que promovía. Sin embargo, hoy se lo reconoce como un innovador y sus ideas hasta son comentadas y transmitidas en las aulas. Su único secreto fue organizar la firma con respeto al ser humano que en ella trabajaba y de los ciudadanos a los que atendía. Explica la organización de su empresa haciendo un símil con una familia. Dice que para tener éxito es necesario un objetivo común, una dirección única, un norte. Para Bibi el norte es el lucro económico y social, y no separa a uno del otro. El lucro es el beneficio que puede ser distribuido entre los socios, entre los colaboradores y la sociedad, por lo tanto es al mismo tiempo social y un objetivo común. El lucro salarial son las ganancias monetarias, el social está constituido por beneficios extrasalariales (servicios de salud, comida a precios más baratos, participación en los resultados, etc.). La empresa genera además un beneficio a la sociedad en la que está instalada, a través de brindar trabajo, satisfacer necesidades y contribuir al engrandecimiento de la localidad.

2) A un curso que dicté en la Universidade do Vale do Rio dos Sinos, de São Leopoldo, en las afueras de Porto Alegre, asistieron varios gerentes de una empresa muy particular del mismo sector. Recuerdo que todos hacían gala del respeto de la firma y sus propietarios por su comunidad (se ocupaban de la salud, educación, vivienda y pobreza de la ciudad que los albergaba). El personal era premiado con bonos cuando las cosas iban bien. En los momentos de lanzarse a una ofensiva exportadora fue necesario introducir las normas ISO. El tiempo era valioso para cumplir con los contratos en marcha. Cerca de Navidad, en el playón de la empresa, el propietario anunció que desde ese momento las ganancias serían divididas en tres partes: una sería reinvertida en la empresa, otra iría a los propietarios y la tercera sería repartida entre el personal. Seis meses después, las normas de calidad reinaban en la empresa, la productividad

laboral se había disparado y, sospechosamente, renunciaban los trabajadores menos esforzados. Los intereses de la mayoría estaban en contra del haraganeo y, de alguna manera, así quedó expresado.

Los incentivos

Belcher dice que la *participación en los beneficios* es un camino a la productividad: *"Es un sistema de compensaciones ideado para proporcionar una variable y promover un proceso de compromiso por parte del empleado a través de una gratificación a los miembros de un grupo u organización por el incremento en los rendimientos. Las ganancias o utilidades, que se calculan por medio de una fórmula predeterminada, se comparten con todos los empleados seleccionados, generalmente mediante el pago de dividendos en efectivo"*[8].

En su propuesta hace hincapié en que el incentivo debe ser grupal –para estimular la acción concertada de la organización, unidad de negocio o equipo– y distribuido de manera equitativa. No es un sistema discrecional, sino que se formula y se hace conocer. Implica un pago, normalmente anual, y en efectivo. El sistema se autofinancia porque impacta en las utilidades (sólo se abona si hay rentabilidad). Pero la participación en los beneficios es algo más, está basada en una filosofía, la de la gestión participativa, modelo que ha mostrado un nivel de eficiencia superior a los esquemas tradicionales y autocráticos.

¿Acaso valdrá la pena pensar en cosas parecidas a las que hacen nuestros colegas brasileños y constituyen prácticas comunes en países que logran alta productividad? ¿No será el momento en que el Estado aliente la participación

---

8. BELCHER, John: *Participación en los beneficios* (gain sharing). Ediciones Granica, Buenos Aires, 1993.

de los trabajadores en los beneficios de la empresa, estableciendo algún tipo de incentivo impositivo? Seguramente sería una buena inversión.

Dos aspectos me darían la razón:

- se elevaría la productividad media de la economía y muchas empresas ganarían competitividad; la participación de los trabajadores y su compromiso generarían mejoras productivas, innovaciones valiosas y creación de nuevos productos;
- esos ingresos se convertirían en demanda, y esto en mayor producción.[9]

---

9. Recuérdese que, en los niveles de ingresos reprimidos, todo aumento va al consumo.

CAPÍTULO 15

ELEMENTOS ADICIONALES PARA HACER UN VIAJE CONFORTABLE

> *"Los ejecutivos eficaces no toman un gran número de decisiones. Se concentran en lo que es importante. Intentan realizar unas pocas decisiones importantes al nivel más elevado de entendimiento conceptual, tratan de hallar las constantes de la situación, de detectar lo que es estratégico y genérico en lugar de intentar resolver problemas. Por lo tanto, no se dejan impresionar en gran manera por la necesidad de tomar decisiones con gran rapidez; en lugar de eso, consideran que la habilidad de operar con un gran número de variables es un síntoma de baja calidad intelectual. Desean conocer en qué consiste la decisión y cuáles son las realidades subyacentes que hay que satisfacer al tomarla. Prefieren crear un impacto más que una técnica. Y buscan más la firmeza que la habilidad.*
>
> *Los ejecutivos eficaces saben cuándo una decisión ha de basarse en principios y cuándo hay que tomarla pragmáticamente, según las circunstancias de cada caso. Saben que la decisión más eficaz está situada entre el compromiso acertado y el equivocado y han aprendido a expresar uno en función del otro. Saben que la etapa de este proceso que más tiempo absorbe no es la de tomar la decisión sino la de llevarla a cabo. Si una decisión no se ha decantado hacia una actividad no es una decisión, en el mejor de los casos sólo se trata de una buena intención. Esto significa que, así como la eficacia en la decisión se basa intrínsecamente en el empleo del nivel más elevado del conocimiento conceptual, las acciones que se deduzcan deben caer lo más cerca posible del campo delimitado por la capacidad de la gente que tiene que llevarlas a cabo."*

Peter Drucker, *La decisión eficaz*

Manejar los cambios

Es frase trillada que "lo único que se mantiene constante en la vida son los cambios". Pero no podemos dejar de lado el hecho de que los cambios generan incertidumbre. No saber

> La propuesta de este libro significa un cambio grande para las firmas que operan en contextos poco desarrollados. Algunos lo considerarán una locura, otros una ingenuidad. Sin embargo, la historia va reconociendo que las compañías que amalgaman su afán de lucro con el respeto humano van ganando terrero día a día. Es probable que con el tiempo y ante la necesidad de seguir compitiendo, una parte importante del empresariado termine analizando la propuesta y hasta aceptándola.

cómo será el futuro es el mayor factor de estrés que enfrentan los humanos.

Las sociedades también están sometidas a cambios constantes, porque el mercado en que operan varía de manera asombrosa. Ante esa realidad, el mayor problema es hacer aceptable el impacto del cambio sobre las personas y, cuando es necesario mudar para adaptarse, lograr la menor resistencia. Hace falta creatividad para que las personas se adapten sin crisis y sin resistencia.

El proceso debe ser planificado. Hay que prevenir las resistencias y lograr neutralizarlas. Buscar los puntos de apalancamiento y crear una base de sustento moral y físico para el cambio.

Para lograr que el cambio sea productivo el dirigente debe considerar:

- cuál es la razón que lo origina;
- a quiénes afecta;
- quiénes lo pondrán en práctica y lo administrarán;
- qué capacidades son requeridas para operar con la organización transformada;
- cómo se logrará la adquisición de las destrezas requeridas;
- qué es lo que genera el cambio para la eficacia o eficiencia de la compañía;
- qué responsabilidades, derechos y deberes se modifican;
- qué mejoras o perjuicios tienen estas transformaciones para las personas;

- cómo se pueden atemperar las desventajas;
- qué sucedería si no se realizara la transformación;
- dónde estará la resistencia;
- quiénes estarán a favor del cambio;
- cómo se hará la metamorfosis;
- a qué otras experiencias de cambio se puede recurrir.

El mayor aliado de la transformación es la comunicación. Hay que adelantarse al cambio anunciándolo y explicándolo, mostrando sus beneficios. Toda irrupción violenta aumenta el temor y con ello la resistencia. Los rumores generan fantasmas.

En las explicaciones no debe haber mentira. La sinceridad ayuda a predisponer a favor de las modificaciones, y crea un ambiente de confianza aun sin haberlas comprendido totalmente.

Para mejorar el proceso de introducción del cambio es importante permitir la devolución. Hay que tener capacidad de escuchar. Es más: se debe desarrollar la habilidad de hacer preguntas que permitan aumentar la información, ayudar a destilar lo que las otras personas tienen adentro y contribuir a encontrar las vías de acuerdo para operar sobre los cambios.

Los individuos reaccionan ante el cambio, incluso cuando tienen sentido común y hasta a sabiendas de que los benefician. Primero lo niegan, luego lo resisten, después lo analizan y finalmente pueden aceptarlo y hasta comprometerse con él. El reconocimiento de este comportamiento natural ayuda a programar la forma en que deben ser introducidos los cambios. Con destreza se debe diseñar una política que permita hacer que la gente transite el camino de la transformación con participación y solidaridad.

Una duda a vencer es la que se refiere a la continuidad de la persona en la empresa. Es normal que todos tengan dudas sobre si tendrán cabida en el nuevo orden. Esto alimenta la resistencia, estado que sólo es superado cuando se les informan los alcances, se los estimula a expresar sus recelos, se les ayuda y alienta a entender el porqué de los cambios y hacia dónde conducen.

Siempre hay que contemplar la ansiedad y la depresión. En esta etapa resulta imprescindible hacer sentir que los dirigentes están del lado de sus colaboradores y bien dispuestos a ayudarlos a dejar atrás el pasado y asumir el presente.

La negación y la resistencia provocan una baja sensible en la productividad. Se cometen errores, aparecen enfermedades y el ausentismo se incrementa.

Para alentar el cambio, John Kotter aconseja: instaurar un sentido de urgencia (es útil basarse en las realidades del mercado para identificar las crisis u oportunidades que conllevan un desafío apremiante por cambiar); acumular fuerzas suficientes para garantizar la transformación y no quedarse en el intento; crear una visión y comunicarla; transferir responsabilidades y poder; recompensar las buenas acciones; buscar victorias de corto plazo que puedan ser visualizadas, no sólo para generar confianza en el cambio, sino también para incorporar a los dudosos y neutralizar a los resistentes; consolidar e institucionalizar los avances para conseguir el cambio del cambio, mediante la incorporación de nuevos asuntos, proyectos y agentes transformadores.

Resolver problemas

Un problema es un dilema de difícil solución o, por lo menos, que no se puede resolver de la forma en que normalmente se enfrentan las cosas obvias y cotidianas.

Cuando se imponen metas se encuentran obstáculos. Las empresas enfrentan fuerzas (internas o externas; concretas o intangibles) opuestas a sus intereses. Estas situaciones provocan confusión y ansiedad.

Ciclo

Problema
Dificultad
Insatisfacción
Reto
Estímulo
Atención
Reflexión
Decisión
Actuación
Cambio
Solución
Satisfacción

La mejor forma de superar los obstáculos es con método.

En primer lugar hay que tomar conciencia de la existencia de la dificultad y definirla. En segunda instancia se debe decidir cómo resolverla. Esta aparente obviedad no es tal, porque se requiere de profundización, seriedad, equilibrio y fuerza para que el juego de emociones y subjetividad no lleve por un mal camino.

Reconocer el problema significa analizarlo desde todos los puntos de vista, documentarlo y considerar los hechos. Hay que ver si el inconveniente afecta a alguien más, si otros lo visualizan y cuál es su punto de vista al respecto. Preguntar. Solicitar a otros su mirada de la cuestión. Ver en qué coinciden o se separan las opiniones.

Sólo los necios no dudan nunca. Pero limitarse a dudar y no hacer nada es más tonto todavía.

Normalmente se ven los síntomas del problema y no toda su dimensión. Pequeños y triviales síntomas pueden esconder un voluminoso conflicto y, viceversa, cosas que parecen graves pueden no serlo.

Los problemas tienen datos concretos, físicos, hechos objetivos, tendencias claras y precisas. Pero también hay aspectos subjetivos o factores humanos: opiniones, sentimientos, emociones, tensiones, frustraciones, complejos, personalidades, rumores, intuición, bloqueos, reacciones instintivas.

Es importante encontrar un punto de referencia del conflicto. Hay que identificar los síntomas, investigar las causas, recolectar información, consultar a los interesados

403

directos o afectados, intercambiar ideas. Elegir el mejor tipo de información y la mejor fuente de datos. El análisis debe identificar la causa originaria del problema. Hay que ir al fondo y encontrar el *quid* de la cuestión.

Las metodologías aconsejadas son las que siguen.

- Intercambiar ideas. Se aconseja basarse en preguntas (qué, por qué, dónde se inició, cuál es la causa original).
- Analizar las fuerzas positivas y las negativas.
- Dibujar una tabla de incógnitas.
- Considerar las secuencias históricas.
- Hacer un razonamiento repetitivo del porqué (repetición de los porqué hasta encontrar la punta del ovillo).
- Realizar un diagrama de causas y efectos.
- Cruzar metodologías, triangular.

Intentar clasificar la incógnita dentro de algún tipo de dilema específico. Tratar de confirmar las apreciaciones. Describir finalmente el problema en detalle con toda la información y puntos de vista recolectados. Observar el dilema desde todos los ángulos y por todos sus lados.

Considerar las opciones y alternativas. Cuanto más completo sea el listado de posibles soluciones, más cerca se estará de encontrar alguna que resuelva el problema. Poner en orden las ideas, anotar todas las opciones que aparezcan. Someter la propia consideración a otros. Analizar en cada caso los aspectos positivos y negativos de cada respuesta, ver los pro y los contra, armar una matriz de criterios y posibilidades, suponer lo que sucedería si se adopta una solución. Jerarquizar las posibilidades, eliminar aquellas peligrosas o inconvenientes.

Considerar la decisión en función de los objetivos. Cuando se trata de diferentes opiniones, puntos de vista o posiciones a dirimir, tener en cuenta la correlación de fuerzas (positivas y negativas). Hacer un cuadro de las fuerzas que están en pugna. Cuando los dilemas afectan a personas o relaciones interpersonales, tener mucho cuidado con cómo se encara la solución.

Aunque difícil, siempre se debe tomar una decisión. Hay que elegir y establecer un plan de acción.

En los equipos de trabajo los dilemas deben discutirse a fondo y entre todos. Es importante la existencia de un conductor neutral que tenga idea del problema, escuche a todos, haga preguntas que llamen a pensar, esté atento al lenguaje vocal y corporal de los participantes, aclare las confusiones, anime a los temerosos, calme a los ofuscados, proteja a los débiles, introduzca aspectos que hayan quedado afuera, evite la repetición de argumentos, trate de que las preguntas se respondan, no interfiera en los intercambios, frene los conflictos que puedan generar lesiones permanentes o romper el grupo de trabajo, establezca el consenso cuando se alcance, sugiera conclusiones y ayude a definir el acuerdo sobre la solución elegida y la forma de ponerla en práctica.

También es conveniente contar con alguien que tome nota para recordar o volver sobre el tema cuando sea necesario.

Los voceros deben medir sus argumentos y tratar de razonar en conjunto para llegar a un punto en común.

La mejor solución no surge de la votación, ni del consenso, ni del trueque (esto a cambio de lo otro), ni de la aceptación para terminar rápido. Se trata de entender el problema, hacerlo claro y profundizar los efectos de las opciones.

> Cuando las adversidades son superadas en conjunto, el grupo se fortalece y potencia su vida.

Si no se encuentra una salida y el tiempo es perentorio, puede ser necesaria una figura de autoridad.

Se deben gestionar las disputas. Hay que trabajar con información, debatir los fundamentos de las diferentes posiciones, enfocar la atención en los asuntos y no en las personas. También es preciso multiplicar alternativas para enriquecer el debate, diluir el conflicto, cambiar de posición sin miedo, encontrar soluciones integradoras. Hay que usar el humor, tener una actitud positiva ante todo, relajar la tensión y promover la colaboración en todas las líneas. Escuchar suele ser suficiente y lo más rápido. La información dura debe ser manejada de manera delicada. Es importante que la estructura de poder esté equilibrada.

Las organizaciones que tienen metas colectivas y realizan elecciones estratégicas cooperativas en lugar de competitivas, presentan una propensión menor a las disputas entre sus miembros.

"Seamos conscientes de haber actuado, de haber buscado, de haber luchado (...) esta constatación nos hace más fuertes siempre (...) En el mero hecho de abordar un problema entran en juego emociones y sentimientos, capacidad de percepción, capacidad de reacción física o intelectual, capacidad de decisión, capacidad de organización, capacidad de ejecución y capacidad de aprendizaje."[1]

Proyectos

En la realidad, todo trabajo profesional es un proyecto, aunque no a todos se los maneja como tales.

La puesta en práctica de la solución de problemas puede dar origen a un proyecto, aunque también puede ser el resultado de la detección de una oportunidad.

Un proyecto es una operación que tiene un principio y un fin, que se pone en práctica para lograr un objetivo fijado de antemano y determinado en el tiempo, que genera una serie de actividades interrelacionadas, que posee singularidad e implica gestionar personas y recursos.

---

1. RUPERTI, Ventura y NADAL, Jordi: *Meditando el management.* Gestión 2000, Barcelona, 2003.

Las personas y recursos adjudicados al proyecto terminan su actuación al cumplirse el objetivo o vencerse el tiempo. Entonces las personas vuelven a su lugar de origen, son asignadas a otro proyecto o termina su contrato en la empresa, y los recursos residuales son reasignados.

> Los proyectos tienen la particularidad de que su tiempo es finito, en tanto se espera que la empresa tenga una duración indeterminada.

A veces el personal y los recursos del proyecto no son exclusivos sino compartidos.

Los programas deben ser pensados de principio a fin. El plan debe ser estructurado con precisión. Se deben sumar consensos y respaldo, y también tener solvencia para resistir las críticas y boicots de los "supuestos" afectados.

> Los proyectos constan de cuatro pasos:
>
> 1) definición,
> 2) planificación,
> 3) puesta en práctica y
> 4) evaluación.

La motivación del equipo es vital para el éxito.

Los objetivos deben ser mensurables.

Los resultados deben ser logrados en tiempos razonables.

Los recursos a utilizar deben ser los estrictamente necesarios.

Los proyectos tienen parámetros básicos:

- **especificaciones** o definición de los términos de referencia,
- **costo**, basado en un presupuesto, y
- **tiempo** o planificación de plazos, etapas y estados de avances.

Etapas del proyecto

Identificación y selección del proyecto

Encontrar una idea, una posibilidad, una oportunidad para agregar valor a la empresa, para hacer un buen negocio, o mejorar.

Análisis y definición

En esta instancia se debe definir el origen y propósito del proyecto. Puede ser la solución a un problema o el aprovechamiento de una oportunidad. También debe establecerse el logro principal a alcanzar, y analizar el impacto sobre la empresa, los dueños, el personal (resistencia esperada, necesidad de empoderamiento, soporte, impulso, alineamiento). Otros aspectos a analizar son la viabilidad, la complejidad, la razonabilidad, la probabilidad de lograr los resultados deseados. Hay que entender las derivaciones del proyecto y sus incógnitas, conflictos y cuestiones. Para tomar conciencia de la importancia, magnitud, urgencia, incertidumbre, ámbitos que afecta e interdependencia de las tareas, es preciso un análisis sistémico (complejidad), estratégico, político y práctico (táctico).

Planificación

La etapa de planificación es trascendente. Reduce sorpresas. Hay que programar las tareas, los tiempos y el uso de los recursos.

Una vez establecido –de manera clara y comprensible– el objetivo del proyecto, hay que pasar a analizar la forma de ejecutarlo. Se deben considerar las distintas opciones de acción y evaluarlas. Las ideas no deben ser limitadas; cuanta mayor cantidad de intuiciones surjan, más posibilidades habrá de encontrar la más conveniente. Hasta las construcciones alocadas pueden brindar un aporte valedero.

Hay que seleccionar una estrategia básica para cubrir el camino hacia el objetivo, y establecer un curso de acción. Imprimir un sentido de dirección. Preparar las acciones. Identificar de manera precisa las tareas y dividirlas para hacerlas fáciles de ejecutar y monitorear. El proyecto debe y puede ser subdividido en partes o pasos, acompañados de sus respectivos parámetros. Hay que determinar el tiempo necesario para su ejecución y su secuencia. Los tiempos son el optimista, el pesimista, el probable y el estimado. Se debe estimar la duración, identificar la dependencia entre tareas y los eventos dentro de estas, el momento más cercano y el más lejano de inicio y de finalización. Los pasos pueden superponerse (cuantas más posibilidades de transposición y menor tiempo muerto quede en el camino, más rápido se terminará el proyecto). Se deben contemplar ciertos márgenes para evitar urgencias.

Hay que organizar las tareas, agruparlas en categorías. Es importante reconocer las faenas de alto riesgo, de duración incierta o que dependen de nuevas tecnologías o de la acción de terceros.

Los diagramas de Gantt (barras horizontales que muestran gráficamente la duración de las tareas) son muy útiles. En ellos se identifican patrones (tareas que realiza una misma persona, tareas paralelas que pueden tener un único responsable, tareas sin responsable).

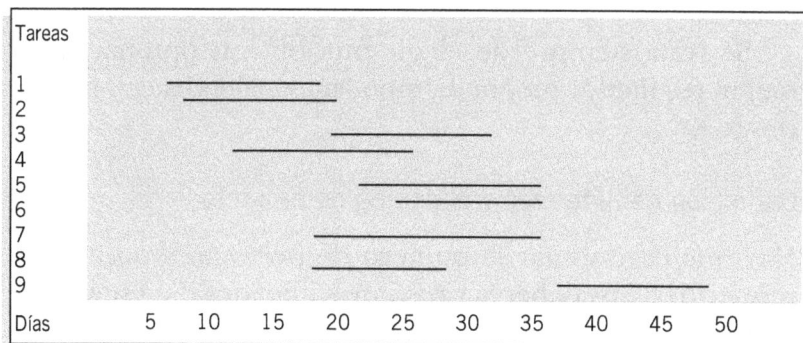

El diagrama de PERT (Evaluación del Programa y Técnicas de Repaso) es más sofisticado y sirve para cuando hay pasos interactivos.

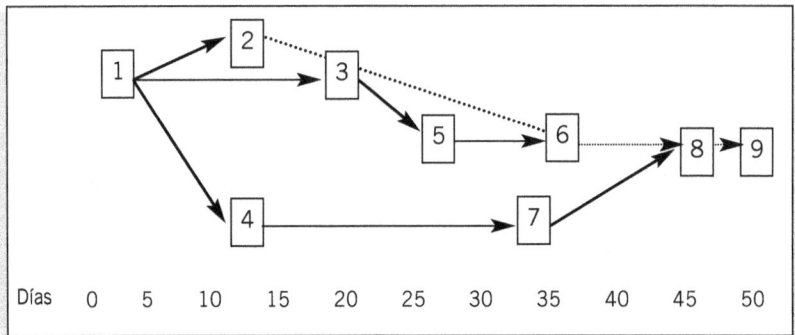

Además, es preciso contemplar la asignación de recursos, los momentos en que se hacen necesarios, los cuellos de botella que pueden generar costos extras.

Hay que formalizar el proceso de toma de decisiones para lograr buenos resultados. Definir claramente las preguntas, determinar quién, cómo y cuándo. Identificar criterios y opciones, analizarlas y decidir. Hay que desarrollar políticas y procedimientos. Asignar deberes y responsabilidades. Registrar todo. Todo tiene que ser llevado a presupuestos.

Se trata siempre de elegir una opción óptima, la de mejor resultado, menor tiempo, más bajo costo y menos riesgo.

Definición del liderazgo y el equipo de proyecto

Hay que determinar el número de personas y posiciones requeridas. Sus deberes y responsabilidades. La estructura de división del trabajo.

La selección del personal debe hacerse tomando en cuenta las competencias y formación inicial necesarias. Sobre esa base, hay que considerar la adaptación y el agregado de destrezas y conocimientos para que pueda cumplir sus funciones (proceso de adiestramiento). Hoy es común la contratación de agentes externos para hacer frente a ciertas tareas expertas, que son esporádicas o no requieren de un especialista a tiempo completo.

El líder de proyecto debe dar seguridad, transmitir energía, saber delegar, acompañar, darse tiempo para atender a los miembros del equipo, ser realista, saber decir que no, defender al grupo y el proyecto, y gestionar la red. El líder debe ser una persona con ideas, detallista, energizador, trabajador.

El equipo no es diferente de los tratados antes. Sus miembros deben tener buena relación personal, encontrar puntos comunes, saber construir, acoplarse, generar sinergia, hacer frente a su trabajo normal y al proyecto si fuera necesario.

Gestión del proyecto

Es preciso optimizar los vínculos entre las personas, y entre estas y los recursos que manejan. Cuando sea necesario, hay que tomar decisiones de cambio en las especificaciones establecidas. Hay que gestionar el riesgo del proyecto. Para poder manejar los peligros, se deben anticipar. Siempre es conveniente instrumentar un *plan de prevención*, tener a mano un *plan de contingencia* y mirar adelante para hacer una evaluación permanente del riesgo.

Supervisión del progreso del proyecto, control

Establecido el estándar, hay que vigilar la ejecución. En casos de desvío (del plan marcado, de recursos insumidos o tiempos) se deben tomar las acciones correctivas (reasignar, limar diferencias, corregir costos y tiempos, acelerar demoras, evitar despilfarros).

Evaluación final

El trabajo *pos-mortem* es importante. Es elemental que en la reunión de evaluación se encuentren todas las partes.

La valoración debe ser autocrítica (eliminar toda emoción), profesional (sin personalismos), basada en los hechos (ver qué anduvo bien y qué no) y, fundamentalmente, ejecutiva.

Las fallas más comunes son que el equipo haya sido pequeño; que no haya habido el talento suficiente; las relaciones entre las partes no hayan sido armónicas; se hayan dejado de lado procedimientos para alcanzar más rápido el resultado; ciertos recursos críticos no hayan estado disponibles; las previsiones se hayan quedado cortas; o hayan aparecido obstáculos impensados.

El control de gestión

Controlar es una de las funciones importantes del buen conductor.

El control tiene tres etapas.

1. **Antes** de actuar, hay que crear condiciones para controlar. El presupuesto es una herramienta útil. Es objetivo, homogéneo, permite la comparación y facilita el control de las responsabilidades individuales.
2. **Durante** el desarrollo de las acciones es efectivo el monitoreo permanente del proceso; evita que los desvíos generen costos que recién se ven al final.
3. **Después**, para introducir cambios en las formas de actuación.

Lo cierto es que resulta crucial crear modos de evaluar si los objetivos se alcanzaro en tiemo y forma, y si no se excedieron los recursos utilizados.

Es preciso controlar: las ventas; los costos, el uso de recursos; los procesos, las tecnologías, cómo operan los equipos, la logística, los inventarios; la forma en que trabaja el personal, la productividad, el compromiso; los servicios complementarios, la capacitación, etc.

Miguel Moragues propone que la conducción se asiente en la evaluación de desempeño y en su revisión periódica entre superior y subordinado: *"La conducción debe reposar en los factores y grados desarrollados en la evaluación de desempeño, y en su repaso conjunto entre superior y subordinado, con frecuencia quincenal o algo más, sin el ceremonial y el demoníaco encanto que reviste su uso anual equivocado"*[2].

Los cuadros de planeamiento, control y seguimiento son muy útiles.

En cada área de responsabilidad es importante utilizar gráficos que permitan el control. Estos deben ser sintéticos y fáciles de analizar. Deben dar una idea rápida de las tendencias, y de los desvíos. El alejamiento de lo presupuestado es una llamada de atención, una luz amarilla o roja que invita a profundizar el análisis para encontrar las razones y corregirlas. Lo que importa del análisis de los cuadros son las anormalidades.

> **Aspectos que deben ser controlados en una PyME**
>
> - Margen = Ganancias Netas/Ventas Netas
> - Rotación = Ventas Netas/Activos
> - Retorno sobre activos = Margen x Rotación = Ganancia Neta/Activos
> - Leverage = Activos/Patrimonio Neto
> - Retorno sobre la inversión = Retorno sobre Activos x Leverage = Ganancia Neta/Patrimonio Neto
> - Liquidez = Activo Corriente/Pasivo Corriente
> - Manejo de activos = Ventas/Inventarios o Cuentas a Cobrar/Ventas
> - Otros aspectos a considerar son la productividad, los desvíos de presupuesto, la evolución frente al mes anterior o el mismo mes del año anterior.

La conducción debe tener a mano una sinopsis de toda la empresa.

Cuanto más grande sea el cuadro, son menos las tareas que se han transferido.

---

2. MORAGUES, Miguel Ángel: *Doc. cit.*

La velocidad con que se puede contar con la información es muy importante ya que se trata de analizar procesos y no datos de total exactitud. Muchas veces la información no sirve porque llega tarde por haber sido corroborada reiteradamente para evitar errores.

Las representaciones de la realidad deben ayudar a generar un diálogo entre conductores y dirigidos, y también a motivar.

La prevención de los desvíos en la dirección de empresas

El conductor debe estar atento a la presencia de ciertos síntomas que pueden preanunciar alteraciones. Entre las principales manifestaciones de desvío están las que siguen.

- **La caída de la confianza por parte de los subordinados.** La creación de un ambiente de franqueza es producto de una larga cadena de experiencias positivas que surge de confiar a los empleados misiones importantes, defender públicamente sus actitudes, apoyar sus ideas y mostrar sinceridad e imparcialidad al evaluar sus tareas. Ese ambiente es fácil de destruir por la traición, el incumplimiento de las promesas, la humillación pública, las mentiras, la retención de información.
- *La disminución de las corrientes de información.* Cuando las fuentes de información se secan, los subordinados son más difíciles de abordar, se comunican menos, expresan su desgano, evitan intercambiar impresiones e incluso reunirse, y los informes se retrasan.
- **Señales.** Los dirigidos envían mensajes que revelan su incomodidad. Además de las señales verbales, hay que observar los mensajes corporales, los comportamientos sociales y los cambios en los hábitos. También deben atenderse las señales de los clientes y los indi-

cadores del descenso de productividad, la calidad de los productos y la merma de pedidos.

- **Caída de la moral y falta de entusiasmo.** Hay actitudes de la dirección que desalientan. La desmoralización se manifiesta en una menor cooperación, aumento de las quejas, ausentismo, comportamiento agresivo, críticas, irritabilidad, acusaciones y ruptura del espíritu de grupo.
- **Rendimiento.** Si se observa una mengua de la eficiencia y una caída en los resultados, la empresa está en problemas.

García y Dolan, en *Reflexión para la acciónm* marcan una serie de comportamientos que, en caso de existir en grado importante, deben ser motivo de alarma: conductas de desconfianza mutua, irritabilidad, malhumor, reproches, rigidez, conformismo, apatía, falta de iniciativa, trabajos chapuceros, agendas ocultas (dobles intenciones), temor al riesgo, delegación ineficaz, agobio, falta de tiempo, retraso en las reuniones, no reconocimiento del esfuerzo, falta de planificación, mirarse el ombligo, miedo al cambio, ocultamiento de méritos de los subordinados, malgasto, inercia.

Otros autores ponen el énfasis en: reducción de la productividad, decaimiento moral, menor compromiso, inferior calidad de trabajo, retardos, accidentes, costos excesivos por salud, manipulación y sabotaje, indecisión, rotación innecesaria, almuerzos prolongados, agotamiento, disminución de la motivación, insatisfacción laboral, cansancio, incapacidad física y mental, falta de discernimiento, bloqueos mentales, relaciones tensas, excesivos costos médicos, ausentismo, reclamo de oportunidades, robos, tardanzas, resentimiento, caída de producción, incomunicación, estancamiento, aplicación exagerada de medidas disciplinarias.

Las insinuaciones deben convertirse en información; es importante atender a las señales antes de que sea demasiado tarde. Los directivos deben construir redes de información, crear un sistema de indagación confiable. A los dirigidos les gusta comunicar las buenas noticias, pero normalmente callan las cosas que van mal. Es importante recopilar los hechos dispersos, interpretarlos y convertirlos en testimonio. A veces tenemos datos pero no información. La información es clave. Se deben manejar manifestaciones de calidad, en el tiempo que corresponda y relacionada con las variables relevantes. Se debe hacer buen uso de los datos, ser discretos con las fuentes, no utilizarlas como arma, sino como medio para resolver inconvenientes y mejorar la calidad de vida laboral. Hay que preservar la verdad y no difundir habladurías. Hay que recordar que la información trae información.

Algunos desarrollan un sexto sentido para reconocer los síntomas de los problemas, sabiendo que cuanto más rápido se diagnostiquen y corrijan, más ganará la empresa.

Fernando Bartolomé[3] dice que hay seis áreas críticas sobre las que el conductor debe trabajar para percatarse preventivamente de los inconvenientes.

- **Comunicación**. La información debe circular en una avenida de dos vías. Por una parte hay que recolectar datos para poder observar el contexto y el desempeño y, por otra, hay que mantener a los subordinados informados, dándoles un testimonio exacto de la situación, explicando las decisiones y normas, siendo sincero acerca de los problemas y resistiendo la tentación de acumular referencias para utilizarlas como instrumento de recompensa o castigo.
- Accesibilidad. Significa estar disponible; ayudar a la gente, enseñarle, alentarla para que exponga sus ideas,

---

3. BARTOLOMÉ, Fernando: *Comunicación eficaz*. Deusto-Harvard Business Review; Buenos Aires, 2004.

y defender sus actitudes, comprender su medio social, interesarse por sus vidas y carreras profesionales.

- **Respeto.** La urbanidad se nutre a sí misma y su forma más trascendental es la delegación; también escuchar y actuar con arreglo a las opiniones que se reciben. En las relaciones interpersonales debe regir la ley de reciprocidad.
- **Imparcialidad.** Hay que ser justo, reconocer los méritos y las culpas. El comportamiento opuesto es el favoritismo y la hipocresía, el mal uso de las ideas y logros, la infidencia. La injusticia acabará rápidamente con la confianza, mientras que la ética y la lealtad la fomentarán.
- **Predictibilidad.** Tener un comportamiento coherente y responsable, y cumplir las promesas explícitas e implícitas.
- **Competencia.** Poseer aptitud técnica y profesional y buen sentido comercial. Los empleados no quieren estar subordinados a personas incompetentes.

Operar sobre las empresas familiares

Todos podemos recordar muchos apellidos ligados a empresas y productos que consumimos de chicos. Esta evocación es una especie de homenaje a quienes construyeron empresas pensando en su grupo familiar.

En su momento, los fundadores eran personajes que amaban la independencia, que tenían conocimientos prácticos y alguna falencia de conducción. No es casualidad que la mayoría de las empresas familiares (EFs) hayan tenido origen en algún inmigrante que utilizó un emprendimiento como salvavidas económico. En muchos casos siguieron los hijos (por herencia o acompañando al creador), para pasar luego a ser una congregación de primos y parientes políticos.

Para corroborar la importancia de las EFs basta reconocer que, tras las grandes crisis, las recuperaciones vinieron siempre de su mano. Cuando se produce la caída de la actividad económica y la gente pierde el empleo (como sucedió en la década de los '90 e inicios de 2000), cuando no hay dónde buscar trabajo en relación de dependencia, aparecen las ideas de encarar un negocio por cuenta propia. Y en los momentos de auge, crecen y se multiplican.

Hoy existen muchas empresas de cuarta generación y están naciendo nuevas. Aunque el peso de la familia en la sociedad haya disminuido, el número de empresas noveles montadas sobre los cimientos de un grupo familiar aumenta.

Pero muchas empresas quedan en el camino, tanto por la complicada situación macro, como por los problemas que surgen en el seno de la propia familia.

Las variables que influyen en las posibilidades de éxito de una EF son: el tamaño y estructura de la familia; los valores familiares; la filosofía de la familia sobre sus empresas; los objetivos e intereses profesionales de los familiares; la forma de tomar decisiones; la dinámica familiar y su impacto sobre la empresa; la participación de la familia en la dirección de sus negocios; las competencias profesionales de los que dirigen la empresa; la personalidad de los directivos y su compatibilidad para trabajar en equipo; la sucesión de la dirección y los criterios para su elección e implementación[4].

Santiago Dodero plantea que el desafío que tienen que enfrentar los propietarios de las empresas es conseguir la continuidad de estas a través de las generaciones.

Las EFs tienen retos añadidos. James Lea[5] sostiene que las mayores amenazas a la supervivencia no están en los impuestos, reglamentos o mecánica de transferencia de

---

4. DODERO, Santiago: *El secreto de las empresas familiares.* El Ateneo, Buenos Aires, 2002.
5. LEA, James: *La sucesión del management en la empresa familiar.* Ediciones Granica, Barcelona, 1993.

acciones, sino en la personalidad del fundador y la índole de las relaciones familiares entre hermanos, cónyuges o distintas generaciones. Las tensiones más frecuentes se dan entre generaciones, porque los ancestros quieren mantener el poder, y los jóvenes desean que se vayan.

Las EFs deben ser capaces de evaluar las dinámicas que rigen las conductas de fundador, familia y firma. Es ineludible desarrollar habilidades especiales que permitan identificar y resolver las dificultades que plantean esas dinámicas. También se deben adoptar estrategias ingeniosas para fomentar el crecimiento y para transferir el poder y el control sin que se produzcan daños en el funcionamiento de la firma[6].

Para que una EF tenga éxito debe funcionar en la práctica como si no fuera una EF. Su carácter no la hace jugar en una división distinta. La única diferencia con una empresa normal es que la propiedad y la gestión están en manos de una familia.

El Centro de Empresas de Familia brinda algunos consejos adicionales.

- No haga que la cohesión de su familia pase por el hecho de poseer una empresa, porque esta podría terminar siendo odiada por la familia.
- Separe entre sociedad de los afectos y sociedad de los intereses. La mejor manera de integrar es separar (para ver dónde y qué se integra).
- Su proyecto no es el de los demás. Si usted cede, cede la organización, no su proyecto personal, que morirá con usted. Lo quieren porque usted es parte de la familia, no porque tiene una empresa (la sospecha de ser queridos porque tienen "la gallina de los huevos de oro" genera gran inseguridad entre los dueños o fundadores).

---

6. LEACH, Peter: *La empresa familiar.* Ediciones Granica, Barcelona, 1993.

- Ojo con el "pero si yo hice esto por ellos". No trascienda por empresario, trascienda como padre.
- Preste atención a cómo va a sostener la relación entre asistentes familiares y no familiares. La gente no trabaja por lealtad, sino porque necesita dinero.
- Para que el fundador transfiera a su sucesor bienestar y autosuficiencia, debe transferir poder, autorización y aliento ("puedes hacerlo"). Si usted confía en su sucesor, él confiará en sí mismo.
- Su heredero no está compitiendo con usted, por eso debe permitirle cierta autonomía para actuar dentro del lugar que usted ya edificó. Así le permitirá a él seguir la "construcción".
- Insista y pregone la importancia de que todos los miembros de la familia que quieran ingresar a la empresa realicen previamente una experiencia afuera. Eso permitirá al sucesor tener una mejor perspectiva, actitud profesional, autosuficiencia y habilidades útiles a la empresa.
- Establezca cuánto va a ganar cada uno: en la familia es lo que usted quiera, pero en los negocios, el sueldo se fija según la cotización de la tarea en el mercado.
- Haga que su sucesor reporte a un miembro de la empresa que no sea familiar, y que no sea usted.
- No debe invalidar ni anular las decisiones de su sucesor una vez que usted cedió autoridad. Deje que él se equivoque y cometa errores.
- Incentive a sus sucesores para que se formen, se actualicen en management, tecnología, liderazgo, comunicación y demás áreas que puedan serles útiles para el manejo eficiente de la empresa. Esto les hará llegar el mensaje de que desea que crezcan y sean mejores.

Las decisiones familiares necesitan un foro para expresarse con tranquilidad, recibir atención, escucharse mutuamente, discutir en forma constructiva y decidir sobre la base de la reflexión.

La primera generación no necesita de una organización profesional; las siguientes, sí.

Es importante crear un órgano de gobierno independiente de la institución familiar (Consejo de Administración) y un Consejo de Familia que se ocupe de los problemas que afectan a la familia en la empresa. Para lograr un funcionamiento óptimo es aconsejable incorporar un consejero externo que dé equilibrio y objetividad, traiga enfoques nuevos, y metodologías para resolver problemas. Esos consejeros no deben meterse en las disputas familiares.

Hay que fomentar el compromiso familiar. Mantenerse unidos. Lograr una visión compartida por los miembros de la familia. Compartir las decisiones y los tiempos.

> Uno de los mayores aportes que puede hacer la familia a la EF es dejar sus cuestiones privadas en el seno del hogar.

Es importante reconocer los méritos. Elogie y corrija eficazmente. Sea agradecido y comunicativo. Dé consejos cuidadosamente. Use la persuasión. Maneje las crisis y tensiones. Evite choques de personalidades. Prevenga conflictos. Use técnicas de motivación. No tenga miedo a las diferencias (no sirve ocultar los problemas).

Los padres deben saber escuchar, sentirse cómodos, claros, equilibrados, libres de orgullo y vergüenza. Los herederos necesitan amigos que no traten de aprovecharse de ellos.

Es necesario lograr congruencia entre las aspiraciones individuales y las oportunidades que da la firma. Los intereses de cada uno deben ser conocidos por todos para evitar crisis.

Profesionalizar la empresa a medida que se crece. El talento de los familiares debe ser acorde con las tareas a desempeñar. Es muy difícil para los padres valorar con realismo las destrezas de sus hijos. Hay que evitar la confusión que producen los vínculos de parentesco. Obviar los tratamientos especiales.

Gerard Le Van[7] dice que el capullo de la riqueza protege a los herederos de las dificultades de la vida. La disciplina personal parece reñida con los cubiertos de plata, pero el rigor es necesario en la empresa y para tener relaciones efectivas. Cuando no hay esfuerzo, los hijos presentan problemas de madurez, no son adultos en los que se puede confiar. La riqueza libera y esclaviza al mismo tiempo. La fortuna no es un regalo inocente ni una catástrofe, pero va acompañada de problemas.

No hay que confundir las remuneraciones con las necesidades de la familia. Dar a cada uno lo que corresponde de acuerdo con las normas del mercado y justificar las diferencias.

Koenig[8] propone: fomentar decididamente el desarrollo personal, desde los miembros jóvenes hasta los que hayan superado ya la edad jubilatoria, y hacer esfuerzos concertados para llevarse bien profesionalmente unos con otros. Los familiares deben comportarse en la empresa como empleados normales.

James Lea afirma que el mantenimiento de las EFs está ligado directamente a los logros económicos. Sólo se sobrevive si las firmas son rentables, financieramente sanas y están sólidamente instaladas en el mercado y en la sociedad. No sobreviven las empresas que son consideradas por las familias como una cosa marginal, cuando los padres obligan a los hijos a continuar el negocio, cuando no delegan, no planifican adecuadamente o se niegan al retiro luego de cumplido su ciclo. Recomienda que la planificación sea objetiva, realista y estratégica.

---

7. LE VAN, Gerald: *Guía para la supervivencia de la empresa familiar.* Deusto, Madrid, 2003.
8. KOENIG, Neil: *Op. cit.*

No hay que retrasar la sucesión. El miedo a tomar decisiones que amenacen el rol paternal lleva a evitar retirarse, y ello afecta el rendimiento de la firma. Este tema es uno de los más conflictivos. Padres e hijos deben hablar de la sucesión.

> Generación a generación, el costo en empresas es alto. Se conoce que la mayoría de las EFs no continúa más allá de la vida de su fundador, sólo un 30% pasan a la segunda generación, y nada más que un 15% a la tercera.

La transferencia del control de la empresa tiene consecuencias económicas fuertes. Como sucede con las herencias, aparecen viejos resentimientos y disputas. La transmisión debe ser planificada para evitar que haga naufragar emprendimientos sólidos y rentables. La cesión debe hacerse paulatinamente. Ese instante es importante pero no puede ser precisado con exactitud. Cuanto antes se tome la decisión, mejor, pero el momento indicado será cuando la empresa, sus necesidades y supervivencia lo determinen. Es importante preparar a la generación siguiente. Deben tenerse en cuenta su formación profesional, las prácticas fuera de la empresa, el coaching y la delegación paulatina de responsabilidad, para permitir la adquisición de confianza, experiencia y don de mando. Hay que generar tranquilidad en los miembros no familiares, haciéndoles ganar, poco a poco, confianza en los herederos. Irse desprendiendo gradualmente del control de la empresa permite evitar situaciones de pánico y preservar la firma.

A MODO DE EPÍLOGO

MOVIMIENTO EUTÓPICO

Eutopía, realidad y utopía

Equilibrio económico, ético y emocional.

Otra empresa es posible: otro mundo es posible.

¿Y por qué no?

Hoy en día, cuando la falta de tiempo para vivir en los países desarrollados está resultando aún más penosa para nuestra autoestima que la falta de dinero; cuando todavía hay cientos de millones de habitantes del planeta Tierra que sí tienen tiempo pero malviven en condiciones indignas de pobreza, enfermedad e injusticia. Hoy en día, cuando la mayoría de los jóvenes tienen grandes dificultades para soñar y se declaran resignadamente "realistas". Cuando las utopías han fracasado tras ser impuestas a la fuerza. Cuando los retos liberales de la igualdad-libertad-fraternidad y de la imaginación al poder todavía están pendientes de

> Uno de los movimientos de personas tras el objetivo de una sociedad mejor es el Movimiento Eutópico, con el que estoy vinculado a través de Salvador García, primera espada de la cruzada de sensibilidad. No quiero dejar pasar la oportunidad de presentar como bono adicional de este texto, la presentación y el manifiesto del Movimiento Eutópico

> "La utopía está en el horizonte: camino dos pasos y el horizonte se corre diez pasos más allá. Entonces, ¿para qué sirve la utopía? Pues para eso sirve: para caminar."
> Eduardo Galeano

425

hacerse realidad. Cuando los programas de los partidos políticos convencionales no ilusionan más que a algunos de sus miembros. Hoy en día es más que nunca necesaria la aparición de la eutopía.

Para que un gran sueño se haga realidad, primero hay que tener un gran sueño.

¿Qué es la eutopía?

En griego, *eu* significa "bueno, feliz, conveniente"; y *tópos*, "lugar, espacio". La eutopía es un buen espacio de libertad entre la realidad y la utopía. Se sitúa en la frontera creativa, entre el exterior y el interior del sistema, serenamente dentro de cada uno de nosotros y dentro de nuestra capacidad de ponernos en el lugar del otro.

> "Tenemos hoy día lo que podemos llamar la irrupción de la híper-prosa. Es la irrupción de un modo de vida monetarizado, cronometrado, parcelado, compartimentado, atomizado... y esta invasión de la híper-prosa está ligada a la irrupción económico-tecno-burocrática. En esas condiciones, la invasión de la hiper-prosa crea, en mi opinión, la necesidad de una híper-poesía."
> Edgar Morín

También *eu* significa "yo" en portugués. El estado actual del mundo externo es reflejo de nuestro mundo interno, por lo que debemos desarrollar la conexión con nuestro ser más esencial y verdadero para que otro mundo sea posible.

La eutopía se fundamenta en la confianza en que el ser humano es capaz de serenarse, de soñar y de cooperar ética y eficazmente para realizar sus sueños más nobles.

Hay dos clases de pobres: los que no tienen recursos para concretar sus sueños y los que no sueñan.

La eutopía es la urgente necesidad de potenciar y equilibrar el desarrollo económico-tecnológico con el desarrollo ético y el desarrollo emocional (la triple "e" eutópica).

Ser eutópico es apostar por la lógica borrosa de ser idealista sin dejar de ser realista.

"Estamos entrando en una dinámica no lineal y en permanente ruptura creativa (...). Es, pues, necesario introducir en nuestras consideraciones una cierta utopía, digamos responsable, más allá de la racionalidad convencional estricta, que nos ayude a imaginar el futuro posible de la nueva sociedad ahora emergente y en la que el hombre y la empresa serán, estoy convencido, una auténtica pieza clave (...). Es necesario pensar en un nuevo tipo de empresas entregadas a un nuevo tipo de hombre sensible y en libertad responsable, es decir, con un máximo potencial creativo, porque no hay creatividad sin libertad. Y que por su sensibilidad sienta, este tipo de hombre, la necesidad de impulsar firmemente los valores morales, culturales, éticos y estéticos a nivel personal y social, de manera que estos valores converjan y no diverjan como hasta ahora con el admirable desarrollo material de nuestro tiempo." (Pera Duran Farell.)

¿Qué es el Movimiento Eutópico?

La misión de Eutopía es contribuir a impulsar el nuevo movimiento social emergente a favor de que otros estilos de ser y hacer, otra empresa y otro mundo centrados en la persona sean *realmente* posibles.

Su objetivo es construir un nuevo camino entre el actual "eficientismo" deshumanizante y el antiguo idealismo ineficiente, ya sea racionalista o utopista.

Siguiendo la tradición humanista, el Movimiento Eutópico nace en el Mediterráneo europeo y se abre a Latinoamérica y al resto del mundo.

Sus valores operativos son tres: efectividad, creatividad y generosidad. Y se reflejan en un slogan eutópico: "Saber trabajar, saber vivir, saber compartir".

La vida es una decisión personal. Cuando las cosas no pasan es porque no hemos decidido que pasen. Más que "ver para creer", pensemos que hay que "creer para ver". El futuro es lo único que constituye una oportunidad.

"Los pequeños grupos pueden aportar cambios a la sociedad como un todo. Las minorías han mostrado un poder notable en el pasado. Pensar que el cambio sólo puede suceder a través de las mayorías es erróneo. Es erróneo pensar que la conciencia está determinada por las estructuras económicas y sociales que están en vigencia, ahora y siempre. Lo que será mañana puede ser totalmente diferente de lo que es hoy." (Ilya Prigogine.)

El Movimiento Eutópico propugna desde una multiplicidad de fuerzas, espacios y miradas, la necesidad de algunos cambios posconvencionales y en libertad (más allá del neoliberalismo convencionalmente hegemónico) en nuestra forma de trabajar, de vivir y de compartir:

1. Queremos más tiempo para vivir.
2. Queremos más vida en el trabajo.
3. Queremos expandir nuestra conciencia individual y colectiva.
4. Queremos más educación para la vida.
5. Queremos que las mujeres asuman más poder.
6. Queremos liderazgos eutópicos.
7. Queremos eliminar las estructuras burocráticas.
8. Queremos que la empresa sea un auténtico agente de cambio social humanizador.
9. Queremos un nuevo cosmopolitismo ideológico.
10. Queremos auténtica participación democrática.

¿Qué hacemos?

a. Creación de redes eutópicas. Formación de una red de diálogos de apoyo mutuo e intercambio de conocimientos (comunidades de práctica) entre personas, empresas y entidades constructoras de eutopías.
b. "Consultores sin Fronteras". Prestación de consulto-

ría solidaria a entidades y proyectos de especial interés eutópico.

c. Construcción y comunicación del pensamiento eutópico para su aplicación práctica a nivel personal, empresarial y social.

d. Capacitación en conductas de liderazgo eutópico que las empresas y el mundo necesitan para gestionar la interfase entre la realidad y la utopía, con especial atención a los gobiernos de países y de grandes corporaciones determinantes del mundo actual.

MANIFIESTO DEL MOVIMIENTO EUTÓPICO
(TEXTO PARTICIPATIVO)

NOSOTROS, personas que soñamos y a la vez somos prácticas para procurar nuestra autoestima, **MANIFESTAMOS QUE**:

QUEREMOS MÁS TIEMPO PARA VIVIR

La eficiencia y la productividad son realmente necesarias para el mantenimiento y la generación de empleo, y para el desarrollo económico y social general de los países. Sin embargo, estamos asistiendo a una preocupante pandemia mundial de insatisfacción, desmotivación y estrés laboral y familiar paralela a este desarrollo.

El eficientismo, la presión ilimitada del capitalismo globalizado para obtener cada vez más ganancias con menos costos, debe equilibrarse con la respuesta a una pregunta ética y emocionalmente significativa: ¿a costa de qué otros valores y resultados?

Hemos de actuar en consecuencia para conseguir no sólo la sostenibilidad medioambiental sino también la sostenibilidad emocional, legitimando y facilitando el tener tiempo de ocio para tareas humanas esenciales tales como jugar, leer, pensar, tener amigos, amar o "simplemente" ser. Las empresas, los gobiernos y los sindicatos han de poner en marcha programas específicos de equilibrio entre trabajo y vida.

El exceso de trabajo es un signo de ineficiencia, de desorganización y de inseguridad de fondo. "Dificulta en gran medida la contemplación de la belleza y de la verdad" (Aristóteles). Y es causante de enfermedades y trastornos individuales, familiares y sociales. La falta de tiempo ya no es un signo de éxito en la vida, y hemos de superar la culpabilidad convencionalmente asociada a saber vivir.

QUEREMOS MÁS VIDA EN EL TRABAJO

Si se desea evitar el "absentismo psíquico" creciente en las empresas, el diseño de puestos de trabajo debe incorporar mayores grados de autonomía responsable, de variedad, de posibilidad de creatividad, de reconocimiento emocional y de sentido trascendente de utilidad para los demás.

Las personas han de ser auténticos fines de la empresa a potenciar, y no meros "recursos humanos" a optimizar como si de máquinas se tratara. Este es un cambio de enfoque filosófico de estrategia de empresa de gran trascendencia positiva, tanto a nivel ético como emocional y, por supuesto, económico.

QUEREMOS EXPANDIR NUESTRA CONCIENCIA INDIVIDUAL Y COLECTIVA

Necesitamos herramientas de centrado y meditación que nos permitan acceder y expandir nuestra conciencia interna como seres humanos. "Más ser y menos hacer por hacer."

Hemos de ser capaces de "observar" nuestros pensamientos, nuestras emociones y nuestras conductas, para así poder modularlas según el contexto. Esta liberación se asocia a una mayor comprensión de los demás y de todo lo que nos rodea.

QUEREMOS MÁS EDUCACIÓN PARA LA VIDA

Tanto en la escuela como en la universidad y en la formación en la empresa hay que incorporar programas de desarrollo de valores humanos, de expresividad y de comprensión y gestión de emociones.

Necesitamos aprendizaje significativo y superación definitiva de la "enseñanza" memorística y desintegrada actualmente predominante, vacía de vida y de sentido, rápidamente olvidada, y que el pobre e indefenso individuo engulle mientras lo inmovilizan en su asiento las cadenas del conformismo (Rogers). Habrá que motivar y reciclar adecuadamente a los docentes para ello. Y habrá que reformar los planes de estudios elaborados por tecnócratas.

QUEREMOS QUE LAS MUJERES ASUMAN MÁS PODER

Hay que facilitar por parte de los hombres y de las mujeres un cambio en el predominio actual de género en las estructuras de poder de las instituciones y empresas. El absurdo gasto armamentista, las guerras y las hambrunas siempre han estado promovidos por valores de dominación y agresividad sustentados por varones. Hemos de buscar una nueva esperanza de cambio mundial por parte de las mujeres, sobre todo de las provenientes el hemisferio sur y de las minorías étnicas.

QUEREMOS LIDERAZGOS EUTÓPICOS

Necesitamos líderes capaces de combinar los valores del sueño humanista con la capacidad de gestión del pensamiento pragmático. Necesitamos estilos de liderazgo constructores de confianza y generadores de auténtica estima y autoestima, que sepan equilibrar el desarrollo económico con el desarrollo ético y el desarrollo emocional. Nos cansan los líderes sin tiempo, hipercontroladores, arrogantes y convencionales. Necesitamos líderes con tiempo, generadores de ilusión, humildes y posconvencionales.

QUEREMOS ELIMINAR LAS ESTRUCTURAS BUROCRÁTICAS

Hay que evolucionar de la prioridad de las estructuras de control jerárquico y de medición excesiva a la primacía de la confianza, la simplicidad y la iniciativa en el seno de las organizaciones empresariales públicas y privadas. Y hay que utilizar las nuevas tecnologías para agilizar las cosas, no para complicarlas innecesariamente.

QUEREMOS QUE LA EMPRESA SEA UN AUTÉNTICO AGENTE DE CAMBIO SOCIAL HUMANIZADOR

El mundo actual está más influido por las empresas que en ningún otro momento de la historia. El capitalismo salvaje ha de transformarse en un capitalismo sensible, no conformándonos con un capitalismo "sostenible". La empresa tiene una triple e ineludible responsabilidad económica, ético-ambiental y emocional interna.

Hemos de potenciar el emprendedorismo con valores emocionales y solidarios. Y hay que dejar de hacer declaraciones de valores con fines meramente publicitarios y manipuladores.

La principal responsabilidad y mérito social de la empresa pasa por la creación de puestos de trabajo en todo el planeta, con buenos salarios, posibilidad de expresión, reconocimiento emocional y tiempo para vivir. Además, las empresas han de crear alianzas estratégicas perdurables de acción social con gobiernos y con organizaciones no gubernamentales.

QUEREMOS UN NUEVO COSMOPOLITISMO IDEOLÓGICO

Es urgente recuperar en forma de una nueva síntesis del pensamiento mundial el bagaje humanista de antiguas potencias culturales tales como Europa, China e India. Si estos países olvidan sus orígenes culturales, se sumarán al tren del capitalismo eficientista sin añadir el auténtico valor de muchos de sus valores: simplemente será más de lo mismo, muchísimo más de lo mismo.

QUEREMOS AUTÉNTICA PARTICIPACIÓN DEMOCRÁTICA

La formulación de metas y reglas del juego, tanto a nivel de países como de ciudades y todo tipo de organizaciones y empresas, debe basarse en diálogos democráticos entre todos los componentes y grupos de interés del sistema. Las Constituciones y pomposas declaraciones de valores generadas desde arriba están condenadas a acumularse en las estanterías.

La vida es una decisión personal.
Cuando las cosas no pasan, es porque no hemos decidido que pasen.
Más que "ver para creer", pensemos que hay que "creer para ver".
¡Salud y realismo utópico!

BIBLIOGRAFÍA

Abegglen, James y Stalk, George: *Kaisha, the Japanese Corporation*. Ed. Charles Tuttle Company, Tokio, 1990.

Ader y otros: *Organizaciones*. Paidós, Buenos Aires, 1992.

Albrecht, Karl: *La misión de la empresa*. Paidós, Barcelona, 1994.

Albrecht, Karl: *El radar empresarial*. Paidós, Buenos Aires, 1999.

Alcalá García-Rivera: *De la dirección por valores DPV a la dirección por hábito DPH*. Deloite & Touch. Madrid, 2002.

Alvarez de Mon, Santiago: *La empresa humanista y competitiva*. Deusto, Bilbao, 1998.

Álvarez, J. L. y Ricart, J. E.: *Cómo prepararse para las organizaciones del futuro*. Folio, Barcelona, 1996.

Ansoff, Igor: *La estrategia de la empresa*. Universidad de Navarra, 1976.

Arata Andreani, Adolfo y Furlanetto, Luciano: *Organización liviana*. McGraw-Hill Hill, Santiago de Chile, 2001.

Banco Interamericano de Desarrollo - Universidad Nacional de General Sarmiento (Hugo Kantis, coordinador): *Informe Argentina: empresarialidad en economías emergentes*. Buenos Aires, 2003.

Bartley, Tom: *Técnicas de gestión para profesionales*. Ediciones Granica. Buenos Aires, 1992.

Bartolomé, Fernando: *Comunicación eficaz*. Deusto-Harvard Business Review. Buenos Aires, 2004.

Bas, Enric: *Prospectiva, Herramientas para la gestión estratégica del cambio*. Ariel Practicum, España, 1999.

Belder, John: *Participación en los beneficios (Growth Sharing)*. Ediciones Granica. Buenos Aires, 1993.

Belder, John: *Productividad total*. Ediciones Granica, Barcelona, 1991.

Bennis, Warren; Cummings, Thomas G.; Spreitzer, Gretchen M.: *El futuro del liderazgo*. Deusto, Bilbao, 2005.

Blanchard, Ken y O'Connor, Michael: *Dirección por valores*. Gestión 2000, Barcelona, 1997.

Blanchard, K; Carlos, J. y Randolph, A.: *Las 3 claves del empowerment*. Ediciones Granica, Barcelona, 2000.

Bhidé, Amar: *The Origin and Evolution of New Business*. Oxford University Press. 2000.

Bruni, Luigino y Zamagni, Stefano (Comp.): *Persona y comunión*. Ciudad Nueva, Buenos Aires, 2003.

Cantarelli, J.; Liarte-Vejrup, N.; Morrello, G. y Zuzuaga, M,: *Responsabilidad social empresaria: Miradas argentinas*. EDUCC, Córdoba (Argentina), 2004.

CEPAL, Grupo de políticas PyME. *Aportes para una estrategia PyME en* la Argentina. Naciones Unidas, Buenos Aires, 2003.

Centro Interdi sciplinario de Estudios sobre el Desarrollo Latinoamericano (CIEDLA) (Ramón Frediani, coordinador): *El rol del empresario mediano en el desarrollo argentino. Un caso particular: la pequeña y mediana industria.* Buenos Aires, 1985.

Chun Wei Choo: *La organización inteligente*. Oxford, México, 1999.

Cleri, Carlos: *Estrategias de alianzas*. 2da edición, Ediciones Macchi, Buenos Aires, 1999.

Cleri, Carlos: *Estrategias Pymes y cooperación interempresaria*. Coyuntura. Buenos Aires, 2000.

Cleri, Carlos: *Escenario, el punto de partida de la estrategia*. Editorial Coyuntura, Buenos Aires, 2000.

Clifford, Donald y Cavanagh, Richard: *Estrategias de éxito para la pequeña y mediana empresa*. Folio, Barcelona, 1989.

Collins, James y Porras, Jerry: *Construir la visión de su empresa*. Deusto-Harvard Business Review. Buenos Aires, 2004.

Conger, Jay: *El necesario arte de la persuasión*. Deusto-Harvard Business Review. Buenos Aires, 2004.

Coriat, Benjamín: *El desafío de la competitividad*. Oficina de Publicaciones del CBC - Universidad Nacional de Buenos Aires. Buenos Aires, 1997.

Coriat, Benjamín: *Pensar al revés*. Siglo XXI Editores, México, 1995.

Cornejo, Jordi y otros: Generalitat de Catalunya. Departament d'Industria, Comerc i Turisme, Canvi Estrategic i clusters a Catalunya. Barcelona, 1997.

Costa, Ramón: *La empresa hacia el año 2000*. Boixareu Editores, Colombia, 1995.

Covey, Stephen: *Los 7 hábitos de la gente altamente efectiva*. Paidós, Buenos Aires, 1996.

Crichton, Michael: *Jurassic Park*. Ed. de Bolsillo, Buenos Aires, 2004.

Deal, Terence y Kennedy, Allen: *Las empresas como sistemas culturales*. Sudamericana, Buenos Aires, 1985.

De Geus, Arie: *La empresa viviente*. Ediciones Granica, Argentina, 1997.

Dixit, Avinash y Nalebuff, Barry: *Pensar estratégicamente*. Antoni Bosch Editor, Barcelona, 1992.

Dodero, Santiago: *El secreto de las empresas familiares*. El Ateneo, Buenos Aires, 2002.

Drucker, Peter: *Administración y futuro*. Sudamericana. Buenos Aires, 1992.

Drucker, Peter: *La innovación y el empresario innovador*. Sudamericana, Buenos Aires, 1986.

Drucker, Peter y Nakauchi, Isao: *Tiempo de desafíos - Tiempo de Reinvenciones*. Sudamericana, Buenos Aires, 1997.

Fernández López, Javier: *Gestionar la confianza*. Pearson-Prentice Hall. Madrid, 2002.

Fernández Aguado, Javier: *Liderar, mil consejos para un directivo*. Dossat, Madrid, 2002.

Frischknecht, Federico: *La gerencia y la empresa*. Biblioteca de la Empresa Hyspamérica, Madrid, 1985.

Fruin, W. Mark: *Las fábricas del conocimiento*. Oxford University Press, México, 1997.

FUNDES Argentina. Morí Koenig, Milesi y Yoguel. *Las Pymes exportadoras argntinas exitosas*. Miño y Dávila, Buenos Aires, 2001.

Gabiña, Juanjo: *El futuro revisitado*. Boixareu Editores, Colombia, 1996.

Gaj, Luis: *O Estrategista*. Makron Books, São Paulo, 2002.

García, Salvador y Dolan, Shimón: *La dirección por valores*. McGraw-Hill, Madrid, 1997.

Gatto, F. y Ferraro C.A. *Anexo estadístico, Papel de Trabajo N° 79*, vol. 2., CEPAL, Buenos Aires, 1997.

Godet, Michel: *De la anticipación a la acción*. Boixareu Editores, Colombia, 1995.

Goffee, R. y Jones, G.: *¿Qué mantiene unida a la empresa moderna?* Deusto-Harvard Business Review. Buenos Aires, 2004.

Goldrah, Eliyaho: *La Netz*. Ediciones Castillo. México, 1992.

Graiño, Cristina: *Un cambio hacia la luz*. Kier, Buenos Aires, 2004.

Greciano, Walter: *Hitler ganó la guerra*. Sudamericana, Buenos Aires, 2004.

Hamel, Gary y Prahalad, C.K.: *Compitiendo por el futuro*. Ariel, Buenos Aires, 1995.

Harvard Business Review. A. de Geus y otros: *Estrategias de crecimiento*. Deusto. Bilbao, 1999.

Hax, Arnoldo: *Estrategia empresaria*. El Ateneo, Buenos Aires, 1987.

Hax, Arnoldo y Majluf, Nicolás: *Estrategia para el liderazgo competitivo*. Ediciones Granica, Buenos Aires, 1997.

Hermans, Michel: *Small and Medium-Sized Enterprises, Restructuring in a context of Transition: a Shared Process*. CEPAL, 2003.

Hermida, Jorge y Serra, Roberto: *Administración y estrategia. Un enfoque competitivo y emprendedor*. Ediciones Macchi, Buenos Aires, 1989.

Herrscher, Enrique: *Pensamiento sistémico*. Ediciones Granica, Buenos Aires, 2003.

Hesselbein, F.; Goldsmith, M. y Beckhard, R.: *La organización del futuro*. Ediciones Granica, Buenos Aires, 1998.

Hesselbein, F.; Godsmith, M. y Beckhard, R.: *El líder del futuro*. Deusto. La Nación, Buenos Aires, 2005.

Instituto Argentino de Mercado de Capitales, por encargo del Banco de la Nación Argentina (Javier González Fraga, coordinador): *Políticas para las pequeñas y medianas empresas, evaluación y propuestas*. Buenos Aires, 1999.

Instituto de Estrategia Internacional de la Cámara de Exportadores de la República Argentina. *Las PyMEX. Una mirada de cerca*. Buenos Aires, 2000.

Jonson, G. y Scholes, K.: *Dirección estratégica*. Prentice Hall. Madrid, 2001.

Karlof, Bengt: *Estrategia empresarial*. Ediciones Granica, Buenos Aires, 1991.

Katzenbach, J. y Smith, D.: *The Widsom of Teams; Creating the high-performance organization*. Harvard Business Press, Boston, 1993.

Koch, Richard: *La guía Financial Times de estrategia*. Prentice Hall, España, 2000.

Koenig, Neil: *No puedes despedirme, soy tu padre*. Deusto, Bilbao, 2000.Kohlrausch, Marlin: *Leve a sua empresa ao 1° lugar*. Ed. Gente, São Pablo, 1996.

Kozmetsky, Ronya: *La mujer en los negocios*. Ediciones Granica, Buenos Aires, 1992.

Kotter, John: *Lo que de verdad hacen los líderes*. Harvard Business Review, Buenos Aires, 2004.

Kouzes, Jim y Posner, Barry: *El desafío del liderazgo*. Ediciones Granica, Buenos Aires, 1997.

Lea, James: *La sucesión del management en la empresa familiar.* Ediciones Granica. Buenos Aires, 1993.

Le Van, Gerald: *Guía para la supervivencia de la empresa familiar.* Deusto, Madrid, 2003.

Lewis, Arthur: *Alianzas estratégicas.* Vergara, Buenos Aires, 1993.

Livingston, J. Stering: *Pygmalion y la dirección de empresas.* ABR – Revista, Buenos Aires, 2004.

Lorenz, Edward N.: *La esencia del caos.* Debate, Barcelona, 1995.

Lozano, Josep María: *La empresa ciudadana. Un reto de innovación.* EDADE, Barcelona, 2003.

Martin, Roger: *Cambiar la mentalidad de la empresa.* Deusto-Harvard Business Review. Buenos Aires, 2004.

Majaro, Simón: *Cómo generar ideas para generar beneficios.* Ediciones Granica, Barcelona, 1992.

Messing, Bob: *El Tao del management.* Ediciones Granica, Barcelona, 1991.

Mintzberg, Henry: *Diseño de organizaciones eficientes.* El Ateneo, Buenos Aires, 1994.

Mintzberg, H.; Ahlstrand, B. y Lamper, J.: *El safari a la estrategia.* Ediciones Granica, Buenos Aires, 2003.

Monden, Yasuhiro: *El sistema de producción Toyota.* Ediciones Macchi, Buenos Aires, 1990.

Morita, Akio: *Made in Japan.* Emecé, Buenos Aires, 1987.

Morgan Gareth: *Imagin-i-zación.* Ediciones Granica, Barcelona, 1999.

Nadler, D.A.; Gerstein, M.S., Shaw, R.B. y asociados: *Arquitectura organizacional.* Ediciones Granica, Barcelona, 1994.

Nanus, Burt: *Liderazgo visionario.* Ediciones Granica, Barcelona, 1994.

Neffa, Julio César: *Los paradigmas productivos taylorista y fordista y su crisis.* Lumen-Hvmanitas, Buenos Aires, 1998.

Observatorio sulle Piccole e Medie Imprese – Medio Credito Centrale. *Indagine Congiunturale sulle piccole e medie imprese.* Roma, 1995.

Observatorio Permanente de las PyMIs argentinas. Red de Centros de Desarrollo Empresarial BID-UIA-Universita di Bologna, Instituto para el Desarrollo Industrial. *La evolución territorial-sectorial de las PyMIs argentinas (1994-2000).* Buenos Aires, 1999.

Odebrecht, Norberto: *Sobrevivir, crecer y perpetuar.* Fundación Emilio Odebrecht, Salvador-Bahía, Brasil, 1990.

Ohmae, Kenichi: *El mundo sin frontera.* McGraw-Hill, México, 1999.

441

Ohmae, Kenichi: *La mente del estratega*. McGraw-Hill. México, 1983.

Papows, Jeff: *Enterprise.com*. Ediciones Granica. Buenos Aires, 1999.

Peters, Thomas: *Liberation Management*. Editorial Atlántida. Buenos Aires, 1992.

Peters, Thomas y Waterman, Robert: *En busca de la excelencia*. Atlántida. Buenos Aires, 1982.

Pfeffer, Jeffrey: *Seis mitos peligrosos sobre el sueldo*. Deusto-Harvard Business Review. Buenos Aires, 2004.

Porter, Michael: *Estrategia competitiva*. REI-CECSA. Buenos Aires, 1991.

Porter, Michael: *Ventaja competitiva*. REI-CECSA, Buenos Aires, 1987.

Porter, Michael: *Ser competitivo*. Deusto. Bilbao, 1999.

Prigogine, Ilya: *Las leyes del caos*. Grijalbo, Barcelona, 1997.

Prigogine, Ilya y Stengers, Isabelle: *La nueva alianza: metamorfosis de la ciencia*. Alianza Editorial, Madrid, 1983.

Prigogine, Ilya y Stengers, Isabelle: *Entre el tiempo y la eternidad*. Alianza Editorial, Madrid, 1990:

Ricart, J.E. y Álvarez, J. L.: *Cómo prepararse para las organizaciones del futuro*. Folio, Barcelona, 1997.

Rodríguez, José M: *El Reto del trabajo en equipo*. Folio, Barcelona, 1997.

Rosen, Robert y Berger, Lisa: *Cómo lograr una empresa sana*. Ediciones Granica, Barcelona, 1993.

Ruperti, Ventura y Nadal, Jordi: *Meditando el management*. Gestión 2000, Barcelona, 2003.

Saba, Andrea: *El modelo italiano*. Editorial de la UNLP, La Plata, 1997.

Sayles, Leonard: *Leadership, Managing in Real Organizations*. McGraw -Hill, New York, 1989.

Schein, Edgar H.: *La cultura empresarial y el liderazgo. Una visión dinámica*. Plaza & Janes, Barcelona, 1999.

Schumpeter, Joseph: *Ensayos*. Oikos, Barcelona, 1966.

Schumpeter, Joseph: *Teoría del desenvolvimiento económico*. Fondo de Cultura Económica, México, 1997.

Seach, Peter: *La empresa familiar*. Ediciones Granica, Buenos Aires, 1993.

Sercotec: *Fomento productivo para la micro, pequeña y mediana empresa*. Santiago (Chile), 1999.

Sérieyx, Hervé: *El Big Bang de las organizaciones*. Ediciones Granica, Barcelona, 1994.

Senge, Peter: *La Quinta Disciplina*. Ediciones Granica, Buenos Aires, 1992.

Smith, Adam: *La riqueza de las naciones*. Ediciones Orbis/Hyspamérica. Buenos Aires, 1983.

SOCMA: *Las PyMEs. Clave del crecimiento con equidad*. Buenos Aires. 1998.

Spilzinger, Alfredo: *Cómo re-crear su empresa*. Ediciones Granica, Barcelona, 1994.

Steinger, George: *Planeación estratégica. Lo que todo director debe saber*. CECSA, México, 1999.

Strategor: *Estrategia, estructura, decisión, identidad*. Biblio Empresa, Barcelona, 1995.

Thomas, D. y Ely, R.: *Cómo hacer que las diferencias importen*. Deusto-Harvard Business Review, Buenos Aires, 2004.

Tomasko, Robert: *Repensar la empresa*. Paidós Empresa, Barcelona, 1996.

Toffler, Alvin: *La empresa flexible*. Plaza & Janes. Barcelona, 1985.

Valdaliso, Jesús y López, Santiago: *Historia económica de la empresa*. Crítica, Barcelona, 2000.

Vázquez, Alfonso: *La imaginación estratégica*. Ediciones Granica, Barcelona, 2000.

Von Clausewitz, Karl: *De la Guerra*. Distal, Buenos Aires, 2003.

Wolk, Leonardo: *El arte de soplar las brasas*. Gran Aldea Editores, Buenos Aires, 2003.

Woodcock, Mike y Francis, Dave: *Principios de administración*. Ediciones Granica, Buenos Aires, 1992.

Yip, George: *Globalización*. Grupo Editorial Norma, Bogotá, 1993.

www.ingramcontent.com/pod-product-compliance
Lightning Source LLC
Chambersburg PA
CBHW060315200326
41519CB00011BA/1736